AF469348

HISTOIRE D'UN JUIF

Chateauroux. — Typ. et Stéréotyp. A. MAJESTÉ.

ÉLISE ORZESZKO

HISTOIRE D'UN JUIF

TRADUIT DU POLONAIS

PAR

LADISLAS MICKIEWICZ

AVEC

UN AVANT-PROPOS DU TRADUCTEUR

PARIS
LOUIS WESTHAUSSER, ÉDITEUR
10, RUE DE L'ABBAYE, 10

1887

AVANT-PROPOS

Mme Élise Orzeszko est une romancière renommée en Po-ogne, et qui commence à être connue du grand public euro-éen. La tendance générale de ses œuvres, c'est d'amener ses ecteurs à envisager plus sérieusement le milieu où ils se trou-ent pour devenir ainsi plus capables de l'améliorer. Elle n'est as de ces écrivains qui n'ont d'autre mobile que l'interroga-ion suivante : « Le lecteur mordra-t-il ? » et qui, dès lors, ans le choix de leur sujet, se laissent guider d'après le même rincipe qu'un pêcheur à la ligne en quête d'une amorce et ont l'unique souci est de flatter le genre de gourmandise de a future victime.

Mme Orzeszko, au contraire, se propose de suggérer au ecteur l'idée qui lui sera le plus utile dans le combat de la ie. La vie est toujours un combat contre les autres ou pour es autres. L'école de l'égoisme prétend que nous ne pouvons ous frayer une voie qu'au détriment du prochain. Nous pou-ons aussi nous en frayer une à son profit. Nous ne sommes as davantage condamnés à envisager l'humanite avec l'in-ifférence d'un archiviste et à ne voir dans les individus u'autant de documents humains qu'il nous est licite de dé-ouler sans plus d'émotion que s'il s'agissait des papyrus car-onisés d'Herculanum.

Mais le savant qui déchiffre un papyrus d'Herculanum ignore ce que ses recherches lui révéleront ; il n'a donc pas de triage à faire dans le monceau de vestiges de l'antiquité soumis à sa loupe. N'a-t-on non plus, en fouillant les replis de l'âme moderne, d'ordres à recevoir que de sa fantaisie? Mme Orzeszko ne le pense pas. Loin de promener sa lanterne au hasard, elle eclaire successivement les problèmes sociaux qu'elle juge dignes d'être étudiés. Le moindre de ses récits vise à rappeler au sérieux les âmes frivoles. Elle croit qu'un auteur se doit d'avancer, dans la limite de ses forces, la solution des difficultés morales de son époque. George Sand, lorsqu'elle subit l'influence de Pierre Leroux et des socialistes, mit plusieurs de ses romans au service des idées de ses amis. mais elle revint vite à son étude favorite de toutes les joies et surtout de toutes les tortures auxquelles l'amour expose le cœur de la femme. Notre auteur n'a pas les yeux fixés sur les manifestations d'une seule passion, si puissante qu'elle soit ; malgré une variété remarquable, son œuvre entière est une predication indirecte, il est vrai, puisqu'elle sait que les lecteurs n'aiment pas à être pris franchement à partie, mais incessante. Cette préoccupation moralisatrice est la grande originalité de Mme Orzeszko. Les rationalistes actuels ne voient dans la misère humaine qu'un thème à romans. Ils notent les affres d'une agonie sans que leurs entrailles frémissent. Il suffit à leur gloire que le tableau soit exact, ils n'ont nul souci de son effet moral. Mme Orzeszko. au contraire, ne decouvre une plaie qu'avec l'ambition de contribuer à sa guérison.

A un moment donné, elle voulut elargir le champ de son activité, et elle fonda une librairie à Wilna, mais le gouvernement russe ferma cette librairie, ce qui eut du moins l'avantage d'empêcher Mme Orzeszko d'éparpiller ses forces.

Mme Elise Orzeszko, née Pawlowska, vit le jour en 1843, dans le village de Milkowszczyzna, en Lithuanie, à six lieues de Grodno. Elle se maria jeune. Elle debuta par un *Tableau des années de famine*, publié en 1866 dans un journal illustre de Varsovie. Elle s'est retirée aujourd'hui à Grodno, et s'y consacre entièrement à des compositions de plus en plus appréciées dans son pays, qu'on traduit en russe et en allemand et que nous nous proposons de faire connaître en français.

Plusieurs de ses œuvres, et des plus considerables, roulent sur les mœurs des Israélites, dont le sort l'intéresse et qui lui sont sympathiques. Les romans de Mme Orzeszko en faveur des uifs nous semblent destinés à produire dans les pays slaves n effet sinon aussi bruyant, du moins analogue à celui que *la ase de l'oncle Tom* a produit aux États-Unis en faveur des nères. Les Juifs sont placés, dans la plupart des pays slaves, ntre le despotisme des gouvernements et les préjugés des opulations, comme entre l'enclume et le marteau. A force de alent, madame Orzeszko oblige, en Pologne, les classes supéieures à réfléchir qu'elles ont trop souvent (sans que cela branle en quoi que ce soit leur bonne opinion d'elles-mêmes) es vices qu'elles reprochent aux Juifs, et que pour ne pas souffrir des Juifs il faut d'abord ne pas les faire souffrir soi-même.

La maxime socratique : « Connais-toi toi-même » est belle assurément, mais il n'importe pas moins de connaître les autres, car souvent les connaître, c'est leur rendre justice.

En pleine épidémie d'anti-sémitisme, Mme Orzeszko a mis en relief les grands côtés du caractère israélite. Son *Élie Makower* nous montre un Juif conquis par la charité et la probité du chrétien à la ruine duquel il s'employait et dont il devient le sauveur. Il est, hélas ! plus aisé de piller et d'expulser les Juifs que de développer en soi les qualités de ce Miezyslas Orchowski qui, dans le roman de Mme Orzeszko, ond le cœur de bronze de l'israélite Makower.

Meyer Ezofowicz, un autre type de notre romancier, est un saint juif auquel sa largeur d'esprit et sa tolérance attirent les persécutions des fanatiques de sa communauté. Mais l'auteur ne charge pas les couleurs de son tableau. Nous plaignons les orthodoxes, tout en admirant leur victime.

Le Fort Samson a de moins hautes visées. C'est une courte nouvelle, qui dévoile un simple recoin de l'existence israélite. Il est de mode de voir dans les Juifs des Crésus. Mme Orzeszko indique délicatement que nulle nation n'a un prolétariat plus indigent. Il est de mode de se figurer chaque Juif comme adonné au lucre. L'auteur nous dépeint un israélite contemplatif et entièrement étranger aux conditions pratiques de la vie.

Le Fort Samson n'est pas une apologie. Mme Orzeszko ne nie pas qu'il n'y ait des Juifs sordides et auxquels il peut arriver de falsifier les produits qu'ils vendent. Mais qui osera jeter la première pierre à la pauvre Tsipa ?

Elle est si besogneuse, elle a tant de bouches à nourrir, et, dans sa misère, elle a tant d'abnégation personnelle et un respect si rare du principe supérieur qu'elle sent en son mari ! Je ne comprends pas ce mari, je l'avouerai à Mme Orzeszko, qui soupire après une Dalila, parce qu'une femme qui ne recule devant aucun labeur ni devant aucune humiliation, pourvu que son époux puisse béatement planer dans la sphère de l'idéal et qui, quelle que soit sa tâche, n'a jamais pour lui qu'un sourire dans les yeux, vaut mieux que toutes les Dalilas du monde.

Et ces pauvres enfants qui savent se contenter de rien, combien de bonne heure leurs petites âmes dominent déjà leurs corps, et combien la plainte leur est inconnue !

Nous assistons, dans le hangar d'une bourgade juive, à une représentation plus magnifique qu'une représentation de gala au grand Opéra de Paris. La salle est fumeuse, la mise en scène n'existe pas plus qu'au temps de Shakespeare, mais le public est en communion d'âme avec les acteurs. Les acteurs s'identifient avec les héros qu'ils représentent. ils sont pleins de l'immense fierté d'un Grec jouant sur la scène les victoires remportées naguère sur les Perses. Des yeux de l'esprit, ces Juifs en haillons contemplent la Palestine, gémissent sur ses malheurs et ne se possèdent pas de joie de ses triomphes. Ils n'ont pas interrompu la chaîne du temps. On s'explique qu'un Juif dise que : mourir, c'est être réuni à son peuple. Ils ne font qu'un avec le passé, ils en ressentent toutes les péripéties avec une intensité extraordinaire. Ce passé vit en eux, donc il n'a pas dit son dernier mot.

Si vous êtes tenté d'en douter, réfléchissez au désespoir de Schymchel. Absorbé par la science, il s'est abstrait du train-train quotidien de la vie. Il a, sur les planches d'un théâtre, vécu l'existence de Samson et, retombé dans le réel, il frémit de sa débilité.

Qu'est-ce qui le préservera du désespoir? Sa foi. Il ne se brisera pas la tête contre la muraille, parce qu'il entrevoit l'échelle d'or qui mène des avanies du présent aux gloires de l'avenir. S'il est un instrument insuffisant du Seigneur, il sait que Dieu peut donner la force de Samson à un futur sauveur de sa race, il lève son enfant au ciel, il supplie le Très-Haut que cet innocent ait un jour l'irrésistible vigueur du vainqueur des Philistins. Et, comme Schymchel, Israël priera sans découragement, jusqu'à ce qu'il ait désarmé la colère de l'Éternel.

En Pologne, le niveau de la civilisation n'a pas encore passé sur les particularités de la vie juive, et cela prête aux récits de Mme Orzeszko une originalité pleine de charme.

Quant à la portée morale de son œuvre, nous ferons remarquer qu'aujourd'hui où le spiritualisme est en butte à de si terribles assauts, il n'a pas d'exemples plus probants à citer à ses adversaires que celui des Juifs. Le grand historien Victor Duruy leur a rendu ce témoignage : « Le peuple de l'unité, qui jamais n'a voulu qu'un seul Dieu et qu'un seul temple, n'a eu besoin que d'un seul livre pour ne pas perir. Quel triomphe de la pensée sur la force ! »

C'est un perpétuel triomphe de l'esprit sur la force brutale que l'existence même du peuple juif, car la force n'a jamais pu venir à bout de ces foules misérables qui n'ont d'autre arme que l'esprit. L'esprit seul vaincra les travers opiniâtres de cette race (et quelle race n'a les siens ?) et ce n'est qu'en l'aimant que les nations extirperont ses travers et bénéficieront de ses immenses qualités.

Le prolétariat, jadis inconnu aux nations slaves, étend aujourd'hui ses ravages parmi elles. Mme Orzeszko étudie dans *Juliette* le paupérisme des chrétiens, comme elle étudia, dans *le Fort Samson*, le paupérisme des juifs. Quelques-unes de ses productions révèlent le besoin d'échapper par moments aux angoises du présent en remontant jusqu'à l'antiquité. Mais elle se hâte de revenir aux pauvres d'aujourd'hui et de nous attendrir sur la destinée de ces milliers de déshérités qui s'étiolent dans les cités modernes et défient l'optimisme de notre civilisation. Concevoir ainsi son rôle d'écrivain, c'est servir ses semblables, parce que tout ce qui ravive la pitié au cœur de l'homme avance la solution du redoutable problème de la misere humaine.

L. Mickiewicz.

A tous ceux de ses compatriotes qui, avec bonne foi et bonne volonté, désirent des lumières et la paix, l'auteur, sans égard au lieu ni à la manière dont ils honorent Dieu, dédie ce récit.

PROLOGUE

Toutes les branches du grand arbre de l'humanité convergent vers les hauteurs de la civilisation et y entremêlent amicalement leurs rameaux. L'instruction est le meilleur apôtre de la fraternité universelle. Elle aplanit les aspérités extérieures, élimine les excroissances intérieures, permet aux diverses races de développer côte à côte leurs particularités natives, en se respectant mutuellement et débarrasse du parasitisme produit par le cours des temps les convictions religieuses qui, réduites à leur plus simple expression, peuvent coexister sans éprouver ni répulsion ni envie de se nuire.

S'il en est ainsi sur les sommets, il n'en est pas de même dans les bas fonds, dans ces vallées sociales que n'éclaire pas le soleil de la science. Les hommes y sont encore tels qu'ils étaient aux siècles passés. Le temps en creusant les tombes de leurs ancêtres, n'y a point enseveli avec eux d'autres décrépitudes qui, en se perpétuant dans leur forme et dans leur essence, créent, au milieu de sociétés stupéfaites, d'inconcevables anachronismes. Là sévit un séparatisme qui hérisse ses pointes contre tout ce qui n'est pas lui ; là rampent des misères physiques et morales inconnues même de nom à ceux qui sont établis sur les hauteurs ; là, faisant tache sur le fond lui-même du monde ambiant, des individualités aux traits énigmatiques et qui, pareilles aux sphinx gardiens des tombeaux, se dressent au milieu de religions, de sentiments et de mœurs pétrifiés, semblent témoigner par leur présence que les génies de beaucoup de siècles peuvent régner simultanément sur le globe.

Aujourd'hui que l'action du temps a modifié la nature et la raison d'être du patriciat et de la plèbe, leurs rôles sont intervertis. Le premier est devenu le défenseur et le protecteur de l'égalité, l'autre reste obstinément attaché aux divergences et aux distinctions. Et si jadis la violence et l'oppression fondaient d'en haut sur ceux qui grouillaient dans l'humilité et dans la poussière, c'est maintenant des bas fonds que montent souvent les miasmes malsains qui empoisonnent la vie des élus de la civilisation ou que sont projetées ces pierres d'achoppement qui difficultuent leur marche.

Parmi les Juifs, il y a autant et plus que dans les autres sociétés, de ces vallées infortunées et funestes, ceintes comme d'une chaîne montagneuse de brumes et de ténèbres, qui les isolent complètement. Beaucoup de causes ethnographiques et historiques ont contribué à la prolongation excessive de ces vapeurs crépusculaires sillonnées de brillants éclairs : phénomènes qui sollicitent l'attention du penseur par l'influence énorme qu'ils exercent autour d'eux et par l'étrangeté de leur coloris. Et pourtant qu'est-ce qui les scrute et les connaît ? Ceux même que la voix du sang et l'identité des traditions devrait attirer vers ces localités perdues dans l'ombre n'y envoient ni artistes ni apôtres et n'ajoutent même pas toujours foi à leur existence.

Quel ne serait point, par exemple, l'étonnement de la

société juive des grandes villes de notre pays, composée d'hommes policés. instruits, adonnés aux carrières libérales, et de femmes qui en charme, en élégance, en esprit, ne le cèdent souvent pas aux types les plus raffinés des autres sphères, si quelqu'un s'avisait d'exposer à ces habits noirs et à ces robes de soie ce que c'est que Szybow et ce qui s'y passe.

Szybow ? Dans quelle planète se trouve cette localité ? Et si c'est dans la nôtre, est-elle habitée par des gens au teint blanc, noir ou cuivré ?

Nous nous proposons de faire faire connaissance au lecteur avec la vallée sociale profonde qui porte ce nom de Szybow. Il s'y est déroulé naguère un drame curieux, digne d'un coup d'œil de sympathie, d'un fort battement de cœur et d'un moment de méditation mélancolique. Seulement pour ressortir pleinement, il faut que les faits soient placés dans leur cadre et les personnages dans le milieu qui les a vu naître et se développer et dont les vastes perspectives recèlent les éléments constitutifs. Qu'il me soit donc permis, avant de lever le rideau sur les premières scènes de ce drame de vous raconter brièvement *l'histoire d'une petite ville.*

En Russie Blanche, loin du chemin de fer et même du cours navigable de la Dzwina, dans l'un des recoins les plus écartés qu'il puisse y avoir encore en Europe, quelques centaines d'habitations, grandes ou petites, se détachent en gris sous un ciel pâle, au point de rencontre de deux routes sablonneuses qui vont se perdre dans l'épaisseur d'un bois et ces maisons sont si rapprochées qu'on dirait que, dans un accès de panique, elles se sont pressées les unes contre les autres pour mieux pouvoir échanger leurs confidences et leurs larmes.

C'est Szybow, peuplé de Juifs plus exclusivement que beaucoup d'autres localités analogues, puisqu'il n'a qu'une petite rue à l'extrémité de la ville où, par exception, quelques chaumières et maisonnettes servent de demeure à de fort pauvres citadins et à de très paisibles vieux employés retraités.

C'est du reste la seule rue où règne la tranquillité et où

l'été d'humbles fleurs s'épanouissent. Ailleurs pas trace de verdure, mais un bruit confus et incessant de gens qui se démènent avec une activité fièvreuse, tant dans l'intérieur des maisons que dans les passages étroits et crottés, décorés du nom de rues et dans l'assez vaste place circulaire, située au milieu de la ville, bordée de boutiques sordides aux portes étroites, jonchée de la couche épaisse et inépuisable de boues et d'ordures qu'y laisse la prolongation, pendant des semaines entières, de foires très courues par la population des environs et dominée par une haute et grise maison de prières aux formes étranges.

Ce bâtiment est un des spécimen, rares aujourd'hui, de l'ancienne architecture israélite. Il présente un égal intérêt à l'artiste et à l'archéologue. On peut reconnaître du premier coup d'œil sa destination, quoique son apparence ne ressemble à celle d'aucun autre temple. Il est carré, et cette disposition prête une grande monotonie de lignes à quatre murailles élevées et lourdes, auxquelles une teinte noirâtre imprime un cachet de gravité, de vétusté et de tristesse. Ce sont assurément des murailles fort anciennes, puisqu'elles ont ci et là de longues traînées de mousse verdoyante ; et, à leur sommet, court une rangée de petites fenêtres profondément encaissées, rappelant par leur forme les meurtrières de bastions. Cette construction se termine par un toit massif, dont les trois étages se surplombent, ce qui leur donne l'air de trois gigantesques champignons sombres et couverts de mousse.

Tout ce qui, dans la ville, a un aspect plus présentable ou une utilité plus générale s'est concentré ici, recherchant le voisinage protecteur des noires murailles du temple et de son toit cryptogamique. Sur des cours spacieuses s'ouvrent les écoles, les heders, et les lieux de réunion des fonctionnaires du kahal. C'est là encore que s'abrite la maisonnette basse, noire, à deux fenêtres, vraie masure qu'habitent depuis plusieurs siècles des générations de rabbins de la famille de Todros, fameuse dans la communauté et au-delà. Il règne dans ces parages une propreté exemplaire et, tandis qu'ailleurs, surtout en automne et au printemps, on risque quasi de se noyer dans la boue ou de s'enfoncer dans des ordures, le pavage de la cour de l'école est toujours net et sec et on n'y remarque pas un fêtu de paille, car, s'il s'en trouvait, le passant, soucieux de la beauté des approches du temple, s'empresserait de le ramasser.

Le prestige de Szybow, aux yeux de la population israélite établie en Russie Blanche ou même encore plus loin dans la vaste étendue de la Lithuanie, peut s'inférer d'une aventure assez mortifiante survenue à un gentilhomme plus gai qu'instruit, au cours d'une conversation avec un juif plus madré que modeste.

Ce commissionnaire juif se tenait, le sourire aux lèvres, près du cabinet seigneurial, légèrement penché vers le maître de céans, toujours prêt à un vigoureux bond en avant pour lui rendre service ou à une répartie ingénieuse pour le dérider.

Le seigneur, de belle humeur, plaisantait avec le juif.

« Mon petit Cham, disait-il, as-tu été à Cracovie ? »

« Non, monsieur. »

« Alors, mon petit Cham, tu n'es guère savant ! »

Le petit Cham s'inclina.

« Mon petit Cham, as-tu été à Rome ? »

« Non, monsieur. »

« Mon petit Cham, tu n'es alors guère savant ! »

Le petit Cham s'inclina de nouveau, mais en se rapprochant de deux pas de son maître. Sur ses lèvres se jouait un de ces sourires propres aux gens de sa race, spirituels, rusés, dont on ne saurait dire s'ils expriment l'humilité ou un secret triomphe, la flatterie ou le sarcasme.

« Pardon, monsieur, » murmura-t-il doucement, « avez-vous, monsieur, été à Szybow ? »

Szybow était éloigné d'une vingtaine de lieues de la localité où cet entretien avait lieu.

« Je n'y ai pas été », répondit le gentilhomme.

« Et qu'est-ce à dire maintenant ? » chuchota à voix plus basse encore le petit Cham.

La tradition se tait sur la réponse que fit le gai gentilhomme à cette question embarrassante ; mais de ce que le juif se servit de Szybow comme d'un argument de nature à retorquer une allégation offensante ou plutôt à rendre la pareille à son interlocuteur, il est permis de conclure que Szybow est pour le petit Cham ce que Rome et Cracovie sont pour le gentilhomme, c'est-à-dire une citée dotée, civilement et religieusement, d'une importance exceptionnelle.

Si quelqu'un eut alors demandé au commissionnaire juif la raison de cette haute signification attribuée à une chétive bourgade perdue au milieu de campagnes silencieuses, le petit Cham n'eut sans doute cité que les deux noms de deux familles domiciliées depuis des siècles à Szybow : les Ézofowicz et les Todros. Les deux familles différaient entièrement et, avec le temps, le contraste entre elles s'accrut au point que les Ézofowicz par leur nombre, leurs alliances, leurs richesses et leur habileté consommée à brasser des affaires et à augmenter leur fortune, personnifièrent, à sa puissance supérieure, l'élément de la prospérité mondaine, tandis que les Todros, représentèrent l'élément moral, la piété, le sentiment religieux et une pureté de mœurs poussée jusqu'à l'ascétisme.

Il se peut qu'interrogé sur le motif de l'importance attachée par lui à cette bourgade, le petit Cham eut oublié de mentionner les Ézofowicz, car, bien qu'à beaucoup de lieues à la ronde, les Israélites tirâssent vanité de l'opulence et de l'influence de cette famille devenue, pour ainsi dire, l'une de leurs gloires nationales, cependant son éclat exclusivement mondain pàlissait devant le rayonnement de sainteté morale qui entourait de temps immémorial le nom de Todros.

De temps immémorial, les Todros furent considérés, par toute la population Israélite de la Russie Blanche et de la Lithuanie, comme le modèle achevé et l'arche inviolable de l'orthodoxie religieuse. Était-ce une réputation réellement méritée? Il se rencontrait ci et là de savants Talmudistes sur les lèvres desquels une mention de l'orthodoxie talmudique des Todros amenait un sourire étrange et qui, dans leurs colloques, murmuraient discrètement contre elle, parce que cette orthodoxie tant vantée leur donnait beaucoup et beaucoup à penser. Cette poignée de sceptiques perdus dans une foule de croyants, constituait néanmoins l'infime minorité. La foule conservait la vénération et la foi. Szybow l'attirait comme un lieu sanctifié ; elle y venait humblement chercher un enseignement, des conseils, des consolations et des remèdes.

Szybow n'a pourtant pas toujours joui d'un tel renom d'orthodoxie. Ses premiers fondateurs ont été des hérétiques, des Caraïtes qui représentaient au milieu d'Israël, l'esprit d'opposition et d'examen. Ils avaient jadis, bien longtemps de cela, converti à leur foi l'opulente population établie dans cette terre riche en vin et en or, qui s'appelle la Chersonèse et où ils régnèrent. Plus tard, emportant le souvenir de cette royauté, ils émigrèrent de par le monde avec la Bible, ce livre unique de leur religion et de leur loi, doublement exilés de la Palestine et de la Crimée. Une petite portion d'entre-eux, amenés en Lituanie par le grand-duc Witold, poussèrent jusqu'en Russie Blanche et fondèrent une colonie de quelques maisonnettes ou masures nommée Szybow.

Les vendredi et samedi soirs, une morne tranquillité et un profond silence s'observaient alors, dans la petite ville, car les Caraïtes, à l'opposé des Talmudistes, saluaient le saint jour du sabbat non par un brillant éclairage, de bruyantes réjouissances et de copieux festins, mais en méditant, au milieu des ténèbres, du silence et de l'affliction, sur la chute du Temple, de la gloire et de la puissance de leur patrie. Du sombre intérieur des habitations et de derrière de petites fenêtres aux vitres ternies s'échappaient au dehors les sons assourdis et prolongés de modulations plaintives; des pères racontaient à leurs enfants comment, sur les rives des fleuves de Babylone, les prophètes brisaient leurs harpes et se coupaient les doigts des mains pour ne pas être obligés, dans leur esclavage, à chanter ni la bienheureuse contrée de Chawila, située quelque part au midi de l'Arabie, où dix générations d'Hébreux coulèrent des jours prospères, libres, paisibles, exempts de disputes et de guerres ; ni le fleuve sacré de Sabbation, qui déroba à leurs ennemis les Israélites fugitifs.

Il vint une époque où les vendredis soirs certaines fenêtres s'illuminèrent et où le bruit de conversations sonores et de prières récitées en chœur retentirent au dehors. Les rabbanites arrivaient Les partisans des autorités talmudiques, les représentants d'une foi aveugle dans les traditions orales, recueillies et transmises par les Cohen, les Tanaïtes et les Gaons, poussèrent plus loin devant eux de pauvres épaves et cette poignée d'hérétiques se dispersa à leur approche. Sous l'influence de cette invasion, la communauté caraïte se dissolvait peu à peu, et le dernier coup lui fut porté par Michel Ézofowicz Senior, personnage connu dans les annales des Israélites polonais.

C'est le premier des Ézofowicz, dont le nom ait émergé des brumes du passé. Sa famille, établie fort anciennement en Pologne, fut l'une de celles qui, sous le règne des Jagellons et grâce à l'influence de lois et de coutumes témoignant d'un état de civilisation très avancé pour cette époque, se lièrent de relations d'amitié avec la population du pays. Le roi Sigismond Ier l'avait nommé *Senior*, c'est-à-dire préposé en qualité d'ancien à tous les Juifs domiciliés en Lithuanie et en Russie Blanche et cela par un diplôme dont voici le passage le plus saillant :

« Nous, Sigismond, par la grâce de Dieu, etc., faisons savoir à tous les Juifs établis dans le royaume, notre patrie, qu'en considération des fidèles services du Juif Michel Ézofowicz et pour que dans les affaires qu'ils peuvent avoir avec nous, les Juifs n'éprouvent ni obstacles ni délais, nous décidons selon la justice, que Michel Ézofowicz traite de tous vos intérêts avec moi et soit votre ancien, que vous vous adressiez à nous par son intermédiaire et lui soyez soumis en tout. Il vous jugera et administrera selon la coutume de votre loi et, sous notre bon plaisir, il punira les coupables d'entre vous, chacun selon ses mérites... »

D'après les quelques mentions que l'histoire nous en a conservées, il est aisé de reconnaître en Senior un homme à la volonté ferme et énergique. Il s'empara d'une main vigoureuse de l'autorité qui lui était confiée sur ses coreligionnaires et frappa d'excommunication ceux d'entre eux qui ne voulurent pas s'y soumettre et notamment les caraïtes, qu'il retrancha de la société israélite, en les privant de tout recours à l'assistance et à l'amitié des autres Juifs, calamité suprême qui acheva de désorganiser les anciens habitants de Szybow, qui déjà vivaient dans la tristesse, l'indigence et l'inaction. Ces descendants des potentats Chazars, formant, en tant qu'hérétiques, une infime minorité dans leur propre société, objets de sa malveillance et de ses dédains, pauvres et exténués, quittèrent, avec leur attachement exclusif et obstiné à la Bible dans le cœur et leurs poétiques légendes sur les lèvres, l'endroit qui leur avait offert un refuge momentané. Ils se dispersèrent à travers ce monde vaste et hostile, en ne laissant pas d'autre trace de deux siècles de séjour dans ce groupe d'habitations grisâtres, égarées dans les plaines de la Russie Blanche, que quelques familles plus endurantes, passionnément attachées aux anciens tombeaux qui contenaient les ossements de leurs pères et au monticule semé des ruines de leur temple, renversé par les rabbanites victorieux.

Les rabbanites prirent entièrement possession de Szybow et il faut leur rendre cette justice que par leur activité, leur prévoyance, l'unité de leurs efforts, et, leur solidarité non pareille, ils changèrent cette sombre bourgade d'un endroit silencieux, triste et indigent en une localité animée, bruyante et riche.

Ce fut d'ailleurs en général une ère de prospérité pour les Juifs placés sous l'autorité de Senior. Outre leurs succès matériels, ils virent luire pour eux l'espoir de s'arracher à leur obscurantisme intellectuel et à leur abaissement social. Il fallait que l'intelligence de Senior fut vive et pénétrante pour qu'il ait réussi à entrevoir, au travers de préjugés séculaires, l'esprit du temps et les besoins de son peuple. Qu'il ait obéi à des exigences d'ordre purement administratif ou plutôt à des considérations d'intérêt social supérieur, il eut certes un autre mobile que le fanatisme en repoussant les caraïtes du sein d'Israël. Et en effet, quoiqu'il fut rabbanite et tenu par conséquent à honorer et à croire sans réserve les autorités religieuses, le scepticisme, la meilleure et l'unique voie peut-être qui conduise à la sagesse, hantait parfois son esprit. Dans l'un de ses mémoires au Roi, en repoussant les critiques formulées contre les arrêts qu'il avait prononcés, il disait avec une tristesse empreinte de quelque ironie:

« Nos livres édictent les prescriptions les plus variées. Nous ne savons souvent que faire, quand Gamaliel est d'un avis et Éléazar d'un autre. Il y a une vérité à Babylone et une autre à Jérusalem [1]. Nous obéissons à un second Moïse [2] que d'autres traitent d'hérétique. J'encourage les savants à écrire avec assez de sapience pour être compris à la fois des doctes et des ignorants. »

Précisément à cette époque en Occident, il s'éleva parmi les Israélites établis en Espagne et en France, un grand débat sur la question de savoir, si la science profane devait être permise ou prohibée aux confesseurs de la Bible et du Talmud. Les opinions furent partagées, mais elles ne pouvaient pas rester longtemps en suspens, parce que les partisans du système selon lequel Israël devait s'abstraire absolument des travaux intellectuels et des aspirations du reste de l'humanité, formaient l'immense majorité. Chaque société est exposée à de pareilles éclipses. Elles surviennent le plus souvent quand une nation sent sa vitalité et son énergie faiblir par lassitude d'une longue série d'efforts soutenus, de tortures subies et de torrents de sang versé. Les Juifs de l'Occident, après avoir vécu plusieurs siècles dans la terreur, la proscription, le sang et le feu, traversaient au XVIe siècle une phase pareille. Ils étaient déjà loin du temps où de leur sein surgissaient de fameux docteurs ès-sciences profanes, chéris des peuples et considérés des rois eux-mêmes. Il n'y avait plus qu'oubli et que mépris pour les vastes et belles conceptions de Maïmonide. Maïmonide, en honorant comme il le devait le législateur d'Israel, admirait aussi les sages de la Grèce, essayait de fortifier les enseignements de la

1. Les deux éditions du Talmud, l'une de Babylone et l'autre de Jérusalem, ne concordent pas entièrement.

2. Maïmonide.

Bible et du Talmud en les basant sur les vérités astronomiques et mathématiques. Il avouait ouvertement son désir de réduire les vingt-cinq mille feuillets du Talmud, fût-ce en seul chapitre, pourvu qu'il eût la clarté du jour. Enfin, n'admettant pas que les conjectures déraisonnables eussent leur justification dans la foi, il répétait que « l'homme a les yeux placés au visage et non derrière la tête pour être libre de regarder devant lui » et prédisait « qu'un jour il y aurait autant de science de par le monde que d'eau dans la mer. »

Quatres siècles ont passé sur la disparition de la surface du globe de l'austère, douce, et hautement sympathique figure du penseur israélite, qui fut du reste, en général, l'un des plus grands penseurs du moyen-âge. Ce géant, au regard d'aigle et au cœur de flamme, fut remplacé par des nains à la poitrine exténuée et débordant d'amertume, au regard terne, étroit et soupçonneusement abaissé sur ce monde.

« Garde-toi de la sagesse grecque », disait Joseph Ésobi à son fils, « parce que, semblable à la vigne de Sodome, elle fait monter au cerveau de l'homme l'ivrognerie et le péché. » « Les étrangers se faufilent par la porte de Sion ! » s'écriait Abba-Mari, à la nouvelle que la jeunesse israélite s'instruisait aux leçons de maîtres étrangers. Et tous ensemble, rabbins et chefs de communautés juives en Occident, défendent que personne n'ose, avant trente ans, aborder la science profane. « Celui-là seul, disent-ils, dont la Bible et le Talmud ont déjà rempli la pensée, possède le droit de se réchauffer à des flammes étrangères. »

« Rabbin, répondaient quelques Israélites un peu plus hardis ou moins humblement soumis aux décisions de leurs supérieurs spirituels, « comment approfondirons-nous la science profane à trente ans révolus, puisqu'à cet âge notre intelligence sera émoussée, notre mémoire fatiguée et que nous n'aurons plus ni la curiosité ni la vigueur de la jeunesse ? »

Ce furent cependant les interdictions qui prévalurent. Les intelligences s'atrophièrent, la mémoire surchargée s'affaissa, les forces et les désirs de la jeunesse s'évanouirent. Silencieuse et immobile, la tombe de Maïmonide restait debout au milieu de l'océan de ténèbres répandu sur le peuple que ce grand homme guidait vers la lumière. On maudissait sa mémoire et une main audacieuse, effaçant son épitaphe pleine de gratitude et de louanges, lui substitua ces mots secs et cruels comme l'ignorance et le fanatisme : « Ci-gît Moïse Maïmonide, maudit hérétique. » A la même époque, de semblables conflits éclatèrent parmi les Israélites de Pologne : seulement, en raison de ce que ces derniers avaient infiniment moins souffert que leurs autres corréligionnaires de l'Occident, et qu'ils étaient plus libres, plus sûrs de leurs droits à l'existence et de leur avenir, ils témoignaient une répugnance moins passionnée pour « les flammes étrangères. »

Il se créa même parmi eux un parti nombreux qui réclamait à haute voix la science profane et le partage fraternel des labeurs et des tendances du reste de l'humanité. Le Senior lithuanien Ézofowicz fut l'un des hommes à la tête de ce parti. C'est grâce principalement à ses soins que le synode juif, rassemblé à cette époque, publia une proclamation à tous les Juifs polonais, dont voici le passage capital :

« Jéhovah a de nombreux séraphins, Adam eut les attributs de toutes sortes de perfections. Aussi l'Israélite ne doit-il pas se borner à la seule science religieuse. La science religieuse est la première, mais les autres sciences ne sont pas à négliger. La pomme de paradis est le meilleur des fruits ; est-ce un motif pour que nous ne mangions pas d'autres pommes moins savoureuses? Des Juifs ont figuré à la cour des rois, Mardochée fut savant, Esther instruite, Nehémie gouverneur de la Perse, et ils sauvèrent leur peuple de la captivité. Instruisez-vous, soyez utiles aux rois et aux seigneurs et ils vous respecteront. Il y a autant de Juifs de par le monde que d'étoiles au ciel ou de sable dans la mer, mais ils ne brillent pas comme les étoiles et chacun les foule aux pieds comme le sable. Cependant le vent disperse les semences de différents arbres et personne ne s'informe de la provenance de l'arbre le plus magnifique. Pourquoi parmi nous le cèdre du Liban ne croîtrait-il pas au lieu d'un buisson d'épines? »

L'homme, sous l'inspiration duquel fut écrite la proclamation qui invita les Juifs de Pologne à tourner leurs visages vers les clartés de l'avenir, se rencontra face à face avec un personnage enfoncé dans les ténèbres du passé.

Ce nouvel arrivant d'Espagne, Néhemie Todros, récemment établi à Szybow, descendait de ce fameux Todros Abulaffi Halévi qui, après avoir été renommé quelque temps par sa science talmudique et son orthodoxie, se laissa ensuite sensiblement séduire par les sombres mystères de la cabale et contribua, en lui prêtant l'appui de son autorité, à engager Israël dans l'une des erreurs les plus funestes à l'esprit national. Selon une tradition, ce Néhemie Todros, qui portait le titre princier de Nassi, aurait le premier introduit en Pologne le livre du *Zohar*, où est contenu l'exposé ou plutôt la quintessence d'une doctrine pernicieuse et ce serait de là que daterait dans notre pays ce mélange des enseignements du Talmud avec la Cabale, destiné à exercer une action toujours plus étendue et plus funeste sur les intelligences et sur la vie des Juifs polonais. L'histoire se taît sur les conflits et les discordes que ces innovations occasionnerent à un peuple en train de se dégager des ténèbres ambiantes, mais une tradition pieusement conservée au sein des familles, veut que, dans la lutte longtemps et opiniâtrement poursuivie entre Michel Ezofowicz, juif de vieille date polonais, et Néhemie Todros, nouveau venu d'Espagne, le premier ait été vaincu. Dévoré du chagrin que lui causait le spectacle de son peuple égaré dans de faux sentiers, il mourut dans toute la force de l'âge, victime des intrigues ourdies contre lui par son sombre adversaire. La famille des Ezofowicz se transmettait son nom de génération en génération. Ils se glorifiaient de son souvenir, tout en comprenant à la longue de moins en moins sa signification.

C'est à cette époque que remonte la grande autorité des Todros et la diminution graduelle de l'influence morale exercée par les Ezofowicz. Ces derniers, exclus par leurs rivaux du vaste domaine de l'action sociale, tournèrent toute leur activité vers l'accroissement de leur bien-être matériel. Les rivières navigables se couvraient chaque année de bateaux leur appartenant qui portaient à des ports lointains les articles de commerce les plus variés ; leur maison, établie dans une misérable bourgade, devenait peu à peu un des principaux foyers du crédit et de l'industrie nationale et c'est vers eux que se tournaient, comme vers des Rothschild, tous ceux qui, pour la réussite de leurs desseins et de leurs entreprises, avaient besoin du secours de l'or.

Les Ézofowicz, fiers d'avoir conquis le pouvoir de l'or, n'eurent plus d'autre souci et n'ambitionnèrent plus cette action sur l'esprit et sur la destinée de leur nation que possédait leur ancètre et que semblaient leur avoir ravie à jamais ces Todros qui, éternellement besogneux, presque indigents, logés dans la misérable màsure acculée au temple, et pleins de dédain pour tout ce qui a l'apparence du superflu, de la beauté ou même du confortable, et néanmoins renommés d'un bout à l'autre du pays, attiraient à eux les soupirs les plus dévôts, les rêveries et les angoisses les plus chaudes de leur peuple. Une seule fois dans le cours de deux siècles, un Ézofowicz se laissa encore tenter d'aspirer à une dignité non plus seulement matérielle, mais morale.

Ce cas se présenta à la fin du siècle passé. La grande Diète de quatre ans siégeait à Varsovie. L'écho de ses délibérations pénétra jusqu'à cette bourgade de la Russie Blanche, dont la population, tendant curieusement l'oreille, écoutait et attendait. Un bruit circulait de bouche en bouche, gros d'espérances et de craintes : là-bas, on discute aussi le sort des Juifs !

— « Qu'est-ce qu'on dit de nous ? Qu'écrit-on sur notre compte ? » Voilà les questions que les passants, vêtus de longues houppelandes et couverts de grands bonnets fourrés, s'adressaient dans les étroites rues de Szybow. La curiosité croissait de jour en jour au point de ralentir d'une manière inaccoutumée le mouvement des capitaux et les transactions commerciales. Quelques habitants entreprenaient même le lointain voyage de Varsovie pour se trouver plus près de la source des nouvelles, et, une fois à destination, ils expédiaient de la capitale à leurs coreligionnaires restés dans une petite ville de la Russie Blanche de longues lettres, des journaux maculés et déchirés ou des feuilles arrachés de livres et de brochures.

Parmi ceux qui n'avaient point quitté la petite ville, deux hommes : le rabbin Nochim Todros et le riche marchand Hersz Jezefowicz, prêtaient à ces rumeurs l'attention la plus inquiète et la plus suivie.

Ces deux personnages ne s'aimaient pas et leurs rapports réciproques étaient empreints d'une malveillance sourde, dissimulée, mais intense. En apparence, ils restaient dans de bons termes, seulement à chaque circonstance de quelque gravité, l'antagonisme entre le descendant de Michel Senior, disciple de Maïmonide et le descendant de Néhémie Todros, cabaliste fanatique, éclatait d'une manière souvent fort orageuse.

Un beau jour un billet, jauni et froissé par la durée du trajet, parvint à Szybow de Varsovie et en voici le contenu :

« Toutes distinctions de costume, de langage et de mœurs entre les Juifs et la population locale sont abolies. Il ne sera touché à rien de ce qui a trait à la religion. Les sectes elles-mêmes seront tolérées, en tant qu'elles ne portent aucune atteinte à la morale. Aucun Juif ne pourra être baptisé avant sa vingtième année. Le droit d'acquérir des propriétés sera accordé aux Juifs, et ceux d'entre eux qui voudront s'adonner à l'agriculture seront dispensés de l'impôt pendant cinq ans et gratifiés de ce qui est nécessaire à l'exploitation d'une terre. Les mariages seront interdits aux hommes avant vingt ans et aux femmes avant dix-huit. »

Ce billet circula dans les rues, les places et les maisons ; on le lut cent fois, on l'agita dans les airs comme un étendard de triomphe ou de deuil jusqu'à ce qu'entre tant de mains impatientes et fiévreuses il se fût émietté en menues parcelles, réduit en poussière jaunâtre et eût disparu.

La population de Szybow commença par ne pas énoncer d'avis sur ce qu'elle avait lu. Une minorité infime tourna ses regards interrogateurs vers Hersz ; l'immense majorité scrutait la physionomie de Reb Nochim.

Reb Nochim sortit devant le seuil de sa masure et, en signe de scandale et de désespoir, levant au-dessus de sa tête grise, ses mains amaigries, il s'écria à plusieurs reprises ;

— « *Malheur ! malheur ! calamité !* »

— Malheur ! malheur ! calamité ! » répéta après lui la foule, qui se pressait ce jour-là dans la cour du temple. Mais au même moment Hersz Ézofowicz, debout à l'entrée même de la maison de prières, passa une de ses mains blanches sous la large ceinture de sa houppelande de satin, caressa de l'autre sa barbe rousse, releva hardiment sa tête couverte d'un bonnet en castor de prix et d'un ton différent, mais d'une voix non moins sonore que celle du rabbin, il s'écria :

— « *Espérance ! espérance ! joie !* »

— « Espérance ! espérance ! joïe ! » — répéta un peu timidement et un peu sourdement, en regardant de côté le rabbin, la petite poignée d'amis groupés autour de lui.

Mais le vieux rabbin avait l'oreille fine. Il entendit. Sa barbe blanche en trembla et ses yeux noirs lancèrent dans la direction de Hersz des regards pleins d'éclairs.

— « On nous ordonnera de raser nos barbes et de porter des vêtements courts ! » s'écria-t-il avec une tristesse mêlée de colère.

— « On allongera nos intelligences et on nous élargira le cœur dans la poitrine ! » lui répondit du seuil du temple la voix éclatante de Hersz.

— « On nous attèlera aux charrues et on nous enjoindra de labourer la terre d'exil ! » criait Reb Nochim.

— « On ouvrira devant nous les trésors de la terre et il lui sera ordonné de nous être une patrie ! » criait Hersz.

— « On nous interdira d'observer le kocher et l'on fera d'Israël un peuple de mécréants ! »

— « On bâtira des écoles pour nos enfants et on fera d'Israël un cèdre du Liban au lieu d'un buisson d'épines ! »

— « La barbe aura poussé au menton de nos enfants avant qu'il leur soit permis de prendre femme ! »

— « Quand ils se choisiront des femmes, la raison résidera dans leurs têtes, la force dans leurs bras, ils seront déjà des hommes! »

— « On nous commandera de nous réchauffer aux foyers de races étrangères et de nous désaltérer à la vigne de Sodome. »

— « On avancera pour nous le Jobel-ha-Gadel, la fête de la joie, où l'agneau pourra reposer avec sécurité auprès du tigre ! »

— « Hersz Ézofowicz ! Par tes lèvres parle l'âme de ton aïeul, qui voulait précipiter tous les Juifs dans les flammes ! »

— « Reb Nochim ! Tu vois par les yeux de ton aïeul, qui a plongé tous les Juifs dans d'épais ténèbres ! »

C'est ainsi que, debout vis-à-vis l'un de l'autre, ces deux hommes échangeaient de loin ces propos, au milieu du recueillement de la foule. La voix de Nochim devenait toujours plus fine et plus acérée, le ton de Hersz gagnait en force et en profondeur. Les joues jaunies du vieux rabbin se couvrirent de tâches rouges, le visage d'Ézofowicz pâlit. Le rabbin agitait au-dessus de sa tête ses bras desséchés, il portait le haut de son corps en avant, puis se rejetait brusquement en arriere et sa barbe d'argent s'éparpillait sur ses épaules. Le marchand se tenait droit et immobile, ses yeux gris brillaient d'une colère ironique et la blancheur de la main passée derrière sa ceinture tranchait sur le noir du satin.

Plusieurs milliers d'yeux allaient rapidement d'une figure à l'autre de ces deux chefs du peuple, plusieurs milliers de lèvres tremblaient, mais se taisaient.

Finalement la cour du temple retentit du cri aigu perçant, et prolongé de Reb Nochim :

— « *Malheur* ! *malheur* ! *calamité* ! » gémissait le vieillard avec des sanglots dans la poitrine et en se tordant les mains au-dessus de la tête.

— « *Espérance* ! *espérance* ! *joie* ! » criait Hersz d'une voix radieuse et sonore en levant sa main blanche.

La foule se tût encore un moment, et resta immobile; puis les têtes se mirent à onduler comme des vagues secouées en sens contraire et les lèvres se mirent à murmurer comme des eaux bouillantes jusqu'à ce que des milliers de bras se dressassent soudain avec un geste de terreur et d'affliction et que de milliers de poitrines s'échappât en chœur une immense clameur:

— « *Malheur! malheur! calamité!* »

Reb Nochim avait vaincu.

Hersz promena ses yeux autour de lui, sur les rangs serrés de ses partisans, qui ne répétaient pas, il est vrai, le cri de la multitude, mais qui se taisaient, la tête baissée et le regard craintivement cloué à terre.

Un sourire de mépris voltigea sur ses lèvres et quand la foule du peuple en vagues gémissantes, se ruait dans le temple; que Reb Nochim, courant à sa tête et secouant au-dessus de ses cheveux grisonnants ses mains jaunes, entonnait, dès le seuil, à haute voix, la supplication récitée d'ordinaire aux heures de péril et qu'enfin les murs sombres de la maison de prières retentissaient de cette strophe déchirante comme un sanglot: « Dieu sauve ton peupeuple, sauve de la perdition les restes d'Israël! » le jeune marchand demeura longtemps immobile, le regard chargé d'une profonde méditation, puis il traversa la place à pas lents et disparut dans une vaste maison de belle apparence, sise à l'angle du marché.

C'était la plus grande et la plus élégante maison de la ville, encore toute neuve, aux murailles jaunes et aux vitres étincelantes, et construite par Hersz lui-même. Il demeura longtemps assis sur un simple escabeau de bois, dans une salle très vaste, le regard soucieux et le front sillonné de rides. A la fin, il leva la tête et s'écria:

— « Freyda! Freyda! »

A cet appel, les portes de la chambre voisine s'ouvrirent: au seuil parut une femme à la taille élancée et que les reflets d'un foyer ardent enveloppaient d'une lumière d'or. Elle portait un grand voile blanc roulé sur la tête; de son cou, orné de plusieurs rangées de perles, un tablier blanc tombait jusqu'au bas de son tablier brodé. Des yeux noirs bien fendus illuminaient joyeusement son visage allongé et doux. Elle s'arrêta devant son mari et l'interrogea du regard.

Hersz lui désigna de l'œil un banc sur lequel elle prit place aussitôt.

— « Freyda, » lui demanda-t-il, « as-tu entendu parler de ce qui s'est passé aujourd'hui en ville ? »

— « Oui, » répondit-elle tout bas. « Mon frère José est entré me dire que tu t'es beaucoup disputé aujourd'hui avec Reb Nochim. »

— « Il veut me dévorer comme il a dévoré mon aïeul. »

L'effroi se peignit dans les yeux noirs de Freyda.

— « Hersz ! » s'écria-t-elle, « ne te chamaille pas avec lui. Il est grand et saint, il aura tout le monde pour lui. »

— « Oh ! » répliqua avec un sourire son mari après un moment de silence, « tu n'as rien à craindre. Les temps ont changé, il ne me fera rien ! Et moi, je ne puis fermer les lèvres, quand mon cœur me crie hautement de parler. Je ne puis voir cet homme dire de ce qui est bon que c'est mauvais et le peuple, dans sa sottise, le regarder aux yeux et répéter ensuite les mêmes criailleries que lui, sans y rien comprendre. Et comment y comprendrait-il quelque chose? Les Todros lui ont-ils appris à distinguer le mal du bien et ce qui sera de ce qui a été ! »

Il y eut un intervalle de silence et Hersz reprit :

— « Freyda ! »

— « Eh quoi ? Hersz. »

— « N'as-tu point oublié ce que je t'ai raconté de Michel Senior ? »

La femme joignit pieusement les mains.

— « Et pourquoi l'aurais-je oublié ? » exclama-t-elle. « Tu m'as fait sur lui de beaux récits ! »

— « Ce fut un grand, un très grand homme ! Les Todros l'ont dévoré, sans cela il aurait accompli de grandes choses pour les Juifs. Mais ce n'est rien. Je le questionnerai sur ses desseins, il m'instruira et j'exécuterai ses volontés ! »

Freyda pâlit.

— « Et comment l'interrogeras-tu ? » murmura-t-elle avec terreur, « puisqu'il y a longtemps qu'il ne vit plus ! »

Un sourire énigmatique plissa les lèvres fines du marchand.

— « Je sais le comment. Dieu dispose parfois tout de telle sorte que ceux qui ne vivent plus depuis longtemps peuvent parler et instruire leurs descendants. »

— « Freyda, » continua-t-il après une pause, sais-tu ce que fit Michel Senior, lorsqu'il sentit que les Todros viendraient à bout de lui et qu'il mourrait avant d'avoir contemplé d'autres temps ? »

— « Eh que fit-il ? »

— « Il s'enferma seul dans sa chambre et il y resta longtemps sans manger, boire, ni dormir, seulement à écrire. Et qu'écrivait-il ? C'est ce que personne encore n'a pu savoir, parce qu'il a enfoui quelque part très profondément ce qu'il écrivit, et que lorsqu'il se sentit mal et devina qu'il était perdu, il dit à ses fils : « J'ai écrit tout ce que j'ai su, éprouvé, et voulu réaliser, mais je vous ai caché ce que j'écrivais, car, dans le temps où nous sommes, il ne vous servirait à rien de le connaître. Les Todros règnent, règneront longtemps et s'arrangeront de telle sorte que ni vous ni vos enfants ni vos petits enfants n'aurez souci de mon écriture et si vous regardiez mon manuscrit, vous le déchireriez et vous en jeteriez les morceaux au vent, en disant que Michel Senior a été un incrédule et vous le maudiriez comme a été maudit le second Moïse. Mais un temps viendra où mon arrière-neveu souhaitera vivement d'avoir mon manuscrit, afin de l'interroger sur ce qu'il faut penser et entreprendre, pour sauver les Juifs de l'esclavage des Todros et les conduire à ce soleil auquel se chauffent les autres nations. Cet arrière-neveu, animé violemment de ce désir, découvrira ce manuscrit. Que chacun de vous révéle seulement à l'heure de sa mort à l'aîné de ses fils son existence et la haute sagesse de son contenu. Qu'il en soit de la sorte de génération en génération. Je vous l'ordonne ainsi.

Souvenez-vous d'obéir à celui dont l'âme a mérité l'immortalité [1]. »

Hersz cessa de parler. Freyda se tenait immobile, examinant le visage de son mari d'un regard plein de curiosité.

— « Tu rechercheras ce manuscrit ? » demanda-t-elle tout bas.

— « Je le chercherai et je le trouverai », répondit son mari, « car je suis cet arrière-neveu, dont parlait Michel Senior mourant. Freyda, toi, aide-moi à le découvrir. »

La femme se redressa, radieuse de joie.

— « Tu es bon, Hersz ! » s'écria-t-elle d'une voix qui lui partait du cœur, « tu es bon d'admettre une femme à de si graves affaires et à de si hautes visées. »

— « Et pourquoi ne t'y admettrais-je pas? Est-ce que tu surveilles mal ma maison ou élèves mal mes enfants? Tu fais tout bien, Freyda, et ton âme est aussi belle que tes yeux ! »

Une flamme écarlate inonda le blanc visage de la jeune israélite. Elle baissa les paupières mais ses lèvres de corail murmuraient d'indistinctes expressions d'amour ou de gratitude.

Hersz se leva.

— « Où chercherons-nous ce manuscrit ? » se demanda-t-il pensif ?

— « Où ? » répéta la femme.

— « Freyda, continua le mari, « Michel Senior n'a pu

1. Selon la docttrine de Moïse Maïmonide, chaque homme doit par le perfectionnememt de son intelligence et par sa culture morale conquérir l'immortalité et le châtiment des mauvaises actions serait le néant. (Note de l'auteur). Il est curieux que la même doctrine se retrouve chez l'un des premiers poètes polonais contemporains : « Malheureux ! Vous vivrez d'une double immortalité, de la vôtre propre et de l'immortalité de ceux qui vous ont perdus. Car du néant qui leur est destiné se dégagera un esprit qui passera en vous. Personne ne périt éternellement que par une volontaire et suprême dégradation et, pour qui finit ainsi, il n'est plus ni existence ni tombeau. Il s'est dégradé jusqu'au néant, il s'est absorbé dans son avilissement. De la douleur l'esprit ressuscite, de l'infamie seule il n'y a pas de résurrection. (Voir : *le Poème inachevé* dans le 1er vol. des *Œuvres complètes du poète anonyme de la Pologne* (Note du traducteur).

cacher son manuscrit en terre, parce qu'il savait que les vers l'y auraient mangé ou qu'il y aurait moisi. Ce manuscrit serait-il en terre ? »

— « Non, répartit la femme, il n'est pas en terre! »

— « Il n'a pu le cacher dans la muraille, car il savait qu'un mur ne tarde pas à pourrir et qu'on le démolit pour en élever un nouveau. J'ai moi-même bâti ces nouveaux murs et j'ai vainement sondé les anciens, ils ne contenaient aucun manuscrit. »

— « C'est vrai! » exclama la femme d'un ton de regret.

— « Il n'a pu le cacher dans le toit, car il savait qu'un toit fléchit et qu'on le jette bas pour le remplacer par un autre. Lorsque je suis né, ma vieille maison avait peut-être changé dix fois de toit, mais il me semble que ce n'est point là qu'était la cachette de ce manuscrit. »

— « Non, ce n'est pas là, » répéta la femme.

— « Où cela peut-il être? »

Tous deux s'abimèrent dans leurs réflexions. Soudain la femme s'écria :

— « Hersz! Je le sais déjà. Ce manuscrit est là! »

Le mari leva la tête. La femme désignait du doigt une grande armoire vitrée, placée à l'angle de cette pièce et remplie du haut en bas de gros livres poudreux à la reliure grise.

— « Ce serait là? » demanda Hersz d'une voix hésitante.

— « Oui, là, » répondit la femme avec assurance. « Ne m'as-tu pas dit que ce sont les livres de Michel Senior et que tous les Ézofowicz les ont gardés en souvenir, mais qu'aucun d'eux ne les a jamais lus, parce que les Todros ne permettent pas de pareilles lectures ? »

Hersz se passa la main sur le front ; la femme poursuivit en ces termes :

— « Michel Senior a été un homme avisé et il prévoyait l'avenir. Il savait que de longtemps personne ne lirait ces livres et que celui-là seul qui voudrait les lire serait sa véritable postérité, digne de contempler des temps meilleurs et de lire son manuscrit. »

— « Freyda! Freyda ! » s'écria Hersz, « tu es une femme de bon conseil! »

Sous son voile d'une blancheur de neige, la femme baissa modestement ses yeux vers la terre.

— « Hersz ! Je vais aller jeter un coup d'œil sur nos enfants et bercer le plus jeune qui pleure. Je distribuerai du travail à nos serviteurs et ferai éteindre le foyer, puis je viendrai ici t'aider dans ta besogne. »

— « Reviens vite », lui dit Hersz, et, pendant que sa femme se dirigeait vers la chambre où bourdonnaient les voix des enfants et des domestiques, il l'accompagnait du regard en murmurant à demi-voix :

— « Une femme sage est plus précieuse que l'or et que les perles. Le cœur d'un mari est tranquille à côté d'elle. »

Elle ne tarda pas à rentrer, tira le verrou de la porte et demanda doucement à son mari : « Et où est la clef? »

Hersz trouva la clef de la bibliothèque de son aïeul, ouvrit le meuble ; ils commencèrent à ôter ensemble ces gros livres de dessus les rayons. Ils les déposaient à terre, et penchés sur ces livres, retournaient lentement et avec une attention extraordinaire les pages jaunes de vétusté. Le nuage de poussière qui s'élevait de ce tas de papiers, qu'aucune main ne toucha pendant des siècles, se déposait sur le voile blanc de Freyda et saupoudrait d'une couche grisâtre les cheveux de Hersz. Ils n'en travaillaient pas moins sans souci de la fatigue et avec une expression de figure si solennelle qu'on aurait pu croire qu'ils ouvraient le tombeau de leur ancêtre pour en extraire les grandes pensées ensevelies avec lui.

Le jour touchait déjà à sa fin, lorsque de la poitrine de Hersz, s'arracha un de ces cris par lesquels les hommes saluent le bonheur et la victoire. Freyda ne souffla mot ; elle se releva seulement de terre et joignit ses mains audessus de sa tête par un geste d'action de grâce.

On vit ensuite Hersz prier longuement et avec ferveur devant la fenêtre d'où l'on pouvait apercevoir scintiller au ciel les premières étoiles de la nuit. La lumière ne s'éteignit plus à cette fenêtre. Hersz, accoudé sur sa table, déchiffrait de grands feuillets jaunis déployés devant lui. A l'aube, dès qu'à l'orient le ciel commença à s'empourprer, il franchit le seuil de sa maison, et, couvert d'un manteau de voyage, un bonnet de castor sur la tête, il monta dans un charriot rembourré de paille et partit, si absorbé qu'en se mettant en route, il ne songea à dire adieu ni à ses enfants, ni aux gens de la maison accourus dans le vestibule pour prendre congé de lui ; il accorda seulement une inclinaison de tête à Freyda qui se tenait sur le perron avec son voile blanc que l'aurore teintait de rose. Les yeux noirs de Freyda, remplis à la fois de chagrin et de fierté, suivirent longtemps son mari.

Où Hersz était-il parti? Il se dirigeait par-delà les monts, les bois et les rivières... vers une lointaine région du pays où, au milieu des marécages et des noires forêts des environs de Pinsk, habitait un éloquent champion de la cause de l'émancipation et de la civilisation des Juifs de Pologne, Butrymowicz, nonce à la Diète. Ce gentilhomme de vieille roche et ce penseur voyait clair et loin. Les facteurs que d'autres ignoraient, les relations et les nécessités historiques qu'ils ne connaissaient pas, n'avaient pas de mystères pour lui.

Quand Hersz, introduit dans les appartements de l'habitation seigneuriale, se trouva en face de ce Nonce si sage, il s'inclina humblement et entra ainsi en matières :

— « Je suis Hersz Jozefowicz, marchand de Szybow, descendant de ce Michel Ézofowicz, qui fut préposé à tous les Juifs et qui, sur l'ordre du Roi lui-même, porta le titre de Senior. Je viens de loin. Et pourquoi ? Pour contempler le grand nonce et m'entretenir avec le grand auteur dont les paroles ont inondé ma vue d'une lumière aussi radieuse que les rayons du soleil. Leur éclat est très vif, mais il ne m'a pas ébloui, car, comme cette petite plante qui s'enroule autour de la branche d'un grand chêne, je veux que ma pensée s'enroule autour de votre grande pensée, pour que toutes deux se déploient sur les hommes pareilles à un arc-en-ciel après lequel il n'y aura plus dans le monde ni discordes ni ténèbres ! »

Le nonce répondit par quelques gracieuses paroles d'encouragement et Hersz reprit :

— « C'est vous qui avez dit qu'il faut conclure un accord perpétuel entre les deux nations qui guerroient sur le même sol ? »

— « Je l'ai dit », répliqua le nonce.

— « C'est vous qui avez dit que le Juif devenu en tout l'égal du chrétien, ne sera jamais nuisible ? »

— « Je l'ai dit. »

— « Vous avez dit que vous teniez les Juifs pour des citoyens polonais, qu'il fallait qu'ils envoyassent leurs enfants à des écoles laïques, qu'ils aient le droit d'acheter des terres et qu'ils abolissent beaucoup de choses qui chez eux ne sont ni bonnes ni sensées ? »

— « Je l'ai dit », répéta le nonce.

Alors l'israélite, de haute taille et de belle prestance, au front fier et au regard intelligent, se pencha rapidement et, avant que le nonce n'ait eu le temps de deviner son dessein et d'empêcher son action, il pressa sa main contre ses lèvres.

— « Je suis un nouvel arrivant, » dit-il à demi-voix, « un hôte dans ce pays, un frère cadet... »

Puis il se redressa, fouilla dans la poche de sa houppelande de satin, et en tira un rouleau de papiers jaunis.

— « Voici ce que je vous ai apporté, » dit-il. « C'est plus précieux pour moi que l'or, les perles et les diamants... »

— « Qu'est-ce donc ? » demanda le nonce.

Herz lui répondit d'un ton solennel.

— C'est le testament de mon ancêtre, Michel Ézofowicz Senior. »

Ils passèrent toute la nuit à lire, à la lumière des bougies. Quand ils cessèrent de lire, ils se mirent à causer. Ils causaient bas, le front penché l'un vers l'autre et le visage en feu. Ils se levèrent simultanément tous deux, déjà à la lumière du jour, se tendirent la main et s'unirent dans une cordiale etreinte.

Personne ne sut jamais ce qu'ils lurent toute la nuit,

ce dont ils causèrent, ce qu'ils décidèrent, les sentiments d'enthousiasme et d'espoir qui unirent leurs mains dans une étreinte d'alliance. Cela sombra dans cette épaisse nuit des mystères historiques, dont la profondeur nous cèle tant d'aspirations et de pensées lumineuses. L'adversité les y précipite. Elles s'y cachent, mais ne périssent pas. Nous nous demandons souvent d'où proviennent ces idées et ces désirs éclatants, pas même soupçonnés la veille ? Et nous ignorons qu'ils tirent souvent leur origine de moments qu'aucun chroniqueur n'a enregistrés sur aucune page de ses annales.

Le lendemain, une calèche à six chevaux s'arrêtait devant le perron du château. Le maître de céans y prit place avec son hôte israélite et ils entreprirent un long voyage, vers la capitale du pays.

Un couple de mois après, Hersz revint de Varsovie à Szybow. Il se remuait beaucoup dans sa petite ville et les environs, causant, racontant, expliquant, persuadant, en quête de partisans des réformes projetées et des transformations multiples à introduire dans l'existence de son peuple. Il partait, revenait, repartait... et cela dura deux ans.

Tout à coup, Hersz revint très changé d'un dernier voyage, le regard morne, le front chargé de soucis. Une fois dans sa maison, il se laissa tomber sur un banc, et, la tête dans la main, se prit à soupirer tout haut.

Freyda se tenait devant lui triste et inquiète, mais silencieuse et patiente. Elle n'osait l'interroger et attendait un regard et une confidence de son mari. Il leva à la fin tristement son regard troublé et dit :

— « Tout est perdu ! »

— « Pourquoi tout serait-il perdu ? » murmura fort bas Freyda.

Hersz d'un geste de la main, indiqua la chute de quelque chose de très grand.

— « Quand un bâtiment s'écroule, » dit-il, « ceux qui l'habitent reçoivent des poutres sur la tête et de la poussière dans les yeux... »

— « C'est vrai ! » soupira la femme.

— « Un grand bâtiment vient de s'écrouler... les poutres en sont tombées sur tous nos projets et nos travaux et sa poussière les a ensevelis pour longtemps ! »

Il se releva, tourna vers Freyda des yeux chargés de grosses larmes et dit :

— « Il faut serrer le testament de Senior, car il servira encore. Viens, Freyda, cachons-le avec soin ; peut-être qu'un de nos arrière-neveux le cherchera et le trouvera. »

A partir de ce jour, Hersz vieillissait à vue d'œil. Son regard devenait vague, ses épaules se voûtaient. Il ne bougeait pas de son banc des heures entières, se penchant seulement de côté et d'autre. soupirant tout haut et répétant tout bas : « Malheur ! malheur ! calamité ! »

Une figure de femme en robe à fleurs, un voile blanc sur la tête, circulait dans la maison, attentive et anxieuse. Ses yeux noirs souvent pleins de larmes, elle avait une démarche si craintive et si aérienne que les méditations de son mari n'eurent pas à redouter d'être interrompues même par la légère résonnance du choc entre elles des parties du collier qui ornait son cou. Parfois Freyda envisageait son mari avec surprise. Son chagrin la désolait, mais elle se l'expliquait malaisément. De quoi gémissait-il ? Sa fortune restait intacte, ses enfants croissaient en bonne santé, rien ne paraissait changé depuis le jour de la grande querelle avec Reb Nochim et de la découverte de ces vieux papiers jaunis ! Cette femme aimante et sagace, pour laquelle le monde entier se renfermait dans les quatre murs de sa maison, ne comprenait pas bien que l'esprit de son mari, après avoir été entraîné dans le tourbillon des grandes idées et s'être complu dans cette atmosphère brûlante, n'avait pu en être banni par la force d'événements désastreux, sans conserver une mélancolie et des regrets inguérissables. Elle ignorait qu'il existe sur la terre des douleurs et des déceptions, indépendamment des parents, des enfants, de la femme, de la fortune, du toit domestique et que ce sont précisément là les afflictions de l'âme humaine les plus incurables.

En revanche, dans la noire masure de Reb Nochim, ce ne furent qu'exclamations joyeuses.

— « Joie ! Joie ! Joie ! » criait au peuple le vieux rabbin en apprenant que tout était perdu et que par conséquent ceux qui devaient enjoindre aux Juifs de raser leurs barbes, de raccourcir leurs vêtements, de parler la langue du pays et de s'instruire dans les écoles du pays, de se mettre à la charrue et de ne pas se marier encore enfants — n'avaient plus d'ordres à donner. Il triomphait, mais il voulait un triomphe encore plus complet. Anéantir les Ézofowicz, c'eût été pour lui obstruer le courant qui se frayait une voie vers l'avenir et menaçait de renverser le labeur de ceux qui tentaient de changer leur peuple en une pétrification du passé. Qui sait ce qui pouvait arriver un jour? Est-ce qu'il ne surgirait pas de cette race maudite un homme assez fort pour annihiler le travail plusieurs fois séculaire des Todros ? Si les circonstances n'eussent pris une autre tournure, Hersz, avec ses puissants amis les Édomites, n'aurait-il pas déjà atteint ce résultat ?

Hersz Ézofowicz fut, comme son ancêtre Michel, assailli de toutes parts d'accusations, de preuves de mauvais vouloir et de contrariétés de toutes sortes. Dans la maison de prières, on lui reprochait hautement de ne pas observer le sabbat, de fréquenter les goï, de s'asseoir à leur table et d'y manger de la viande tref, d'éviter en affaires les tribunaux israélites et de s'adresser aux tribunaux du pays, de ne pas s'incliner devant les décisions des supérieurs du kahal et de les critiquer même parfois ouvertement, de ne pas respecter les autorités d'Israël, de ne pas témoigner à Reb Nochim la vénération dûe...

Hersz se défendait fièrement, confondant certaines accusations portées contre lui, en acceptant d'autres dont il se justifiait par des arguments que ni le peuple ni ses conducteurs ne consentaient à admettre.

Cela dura assez longtemps et à la longue cela s'apaisa. Les plaintes et les intrigues cessèrent, parce que celui qui en fut l'objet n'existait plus moralement. Cassé avant l'âge, aigri, las de luttes stériles, Hersz se renferma strictement dans le cercle de la vie privée. Il s'occupa de nouveau de commerce et de toute sorte d'affaires qui ne lui réussissaient plus autant qu'à d'autres, car il ne possédait plus comme les autres, la sympathie et l'aide de ses coreligionnaires. Nul ne connut les sentiments et les pensées des dernières années de sa vie, vu qu'il ne les confia à personne. Il eut seulement, avant sa mort, une longue conversation avec Freyda. Ses enfants se trouvaient encore trop jeunes pour qu'il pût leur révéler le mystère de ses espérances déçues, de ses efforts impuissants et de ses douleurs comprimées. Il le leur transmit par les lèvres de sa femme. Freyda a-t-elle compris les paroles de son mari mourant, s'en est-elle souvenu, a-t-elle su et pu les répéter à ses fils? Ce qu'il y a toutefois de certain, c'est qu'elle demeura seule dépositaire de l'endroit où fut scellé le testament de Senior, cet ancien manuscrit, héritage non seulement des Ezofowicz, mais de tout le peuple d'Israël, héritage ignoré et négligé, mais qui sait? peut-être cent fois plus précieux que les trésors qui remplissaient les greniers et les cassettes de cette riche famille de marchand.

Les derniers vœux et les dernières pensées de Senior attendaient donc dans leur cachette que la main hardie de quelque arrière-neveu avide de savoir les en tirât et les remît en lumière. En attendant, après la mort de Hersz, il ne resta plus dans cette bourgade ni un esprit avide de lumière ni un cœur apte à battre pour quelque chose de plus que sa femme, ses enfants et surtout sa fortune.

Les soins et les démarches, tournés exclusivement vers des conquetes pécuniaires, créaient une atmosphère bruyante qu'enténebraient des craintes et des illusions mystiques et qu'allourdissait à la rendre étouffante une orthodoxie implacable, méticuleuse et sans âme.

Aux yeux de toute la plèbe orthodoxe du pays entier, la population de Szybow passait matériellement pour puissante et moralement pour sage, orthodoxe et presque sainte...

Au-dessus de cette profonde vallée sociale planait un

nuage formé des éléments les plus sombres qu'il y ait dans l'humanité et ce sont : le culte de la lettre, d'où l'esprit est absent, la casuistique rigoureuse, l'ignorance grossière, la répulsion pour tout ce qui découle de sphères larges, ensoleillées, mais « étrangères. »

HISTOIRE D'UN JUIF

I

Cela se passait il y a trois ans.

Le crépuscule n'assombrissait pas la campagne, parce que le ciel était clair et étoilé, mais l'humide brouillard, qui montait de rues bourbeuses, enténébrait la petite ville. Les effluves printanières du mois de mars et les senteurs de terres fraîchement labourées flottaient au-dessus du toit bas des maisons, sans dissiper les vapeurs fétides et étouffantes amassées aux fenêtres et aux portes.

Cependant, en dépit de tant d'exhalaisons et de miasmes, la ville avait un gai aspect de fête. Les lourds rideaux des fenêtres interceptaient mal le brillant éclairage intérieur et le bourdonnement de conversations animées et de prières collectives. Le passant, qui aurait jeté un coup d'œil dans la première habitation venue, aurait distingué partout de joyeuses scènes de famille. Dans les chambres, petites ou grandes, autour de tables couvertes et parées, circulaient, le sourire aux lèvres, des femmes en bonnets d'étoffe voyante, qui corrigeaient la disposition du service et apportaient de nouveaux plats, en admirant l'œuvre de leurs mains ; des vieillards à longue barbe jouaient avec des enfants qu'au bruit des baisers qu'ils leur appliquaient, ils élevaient jusqu'au plafond, à la vive satisfaction des aînés, tandis que d'autres discouraient assis sur les affaires de la semaine écoulée et que d'autres encore, debout contre la muraille et mollement drapés dans leurs taleds, imprimant à leurs corps un balancement régulier, se préparaient à saluer par d'ardentes prières le saint jour du sabbat.

On était en effet un vendredi soir.

Il n'existait dans toute la petite ville qu'un seul endroit qui fût obscur, désert, silencieux, à savoir une chétive chaumière grisâtre que ses murs, penchés et fort bas, semblaient river au flanc d'un monticule qui, de ce côté de la ville, constituait le seul accident de terrain d'une plaine à perte de vue. C'était d'ailleurs non point une élévation naturelle, mais, selon la tradition, un tertre formé de terres rapportées par les Caraïtes, qui avaient construit leur temple au sommet. Aujourd'hui, il ne restait nulle trace de ce temple hérétique. Le monticule nu et sablonneux ne servait qu'à abriter contre les vents et les tourbillons de neige la pauvre masure qui, humble et reconnaissante, paraissait prosternée devant lui. Un grand poirier sauvage, accroché à la déclivité du sol, dressait plus haut que le toit ses branches que le vent agitait doucement et de petites étoiles scintillaient à travers ce feuillage. Une vaste étendue de terrains en friche ou plantés de légumes séparait de la ville cet endroit où régnait une tranquillité profonde, car les échos affaiblis de rumeurs éloignées y parvenaient à peine. Des ruelles de la ville, vapeurs et brumes s'écoulaient dans la campagne, rampaient à l'ombre du soir le long des sillons et montaient paresseusement vers la chaumière.

Les deux fenêtres minuscules de cette chaumière, aux carreaux composés de fragments de verre de toutes dimensions, donnaient sur un intérieur d'un noir d'abîme, d'où s'échappaient au dehors les accents d'une voix d'homme cassée, tremblante, mais distincte.

« Au delà de mers lointaines et de hautes montagnes, disait cette voix dans l'obscurité, coule le fleuve Sabbation... Ce n'est pas l'onde qui remplit ses rives, il roule non des flots de lait ou de miel, mais du sable jaune et de grosses pierres. »

Cette voix sénile, chevrotante et aiguë se tut. Derrière ces fenêtres, il y eut, dans l'intérieur ténébreux de la chaumière, un moment de profond silence qu'interrompit une voix toute différente de la précédente :

— « Père, continue ! »

— « Au delà du fleuve Sabbation habitent quatre tribus... quatre tribus Israélites : Gad, Assur, Dan et Nephtali. Ces tribus ont fui de terribles épouvantes, elles ont fui de grandes oppressions, et que le saint nom de Jéhovah soit béni. Il les a dérobées à l'ennemi au delà de ce fleuve de sable et de pierres... Et ce sable s'élève aussi haut que les vagues de la grande mer et ces pierres bruissent et mugissent, comme une vaste forêt que secoue une violente tempête. Lorsque vient le jour du sabbat... »

La voix sénile s'interrompit de nouveau et demanda plus bas quelques instants après :

« — Est-ce qu'ils ne viennent encore pas ? »

La réponse se fit longtemps attendre. Il est à présumer que l'autre locataire de cette sombre masure avait tendu l'oreille et écouté avant de répliquer.

« — Ils viennent ! » murmura-t-elle à la fin.

Du fond des ténèbres de cet intérieur partit un gémissement contenu et prolongé.

« Père, parle encore ! » exclama plus près de la fenêtre la voix de la jeune fille. Le ton était aussi pur et aussi harmonieux que tout à l'heure, mais moins enfantin et plus fort.

Du côté de la ville volait vers la masure un vacarme étrange, qui se rapprochait toujours davantage du monticule. A la résonnance des pas d'une centaine de paires de jambes humaines s'ajoutaient des cris stridents, mêlés au timbre argentin de rires d'enfants. Bientôt, dans cet espace désert, le crépuscule permit de distinguer un grand point mobile qui semblait, pour ainsi dire, rouler sur la noire surface du sol. Le point ne tarda pas à atteindre la masure : il se fractionna aussitôt en quantité de petites bandes qui toutes se mirent, avec des glapissements, des éclats de rire et un tapage indescriptible, à assaillir les murs penchés et les fenêtres basses.

C'étaient des enfants, des garçons de différents âges. L'aîné pouvait avoir quatorze ans et le plus jeune cinq. L'obscurité ne permettait pas de distinguer leur costume, mais sous de petites casquettes ou sous des grands cheveux ébouriffés, leurs yeux étincelaient d'espièglerie passionnée et peut-être encore de quelques autres sentiments.

— « Bonjour, Caraïm ! » vociféra unanimement cette cohue en frappant du poing contre les portes verrouillées en dedans et en ébranlant les fenêtres, dont les petites vitres commencèrent à tinter.

— « Et pourquoi n'allumes-tu point de lumières le jour du sabbat ? Pourquoi, comme un diable, demeures-tu au fond d'un trou noir ? Incrédule, hérétique ! » criaient les aînés d'entre ces garçons.

— « Vaurien ! mendiant ! fou ! » hurlaient à pleins poumons les plus jeunes.

Insultes, rires et assauts contre les portes et fenêtres augmentaient de minute en minute, lorsque de l'intérieur de la masure s'éleva de nouveau la voix de la jeune fille, toujours aussi calme et aussi harmonieuse, mais assez forte pour dominer le tumulte environnant.

— « Père, parle encore. »

— « Et comment, répondit la voix sénile, comment parlerai-je au milieu de tous ces cris et de toutes ces injures. »

— « Parle, père. »

Cette fois, la jeune fille prit un ton de commandement, qui n'avait plus rien d'enfantin. On y sentait la douleur, le mépris et l'effort pour rester maître de soi.

Pareils au triste chant perdu dans les mugissements furieux d'éléments déchaînés, des accents plaintifs affrontaient le sauvage concert d'une tourbe d'enfants clabaudant, miaulant, beuglant et ricanant.

— « Et le saint jour du sabat, Jéhovah, que son saint nom soit béni ! accorde le repos au saint fleuve Sabbation... Le gravier cesse de rouler comme de grandes vagues et les pierres cessent de mugir comme une forêt. Seulement il s'élève du fleuve qui gît immobile une immense nuée assez haute pour atteindre jusqu'aux cieux et pour dérober de nouveau à l'ennemi les quatre tribus Israélites de Gad, d'Assur, de Dan et de Nephtali... »

Hélas! ni le saint fleuve Sabbation ne ceignait de ses vagues de sable la masure aux murs penchés et à l'intérieur sombre ni l'immense nuée ne dérobait ses habitants à l'ennemi.

Les assaillants étaient petits, mais nombreux. Une quinzaine d'entre eux s'attaquèrent avec toute l'énergie de leur gaminerie malfaisante, aux malheureuses fenêtres, plusieurs vitres gémirent plus fortement et se brisèrent en morceaux. Une acclamation triomphale gagna d'un côté la plaine et de l'autre les champs labourés. Par l'ouverture des carreaux brisés, une grêle de mottes de terre et de cailloux s'abattit dans l'intérieur de la chaumière. La voix sénile, comme si la créature humaine à laquelle elle appartenait se réfugiait dans le coin le plus éloigné, toujours plus tremblotante et plus enrouée, cria du fin fond de la chambre :

— « Aïe ! Aïe ! Jéhovah ! Jéhovah ! »

La jeune fille ne cessait de répéter de sa voix harmonieuse :

— « Père, n'appelle point, ne crains pas. »

Soudain, derrière cette cohue d'enfants, accrochée aux murs, aux portes et aux fenêtres de la masure, quelqu'un s'écria d'un ton vibrant et impératif :

— « Et que faites-vous ici, affreux marmots ! Filez ! »

Les enfants se turent tout à coup et commencèrent à se détacher les uns après les autres des planches, des loquets et des balustrades.

L'homme, dont la voix sonore et pénétrante avait amené cet apaisement, était d'une taille élancée et svelte. Il portait un vêtement long, étroit, doublé d'une fourrure de prix. Au milieu du crépuscule, sa figure paraissait blanche et ses yeux brillaient d'une flamme que la jeunesse seule peut avoir.

— « Et que faites-vous ici? » répéta-t-il d'un ton colère et décidé. « Sont-ce des loups qui sont tapis dans cette chaumière que vous en lapidez les fenêtres avec tant de rage et de telles imprécations ? »

Les gamins restèrent d'abord cois et se mirent tous en un seul tas. Un instant après, l'un d'eux, le plus grand de taille et, paraît-il, le plus hardi, murmura :

— « Et pourquoi n'allument-ils pas de lumière le sabbat ? »

— « En quoi cela vous regarde-t-il ? » répliqua le nouveau venu.

— « Bah ! Et en quoi ce que nous faisons vous regarde-t-il vous aussi ? » grommela le garçon hargneux. « Nous venons ici chaque semaine recommencer la même besogne... Et après ? »

— « C'est parce que je vous sais coutumiers chaque semaine des mêmes scènes que je me suis mis aux aguets pour vous surprendre et je vous ai saisis sur le fait. Or ça, détalez à vos logis et vivement ! »

— « Et pourquoi, Meir, n'y allez-vous pas vous-même à votre logis ? Vos père et mère mangent depuis longtemps leur poisson sans vous. Pourquoi nous chassez-vous d'ici et n'observez vous-même pas le sabbat ? »

Le regard du jeune homme redoubla d'éclat, il frappa la terre du pied et poussa un cri empreint d'une irritation si vive que les enfants les plus jeunes se dispersèrent aussitôt de tous côtés. Seul l'aîné des garçons, comme en signe de son dédain des reproches qui lui avaient été adressés et des avertissements qu'il avait reçus, ramassa un morceau de boue durcie et se disposa à le lancer de toute sa force dans l'intérieur de la chaumière.

Mais deux mains vigoureuses le saisirent par le bras et par le col de sa veste.

— « Marche ! » dit le nouveau venu. « Je vois qu'il faut que je te reconduise moi-même à ta maison. »

Le garçon glapit et regimba. Mais une forte poigne ne le lâchait pas et une voix calme et impérieuse lui enjoignit de se taire. Il se tut et baissa la tête. Il restait toujours retenu par son habit.

La tranquillité demeurait rétablie sur ce point. L'intérieur de la chaumière continuait à etre plongé dans l'obscurité : il s'en échappait des soupirs rauques et caverneux:

seule une vieillesse avancée pouvait geindre de la sorte. Tout proche de la fenêtre aux carreaux brisés, une voix de jeune fille murmura le mot : « merci ! » — « Vivez en paix ! » répondit le jeune homme et il s'éloigna en emmenant son petit prisonnier.

Le prisonnier et son surveillant, après avoir traversé en silence plusieurs ruelles de la ville, débouchèrent sur la place centrale, en se dirigeant vers une des habitations qui s'y trouvaient situées.

C'était une bâtisse avec un auvent soutenu par deux poteaux de bois et qui, point haute mais fort large, possédait, dans presque toute sa longueur, un vestibule, dont les amples dimensions indiquaient de loin une auberge. Dans la rangée de fenêtres des chambres destinées aux voyageurs régnait une obscurité complète ; dans l'autre rangée qui avait vue sur les maigres poteaux mal blanchis de l'auvent et ne dominait que d'une demi-coudée un sol couvert de foin, de paille et de détritus de toutes sortes, se distinguait, à travers des vitres ternies, l'éclatant éclairage d'un jour de sabat.

Cette auberge appartenait à Jankiel Kamionker, important fonctionnaire du kahal, et hautement considéré par la population juive de la ville et des environs, à cause de sa grande piété, de son solide savoir et de la parfaite entente avec laquelle il gérait ses affaires et arrondissait sa fortune.

En compagnie de l'enfant qu'il traînait par la main et qui non seulement ne semblait pas affligé de sa position, mais au contraire sautillait quasi à chaque enjambée et chantonnait gaîment, le jeune homme franchit l'amas d'ordures qui formait entre les poteaux de l'auvent et les fenêtres brillantes un terrain mou, cédant sous ses pas et, sans se laisser arrêter par l'obscurité du vaste vestibule où un cheval frappait le sol de son sabot, tandis qu'une vache ruminait bruyamment, il gagna à tâtons la porte à laquelle conduisaent les trois marches vermoulues d'un escalier branlant, l'entr'ouvrit et poussa son prisonnier dans l'intérieur de l'appartement.

Ceci une fois fait, il ne battit pas en retraite, mais, passant sa tête dans l'entre-bâillement de la porte, il s'écria :

— « Rébé Jankiel ! Je t'ai amené ton Mendel. Gronde-le et châtie-le de ta main paternelle. Il rôde la nuit par la ville et moleste des innocents ! »

Cet avis, intimé cependant d'un ton péremptoire, n'obtint aucune réponse. A l'intérieur de la chambre une voix d'homme ne cessait de psalmodier sourdement des prières.

La porte, que le jeune homme ne fermait toujours pas, laissait apercevoir une pièce assez vaste, aux murs fort sales. Il y avait, dans l'un des angles, un immense poêle, noir de suie et de fumée, au milieu une longue table couverte d'une nappe de blancheur douteuse et vivement éclairée par un candélabre à sept branches suspendu au plafond. Le repas du samedi n'était pas encore commencé, car, quoiqu'un bruit de voix de femmes et d'enfants montât du fond de l'appartement, un seul personnage occupait la chambre au poêle immense et à la longue table. Il se tenait debout, le dos tourné vers la porte du vestibule et la face vers le mur. Dire qu'il se tenait debout, c'est mal définir sa pose qu'il est difficile de représenter exactement. Il ne se promenait ni ne sautait et néanmoins il se livrait à un exercice violent et ininterrompu. Il rejetait alternativement en avant et en arrière sa tête, aux épais cheveux roux ; il inclinait sa taille flexible presque jusqu'à terre pour se redresser avec une prestesse extraordinaire. Ces brusques mouvements agitaient en tous sens les plis de son taled blanc, secouaient et remuaient les bandelettes enroulées un peu au-dessus de son poignet ; son abondante barbe rousse tremblait et s'éparpillait sur ses épaules ; son téfiline lui tombait presque sur le front ou plutôt lui tressautait sur la tête. Les accents qui s'arrachaient de sa poitrine s'harmonisaient avec ces soubresauts saccadés ; c'était tantôt un chuchotement comprimé, tantôt un cri passionné, tantôt enfin une modulation lente et plaintive.

Le jeune homme resta assez longtemps sur le seuil à contempler cet individu qui priait de toute son âme ou plutôt de tout son corps. Il guettait visiblement une pause ou la fin des prière. Une fois Rébé Jankiel occupé à réciter ses prières, personne n'ignorait que longue eut été l'expectative de quiconque aurait voulu les lui voir terminer. Le jeune homme en train d'attendre avait sans doute sur le cœur les méchancetés du petit Mendel. Il était peut-être d'ailleurs d'un naturel impatient et emporté.

— « Rébé Jankiel, » répéta-t-il à haute voix après un long laps de temps, « ton fils rôde la nuit et moleste des innocents. »

Il n'y eut pas de réponse.

— « Rébé Jankiel ! Ton fils injurie des innocents dans les termes les plus grossiers ! »

Rébé Jankiel continuait à prier avec la même ferveur.

— « Rébé Jankiel ! Ton fils brise la nuit les petites vitres de pauvres gens. »

Rébé Jankiel tourna plusieurs feuillets d'un grand livre qu'il tenait des deux mains et il entonna d'un ton de triomphe la strophe suivante :

— « Je chante au Seigneur un chant toujours nouveau, parce qu'Il est l'auteur de toutes les merveilles ! Chantez, jouez, jouez sur les harpes avec un bruyant accompagnement ! Sonnez des trompes et des cors devant le Roi, devant le Seigneur ! »

Le dernier mot fut accompagné de la fermeture de la porte du vestibule. Le jeune homme descendit rapidement les marches qui oscillaient sous ses pas, il eut vite laissé derrière lui le grand vestibule obscur et le passage tapissé d'immondices. Il dépassait la dernière des fenêtres éclairées, quand un chant en sourdine frappa son oreille. Il s'arrêta et chacun eut fait de même à sa place. C'était une voix d'homme, pure et merveilleusement perlée, douce comme l'expression d'une plainte, gonflée de supplications, de chagrins et de regrets.

— « Eléazar ! » murmura le jeune homme en s'approchant de cette fenêtre basse.

Cette fenêtre avait des vitres plus nettes que celles des autres chambres, des vitres absolument transparentes. Elles permettaient de voir une petite pièce qui ne renfermait qu'un lit, une table et une petite armoire à livres. Accoudé à cette table qu'éclairait une chandelle fumeuse se tenait, le front dans la main, un jeune garçon de vingt ans, à la figure blanche, allongée et douce, sans nulle trace d'incarnat sur ses traits, ni ombre de duvet à ses levres saillantes et vermeilles. De ces lèvres de corail s'échappait un chant délicieux qui eut pu fixer l'attention et exciter l'admiration fût-ce de l'un des maitres de la musique.

Et c'est naturel. Eléazar, fils de Jankiel, était chantre de la communauté de Szybow, chantre du peuple et de Jéhovah.

« Eléazar ! » chuchota derrière la fenêtre une voix tendre et amicale.

Le chanteur dut saisir cet appel, car il se trouvait rapproché de la fenêtre. Il souleva ses paupières et tourna vers la vitre une prunelle bleue, voilée, pleine de mansuétude et de tristesse. Il n'interrompit pas son chant, mais levant au ciel ses deux mains d'une blancheur d'albâtre, il tira des notes plus hautes, vibrantes d'extase et d'enthousiasme.

— « Oh ! mon peuple, chantait-il, secoue de tes pieds la poussière des lourds chemins ! Lève-toi et revêts-toi de ta beauté ! Hâte-toi, oh ! hâte-toi de secourir ton peuple, Toi l'Unique, l'Inconcevable, Toi, le Dieu de nos pères ! »

Debout près de la fenêtre, le jeune homme n'appela plus par son nom le chanteur qui priait pour son peuple. Il s'éloigna avec précaution et respect, en assourdissant le bruit de ses pas. Pendant qu'il traversait la place déserte et sombre en côtoyant une belle maison brillamment éclairée, il leva les yeux vers quelques etoiles qui avaient peine à percer une brume humide et étouffante et il chantonna sourdement :

— « Hâte-toi ! Oh ! hâte-toi de secourir ton peuple, Toi l'Unique, Toi l'Inconcevable, Toi le Dieu de nos pères ! »

II

La grande maison, resplendissante de clarté, qui s'élève en face du sombre temple dont la sépare toute la largeur de la place, est précisément celle qu'a construite Hersz Ezofowicz et où il a demeuré avec sa femme, la belle Freyda. La pluie et la poussière ont depuis longtemps noirci ses murs séculaires, sans qu'ils soient pour cela moins droits, et leur hauteur domine le reste de la ville.

Il y a déjà une heure qu'à l'intérieur de cette maison, dans une vaste salle garnie, à l'antique mode, de bancs et de tables d'une extrême simplicité, la célébration du sabbat est commencée. Quantité de femmes sont successivement arrivées et la salle s'est comblée peu à peu. Se levant d'au milieu d'elles, le maître de céans et chef de famille, Saül Ezofowicz, fils de Hersz, s'est approché d'une énorme table que surmontent deux chandeliers d'argent massif à sept branches. C'est un homme à l'air robuste, mais de plus de quatre-vingt ans, à en juger d'après son dos voûté, sa figure labourée de rides et sa barbe d'une blancheur de lait. Il a pris de la main de l'aîné de ses fils, déjà grisonnant, une mèche brûlante au bout d'un long bâton et il l'a promenée sur les branches des chandeliers, en s'écriant d'une voix que la sécheresse de l'âge n'empêchait pas d'être distincte :

— « Bénis sois-tu, Seigneur, maître de l'Univers, qui nous as éclairés de tes commandements et nous as ordonné d'allumer des lumières le jour du sabbat ! »

Pendant qu'il prononçait ces mots, les chandeliers s'illuminaient et de toutes les poitrines s'échappait le cri :

— « Allons ! allons à la rencontre de notre bien-aimée ! Accueillons avec allégresse la venue du sabbat !

... Brille, brille, lumière royale ! Relève-toi de tes ruines, ô notre capitale ! C'est assez habiter cette vallée de larmes !

... O mon peuple, secoue de tes pieds la poussière des routes pénibles ! Revêts-toi de ta robe de beauté ! Dieu de nos pères, hâte-toi, hâte-toi, de secourir ton peuple.

... Allons, allons à la rencontre de notre bien-aimée. Accueillons avec allégresse la venue du sabbat ! »

La cadence de chants prolongés et de prières ardemment répétées remplit cette vaste salle et ces flots d'harmonie, gagnant des fenêtres la grande place déserte et sombre, s'étendent au loin.

Ils frappent l'oreille du jeune homme qui chemine tout pensif par la place et lui font hâter le pas. Franchissant les quelques marches du perron, et une longue et étroite galerie qui sépare en deux la maison, il ouvre la porte de la salle aux lumières. Les conversations y ont succédé aux prières, les physionomies portent encore la trace des solennelles émotions qu'elles viennent d'éprouver, mais c'est avec un joyeux sourire que les convives occupent les bancs et les sièges disposés autour d'une table abondamment servie.

Quelle variété de statures et de types ils présentent ! Voici d'abord Raphaël et Abraham, les deux fils de Saül, la tête grisonnante, l'œil noir, les traits sévères et soucieux ; puis son gendre Ber, aux cheveux blonds, à l'œil vitreux et doux ; plus loin les filles, belles-filles et petites-filles du maître de la maison : les premières, femmes déjà sur le retour, aux formes épanouies, aux perruques soigneusement peignées et coiffées de hauts bonnets ; les autres, à peine adolescentes, au teint mat et dont la joie d'assister à cette fête en habits de galas fait flamber davantage sous leurs tresses épaisses le candide regard. Ajoutez quelques jeunes gens de la famille et une ribambelle d'enfants de tous âges, entassés au bas bout de la table. A la place d'honneur se tenait le vieux Saül qui interrogeait des yeux la porte conduisant au reste des appartements. Bientôt apparurent à cette porte deux femmes, l'une d'elles dans un costume d'un luxe presque éblouissant des couleurs de l'arc-en-ciel.

Agée et très âgée, la taille aucunément courbée par les ans et de vigoureuse apparence, elle avait la tête entourée d'un châle de couleurs, aux pointes fixées à son front par une large agrafe de diamants. Une broche, également de diamants, fermait son collier formé de tant de rangs de perles splendides qu'il lui retombait au-dessous des cordons d'un tablier d'une blancheur de neige étalé sur une jupe de soie à ramage. Elle portait des boucles d'oreilles en pierreries si longues qu'elles lui frôlaient les épaules et qu'il avait fallu les rattacher par des fils à sa coiffure. Brillants, émeraudes et rubis mêlaient leurs scintillements à celui d'une massive chaîne d'or et, à chaque mouvement, s'entre-choquant avec les perles, produisaient un cliquetis gracieux.

Il n'y a guère qu'une princesse au bal ou que des châsses de saints à l'Église qui puissent être chargées d'une telle masse de joyaux de prix et de riches parures. Cette Israëlite centenaire, ornée de tous les bijoux acquis et collectionnés dans sa maison, était visiblement pour toute la compagnie au milieu de laquelle elle s'avançait, une relique de famille entourée de la plus profonde vénération.

Lorsque, sous la conduite de l'une de ses arrière-petites filles, enfant à la figure allongée et aux tresses d'un noir de corbeau, elle se montra sur le seuil, tous les yeux se tournèrent vers elle, toutes les lèvres lui sourirent et murmurèrent :

— « Notre grand'mère ! Notre aïeule ! »

C'est cette dernière expression que balbutia la majorité des assistants, car il se trouvait là plus de ses arrière et arrière-arrière-neveux que de ses petits-enfants. Saül, le maître de la maison et le chef de la famille entière, dit doucement à cette femme :

— « Ma mère ! »

La barbe d'une blancheur de lait et les lèvres flétries de Saül prêtaient un je ne sais quoi de singulier, de suave et de solennel à ce mot habitué à tomber de lèvres enfantines. Sous ses cheveux aussi blancs que sa barbe et couverts d'une calotte de velours, son front plissé se dérida, lorsque sa bouche prononça cette parole.

Comment a disparu le teint lisse de Freyda, la femme laborieuse et la confidente modeste d'Hersz Ézofowicz ? Que sont devenus la délicatesse de ses traits, le feu de son regard et la souplesse de sa taille ? Elle a survécu à tout cela comme à son mari, maître et ami. Ses formes, jadis sveltes et flexibles, se sont épaissies et elle a pris, avec les années, la raideur du tronc, dont sont issus beaucoup de verdoyants et vigoureux rameaux. Une multitude de rides menues s'entre-croisent sur son visage, de façon à n'y pas laisser la moindre place qui en soit exempte. Ses paupières plissées n'ont guère de cils, ses yeux se sont rétrécis, enfoncés, la pupille en paraît d'un jaune pâle. Mais cette figure, que la main du temps a froissée, respire la quiétude et la douceur. Ses petites prunelles, qu'elle promène autour d'elle, expriment la sérénité d'une âme bercée par de charmants murmures. Le sourire d'une suave rêverie se dessine sur ses lèvres amincies, qui se familiarisent depuis longtemps avec le silence, coutumières qu'elles sont de s'entr'ouvrir toujours plus rarement pour énoncer des phrases toujours plus brèves.

Elle a passé au cou d'une fraîche et robuste jeune fille son bras à l'aise dans une blanche manche bouffante, et, debout à la table de famille, tout en clignant des yeux sous l'éclat des lumières, elle dévisage l'un après l'autre les assistants et s'écrie à la fin :

— « Où est Meir ? »

L'aïeule a parlé...

L'assemblée entière a frémi, comme des arbres sous le souffle du vent. Hommes, femmes et enfants se considèrent les uns les autres et l'on entend chuchoter dans la vaste salle :

« Où est Meir ? »

Dans une aussi nombreuse réunion de famille, l'absence d'un membre n'avait pas été remarquée.

Le vieux Saül ne répéta pas la question de sa mère, mais son front se rida davantage encore et il jeta un coup d'œil sévère et tant soit peu irrité vers la porte de la galerie.

Cette porte s'ouvrit à ce moment. Un jeune homme, élancé et élégant, entra dans la salle, vêtu d'une longue redingote bordée au col et à la poitrine de fourrures de prix. Il referma la porte derrière lui et, soit honte ou confusion, il s'arrêta au seuil. Il s'est aperçu qu'il est en retard, que les prières en commun de la famille ont été récitées sans lui et que son aïeul Saül, deux oncles et plusieurs femmes âgées l'interrogent d'un regard chargé de reproches.

Il n'y eut que les prunelles de l'aieule chez qui la vue du nouvel arrivant n'éveilla ni colère, ni inquiétude. Elles se sont dilatées au contraire et ont brillé de joie. Ses paupières frémissantes ont même cessé de clignoter et ses lèvres amincies dirent du même ton qu'auparavant, sourd mais distinct :

— « Mon arrière-petit-fils ! mon petit enfant ! »

L'accent joyeux et tendre de ces paroles ferma les lèvres de Saül, qui s'ouvraient déjà pour poser une question irritée, et fit baisser vers la table les yeux scrutateurs et fâchés de ses deux fils. Un silence général salua seul le retardataire, silence qu'interrompit derechef l'aïeule en répétant :

— « Mon petit enfant ! »

Saül leva ses mains au-dessus de la table et commença à demi-voix la prière qui se débite avant le repas du samedi :

— « Bénit soit le Seigneur... », dit-il.

— « Que le Seigneur soit béni... » répétèrent les convives debout autour de la table et ce fut, pendant les quelques minutes de la consécration des plats et des boissons, un murmure confus.

Le nouvel arrivant ne s'unit pas au chœur général,

mais, retiré au fond de la pièce, il récitait la prière sabbatique du *Kidouch* qu'il n'avait pu encore dire. Il s'acquittait de ce devoir avec calme, sans aucune oscillation du corps, les bras tranquillement fixés sur la poitrine, l'œil tourné vers la fenêtre au delà de laquelle régnait la profonde obscurité du soir.

La mansuétude prédominait sur sa figure d'un ovale régulier et d'une pâleur propre aux natures nerveuses et passionnées. Des cheveux touffus d'un blond sombre retombaient sur son front blanc. La vaste prunelle grise de ses yeux profonds était songeuse et mélancolique. Il y avait, dans l'expression de la physionomie de ce jeune homme le mélange d'un noir chagrin et d'une timidité presque enfantine. Ses yeux et son front trahissaient on ne sait quel souci mystérieux et cuisant, mais le dessin de ses lèvres fines dénotait une molle tendresse : à certains moments, sous l'empire de quelque émotion contenue, elles éprouvaient un frémissement passager à peine visible. A en juger d'après le blond duvet soyeux de sa lèvre supérieure et de l'extrémité de ses joues, il devait avoir vingt ou vingt-deux ans, par conséquent un âge qui permet aux Israélites, dont la maturité est précoce, de se mêler directement des affaires publiques et de famille et qui même les y oblige. Ses prières achevées, le jeune homme s'approchait de la table pour y occuper sa place accoutumée, quand du milieu de cette assemblée s'éleva la voix un peu gutturale de quelqu'un qui semblait moduler plutôt que prononcer chaque parole :

— « Et aujourd'hui, Meir, où es-tu resté si longtemps ? Qu'as-tu fait si tard en ville, alors que le sabbat étant commencé, personne n'a plus le droit de s'employer à rien ? Pourquoi ce soir n'as-tu pas récité le Kidouch sabbatique avec toute ta famille ? Comment as-tu le front si pâle et les yeux si tristes un jour de sabbat, jour de joie, où toute la famille céleste se réjouit au ciel et où, sur la terre, tous les gens pieux doivent se réjouir et maintenir leur âme dans un état de grand contentement ? »

Ces interrogations émanaient d'un homme d'aspect singulier. Grêle de taille, maigre, sec, il avait une grosse tête hérissée de rudes cheveux châtains, un teint bilieux, une figure ronde, une barbe inculte à laquelle peigne et brosse répugnaient évidemment, des yeux ronds d'une mobilité extraordinaire, lançant de côté et d'autre des lueurs perçantes. Le costume de cet individu, plus bizarre encore que sa personne, faisait ressortir davantage son décharnement, et ne se composait que d'une chemise ou plus exactement d'un sac de grossière toile grise qui, retenu au cou et à la ceinture par une rugueuse corde de chanvre, descendait presqu'à terre et couvrait à moitié des pieds basanés et entièrement nus.

Cet ascète, le fanatisme dans le regard, et sur les lèvres l'expression d'un contentement profond et presque d'une ivresse mystique, c'était Reb Mosché, le mélamed, c'est-à-dire le professeur de religion et de langue hébraïque, excellent, pieux, uniformément nus pieds et vêtu de son sac de toile par les vents, les pluies, les froids et les chaleurs, vivant on ne savait de quoi, à moins que ce ne fut, à l'instar des oiseaux du ciel, de grains jetés ci et là ; l'œil droit du reste et la main droite du grand rabbin de Szybow, Isaac Todros et, après ce rabbin, le premier objet de la vénération et de l'admiration de toute la communauté.

Devant cette avalanche de questions à son adresse qui tombaient des lèvres du mélamed, Meir Ezofowicz, arrière-petit-fils de Hersz et petit-fils du vieux Saül, ne prit pas encore place à table, mais il se redressa, et, baissant les yeux vers la terre, il répondit d'une voix qu'évidemment sa timidité rendait mal assurée :

— « Rébé ! Je n'ai pas été où l'on s'amuse ni où on fait de bonnes affaires. J'ai été là où, dans les ténèbres, geignent et pleurent de fort pauvres gens. »

— « Bah! s'écria le mélamed, où la tristesse existe-t-elle aujourd'hui ? C'est le sabbat, la clarté et la joie règnent partout... Où peut prévaloir l'obscurité ? »

Plusieurs vieux membres de la famille relevèrent la tête et répétèrent en chœur :

— « Où peut prévaloir l'obscurité aujourd'hui ? »

Et ils ajoutèrent en chœur aussitôt :

— « Meir, où donc as-tu été ? »

Meir ne répondait pas. La timidité et une hésitation intérieure se peignaient sur sa figure aux paupières baissées. Soudain une des jeunes filles assises au bas bout de la table, la même qui, il n'y a qu'un moment avait amené dans le cercle de famille la vieille aïeule, s'écria d'un air espiègle et gai, en se frappant les mains :

— « Je sais où il fait sombre aujourd'hui ! »

Tous les regards se tournèrent de son côté et toutes les lèvres lui demandèrent :

— « Où ? »

Lia, rougissant d'avoir attiré sur elle l'attention générale, répliqua d'un ton sourd et avec quelque confusion.

— « Dans la chaumière du caraïte Abel, qui est là bas sur la butte caraïte. »

— « Meir, est-ce que tu as été chez les Caraïtes ? »

Cette question fut lancée par une quinzaine de voix à la fois, que dominait cependant la voix criarde et aiguë du mélamed.

Sur le visage, jusque-là craintif du jeune homme, commença à percer la pénible expression d'une légère irritation.

— « Je n'ai pas été chez eux », répondit-il en haussant un peu le ton, mais je les ai défendus contre une sérieuse agression. »

— « Quelle agression ? Qui les a attaqués ? » demanda d'un ton ironique le mélamed.

Cette fois, Meir releva les paupières et fixa son étincelante prunelle sur le questionneur.

— « Reb Mosché ! » dit-il, « tu sais qui les a attaqués, ce sont tes élèves. Tous les vendredis ils agissent de même. Et pourquoi ne continueraient-ils pas, puisqu'ils savent... »

Il s'interrompit et baissa de nouveau les yeux. La frayeur et la colère luttaient visiblement en lui.

— « Eh bien, qu'est-ce qu'ils savent? Pourquoi Meir n'a t-il pas fini ? » dit Reb Mosché en riant.

— « Ils savent que toi, Reb Mosché, tu les en loueras... »

Le mélamed se souleva un peu sur sa chaise, ses yeux

s'ouvrirent tout grands et flamboyèrent. Il étendit sa main basanée et maigre, voulut dire quelque chose, mais en fut empêché par la voix, cette fois forte et assurée, du jeune homme.

— « Reb Mosché, » disait Meir, en inclinant un peu du côté du mélamed sa tête visiblement rétive aux humbles saluts, « je te respecte, tu as été mon maître. Je ne te demande pas pourquoi tu ne défends pas à tes élèves de maltraiter de pauvres gens dans les ténèbres, mais je ne puis voir moi-même ces violences. Mon cœur se serre à ce spectacle, qui me suggère la pensée que ces vilains garnements feront un jour de méchantes gens et que ceux qui ébranlent maintenant l'indigente chaumière d'un vieillard et le lapident par la fenêtre, incendieront plus tard des maisons et commettront des assassinats? Ils auraient aujourd'hui démoli cette chétive chaumière et assommé ses infortunés habitants, si je ne fusse venu à la défense de ces derniers. Mais je suis venu et je les ai défendus... »

Sur quoi, Meir occupa la place à lui destinée à table. Il n'y avait plus sur sa physionomie trace de peur ni d'hésitation. Il sentait profondément la bonté de sa cause, car il promena autour de lui un regard assuré : seul, le tremblement de ses lèvres trahissait sa nature vive et impressionnable. A ce moment, le vieux Saül et ses deux fils, levèrent leurs mains et prononcèrent simultanément le mot :

— « Le sabbat ! »

Leurs voix étaient solennelles, les regards qu'ils jetaient à Meir sévères et presque irrités.

— « Le sabbat ! le sabbat ! » criait le mélamed en sautant sur sa chaise et en agitant convulsivement ses bras. « Toi, Meir, le saint jour du sabbat, au lieu de réciter le kidouch et de remplir ton âme d'une grande joie, afin de la confier à l'ange Matatron, défenseur devant l'Éternel de la descendance de Jacob, pour qu'il la remette aux mains de Sar-ha-Olam, qui est l'ange des anges et le prince de ce monde, lequel la passera aux dix séraphins, dont les forces sont si grandes qu'elles ont créé l'univers, de sorte que, par leur entremise, ton esprit parvienne au trône sublime où siège En-Sof lui-même et s'unisse à lui d'un baiser d'amour ; au lieu de tout cela, toi Meir, tu as couru défendre on ne sait quelles gens contre on ne sait quelle attaque, tu as protégé leur maison et veillé sur leur vie ! Meir ! Meir ! Tu as transgressé le sabbat ! Il te faut aller à l'école et t'accuser hautement devant le peuple entier des graves péchés que tu commets et du grand scandale que tu donnes ! »

Cette allocution du mélamed produisit sur toute l'assemblée une vive impression. Saül et ses fils gardaient une attitude menaçante ; les femmes étaient stupéfaites et effrayées. Des larmes perlaient aux paupières de Lia qui, la première, venait de trahir le secret de son cousin germain. Seulement le gendre de Saül, Ber, avait, dans ses yeux bleus, une commisération sympathique et plusieurs jeunes gens, du même âge que Meir ou plus jeunes que lui, le dévisageaient avec une amicale et inquiète curiosité :

Meir répondit d'une voix légèrement tremblante :

— « Reb Mosché, dans nos livres saints, pas plus dans la Thora que dans la Mischna, il n'y a mention ni de séraphins, ni d'En-Sof. En revanche, il y est dit expressément que l'Éternel, quoiqu'il ait ordonné de célébrer le sabbat, permet cependant que vingt hommes le violent pour le salut d'un seul. »

Le seul fait de répondre à l'excellent et pieux mélamed, main droite du rabbin Todros, paraissait d'une audace inouïe et stupéfiante. Or, circonstance aggravante, cette réponse contenait une critique, bien que voilée, de ses opinions. Aussi, écarquillant ses gros yeux protubérants au point qu'ils semblaient vouloir saillir hors de leur orbite, le mélamed foudroya-t-il d'un regard exaspéré Meir, dont cette controverse redoublait la pâleur.

— « Les Caraïtes ! » vociférait-il en bondissant sur son siège et en se tirant de la main la barbe et les cheveux, « tu as secouru les Caraïtes ! des hérétiques ! des incrédules ! des maudits ! Pourquoi leur venir en aide ? Pourquoi n'allument-ils pas de lumières le jour du sabbat et restent-ils dans l'obscurité ? Pourquoi saignent-ils les animaux et les volatiles, qui servent à leur nourriture, derrière le cou et non devant ? Pourquoi ne connaissent-ils ni la Mischna, ni la Gemare, ni le Zohar ? »

L'excès de son emportement lui coupa la parole, il se tut. Meir profita de cette pause pour lui dire de sa voix pure et harmonieuse :

— « Reb ! Ils sont dans une extrême misère ! »

— « En-Sof est vindicatif et implacable ! »

— « Ils souffrent de cruelles persécutions de la part du peuple. »

— « L'Être que nous ne pouvons concevoir les persécute ! »

— « Le Prééternel n'ordonne pas de persécuter. Le rabbin Huna a dit que, si même le persécuteur est juste et le persécuté malfaisant, le Prééternel prendra en main la cause du persécuté ! »

Une rougeur fébrile envahit les joues bronzées de Reb Mosché.

On eut dit qu'il dévorerait des yeux le pâle jeune homme, au regard maintenant intrépide, sur les lèvres duquel voltigeaient une foule de paroles qu'il n'énonçait qu'à moitié, parce qu'il les refoulait violemment dans sa poitrine.

Toute l'assemblée était en proie à la surprise, à la consternation, au chagrin. Une dispute de ce genre avec le mélamed semblait coupable aux uns et les autres la considéraient comme dangereuse pour le téméraire jeune homme et peut-être pour toute sa famille.

C'est pourquoi Saül, hérissant ses sourcils gris, lança sur son petit-fils un regard impératif qu'il accompagna, d'une voix sifflante, de l'expression :

— « Chaaa ! »

Meir courba la tête devant son grand-père, en signe d'humilité et de soumission, et l'un des fils de Saül, pour adoucir la colère de Reb Mosché, et sans doute aussi pour sa propre édification, lui demanda quelles différences intervenaient entre l'autorité et la sainteté du Talmud et du Zohar et les livres de la Cabale ? et si une dévotion parfaite devait approfondir de préférence les premiers ou les seconds ?

A cette question, le mélamed étala largement ses coudes sur la table, fixa un regard immobile et profondément absorbé sur la muraille vis-à-vis de lui et il se mit à parler d'un ton solennel :

— « Simon ben Jochai, un grand rabbin, qui a vécu à une époque horriblement éloignée et qui a su tout ce qui se passe dans le ciel et sur la terre, a dit : Le Talmud, c'est une vile esclave et la Cabale, c'est une grande Reine. De quoi est rempli le Talmud ? De petits détails secondaires. Il enseigne ce qui est pur et ce qui est impur, ce qui est permis et ce qui ne l'est pas, ce qui est décent et ce qui est immodeste. Et de quoi est rempli le Zohar, ce livre d'éclat, ce livre de la Cabale ? D'un grand enseignement : de ce qu'est l'Éternel et de ce que sont ses séraphins. Il énumère tous leurs noms et nous instruit de ce qu'ils font et du comment ils édifient le monde. C'est là qu'il est dit que Dieu s'appelle En-Sof, que son second nom est Notarikon, son troisième Gomatria et son quatrième Zirufh. Et les séraphins, qui sont de grandes forces célestes, s'appellent : la source humaine, la fiancée, la tête blanche, le grand visage, le petit visage, le miroir, l'étage céleste, l'étage terrestre, le lis et le jardin aux pommes. Et Israël se nomme Matrone et Dieu pour Israël se nomme Père. Dieu, En Sof, n'a pas créé le monde qu'ont créé les forces célestes, les Séraphins. Le premier Séraphin a enfanté la force divine, le second tous les Anges et la Thora, le troisième tous les prophètes. Le quatrième Séraphin a enfanté l'amour divin, le cinquième la justice divine et le sixième la force qui brise, déchire et détruit. Du septième séraphin est né la beauté, du huitième la magnificence, du neuvième la cause prééternelle, du dixième l'œil qui veille toujours sur Israël, le suit par tous les chemins, a garde que ses pieds ne s'endolorissent trop et que sa tête ne soit pas exposée à de trop grands malheurs. Voilà ce que nous apprend Zohar, le livre de la Cabale, qui enseigne encore d'où les Séraphins sont issus, comment ils se partagent et la manière de deviner, au moyen des lettres qui composent leurs noms et le nom de Dieu, tous les mystères de ce monde ! C'est là une science importante, la première pour chaque Israélite. Je sais que beaucoup d'Israélites assurent que le Talmud est plus important, mais ce sont des sots qui parlent ainsi et ils ignorent que la terre frémira de douleur et que Dieu et Israël, le Père et la Matrone, ne s'uniront pas d'un baiser d'amour, tant que le Talmud aura le pas sur la Cabale. Et cela viendra quand? A la venue du Messie. Il y aura alors pour tous les gens pieux et savants, une grande et radieuse fête ! Alors Dieu ordonnera de cuire le poisson Leviathan, qui est si colossal que le monde entier repose sur lui, tous s'assoiront au grand banquet et mangeront ce colossal poisson, les gens pieux et savants en commençant par la tête et le simple peuple ignorant par la queue. »

Le mélamed a fini. Il respire bruyamment après ce long discours, et, en baissant les yeux vers la table, il retombe tout à coup des hauteurs mystiques aux réalités terrestres. Il a devant lui sur son assiette une odorante portion de poisson poivré et assaisonné d'épices, et, quoi que ce ne soit pas Léviathan, c'est toujours quelque exquis habitant des eaux. Le mélamed, qui vivait le reste du temps en ascète, affectionnait les repas du samedi et leur faisait grandement honneur, convaincu que c'était un devoir de maintenir à tous égards son corps et son esprit en joie le jour du sabbat, tout comme de prier longtemps et avec ferveur. Un dernier vestige d'extase mystique dans ses yeux ronds et un sourire épanoui sur les lèvres, il se mit donc à partager de ses mains et à porter à sa bouche le mets qui venait de lui être servi. Longtemps encore après qu'il se fût tu, l'assemblée demeura silencieuse. Sa docte dissertation avait enchanté son auditoire. Pendant que le vieux Saül l'écoutait avec l'expression d'un profond respect, les grosses rides de son front tressaillirent plusieurs fois, sous l'influence, eut-on dit, d'une terreur nerveuse. Ses fils ne détachaient pas leurs yeux de la table et méditaient dans le recueillement les sages enseignements de Reb Mosché, en cherchant, involontairement peut-être, dans les abîmes de cette fantaisie humaine déchaînée un rayon conducteur qui leur rendît ces vérités plus perceptibles. Les femmes, les bras pieusement croisés sur la poitrine, balançaient la tête en signe d'émerveillement, et leurs lèvres murmuraient avec un sourire admiratif :

— « C'est un savant homme ! un sage ! pieux, excellent ! Un vrai disciple du grand rabbin Isaac ! »

Quiconque eut néanmoins scruté en ce moment les physionomies des personnes attablées, eut remarqué deux coups d'œil qui, avec la rapidité de l'éclair et insaisissables pour le reste de la société, s'étaient croisés pendant le discours du mélamed. Ber et Meir avaient échangé des regards, le premier de tristesse, le second d'une colère et d'une ironie comprimées. Quand le mélamed parla du grand poisson Léviathan, si colossal que le monde entier repose sur lui et qu'à l'avènement du Messie, les savants le mangeront par la tête et les ignorants par la queue, un sourire glissa sur les lèvres fines et intelligentes de Meir. Ce sourire, pareil à un stylet, blessait certes douloureusement celui sur les lèvres duquel il apparaissait et eut, semblait-il, volontiers blessé celui qui le provoquait. Ber y répondit par un soupir. Mais cette marque d'improbation de Meir n'échappa point à trois ou quatre jeunes gens qui, assis en face de lui, le considéraient souvent d'un œil d'interrogation, et sur la figure desquels elle se refléta légèrement. Après une période de silence que troublait seulement le cliquetis des couteaux contre les assiettes et le bruit des mâchoires du mélamed, le vieux Saül prit la parole :

— « Reb Mosché nous a dit de grandes, sages et terribles choses, qu'il en reçoive nos remerciements. Écoutez les hommes instruits, dont la sapience maintient la gloire et la force d'Israël, car il est écrit que « les savants sont la base du monde ». A celui qui les respecte et qui s'enquiert des secrets de leur savoir, tous les péchés de sa vie seront pardonnés. »

Reb Mosché releva sa figure de dessus son assiette et, la bouche encore pleine, se mit à dire :

— « Les bonnes actions de l'homme appellent sur lui un torrent inépuisable de grâces et d'indulgence. Elles lui découvrent les mystères du ciel et de la terre et transportent son âme au milieu des Séraphins. » Un silence plein de vénération et de recueillement spirituel accueillit ces paroles, interrompu au bout de quelques secondes par une voix sonore et sympathique, qui partait du bas bout de la table :

— « Reb Mosché ! Et qu'est-ce qu'une bonne action ? Que faut-il faire pour sauver son âme du péché et attirer sur soi le grand torrent de la grâce ? » demanda Meir.

Le mélamed leva les yeux sur son antagoniste, leurs regards se rencontrèrent de nouveau. Les yeux gris du mélamed exprimaient la colère et la menace ; les paupières transparentes du jeune homme avaient des lueurs argentines et le pétillement de sourires dissimulés.

— « Tu as été mon élève, Meir, et tu me poses de pareilles questions ! Ne t'ai-je pas dit et répété des milliers de fois que la meilleure action de l'homme, c'est d'approfondir la science sacrée ? Tout sera pardonné à celui qui le fait, celui qui ne le fait pas sera maudit, repoussé du sein d'Israël et du monde des purs esprits, quand bien même il aura les mains et le cœur aussi immaculés que la neige. »

En achevant cette explication, il se tourna vers Saül et, en montrant Meir du doigt, il dit :

— « Il ne sait et ne connaît rien ! Il a oublié tout ce que je lui ai enseigné. »

Le vieillard courba un peu devant le mélamed son front ridé et répliqua d'un ton conciliant :

— « Pardonne-lui, Rébé, c'est encore un enfant ! Lorsque la raison lui sera venue, il reconnaîtra que ses lèvres ont été bien téméraires d'oser te contredire, et il sera certainement aussi instruit et aussi pieux que l'ont été tous les gens de notre famille... »

Il se redressa, la fierté scintilla dans ses yeux voilés un peu par la vieillesse :

— « Écoutez, mes enfants, petits-enfants et arrière-petits-enfants ! dit-il. Notre famille, la famille des Ézofowicz n'est pas la première venue. Nous avons, grâce à Dieu et que son saint nom soit béni ! de grandes richesses dans nos coffres et dans nos bateaux, mais de plus grandes richesses encore dans le passé de notre famille. Un de mes aïeux fut Senior, l'ancien de tous les Juifs établis dans ce pays et très aimé du roi lui-même, et mon père Hersz, le grand Hersz, était lié d'amitié avec les plus grands seigneurs, ils le faisaient monter dans leurs calèches et, à cause de sa grande sagesse, ils le présentèrent au roi et le menèrent à la Diète, qui siégeait alors à Varsovie... »

Le vieillard se tut un moment et promena autour de lui un regard radieux et triomphant. Toute l'assemblée ne le quittait pas des yeux. Le mélamed assombri vidait par gorgées le vin qui remplissait son grand verre, et la vieille aïeule, déjà somnolente, se réveilla soudain, sa prunelle jaune brilla de dessous ses paupières clignotantes et elle s'écria, de sa voix distincte, mais creuse :

— « Hersz, mon Hersz ! »

Saül reprit alors la parole :

— « Notre famille possède un grand trésor, un trésor tel qu'il n'y en a pas en Israël. Et ce trésor, c'est un vaste manuscrit qu'a laissé notre ancêtre Michel Senior et dans lequel sont notées quantité de grandes et de doctes choses... Si nous avions ce précieux écrit, nous serions très heureux. Le guignon, c'est que nous ignorons où il se trouve... »

Depuis que Saül avait commencé à parler du précieux manuscrit de son ancêtre, d'entre tous les yeux fixés sur lui, deux paires de prunelles brillaient de passions contradictoires : celle du mélamed qui chuchotait méchamment et celle de Meir qui, droit sur son siège, dévisageait le narrateur avec une ardente curiosité.

— « Ce manuscrit, continua Saül, resta deux cents ans caché, sans que personne y eût touché. Ces deux cents ans écoulés, il advint que mon père Hersz le trouva. Où ? Personne ne le sait, sauf ma vieille mère. »

Et, désignant sa mère du doigt, il ajouta :

— « Elle est la seule à savoir, où il a de nouveau célé ce manuscrit, mais elle ne l'a encore révélé à personne... »

— « Et pourquoi ne l'a-t-elle révélé à personne ? » murmura méchamment le mélamed.

Saül répondit avec tristesse :

— « Reb Nochim Todros, bénie soit sa mémoire! lui a interdit d'en parler. »

— « Et pourquoi vous, Reb Saül, n'avez-vous point cherché ce manuscrit ? »

Saül répliqua encore plus tristement :

— « Reb Barouch Todros, fils de Reb Nochim, et Reb Isaac, puisse-t-il vivre cent ans ! fils de Reb Barouch, m'ont défendu de le chercher. »

— « Et que personne ne s'avise de le chercher ! » s'écria de toute la force de ses poumons le mélamed, en levant en l'air sa main armée d'une fourchette ; « que personne ne cherche le manuscrit, parce qu'il est plein de blasphèmes et d'horreurs ! Reb Saül ! Enjoins à tes fils, petits-fils et arrière-petits-fils d'avoir à ne pas s'enquérir de ce manuscrit et, s'ils le trouvent, d'avoir à le jeter au feu ! Car quiconque trouvera ce manuscrit et le lira au peuple sera frappé du *herem*, exclu du sein d'Israël. C'est ce que dit Reb Isaac, puisse-t-il vivre cent ans ! Une malédiction pèse sur ce manuscrit et malheur à celui qui le découvrira ! »

Un grand silence suivit ces paroles prononcées avec une fougue extraordinaire par le mélamed et, au milieu de ce silence, se fit entendre un long soupir, frémissant et passionné. Tous se regardèrent pour savoir de quelle poitrine s'était échappée cette plainte grosse d'on ne sait quel désir, mais personne ne l'apprit. On s'aperçut seulement que Meir, la taille raidie et le visage pâle, scrutait du regard la figure de son aïeule. Comme si elle eut instinctivement deviné ce regard pénétrant de son enfant préféré, elle souleva sa paupière ridée et dit :

— « Meir ? »

— « Grand'mère ? » répliqua-t-il à cet appel d'un ton tendre et caressant.

— « Mon petit-fils! » chuchota l'aïeule avec un sourire avenant et elle s'assoupit de nouveau.

Le repas du samedi touchait à sa fin, quand se produisit à table un incident qui aurait paru bizarre à tout étranger, mais qui était pour la société réunie là un spectacle ordinaire et quotidien.

Reb Mosché, son teint bistre un peu coloré par les quelques verres de vin que lui avaient libéralement versé ses hôtes, s'arracha soudain de son siège, se mit à pousser des exclamations bruyantes en levant la tête au plafond et il fut, en plusieurs bonds, au milieu de la chambre.

— « Le sabbat ! le sabbat ! le sabbat ! » criait-il en secouant violemment sa tête et ses épaules. « Joie, joie, joie ! » répétait-il, toute la famille céleste se réjouit et danse dans les cieux ! David a dansé et a sauté devant l'arche d'alliance. Pourquoi ma danse pieuse et mes sauts joyeux n'exprimeraient-ils pas la joie de mon cœur ? »

Il dansait et sautait, arpentant l'espace en long et en large à grandes enjambees, tantôt ramassé sur lui-même et penché en avant, tantôt les épaules pointées en haut et la tête rejetée en arrière, et ses pieds nus, s'embarrassant dans son étroit foureau de toile, retombaient sur le parquet toujours plus lourdement et avec une trépidation plus forte.

Tout œil non familiarisé avec de pareilles scènes aurait trouvé curieuse la vue des sentiments qui se peignaient sur la figure des témoins de cette danse extatique.

Le vieux Saül et son fils considéraient le danseur avec infiniment de sérieux et d'attention, sans éprouver la moindre velléité de sourire. Ils semblaient suivre les folles évolutions du mélamed du même œil que des fidèles assistent à l'accomplissement de cérémonies mystiques, mais saintes. Il est vrai que dans le regard, émoussé par les années, mais toujours intelligent de Saül, il y avait comme des lueurs d'une ironie comprimée, mais nul ne pouvait les apercevoir, parce qu'alors le vieillard abaissait à moitié ses paupières jaunies. Ber, avec ses cheveux blonds et son regard cristallin, se tenait droit et grave, mais le visage douloureusement contracté et les yeux à terre. On eut dit que Meir, la tête appuyée sur les deux mains, n'entendait ni ne voyait ou que du moins il s'efforçait de ne voir ni d'entendre ce qui se passait autour de lui. En revanche, les femmes paraissaient grandement émerveillées de la danse de Reb Mosché; elles observaient, en se balançant, la mesure que le mélamed battait avec les pieds, et se communiquaient leur ébaubissement respectueux par des clapotements de lèvres et des clignements de yeux. Au bas bout de la table, où étaient assis les plus jeunes garçons et de fraîches fillettes, on entendait d'imperceptibles chuchotements aussitôt refoulés.

Reb Mosché se fatigua à la fin, ses forces s'épuisèrent, son corps, frémissant d'exaltation et d'ardeur, s'abattit lourdement à terre, au pied du grand poêle de briques vertes. Il ne tarda pas à se remettre sur les jambes, éclata bruyamment de rire, essuya de la rude manche grise de sa chemise la sueur de son front qui perlait de grosses gouttes son visage écarlate.

A ce moment, Sarah, fille de Saül, se leva de table et présenta à chacun à la ronde une aiguière en argent, pleine d'eau, pour se laver les mains. Les convives, en murmurant des prières d'action de grâce, trempaient leurs mains et les essuyaient à une serviette d'une blancheur de neige et richement brodée, suspendue à l'épaule de Sarah. Le repas du samedi venait de s'achever.

La table fut desservie en quelques instants et la société se fractionna en plusieurs groupes, qui se livrèrent aux discussions les plus animées. Meir se détacha de la fenêtre, où il s'abandonnait à ses pensées solitaires en laissant errer son regard dans les ténèbres du soir, et s'approcha du groupe le plus nombreux, réuni à la plus belle place de la chambre et qu'ornait un canapé de forme antique à dossier jaune. Abraham et Raphaël, fils de Saül, et Ber, son gendre, rendaient compte à leur père et beau-père des affaires de la semaine, en sollicitant ses avis et son aide. Il y eût là un remuement des doigts de plusieurs paires de mains, un entre-croisement des chiffres les plus variés et un dénombrement de sacs de blés achetés et payés. La mention de tels ports étrangers et de telle cote des prix du blé ou des bois allumaient dans les yeux l'espoir, la crainte et le désir du gain. Le vieux Saül avait l'air de se trouver maintenant seulement dans son élément. Quoique les hautes et sages prédications des mystiques docteurs de la communauté, éveillassent chez lui une respectueuse terreur, les intérêts mondains paraissaient mieux convenir à

2.

son esprit, lui tenir de plus près et lui être plus familiers. Nulle trace de sénilité dans son regard perspicace et vif : seuls ses cheveux blancs et sa longue barbe lui donnaient l'air d'un patriarche et d'un dignitaire, distribuant aux membres de sa famille ses conseils et ses éloges ou leur notifiant ses décisions.

Meir resta quelques minutes en compagnie de ces gens qui discouraient commerce, profits et pertes. A l'indifférence de son maintien, on voyait qu'il n'avait encore jamais personnellement participé à de telles affaires et que l'âcre fièvre du lucre était inconnue à sa candide nature. Il examinait non sans surprise le flegmatique Ber, qui semblait en ce moment un autre homme. En exposant à son beau-père ses affaires, ses projets de spéculation et la nécessité d'un emprunt considérable auprès des frères de sa femme, il devint loquace, remuant, presque fougueux. Ses yeux flamboyaient, ses lèvres remuaient avec une extrême rapidité, ses mains tremblaient.

Meir s'éloigna et passa à un autre groupe, formé à un bout de la table encore couverte de sa nappe blanche. Appuyé, selon sa coutume, sur ses deux coudes, le mélamed accaparait l'attention d'une quinzaine de personnes en pérorant avec feu, au milieu d'auditeurs avides de ses paroles :

— « Tout ce qui est en ce monde, chaque homme et chaque animal, chaque herbe et chaque pierre, a ses racines là haut, dans la région qu'habitent les esprits. C'est pourquoi l'univers entier est comme un arbre colossal, dont les racines sont au milieu des esprits. Et il est comme une chaîne gigantesque, dont les derniers anneaux tiennent au monde des esprits. Et il est comme une mer immense qui ne se dessèche jamais, parce qu'elle reçoit d'innombrables ruisseaux d'esprits, qui la remplissent sans cesse. »

Meir quitta ce groupe et se dirigea vers la fenêtre. Deux jeunes gens, le front dans la main, y disputaient gravement sur l'endroit où il est écrit que l'homme qui, une nuit de fête, n'aperçoit pas son ombre, meurt dans l'année même.

Meir alors jeta les yeux autour de lui. Dans une chambre attenante, de vieilles femmes débattaient en petit comité des questions de ménage et vantaient l'esprit de leurs petits-enfants, tandis que des jeunes filles, accroupies dans un coin, causaient entre elles, démêlaient leurs longues tresses, chuchotaient et chantonnaient tout bas.

On lisait aisément, sur la figure de Meir, qu'aucun des groupes nombreux, qui remplissaient la maison n'exerçait sur lui la moindre attraction. Il se trouvait parmi les siens, au milieu de ses plus proches par le sang et par le cœur et cependant... il s'arrêta triste dans cette salle, où son regard ennuyé errait au hasard et où il se sentait aussi isolé que dans le désert. Il s'éclipsa bientôt, descendit l'escalier du perron et, à travers la sombre place, il gagna la basse et large habitation de Reb Jankiel.

*
* *

Après les vastes, propres et jolies pièces bien éclairées de la maison de son aïeul, le logement de Reb Jankiel, propriétaire de la plus grande auberge de Szybow, fonctionnaire du kahal et trafiquant d'eau-de-vie, dût paraître à Meir obscur, sale et triste. Alors que, dans l'habitation d'où il venait, le repas du samedi était à peine terminé, ici il n'y avait plus de trace d'un très modeste souper, lestement enlevé, et pendant la durée duquel régnait un morne silence, uniquement interrompu par les gronderies acariâtres et les méchants brocards du père de famille, Chacun connaissait l'avarice de Reb Jankiel, qui amassait beaucoup d'argent et se souciait peu des aises et du confort domestique, car il séjournait rarement au logis, absorbé par le soin de faire valoir des distilleries et des auberges des environs, et il ne figurait en ville qu'autant que l'exigeaient les fêtes religieuses ou les affaires du kahal. Sa femme Yenta et ses deux filles, déjà grandes, géraient l'auberge et y remplissaient en même temps les fonctions de premières servantes.

Les causeries amicales, en honneur chez les Ézofowicz, manquaient chez Reb Jankiel qui n'étalait son luxe que lorsqu'il recevait quelques hôtes de distinction, tels que le saint rabbin, dont il était le favori, ses collègues du kahal ou de riches marchands. La propreté ni la gaîté ne s'y montraient jamais.

La première pièce où Meir entra par la porte qui débouchait sur l'immense galerie, se trouvait faiblement éclairée par un seul bout de chandelle jaunâtre, achevant de brûler sur la table, dans un chandelier de cuivre graisseux. Les odeurs du repas à peine desservi, la moisissure des murailles et les senteurs de suie d'un poêle délabré viciaient l'atmosphère. Tout y semblait du reste silencieux et désert. Dans une chambre voisine et entièrement obscure le maître de la maison, déjà profondément endormi, ronflait avec bruit.

Dans une première petite pièce, si encombrée de lits et de coffres qu'on pouvait à peine y passer, Meir aperçut, à la lumière vacillante d'une lampe posée sur un poêle, au-dessus duquel il y avait du linge à sécher, une femme à peine distincte dans le pénombre; en balançant du pied un berceau, elle chantonnait pour endormir l'enfant, qui geignait doucement. Meir la salua d'un signe de tête et de deux ou trois paroles; elle lui répondit amicalement et continua sa chanson, malgré le va-et-vient régulier du berceau et la sonorité des ronflements de quelques personnes.

On entendait le bruit sourd de voix d'hommes derrière une petite porte que Meir franchit. Il pénétra dans la chambre d'Éléazar, le chantre à la figure blanche et à l'admirable voix.

Éléazar n'était pas seul. Autour de la même table éclairée par une chandelle jaune, se tenaient assis plusieurs des jeunes gens de la famille Ézofowicz qui avaient, ce jour-là, soupé en compagnie de Meir. Meir respira plus librement, peut-être parce que l'atmosphère de cette chambrette lui parut moins étouffante et plus pure que celle du reste de cet appartement et peut-être parce qu'il vit devant lui des visages sympathiques sur lesquels sa présence provoqua un sourire joyeux.

Eléazar leva ses yeux de turquoise sur le nouveau venu, qui prit silencieusement place à table.

— « Meir ! », dit-il d'une voix douce.

— « Eh bien, quoi ? » répondit Meir.

— « Tu as aujourd'hui manqué de patience et tenu au mélamed des propos inutiles ! Ils m'ont déjà conté cela. »

Il désignait les jeunes gens présents. Meir fixa son regard perçant et légèrement ironique sur la blanche figure de son interlocuteur.

— « Est-ce sérieusement, Éléazar, que tu qualifies d'inutiles et de mauvais les propos que j'ai tenus au mélamed ? » demanda-t-il lentement.

Le chantre baissa la tête.

— « Ce sont des vérités, mais pas bonnes à dire, parce qu'elles peuvent t'attirer de grands desagréments. »

Le jeune homme eut un sourire triste et contraint.

— « Bah » ! dit-il avec résolution, « arrive que pourra ! Je ne saurais, plus longtemps, les voir en silence tourner toutes les têtes. »

— « Enfant ! enfant ! En quoi y remédieras-tu ? » exclama paresseusement d'un ton traînant un nouveau personnage.

Tout le monde se retourna. C'était le flegmatique Ber qui venait d'entrer et qui, après avoir soigneusement fermé la porte derrière lui et répondu à l'ardente sortie du jeune homme, se coucha sur le lit d'Eléazar, la figure levée au plafond. Les assistants, sans doute habitués à le voir au milieu d'eux, ne témoignèrent ni mécontentement ni trouble. L'entretien se poursuivit. L'un des jeunes gens, parent de Meir, se mit, moitié par scepticisme et malice, moitié par crainte et conviction, à répéter au chantre les paroles du mélamed sur En-Sof, les Séraphins,la venue du Messie et l'énorme poisson Léviathan. Un autre demanda à Éléazar s'il pensait qu'il suffise d'approfondir la Mischna et le Zohar pour que toutes vos fautes vous soient pardonnées ?

Éléazar écoutait en silence et la tête penchée. Longtemps, il ne répondit rien. Il releva ensuite la tête et dit :

— « Lisez la Thora ! Il y est écrit : Il n'y a qu'un Dieu : l'Éternel. Ni vos sacrifices, ni vos chants, ni votre encens ne le satisfont, mais il exige de vous que vous chérissiez la vérité, défendiez les opprimés, instruisiez les ignorants et soigniez les malades. car se sont là vos premiers devoirs ! »

Les deux jeunes gens ouvrirent de grands yeux.

— « Oh ! » s'écrièrent-ils, « est-ce que le mélamed débite des faussetés ? »

Éléazar se taisait de nouveau : Évidemment il eût préféré ne pas répondre. Mais de jeunes mains impatientes le tiraient par la manche de son habit, exigeant qu'il parlât.

A ce moment. Meir lui plaça la main sur l'épaule.

— « Eléazar ! », dit-il, « tu m'as tenu le même langage il y a deux ans, quand tu es revenu de la grande ville où tu avais appris à chanter. Tu as alors ouvert mes yeux qui d'eux-mêmes commençaient déjà à chercher la lumière : tu m'as enseigné que nous ne sommes plus de vrais Israélites, que notre foi n'est plus celle qui nous a été donnée sur le mont Sinaï, que le Judaïsme est comme une eau qu'on aurait troublée et salie en y jetant un peu de boue et que cette boue a noirci nos têtes et nos cœurs. Voilà ce que tu m'as expliqué Éléazar. et tu m'as désillé les yeux. Depuis ce temps, je t'aime en père qui m'a aidé à sortir des ténèbres, mais depuis ce temps aussi j'ai un grand poids sur le cœur et je sens une grande tristesse... »

— « Éléazar t'a instruit, Meir, et il se tait, et toi, son disciple, tu commences à parler, » dit Ber, dont l'accent nonchalent n'était pas exempt d'ironie.

— « Si je savais que dire et comment agir ! » s'écria le jeune homme, le regard enflammé.

Et il ajouta plus bas :

— « Mais je ne sais ni parler ni agir, je me sens seulement dans l'âme une grande haine pour ceux qui trompent et un grand amour pour ceux qui sont trompés... »

— « Et une grande témérité ! » murmura Ber, toujours négligeamment étendu sur le lit.

— « Jusqu'ici je n'ai point été téméraire. mais je le deviendrais, si je savais seulement que faire ! »

Quelques moment de silence suivirent. Meir reprit :

— « Tu es heureux, Éléazar. »

— « Et pourquoi le serais-je ? »

— « Tu as couru le monde, contemplé de sages spectacles, écouté de doctes gens... Ah ! si je pouvais à mon tour largement parcourir le monde ! »

— « Eléazar ! » dirent les deux jeunes gens, « racontenous quelque chose sur ce monde. » On lisait dans leurs yeux, fixés sur le chantre, une curiosité mêlée d'une étrange mélancolie.

Eléazar se trouvait être le seul jeune homme de Szybow qui eut parcouru largement le monde, grâce à son admirable voix, qu'il perfectionna dans une grande ville. Au retour, il se hâta de communiquer à ses compagnons ses observations et ce fut vite fait. Mais ils l'eussent volontiers écouté chaque jour, lors même qu'il leur eût répété une seule et même chose. Quel est l'aspect des grandes cités ? Quelle hauteur y ont les maisons et quelles belles calèches circulent dans les rues ? Quels gens riches, polis et savants habitent ces maisons, et combien y a-t-il parmi eux d'Israélites qui aient force argent, de belles chambres, de riches vêtements et beaucoup de considération chez les hommes. Et pourquoi sont-ils tellement considérés ? Ne leur témoigne-t-on de respect qu'à cause de leurs richesses ? Non, car il y a à Szybow de riches marchands et on ne leur montre d'égards que lorsqu'on a besoin de leur argent, et dès qu'on n'en a plus besoin, on s'exprime vilainement sur leur compte et on en parle avec mépris. Les autres Israélites sont au contraire considérés à cause qu'ils ont beaucoup étudié et qu'ils savent énormément, qu'ils ont appris non seulement la Mischna et la Gemare, mais quantité d'autres sciences belles et utiles. Et pourquoi n'y a-t-il pas à Szybow d'école qui enseigne de pareilles sciences ? Pourquoi le rabbin Isaac et Reb Mosché disent-ils que ces sciences-là c'est la vigne de Sodome et le feu étranger et que chaque bon Israélite doit les fuir ?

— « Éléazar ! Qu'est-ce que les grandes voitures sans chevaux qui circulent par le monde et qu'est-ce qui les a inventées ? »

— « Éléazar, est-ce que là bas tous les Israélites observent le *kocher* ? »

— « Éléazar, qu'est-ce qu'on dit là bas de nos voisins les Todros ? »

— « On en dit du mal. »

Profonde stupéfaction ! Les Israélites eux-mêmes blâment les Todros, ne croient ni à En-Sof, ni aux Séraphins, ni à la Cabale ?

— « Et qu'est-ce qu'ils disent du Talmud ? »

— « Ils professent que le Talmud est une œuvre belle et sage, écrite par des savants et par des saints, seulement qu'il faut l'abréger, en beaucoup retrancher, puisque les temps ont changé ; et tel passage, jadis utile, est maintenant nuisible. »

Nouvelle surprise ! Il y a abréger le Talmud, parce qu'il est très difficile d'apprendre la Gemare et qu'elle tue la mémoire et fatigue l'intelligence des enfants.

C'est vrai. Ces jeunes gens n'ont qu'à se rappeler combien il leur a été difficile d'apprendre la Gemare, que de coups ils recevaient du mélamed, car elle ne voulait pas leur entrer dans la tête, l'affaibliblissement qui en résultait pour leur mémoire et leur intelligence, et l'exemple du petit Leybele, fils d'un pauvre tailleur, qui en est devenu à toujours obtus et malingre.

— « Et est-ce que personne a jamais abrégé le Talmud et l'a rendu plus facile à apprendre? »

— « Il a été abrégé par le grand et sage Moïse Maimonide que les rabbins ont ensuite excommunié. »

Les rabbins ont excomunié un sage et un saint ? Les rabbins peuvent donc être méchants et injustes et il ne faut pas toujours ajouter foi à ce qu'ils disent !

— « Et qu'est-ce qu'a encore écrit Moïse Maimonide ? »

— « Il a publié le *More Nebuchim*, ou Guide des égarés, un livre si excellemment beau qu'en le lisant on éprouve l'envie de pleurer d'attendrissement et de rire de joie. »

— « Et, Éléazar, est-ce que tu possèdes ce livre ? »

— « Je l'ai. »

— « Et d'où l'as-tu ? »

— « Il m'a été offert par un sage Israélite qui est avocat renommé dans une grande ville. »

— « Éléazar, lis-nous quelques pages de ce livre ! »

C'est de cette naïve façon que ces intelligences, avides de lumière et qui aspiraient à leur insu à ce que l'humanité leur ouvrît plus largement les bras, percevaient les manifestations partielles et chaotiques d'un monde de phénomènes et d'idées tourbillonnant dans des espaces infinis. Des discussions de ce genre ni n'élaboraient de fortes convictions ni ne tramaient le fil conducteur d'une nouvelle existence, mais elles altéraient les cœurs, engendraient le doute dans les consciences et chargeaient le regard des souffrances d'une pensée qui commence à sentir ses chaînes.

Il était déjà tard quand, après une conversation prolongée, ces jeunes gens se levèrent. Ils demeuraient debout, en face les uns des autres, le visage pâle, l'œil ardent. Meir interrompit ce silence momentané en disant :

— « Éleazar, ne crierons-nous jamais à haute voix au peuple de tout examiner autour de lui et de se reconnaître ? Pourrirons-nous toujours comme des vers enfouis sous la terre et serons-nous toujours témoins de la manière dont le peuple étouffe et pourrit ? »

Éléazar baissa vers le sol ses yeux humides, éleva ses mains blanches et répondit d'une voix harmonieuse.

— « Je chante chaque jour mon peuple et je pleure devant le Seigneur ! »

Meir fit un geste d'impatience et à ce moment Ber, se soulevant lourdement de son lit, eut un gros rire lugubre.

— « Chante et pleure ! dit-il à Éléazar, « ton rigoureux père t'a terrorisé au point que tu ne seras jamais capable de mieux... »

Il posa ensuite la main sur l'épaule de Meir et ajouta :

« Il n'y a que celui-là de hardi et il remontera le courant. Mais le courant de l'eau est plus fort que l'homme. Où ne l'emporte-t-il pas ? »

En quittant l'habitation de Jankiel, Meir aperçut de nouveau dans l'une des chambres la même personne assise au chevet d'un enfant endormi ; seulement, elle sommeillait courbée et les deux coudes sur le bord du berceau. La lumière de la lampe posée sur le poêle tombait maintenant directement sur elle et éclairait un cafetan bleu déchiré qui couvrait ses épaules et sa poitrine et non ses bras passés dans les manches d'une chemise grossière. Elle gardait encore sur la tête son bonnet de fête, avec une grande fleur froissée, dont la couleur rouge tranchait étrangement sur la peau bistrée et ridée du front bas et des joues flétries de cette femme pas encore vieille, mais usée de travail, accablée, rompue. Un seul coup d'œil suffisait pour convaincre que sa vie s'écoulait au milieu des soucis et des humiliations, sans qu'aucune gouttelette de félicité domestique vînt la rafraîchir jamais. On devinait aisément qu'elle n'atteindrait pas, à l'instar de Freyda, femme de l'hérétique Hersz, le centième anniversaire de sa naissance et qu'à l'heure de l'éternel sommeil, elle n'aurait pas la douceur et la béatitude de s'assoupir au gazouillement de nombreux enfants et petits-enfants. On avait tué l'esprit de la femme du pieux Reb Jankiel, et son corps était exténué.

Quand le bruit du pas des hôtes qui s'éloignaient, confondu un moment avec les ronflements de plusieurs personnes endormies, eût cessé, Éleazar considéra quelques secondes, de la petite porte de sa chambre, sa mere sommeillante.

— « Mère ! » chuchota-t-il, « pourquoi ne te couches-tu pas ? La petite Haya dort depuis longtemps et elle ne pleurera plus. Couche-toi, mère, et... repose-toi. »

Les paroles murmurées par son fils tirèrent Yenta de son engourdissement. Elle souleva ses paupières, tourna un regard morne vers ce svelte jeune homme, dont les traits délicats semblaient, dans cette demi-obscurité, de la blancheur de l'albâtre et oh ! miracle! ses petits yeux tremblotants cessèrent de clignoter et une lueur de joie scintilla dans son incolore prunelle.

— « Éléazar, viens ici », soupira-t-elle.

Le jeune homme alla s'asseoir sur le bord du lit.

— « Comment pourrais-je dormir, balbutiaient les lèvres blêmies de la pauvre femme, lorsque ma tête est toute bouleversée ? Haya est malade et peut pleurer à tous moments et si elle crie assez haut pour éveiller Jankiel, il se mettra grandement en colère ! »

— « Dors, ma mère ! » répliqua le fils. « Je resterai ici et je bercerai Haya... »

Cette figure jaunie et ridée, une grande rose rouge sur le front, s'inclina et reposa, non sur les coussins fort haut placés et couverts d'un linge douteux, mais sur les genoux du jeune homme assis à côté.

Éléazar, l'épaule contre le bord du berceau, et le front dans le creux de sa main, se prit à songer. Parfois il balançait du pied le berceau et chantonnait.

— « Oh ! ma pauvre tête ! » exclama en dormant la mère assoupie sur les genoux de son fils.

— « Oh ! pauvre tête d'Israël ! » murmura de ses lèvres roses le jeune homme, qui veillait sur le berceau.

*
* *

Pendant que ceci se passait dans l'habitation de Reb Jankiel, une petite et agile créature se glissait dans l'obscurité, à travers la vaste cour de l'école, vers la basse maisonnette du rabbin Isaac Todros, sise à côté, et elle disparut derrière des portes chétives qui se refermèrent sur elle, en grinçant d'une façon discordante.

A ce grincement, un homme répondit de l'intérieur avec une voix de basse, nette mais contenue :

— « Mosché, est-ce toi ? »

— « C'est moi, Nassi ! C'est moi, ton fidèle serviteur et l'humble tabouret de tes pieds. Que les anges de paix te visitent dans ton sommeil et que chaque souffle de tes lèvres te soit aussi agréable que l'huile apprêtée avec de la myrrhe ! Et quand tu seras endormi, que ton âme se baigne avec volupté dans le ruisseau des esprits ! »

La voix de basse qui partait de l'intérieur d'une sombre chambrette, située au delà d'une antichambre, également exiguë et non éclairée, interrogea Mosché :

— « Et où as-tu été si longtemps ? »

L'homme répondit déjà de l'antichambre :

— « J'ai pris mon repas du samedi dans l'habitation des Ezofowicz. Ils célèbrent le sabbat avec beaucoup de munificence et j'y vais souvent le samedi pour maintenir mon âme dans une profonde joie. »

— « Tu as raison, Mosché, de maintenir ton âme grandement en joie les samedis. Et que dit-on chez eux ? »

— « Rien de bon, Nassi ! Au milieu des lis et des roses un très vilain ver y grandira ! »

— « Quel ver ? »

— « Un ver rongeur de notre sainte foi. »

— « Et de qui ce vilain ver a-t-il piqué le cœur ? »

— « De Meir Ezofowicz, petit-fils du riche Saül. »

— « Mosché, as-tu vu ce ver de tes propres yeux, l'as-tu entendu de tes propres oreilles ! Parle Mosché ! Sur ma tête pèse la grande charge de toutes les âmes de cette communauté et je dois tout savoir. »

Il y eut un moment de silence. Sans doute que l'homme humblement accroupi dans l'antichambre à la porte fermée du saint rabbin, rassemblait ses idées et recueillait ses souvenirs. Il ne tarda pas à reprendre d'une voix rauque et chevrotante :

— « J'ai vu de mes propres yeux et entendu de mes propres oreilles ! Meir Ezofowicz n'a pas récité aujourd'hui le Kirdouch du samedi avec toute sa famille et il n'est rentré au logis que longtemps après que le sabbat eût commencé. Je l'ai interrogé sur ce qu'il avait fait et il m'a répondu avoir défendu contre une sauvage agression la chaumière du caraïte Abel et de sa petite-fille Golda. »

Il se tut ; la voix de basse, enfermée dans la chambre, répondit :

— « Il a défendu des hérétiques et transgressé le sabbat. »

— « Il ne maintient pas son âme en joie le jour du sabbat. Triste il est venu, triste il est resté la soirée entière. Et pourquoi est-il triste ? Parce que son âme est attirée vers les goïm et vers leur science... »

— « Maudite soit cette science ! Puisse Israël la fuir et le Seigneur ne la point épargner ! » s'écria la voix de basse derrière la porte.

— « Il a dit qu'il n'y a rien dans les Saints Livres d'Israël, ni sur En-Sof, ni sur les Séraphins, et que l'Éternel interdit de persécuter les hérétiques. »

La voix de basse reprit :

— « Les lèvres de ce jeune homme profèrent des horreurs. L'âme de son aïeul a passé dans son corps. »

— « Nassi », continua Mosché en élevant la voix. Un murmure approbatif de l'autre côté de la porte l'encouragea à parler.

— « Il va chercher le manuscrit de Michel Ezofowicz Senior : je l'ai vu dans ses yeux. Alors il le lira à haute voix au peuple et révoltera contre tes enseignements l'esprit d'Israel. »

Après une pause plus prolongée, la voix de basse se fit entendre de nouveau :

— « Lorsqu'il aura découvert ce manuscrit, ma droite s'appesantira lourdement sur sa tête et le réduira en poussière. Mosché, le souper fini, qu'a-t-il fait ? »

— « Il s'est rendu dans la maison de Reb Jankiel et s'est longuement entretenu avec le chantre Éléazar. En passant près de là, je l'ai aperçu par la fenêtre. »

— « Mosché, et qui y avait-il encore là ? »

— « Chaim, Mendel, Ariel et Ber, gendre de Saül... »

— « Et sur quoi discouraient-ils ? »

— « Nassi, toute mon âme se concentrait dans mon oreille, pendant que j'étais aux écoutes sous la fenêtre... Ils se plaignaient fort de ce qu'on les laisse dans d'épaisses ténèbres et de ce que la vraie foi d'Israël soit troublée... Et Éléazar disait qu'il s'en plaint au Seigneur, qu'il chante et qu'il prie... Et Meir lui répondait que ce n'est pas assez que de prier et de chanter, mais qu'il faut sommer le peuple à pleine gorge d'agir, de changer...

— « Race de vipères ! » murmura la voix au fond de la masure.

— « Nassi, quelle race est une race de vipères ? » demanda modestement Mosché.

Après un moment de silence, il lui fut répliqué d'au milieu des ténèbres.

— « La race des Ezofowicz ! »

III

Deux mois se sont écoulés. A un chaud jour de mai succède une soirée sereine et embaumée.

Un peu avant le coucher du soleil, deux créatures cheminaient sur l'un des côtés d'une ruelle des plus étroites et bordée de masures des plus misérables : d'abord une chèvre blanche comme la neige et puis une jeune fille maigre et svelte. La chèvre courait en avant, en sautillant à chaque instant pour atteindre les branches d'arbre plantés çà et là. Elle semblait agile, folâtre, heureuse, la jeune fille avait l'air grave et pensif. Il eut été difficile de préciser son âge. On lui aurait aussi bien donné treize ans que dix-sept. De taille élancée, elle accusait néanmoins des formes grêles, fluettes, et qui, peut-être en raison d'un arrêt dans sa croissance, paraissaient enfantines. Mais l'assurance de sa démarche et la tristesse de son visage révélaient une maturité précoce. A première vue, on l'eut dit laide. Si elle possédait quelques charmes, ils n'etaient nullement rehaussés par sa pauvre toilette, composée d'une robe de percale deteinte, d'une jupe étroite, d'un corsage mal ajusté et pendant, d'une chaussure grossière et plate. Plusieurs rangées de petits coraux irréguliers et ébréchés s'enroulaient autour de son cou. La rougeur de cet unique luxe de son costume faisait vivement ressortir son teint très basané ; ses joues pâles et amaigries se creusaient un peu ; ses yeux, aux prunelles d'un noir de velours, s'enfonçaient profondément sous d'épais sourcils;

sur son étroit front brun ses cheveux s'enlaçaient en boucles d'un lustre d'ébène.

Toute l'attitude de cette enfant ou de cette femme trahissait un je ne sais quoi de fier et de sauvage à la fois. Elle s'avançait droite, grave, son regard pensif hardiment lancé en avant ; mais à chaque bruit plus distinct de voix humaines, elle s'arrêtait, se collait contre la haie ou la muraille, baissait les yeux avec plus d'amertume et de répugnance que de crainte, comme si une rencontre avec les hommes lui eut été pénible. Il n'y avait que la chèvre blanche, dont la présence ne lui causât pas de désagrément. Au contraire, la jeune fille la suivait d'un œil attentif et dès que cette vive créature s'éloignait trop, elle la rappelait par de petits cris. La chèvre la comprenait sans doute fort bien, car, obéissant à ses appels, elle s'en revenait avec une sorte de bêlement interrogateur. Au bout de l'étroite et pauvre ruelle brilla la verdure perlée de rosée, dorée de soleil, fraîche comme l'herbe l'est en mai. Cette petite prairie, adossée à la ville et entourée d'un côté d'un épais bois de bouleaux, s'ouvrait de l'autre sur de vastes champs, ceints au loin par un vaste horizon de forêts.

A la vue de cette prairie, la jeune fille ne se pressa pas, elle ralentit au contraire sa marche, rappela bientôt à elle sa chèvre et, la saisissant par l'une de ses cornes, se tint immobile. Elle considérait une scène mouvementée, dont la prairie était le théâtre. Un bruit mêlé de rires enfantins, de cris et de bêlements d'animaux arrivait jusqu'à elle. Au premier aspect, on ne distinguait sur un fond vert que l'agitation confuse et chaotique de créatures d'une blancheur de lait et d'enfants bariolés. Un examen plus soigneux permettait de reconnaître une quinzaine de fillettes, qui ramenaient du pâturage une centaine de chèvres.

Ces jeunes filles espiègles se hâtaient de rentrer au logis. Les chèvres têtues ne voulaient point quitter la prairie. Il en résultait des luttes obstinées où les enfants avaient le plus souvent le dessous. Les chèvres s'échappaient des mains de leurs conductrices et bondissaient avec agilité vers quelques noisetiers disséminés çà et là dans le pré. Les fillettes les poursuivaient, les atteignaient, empoignaient à pleines mains leurs poils rudes et ne savaient plus que faire. Les unes invoquaient l'aide de leurs compagnes placées dans le même embarras qu'elles; les autres se mettaient en travers du chemin et étendaient les bras devant ces bêtes désobéissantes ; d'autres encore se prenaient les cheveux, poussaient des cris perçants, à moins que, se couchant et se roulant dans l'herbe verdoyante, elles n'éclatassent de rire. Ces cris, ces éclats de rire et ces appels, unis aux bêlements prolongés des chèvres, s'envolaient sur l'aile tiède des vents, non seulement dans les tristes rues de la petite ville, mais encore dans les champs jaunis et jusqu'au fond des bois. Au milieu de cette atmosphère dorée miroitaient et de petits pieds nus qui se trémoussaient dans l'herbe verdoyante et de mignonnes têtes, couvertes de cheveux de toutes nuances, depuis le noir d'ébène jusqu'au rouge cuivré et au blond de lin.

La jeune fille svelte et grave, engagée avec sa chèvre folâtre mais docile, dans l'étroite ruelle aboutissant à la prairie, embrassait d'un regard indifférent cette scène tumultueuse et bruyante. Évidemment, cette gaîté ni n'avait d'attrait pour elle ni n'éveillait sa curiosité. En restant immobile, elle gardait le même air recueilli et calme qu'auparavant, pendant la marche. Elle semblait attendre quelque chose, peut-être que ces enfants turbulents et criards eussent quitté ce coin de verte prairie.

Toutes ces rumeurs se fondirent en une seule acclamation de joie, en un chœur triomphal. Après une longue série de luttes, de poursuites et d'efforts, les chèvres se trouvaient domptées : il ne leur était plus loisible de céder à la tentation de s'attarder auprès des noisetiers. Leurs conductrices venaient de réunir en un tas ces animaux obstinés et toujours prêts à s'insurger. Elles tiraient énergiquement les uns par leurs courtes cornes en courbant leurs têtes presque jusqu'à terre ; à d'autres elles avaient jeté leurs bras autour du cou, obligées par là à se mettre au même pas et à avancer par bonds. Les plus vigoureuses et les plus hardies d'entre ces fillettes, juchées sur ces coursiers d'un nouveau genre, et, se retenant à poings fermés aux touffes de poils les mieux fournies, dévalaient au grand trot vers la ville. Cette cavalcade nombreuse et tapageuse s'engagea dans une des rues les plus larges et se perdit au milieu de tourbillons de poussière.

La verdoyante prairie redevint déserte et silencieuse ; un léger vent agitait seulement les branches des bouleaux et des noisetiers, et, doré par le coucher du soleil, un nuage transparent s'abaissait vers elle.

La jeune fille au teint hâlé délivra de son étreinte le cou de sa chèvre. Un pas plus accéléré la conduisit en un moment au bord de la prairie.

Elle s'y arrêta brusquement : son regard, stupéfait et charmé, ne se détachait pas d'un gros tronc de bouleau, renversé par le vent tout au bas de la prairie et sur lequel un jeune homme était assis, un gros volume étalé sur les genoux.

L'hésitation de la jeune fille fut de courte durée. Sans quitter des yeux cette figure d'adolescent, elle traversa, svelte et légère, toute la largeur de la prairie et, parvenue auprès du lecteur, elle s'inclina, lui saisit la main dans les siennes et la porta à ses lèvres.

Le jeune homme releva brusquement la tête, lança à la jeune fille un coup d'œil de surprise, et se hâta en rougissant beaucoup de retirer la main qu'elle baisait.

— « Vous ne me connaissez, pas ? » dit la jeune fille. Sa voix, un peu sourde, ne tremblait pas.

— « Non », répondit le jeune homme.

— « Et d'où me connaîtriez-vous ? Mais moi, je vous connais. Vous êtes Meir Ezofowicz, le petit-fils du riche Saül. Je vous vois souvent, quand vous vous tenez sur le perron de votre belle habitation ou que vous passez avec ce livre à côté de la butte caraïte... »

Elle débita tout cela avec assurance, haute et grave. Sa physionomie ne trahissait nul trouble, nulle timidité, ni le moindre incarnat ne colorait ses joues. Seulement ses noires prunelles semblaient grandir et projetaient de chaudes lueurs, tandis que ses lèvres avaient une expression calme et douce.

— « Et qui êtes-vous? » demanda Meir tout bas.

— « Je suis Golda, la petite-fille du caraïte Abel, méprisée et persécutée par tous les vôtres... »

Ce n'est qu'alors que sa voix tressaillit et qu'elle eut quelques intonations tristes.

— « Tous les vôtres persécutent le caraïte Abel et sa petite-fille Golda, et vous, vous les défendez. Depuis longtemps, je voulais vous remercier! »

Meir baissa les yeux, la rougeur au front.

— « Vivez en paix, vous et votre grand-père Abel », murmura-t-il, « et que sur votre propre maison s'étende la droite de l'Éternel, qui aime et protège ceux qui souffrent... » .

— « Merci pour ces bonnes paroles. Votre nom signifie : lumière, et la lumière réjouit mon regard chaque fois que je vous aperçois. Il y a beau jour que je voulais vous rencontrer, causer avec vous et vous dire que, quoique vous soyez petit-fils d'un riche marchand et que moi je sois la petite-fille d'un pauvre caraïte qui tresse des paniers, nous sommes égaux aux yeux de l'Éternel et qu'il m'est permis de lever les yeux sur vous et d'etre heureuse en contemplant votre lumière! »

Et elle paraissait heureuse en effet. Le sang affluait vivement à ses joues caves et basanées, ses lèvres pourpres frémissaient: ses yeux noirs, levés vers le jeune homme, débordaient d'une admiration passionnée et deux larmes d'argent scintillaient à ses cils.

Meir l'écoutait les yeux baissés. Quand elle se tût, il leva la tête un moment et chuchota :

— « Golda, que vous êtes reconnaissante et belle! »

Pour la première fois, dans cet entretien avec Meir, Golda baissa les yeux et se mit machinalement à tirer à elle les tiges cotonneuses de hautes herbes qui poussaient à l'entour.

Meir la considéra longtemps en silence. Une exquise délicatesse de cœur se manifestait dans l'embarras qui ramenait sans cesse la rougeur sur le front de Golda et dans la joie craintive qui redoublait l'éclat de ses prunelles grises, obstinément penchées vers la terre.

— « Asseyez-vous auprès de moi, » finit-il par lui dire à voix basse.

La jeune fille se redressa, puis alla s'asseoir à la place qu'il lui indiquait. Elle avait déjà repris toute son assurance et toute sa gravité. Elle dévisageait en silence le jeune homme qui ne la regardait pas. Ils furent muets longtemps ; la nature environnante était muette, elle aussi, sauf que les bouleaux élancés murmuraient doucement au-dessus de leurs têtes et que parmi les joncs d'un étang voisin les oiseaux aquatiques gloussaient et croassaient à de rares intervalles.

Meir, le regard toujours plongé dans la verdure étalée à ses pieds, parla le premier.

— « Pourquoi menez-vous paître si tard votre chèvre ? »

Golda répondit :

— « Parce que je ne veux point venir ici, lorsque les autres jeunes filles s'y trouvent avec leurs chevres. »

— « Est-ce qu'elles aussi, vous persécutent ? »

— « Elles se moquent de moi, dès qu'elles m'aperçoivent, m'accablent de vilains sobriquets et me repoussent le plus loin d'elles possible. »

Meir leva sur la jeune fille un regard où se peignait la pitié.

— « Golda, avez-vous peur de ces jeunes filles ? »

Golda secoua gravement la tête, en signe de dénégation.

— « J'ai grandi, répliqua-t-elle, avec l'effroi, c'est mon frère, je me suis accoutumée à lui. Mais quand, de retour au logis, le vieux me demande si je n'ai pas rencontré quelqu'un ni n'ait éprouvé aucun désagrément, je ne puis ni lui mentir ni lui dire la vérité, sans qu'il ne s'afflige vivement et ne pleure... »

— « Est-ce ce vieillard qui vous a élevée ? »

Elle fit un signe de tête affirmatif.

— « A la mort de mes père et mère, ma taille n'atteignait pas même ce petit buisson que voici. Le vieux n'ayant pas d'enfant me recueillit auprès de lui, me berça malade, me porta dans ses bras et ne me ménagea pas ses caresses. J'ai grandi ainsi. Il m'avait appris à filer, à lire la Bible, à connaître toutes les belles histoires que les caraites ont apportées avec eux d'un pays lointain. Le vieux est bon, je l'aime, il est si âgé et si pauvre... Ses cheveux sont blancs comme neige à force de vieillesse et ses yeux rouges comme le corail, à force de pleurs. Je m'étends souvent à ses pieds, et, pendant qu'il tresse ses paniers, je pose ma tête sur ses genoux et de sa main toute ridée et toute tremblante, il me caresse les cheveux, soupire et me dit :

— « Orpheline, pauvre orpheline ! »

Elle se tenait, en disant cela, dans une attitude un peu penchée, le coude appuyé sur les genoux, le menton dans sa main, avec un léger balancement et le regard perdu au loin.

Meir ne la quittait plus des yeux et d'une voix tendre et vibrante de pitié, il répéta le dernier mot qu'elle venait de prononcer :

— « Orpheline ! »

A ce moment, le bêlement d'une chèvre se fit entendre dans l'épaisseur du bois, à quelques dizaines de pas derrière eux. Meir promena son regard autour de lui.

— « Est-ce que votre chèvre ne s'égarera pas dans le bois ? » lui demanda-t-il.

— « Non », répondit tranquillement la jeune fille, « elle ne s'éloignera jamais beaucoup de moi et reviendra à mon premier appel. C'est ma sœur. »

— « L'effroi est votre frère et vous avez une chèvre pour sœur ! » répliqua en souriant le jeune homme.

La jeune fille tourna la tête vers la forêt et proféra plusieurs petits cris : aussitôt résonna dans le fourré le bruit d'une course rapide et, au milieu du vert fouillis des pousses de bouleau, s'arrêta une chèvre blanche à longs poils, ses yeux noirs fixés sur le couple assis côte à côte.

— « Viens ici ! » s'écria Golda.

La chèvre s'approcha tout près d'elle. Golda passa sa main d'un brun orange sur le cou tendu de l'animal, que Meir caressa également en souriant. La chèvre eut un petit cri, fit un saut et en un clin d'œil atteignit jusqu'à une branche de coudrier, dont elle se mit à mordiller le feuillage.

— « Comme elle est obéissante ! » dit Meir.

— « Elle m'aime beaucoup », répondit gravement Golda. « Je l'ai élevée, de même que mon grand-père m'a élevée. Mon grand-père l'apporta un jour au logis petite chevrette et m'en fit cadeau, je l'ai ensuite portée dans mes bras, nourrie de mes mains, et, lorsqu'elle était malade, je lui chantais des chansons, ainsi que mon grand-père m'en avait chanté jadis. »

Elle débitait tout cela en souriant, avait l'air enfant et ne paraissait pas plus de quatorze ans.

— « Et vous plairait-il d'avoir de nouveau une petite chevrette ? » demanda Meir.

— « Pourquoi pas ? » répondit-elle. « J'en serais fort aise. Un jour que grand-père aura vendu beaucoup de paniers et que j'aurai filé beaucoup de laine, nous nous achèterons au marché une pareille chevrette blanche... »

— « Et pour qui travaillez-vous la laine ? »

— « Il y a des femmes charitables qui me procurent de l'ouvrage : Hana, femme de Witebski, votre tante, Meir, et Sarah, femme de Ber, me donnent de la laine à filer et elles me paient ensuite en monnaie de cuivre et parfois d'argent. »

— « Vous venez donc quelquefois dans notre maison recevoir de Sarah, femme de Ber, de la laine à filer ? »

— « Mais oui. »

— « Et pourquoi ne vous y ai-je jamais aperçue ? »

— « Parce que ce n'est que dans le plus grand secret qu'on m'appelle et qu'on me confie de l'ouvrage. Ber et sa femme sont des gens très charitables, mais ils ne veulent pas que quelqu'un sache qu'ils aident mon grand-père et moi. Je ne pénètre dans leur logis que quand il ne s'y trouve que votre cousine Lia et je m'arrange toujours de façon à ce que l'homme noir ne m'aperçoive pas. »

— « Quel homme noir ? Comment se nomme-t-il ? » demanda Meir avec surprise.

— « Le rabbin Isaac Todros ! » répondit Golda d'un ton mystérieux et étouffé.

A l'énoncé de ce nom, le visage de Meir, épanoui d'abord et partagé entre la pitié et l'émotion, éprouva un tressaillement nerveux. Meir se tut subitement et chercha des yeux un point éloigné où miroitaient deux faibles lumières. Il s'abîma tellement dans ses réflexions qu'un pli profond creusa son front blanc. Il semblait avoir oublié tout à coup qu'il n'était pas seul.

— « Meir ! » murmura doucement près de son épaule la jeune fille, « pourquoi êtes-vous devenu si pensif et y a-t-il tant de tristesse dans votre regard ? Votre nom signifie lumière : le soleil des réjouissances et de la joie ne luit-il point toujours sur vous ? »

— « Non, » répliqua-t-il, « un grand chagrin me pèse sur le cœur. »

La jeune fille se pencha davantage vers lui.

— « Meir ! » s'écria-t-elle, « d'où provient le chagrin qui oppresse votre cœur ? »

Meir lui répondit après un moment de silence :

— « De ce qu'il y a chez nous des hommes noirs et de ce que tout est si noir chez nous, si noir... »

La jeune fille laissa retomber son front dans sa main et répéta comme un écho :

— « Oh ! si noir ! »

Meir continuait à fixer d'un air préoccupé le coin du paysage où une bande étroite de bois semblait s'élever entre cette plaine dorée et un ciel violacé.

— « Golda ! » chuchotait-il.

— « Eh quoi, Meir ? »

— « N'avez-vous jamais voulu voir et savoir ce qui se passe au delà de ce bois épais, loin, bien loin, dans le vaste monde ? »

La jeune fille se taisait. Son attitude penchée vers le jeune homme, ses yeux, grands ouverts et flamboyants, indiquaient que, quand elle le regardait, elle ne voulait plus rien voir d'autre dans la vaste étendue de ce monde.

Mais Meir poursuivit en ces termes :

— « Moi, j'emprunterais les ailes d'un oiseau pour voler par delà ce bois, loin, bien loin... »

— « La belle maison du riche Saül ne vous est-elle point agréable ? Les visages de vos frères, parents et amis n'ont-ils pas de charme pour vous que vous vous souhaitez des ailes d'oiseau qui vous permettent de vous envoler ? » chuchota la jeune fille en maîtrisant l'emportement de sa douleur ou de sa crainte.

— « Douce m'est la maison de mon aïeul Saül », répondit le jeune homme tout pensif, « et doux me sont les visages de tous mes frères et parents... Mais je voudrais voler par delà ce bois pour tout voir, acquérir beaucoup de sagesse et puis revenir ici dire à tous ceux qui croupissent dans les ténèbres et portent des chaînes de sortir des ténèbres et de briser leurs fers. »

Il reprit après une pause : « Je suis très curieux. J'aimerais à savoir comment les étoiles parcourent le ciel et comment l'herbe pousse de terre; comment vivent toutes les nations ici-bas, quels sont leurs livres de sagesse et de sainteté ? Je désirerais lire toutes ces œuvres, y apprendre la pensée de Dieu et la destinée humaine, afin que mon âme fût aussi pleine de science que l'abîme des mers est plein d'eau... Je suis si curieux, je voudrais tant... »

Il s'interrompit soudain, parce qu'un soupir s'arrachant du fond d'une poitrine brûlante, envahie par une inexprimable mélancolie et des désirs inassouvis, lui coupa la parole.

Il ajouta après un moment de silence :

— « Je voudrais être aussi heureux que l'a été le rabbin Akiba. »

— « Et que fut donc ce rabbin Akiba ? » demanda Golta timidement.

— « Un grand homme, Golda ! Je médite souvent son histoire, et j'étais en train de la lire, quand vous êtes venue à moi. »

— « Je sais aussi beaucoup de belles histoires », dit Golda. « Elles croissent dans mon âme comme des roses odorantes ! Donnez-moi encore, Meir, une rose de ce genre qui brille à mes regards, lorsque je ne vous aurai plus là pour vous contempler. »

Leurs yeux se rencontrèrent. Un doux sourire effleura les lèvres de Meir.

— « Connaissez-vous l'hébreu ? » demanda-t-il.

Elle se hâta de faire un signe de tête affirmatif.

— « Mon grand-père me l'enseigne. »

Meir tourna plusieurs pages du grand livre étalé sur ses genoux et se mit à lire à haute voix :

« Kolba Sabua était un homme riche. Il possédait des palais aussi élevés que des montagnes ; l'or brillait sur ses vêtements ; dans ses jardins croissaient les cèdres odorants, les palmes aux larges feuilles, et fleurissaient les roses embaumées de Saron.

« Mais plus belle que ces palais superbes, que les cèdres odorants et que les roses éclatantes, plus belle que toutes les vierges d'Israël, était sa fille, la jeune Rachel.

« Kolba Sabua possédait autant de troupeaux qu'il y a d'étoiles au ciel, et ces troupeaux, un pauvre adolescent les menait paître, qui avait la taille élancée d'un jeune cèdre et la figure pâle et triste de l'homme qui veut sauver son âme des ténèbres et ne le peut.

« Ce jeune homme s'appelait Joseph Akiba et habitait la haute montagne où paissaient les troupeaux de son maître.

« Et il advint une fois que la belle Rachel vint auprès de son père, se prosterna à terre devant lui, baisa ses pieds, pleura abondamment et lui dit : « Je veux épouser Akiba et habiter la basse et noire chaumière où il demeure là bas, au sommet de la montagne. »

« Kolba Sabua était un homme fier et dur de cœur. Il s'abandonna à une grande colère contre sa fille, la belle Rachel, et lui défendit de penser à ce jeune berger.

« Mais la belle Rachel sortit de ce palais élevé, sans rien emporter avec soi, sauf ses yeux noirs, où des larmes brillaient comme de gros diamants, et ses cheveux noirs, qui formaient au-dessus de son front comme une grande couronne. Et elle se rendit au sommet de la montagne, pénétra dans la noire chaumière et dit : Akiba ! Voici ta femme qui entre dans ta maison !

« Akiba ressentit une grande joie, il but dans les yeux de Rachel ses larmes brillantes, et lui débita ensuite beaucoup de belles choses. De sages paroles coulaient de ses lèvres comme du miel. Elle les écoutait avec bonheur et elle lui dit : Akiba, tu seras une grande étoile, qui luira sur Israel !

« Kolba Sabua était un homme fier et dur de cœur. Il n'envoya à sa fille sur le sommet de la montagne aucune subsistance ni aucun vêtement et il disait : qu'elle connaisse la faim et qu'elle éprouve la misère.

« La belle Rachel connut la faim et éprouva la misère. Il y eut un jour où elle n'eut que mettre en bouche à Akiba et elle se mit à penser profondément à ce que son mari avait faim.

« Akiba disait : Ce n'est rien que j'aie faim ! Et il recommença ses sages récits, mais elle se leva, descendit la montagne en courant et cria : Qu'est-ce qui me donnera une mesure de gruau de mil en échange de cette noire couronne que je porte au front ? — Et on lui donna une mesure de gruau de mil, mais on dépouilla son front de la noire couronne, plus belle que les diamants et les perles.

« Elle s'en retourna à la montagne, revint à sa petite chaumière et dit :

« Akiba ! J'ai de quoi rassasier tes lèvres, mais ton âme est affamée et je ne lui trouverai point d'aliments. Va de par le monde et nourris ton âme de la grande sagesse, qui coule des lèvres des sages. Je resterai ici, je m'assoirai au seuil de ta maison, je filerai la laine, ferai paître les brebis, et regarderai la route par laquelle tu reviendras un jour, comme le soleil réapparaît au ciel pour chasser les ténèbres de la nuit.

« Akiba partit. »

En cet endroit, Meir cessa de lire, il leva les yeux des pages de son livre, en entendant murmurer à son oreille avec étonnement :

— « Akiba partit ! » Golda prononça ces paroles, les yeux grands ouverts et la respiration haletante.

— « Akiba partit ! » répéta Meir, et il reprit sa lecture :

« La belle Rachel s'assit au seuil de sa maison, elle filait la laine, faisait paître les brebis et regardait la route par laquelle il devait revenir tout resplendissant de sagesse.

« Sept années s'écoulèrent. C'était une de ces soirées où la lune inonde la terre d'une lumière argentée et où les arbres et les plantes semblent recevoir dans le silence et l'immobilité ces effluves de l'Éternel, qui apportent au monde la paix et le recueillement.

« Ce soir-là déboucha sur le sommet de la montagne un homme svelte et pâle. Ses jambes tremblaient comme les feuilles que le vent agite et il levait ses mains au ciel. A la vue de la pauvre petite chaumière, un torrent de larmes s'échappa de ses yeux, car c'était Akiba, le mari de la belle Rachel.

« Akiba s'accouda à la fenêtre de sa chaumière et écouta quelles gens s'y entretenaient.

« Sa femme y causait avec son frère que le père lui avait envoyé : — Reviens à la maison de Kolba Sabua, lui disait ce frère, et elle répondait : — J'attends ici Akiba et je garde sa maison. — Le frère ajoutait : — Akiba ne reviendra jamais. Il t'a abandonnée et t'a fait un grand affront. — Elle répondait : — Akiba ne m'a point abandonnée. C'est moi-même qui l'ait envoyé à la source de la sagesse, pour qu'il s'y abreuve. — Il se désaltère à la source de la sagesse et toi tu te baignes dans les larmes et ton corps se dessèche dans les privations ! — Je perdrais mes yeux à pleurer et la misère dévorerait mon corps que je n'abandonnerais pas la maison de mon mari. Et celui pour lequel je sens mon cœur plein d'amour paraîtrait maintenant devant moi et me dirait : — Rachel ! Je te suis revenu, afin que tu ne pleures pas plus longtemps, mais je n'ai point encore assez bu à la source de la sagesse, que je lui repondrais : Va et bois davantage !

« En entendant ce que disait Rachel, le pâle voyageur accoudé à la fenêtre ouverte blémit encore plus, trembla fort, s'éloigna de sa petite chaumière et s'en retourna d'où il venait.

« Et sept années s'écoulèrent de nouveau. Et c'était une de ces journées où le soleil inonde la terre de torrents de lumière, où les arbres murmurent, les fleurs s'épanouissent, les oiseaux chantent et les hommes rient, comme si sur eux avait passé le souffle de l'Éternel qui apporte au monde la vie et la joie.

« La route qui par la montagne conduisait à la chétive chaumière du berger, retentissait des rumeurs d'une foule nombreuse, au milieu de laquelle s'avançait un homme svelte; son visage rayonnait comme un soleil de sagesse, de ses lèvres tombaient des paroles aussi douces que le miel, aussi odorantes que la myrrhe. Le peuple se courbait très bas devant lui, écoutait ses paroles d'une oreille avide et, pénétré d'un grand amour pour lui, criait : Oh rabbin !

« Mais une femme s'ouvrit un passage au travers de cette foule, et, se prosternant à terre, elle embrassa les genoux du maître. Elle tenait une quenouille à la main, le corps couvert de haillons et le visage pâle, car la misère l'avait rongée pendant quatorze ans, et les yeux profondément caves, parce qu'ils avaient pleuré pendant quatorze ans.

« Va-t'en, mendiante! » cria le peuple à cette femme, mais le maître la releva de terre et la pressa fortement contre son cœur, car c'était Joseph Akiba et cette pauvresse, c'était Rachel, sa femme.

— « Voici la source qui abreuvait mon triste cœur d'espérance, quand ma tète plongeait épuisée de chagrin et de labeur, dans la source de sagesse. »

« Et lorsque le maître eut ainsi parlé au peuple, il voulut placer sur la tête de Rachel une couronne de perles et d'or en lui disant : — Rachel, tu as jadis dépouillé ta tête de tes tresses magnifiques pour nourrir mes lèvres affamées, j'ornerai maintenant ton front d'une riche guirlande.

« Mais elle arrêta son bras et, levant sur lui ses yeux redevenus aussi beaux que force années auparavant, elle répondit: Rabbin ! Ta gloire est ma couronne ! »

Le jeune homme cessa de lire et tourna lentement les yeux sur la jeune fille assise a ses côtés.

Des larmes baignaient le visage en feu de Golda.

— « C'est une belle histoire? » demanda Meir.

— « Bien belle ! » répondit-elle, et, la joue dans la main, elle balança un moment sa taille élancée avec une sorte d'extase et de ravissement. Ses larmes séchèrent subitement, elle pâlit et se redressa :

— « Meir ! » s'écria-t-elle, « si vous étiez Akiba et que je fusse la fille du riche Kolba Sabua, je ferais pour vous ce que fit la belle Rachel. »

Et saisissant lentement de ses deux mains les superbes tresses d'un noir d'ébène qui retombaient négligemment sur ses épaules et les enroulant autour de sa tête, elle dit :

— « J'ai la même couronne noire que Rachel ! »

Elle leva ensuite hardiment sur Meir ses prunelles profondes et rayonnantes et lui dit gravement, sans sourire, rougeur, ni extase :

— « Pour vous, Meir, je m'arracherais les yeux de la tête ! Et à quoi me serviraient mes yeux, si je ne pouvais plus vous voir ? »

Le visage du jeune homme s'empourpra, non plus de honte, mais d'émotion. La jeune fille était si naïve, si sauvage et en même temps si belle, avec son énorme tresse éparpillée sur le front et ses paroles passionnées, audacieuses et graves sur les lèvres.

— « Golda ! » dit Meir, « j'irai dans votre logis et je rendrai visite à votre grand père. »

— « Venez ! » répondit-elle, « et avec vous une grande lumière entrera dans votre maison ! »

Le soleil avait presque entièrement disparu derrière un gros nuage rouge à reflets violacés. La surface cristalline d'un petit étang étincelait au delà d'une épaisse oseraie. L'œil de Golda prit cette direction, s'arrêta sur l'eau et sur la verdure environnante.

— « Golda, qu'avez-vous à considérer cet étang ? » demanda Meir, dont elle captivait le regard.

— « Je voudrais couper beaucoup de ces branches d'osier » répondit-elle.

— « Qu'avez-vous besoin de ces branches et qu'en feriez-vous ? »

— « Je les rapporterais au logis. Mon grand-père en tresserait des paniers et des corbeilles, que j'irais ensuite au marché vendre aux garçons et nous pourrions acheter du pain et parfois un peu de poisson. Il y a longtemps que mon grand-père n'a plus de quoi fabriquer de paniers et il s'en afflige fort. »

— « Et que ne prenez-vous autant d'osiers que vous en avez besoin ? »

— « Il ne m'est pas permis d'y toucher. »

— « Pourquoi cela vous serait-il interdit ? Chacun de la ville est libre d'user de ce pâturage et de récolter cet osier. La prairie et la jonchaie appartiennent à la commune de Szybow. »

— « Et qu'importe qu'ils lui appartiennent ? Il m'est défendu d'en profiter : nous ne croyons pas au Talmud, nous n'allumons pas de lumière le samedi, rien ne nous est permis ! »

Meir se releva brusquement.

— « Allez, dit-il à Golda, coupez autant de branches qu'il vous plaira. Je resterai auprès de vous et vous n'avez plus rien à craindre. »

Le visage de Golda s'illumina de joie. Elle prit un couteau que Meir lui tendit et courut vers l'étang. Maintenant qu'elle se sentait en sûreté sous la protection d'un bras cher et puissant, et animée de l'espoir de causer du plaisir à son vieux grand-père, ses mouvements perdirent de la gravité qui lui donnait l'apparence d'une femme faite. Elle se retournait dans la course pour regarder Meir, qui la suivait, et pour appeler sa chèvre qui trottinait vers elle du côté opposé de la prairie.

Ils s'arrêtèrent au bord de l'eau. Les plus beaux osiers croissaient à quelques pas de la rive humide. En un clin d'œil, Golda se déchaussa et relevant un peu sa robe au moyen de la bride de son tablier, elle entra dans l'étang. Meir resta sur le bord à contempler la jeune fille qui, les bras levés, abattait de ses mains brunes rapidement les branches d'osier. Elle riait, et ses lèvres entr'ouvertes montraient une rangée de dents blanches comme des perles ; le reflet de nuages brillants dorait son visage sombre et la noire couronne enroulée autour de sa tête.

Meir ne la quittait pas des yeux et souriait aussi. La chèvre blanche se tenait tout proche et, le cou tendu, regardait la maîtresse s'avancer dans l'eau cristalline. Tout à tout coup, Golda poussa un cri et se baissa.

— « Qu'y a-t-il ! » demanda Meir.

Du milieu de la verdure où disparaissait tout à fait la jeune fille une voix joyeuse répondit :

— « Meir, il y a ici de belles fleurs. »

— « Et quelles fleurs? »

La jeune fille émergea à moitié d'au milieu des roseaux, se pencha vers la rive et, de son bras délicat, elle tendit au jeune homme debout en face d'elle un beau lis jaune des eaux. Meir s'avança un peu pour saisir la fleur, mais tout à coup le bras de Golda tressaillit, son visage de rose devint pâle, ses yeux s'ouvrirent tout grands avec une expression de terreur.

— « L'homme noir ! » murmura-t-elle en laissant tomber dans l'eau le lis qu'elle avait à la main et en se dissimulant entièrement non sans un petit cri d'effroi au plus épais des roseaux.

Meir promena son regard autour de lui. A une vingtaine de pas une étrange figure sortait du bois : un homme avançait rapidement vers eux, de taille moyenne, très maigre, le visage sombre, ses cheveux noirs commençant déjà à grisonner comme sa barbe qui lui allait jusqu'à la ceinture et vêtu d'une longue redingote etroite en drap grossier et usé : sur son cou, nu et basané, s'ouvrait une chemise en toile grossière. Il marchait courbé, très vite et sans aucun bruit, ayant aux pieds des chaussures plates et usées. Il portait des deux mains un énorme paquet d'herbes sauvages de toutes couleurs ; au-dessus de sa tête et derrière lui voltigeaient quantité d'oiseaux qui le connaissaient sans doute bien, puisqu'ils essayaient parfois de se poser sur ses cheveux noirs ou sur ses épaules voûtées.

Quand cet homme passa à quelques pas de Meir sans le voir, le jeune homme inclina machinalement la tête en signe d'humilité et de vénération. Il la releva pourtant presque aussitôt. Son visage pâle et ses sourcils froncés trahissaient une douleur contenue. Il suivit d'un regard sombre ce personnage, qui, ployant l'échine, se glissait silencieusement à travers la prairie et, les dents serrées de colère ou de chagrin, il murmura :

— « Le rabbin Isaac Todros ! »

IV

Le rabbin Isaac Todros gardait au physique, et peut-être au moral, une forte empreinte des quelques siècles de séjour de ses ancêtres sous le climat brûlant de l'Espagne.

Ce peuple errant, d'une surprenante persévérance dans la conservation des caractères qui le distinguent des autres races, a cependant, sous l'irrésistible action de la nature, subi par-ci par-là certaines influences des milieux variés à travers lesquels le poussa sa destinée.

La ressemblance générale n'exclue pas de graves différences entre les gens qui sont arrivés, comparativement depuis peu, du midi ou de l'Orient et ceux qui, depuis des siècles, vivent exposés sous un ciel pâle à des vents glacés. Les uns ont un esprit passionné, les autres un esprit lent, les uns sont enfoncés dans le mysticisme, les autres dans la réalité ; les yeux des premiers sont aussi noirs que le plumage du plus noir corbeau, les yeux des seconds aussi bleus que l'azur d'un ciel serein. Ici des teints basanés, là des fronts blancs, tantôt un organisme énergique et solidement trempé, tantôt un corps maigre, nerveux, qu'agite la passion, que le rêve grise et que mine la fantaisie.

Parmi toutes les figures basanées, Isaac Todros avait le teint le plus mat, les yeux et les cheveux les plus noirs ; parmi tous les esprits ardents, le sien s'abandonnait le plus à la passion et au rêve.

Quelle situation occupait-il exactement dans la communauté et sur quelle base reposait-elle? Point prêtre, car les rabbins ne sont pas des prêtres et aucune nation n'est peut-être de sa nature aussi éloignée qu'Israël de la soumission à un régime théocratique, il n'administrait non plus pas sa communauté, parce que c'est aux fonctionnaires du kahal qu'incombaient les affaires civiles. Or les rabbins n'ont au sein du kahal que le rôle de gardiens des préceptes et des rites de la religion. Il jouissait cependant d'une autorité supérieure à celle des autres dignitaires de la communauté. Cela tenait à ce qu'il descendait d'une ancienne famille princière, comptait beaucoup de sages éminents parmi ses ayeux et de pieux et vénérés rabbins parmi ses ancêtres plus immédiats et qu'il était ascète, presque faiseur de miracles. et en outre, un puits de science.

Il ne possédait d'instruction qu'en matière religieuse, mais aussi, aux yeux de la communauté de Szybow, il n'existe point de science, hors de celle-là.

Cette science comprenait une incomparable connaissance des livres saints ; moins du Thora ou de la Bible que du Talmud et surtout de la Cabale.

Isaas Todros fut le plus versé de ses contemporains dans la science de la Cabale, clef de voûte de l'édifice de sa grandeur.

Pour peu qu'on soit au courant des particularités du culte de la plèbe israélite, on inclinerait à penser que la population de Szybow serait une fraction de la sombre secte très répandue des Chassydes, qui place la Cabale au premier rang de tout enseignement laïque ou religieux.

Il n'en est rien. Les habitants de Szybow ne se considéraient pas comme hérétiques ; ils s'honoraient au contraire d'être des talmudistes et des rabbinites orthodoxes. Mais ils appartenaient à ces talmudistes. nombreux dans les classes inférieures de la société. qui ont ajouté la Cabale au Thora et au Talmud, la proclament sainte, la vénèrent passionnément et relèguent dans l'ombre les autres livres.

Le Chassydisme d'ailleurs, en effleurant dans son vol la population de Szybow, y laissa plus d'une trace de son passage. Une partie notable des habitants devinrent en réalité Chassydes sans le savoir. Selon une tradition, le grand-père d'Isaac Todros, ce Reb Mochim qui lutta sur le terrain des idées avec Hersz Ezofowicz, aurait été un certain temps disciple de Beszt, le fondateur de cette secte étrange ; il le voyait souvent, et, tout en ne s'étant pas rallié à lui entièrement, il introduisit beaucoup des éléments essentiels de cette doctrine au sein de la communauté dont il fut le directeur spirituel

La doctrine en question se réduit à une foi illimitée dans la Cabale, à une vénération presque idolâtrique des Tsadyks et à une pieuse, profonde et invétérée répulsion pour les Édomites (c'est-à-dire les nations étrangères) et pour leur culture.

Voilà les principes développés et consolidés par le labeur constant de Borouch, fils de Nochim et en pleine floraison, quand le petit-fils de ce dernier, Isaac, hérita de l'autorité exercée depuis des siècles par ses ayeux.

La religion de Szybow n'était donc ni le Mosaïsme, ni le Talmudisme, ni le Chassydisme, mais un mélange chaotique des trois ; mélange, qui régnait sur l'espace de beaucoup de lieues aux alentours de Szybow et dont le rabbin de cette ville restait la plus haute expression.

La concentration de sa pensée, acharnée à pénétrer les mystères du ciel et de la terre, avait labouré de rides profondes le front sombre du rabbin Isaac ; ses yeux d'un noir de charbon s'illuminaient d'un éclat douloureux ou extatique allumé par la méditation des terreurs infinies et des incomparables délices du monde surnaturel. Son dos se pliait à force de se pencher sur des livres, il devait le tremblement de ses mains à l'inquiétude perpétuelle de son intelligence aux prises avec des visions ; l'amaigrissement de son corps et le décharnement de son visage à ses transes morales et à ses mortifications matérielles.

L'extérieur ascétique de cet homme parlait de son célibat, de ses jeûnes, de ses insomnies, comme aussi de ses enthousiasmes mystiques et de sa haine secrète, menaçante, implacable de tout ce qui conservait une vie, une foi, des aspirations autres que les siennes.

Il s'était ou plutôt on l'avait marié fort jeune, avant que le moindre duvet aux joues indiquât sa maturité masculine. Il ne tarda pas à divorcer avec sa femme, dont le va-et-vient le troublait dans son pieux recueillement et dans ses élévations spirituelles ; ses trois enfants grandissaient dans la maison de son frère, tandis que lui vivait en solitaire, dans sa basse et noire masure, d'une existence fantastique au suprême degré, où la prière alternait avec des ravissements d'un mysticisme transcendental.

Ses admirateurs zélés pourvoyaient par leurs offrandes à ses besoins materiels, offrandes quotidiennes, mais d'ailleurs chétives. Le rabbin Isaac n'acceptait ni présents de prix ni la moindre rémunération pour les conseils, remèdes et prédictions octroyés à ses fidèles visiteurs.

Chaque jour, avant le lever du soleil, des inconnus traversaient timidement la cour de l'école et déposaient sans bruit, sur un banc de bois placé sous la fenêtre de la chaumière, des vases en terre remplis de nourriture, des morceaux de pain ou d'un gâteau de fête.

Le rabbin avait coutume de dire à cette heure ses prières du matin, car c'est le moment où l'on peut déjà distinguer le blanc du bleu clair, et où par conséquent chaque Israélite orthodoxe doit réciter les Schema et les Tefile du matin.

Il ouvrait ensuite la fenêtre. Le travail veinait de rouge le blanc de ses yeux, sa paupière était flétrie, mais sa prunelle ardente. Il contemplait les lueurs roses de l'aurore. C'est de ce côté que se trouvent l'Orient lointain, Jérusalem, les ruines à peine visibles du temple de Salomon. la Palestine pleurant ses enfants et les palmes de Sion se desséchant de chagrin.

Une larme éteignait parfois l'incandescence de son regard ; elle rafraîchissait sa joue brûlée d'un feu intérieur et souvent exposée à la froidure d'un vent glacial ou d'une brume humide ; mais ni brouillard, ni pluie torrentielle, ni tourmente de neige n'empêchaient Isaac Todros, chaque matin, de fixer longtemps l'Orient... Ce n'est qu'après cela qu'il se penchait et ramassait sur le banc la subsistance que de pieuses mains lui avaient préparée. Il n'en mangeait jamais qu'une partie, parce qu'il réduisait le pain et le gâteau en miettes menues qu'il jetait à pleines poignées aux oiseaux, dont de nombreuses troupes venaient des toits voisins et de partout voiler du clapotement de leurs ailes la fenêtre du rabbin et lui intercepter la lumière. D'entre ces oiseaux, les uns, une miette à peine saisie, l'emportaient dans leurs nids avec un joyeux ramage ; les autres, une fois rassasiés, s'élançaient par la fenêtre et s'abattaient en foule sur les épaules noires et voûtées de leur nourricier.

Les hirondelles logées, sous le toit de chaume de la chaumière, allongaient leurs têtes hors de leurs nids et le regardaient hardiment. La figure du rabbin s'éclairait alors un peu et quelquefois, quoique rarement, un doux sourire se jouait sur ses lèvres serrées et ombragées de poils épais.

Ce n'étaient pas seulement les oiseaux de la petite ville qui le connaissaient bien et de près, mais aussi ceux qui remplissaient le bois de bouleaux.

Isaac Todros se promenait souvent dans ce bois et s'enfonçait parfois dans une vaste sapinière contiguë. Qu'y faisait-il ? Il y nourrissait les oiseaux qui, à sa vue, volaient vers lui de tous côtés et l'accompagnaient pendant tout le cours de sa promenade. Il lui arrivait de prier à haute voix, en levant au ciel ses mains tremblantes et en réveillant par ses cris passionnées les échos de ces forêts. Il cherchait en outre diverses herbes et plantes sauvages qu'il arrachait à poignées et rapportait dans sa petite chaumière. Ces plantes possédaient des propriétés curatives, dont le secret se transmettait chez les Todros de père en fils. Les membres de cette famille ressemblaient tous à ces médecins du moyen âge qui apprenaient l'art de soulager les souffrances physiques non auprès d'aucune académie, mais en interrogeant la sauvage nature elle-même avec plus de fantaisie et de curiosité que de science. L'un des ancêtres éloignés d'Isaac Todros fut du reste médecin renommé en Espagne à l'époque d'une de ces courtes haltes dans la persécution du peuple israélite où il lui fut permis de puiser ensemble avec les autres nations à toutes les sources de la vie intellectuelle. Cela dura peu et les illustres et vraiment doctes médecins israélites disparurent : celui d'entre eux qui porta le nom de Todros Halevy communiqua à ses enfants des connaissances qu'une génération légua à une autre. Dans le trajet, elles subirent plus d'une métamorphose, s'ornèrent de parures fantastiques et s'enveloppèrent de ces étranges et merveilleuses légendes, dont les héroïnes sont les humbles plantes, aux couleurs modestes et au parfum pénétrant, que foule aux pieds avec mépris le passant distrait.

Fidele à ses précieuses traditions de famille, Todros herborisait activement, cueillait les simples, et de retour dans sa masure, les étalait par fines couches pour que le soleil, en lui distribuant parcimonieusement sa lumière, pénétrât cependant ces herbes de ses rayons bienfaisants.

Aussi l'atmosphère de la chambrette du rabbin demeurait-t-elle toujours et principalement en été et en automne saturée de la senteur forte et étouffante des plantes et des fleurs sauvages. Les plantes fanées aux teintes pâles ressortaient tristement sur le fond gris de murailles, où les années avaient accumulé plusieurs couches de poussière, et elles gardaient, au milieu des balayures semées dans les coins et un peu partout, l'air de joyaux arrachés de leur paradis de verdure.

Cette chambrette rappelait d'ailleurs les cellules austères des solitaires et des anachorètes. Elle ne contenait qu'un lit dur, une table blanche, placée près d'une des fenêtres, quelques sièges de bois et plusieurs planches solidement clouées au mur et chargées de livres. On remarquait, au milieu de ces livres, douze gros volumes en anciens caractères et reliés en parchemin jauni. C'était le Talmud. Plus loin : *Ozar-ha-kabod*, ouvrage composé par un des ancêtres d'Isaac, par ce fameux Todros Halevy, le premier Talmudiste qui ait cru à la Cabale ; *Toldot Adam*, épopée consacrée à l'histoire du premier homme et du premier exilé ; *Sefer Jezira* (le livre de la création), tableau apocalyptique de l'origine du monde ; *Kaarat Kezef*, livre dans lequel Ezobi met en garde les Israélites contre la pernicieuse influence de toute étude laïque ;

Schiur-Koma, description plastique de la Divinité, qui instruit le lecteur de son apparence physique, des colossales proportions de sa tête, de ses pieds, de ses mains et surtout de sa barbe, longue, d'après l'auteur, de 10,500 coudées. A la place d'honneur figurait le volume le plus endommagé par un fréquent usage : le livre de lumière, *Zohar*, la plus vaste et la plus profonde dissertation sur le *Chochma-Nistar* (la Cabale) que, sous le nom du rabbin Simon-ben-Jochai, qui avait vécu bien des siècles auparavant, édita au XIIIe siècle, Moïse de Léon.

Telle était la bibliothèque d'Isaac Todros. Il passait des nuits entières à puiser dans ces ouvrages beaucoup de science et de sagesse, dépensant à les lire toutes les forces de son corps. Son esprit se grisait d'émotions mystiques et s'imprégnait de l'amer et corrosif venin d'une répulsion sans bornes pour tout ce qu'il estimait étranger ou hostile au monde de clartés et de ténèbres surnaturels que renfermaient ses livres. Il pâlissait sur des textes, non seulement les nuits ordinaires, mais jusqu'aux nuits de fête. Seulement les nuits de fête il ne veillait pas seul, mais son élève et son favori, le mélamed Reb Mosché s'asseyait à ses pieds pour couper, chaque fois que le besoin s'en présentait, la mèche noire de la chandelle jaune. Il est interdit les nuits de fête au pieux personnage qui lit les livres saints de moucher une chandelle et il lui faut avoir quelque ami qui s'acquitte de ce soin à sa place. Le rabbin consumait donc les nuits fériées à lire *Schiur Koma* et *Zohar*, et un petit homme en chemise grossière, accroupi à côté de lui, se soulevait par intervalle d'un tabouret bas pour raviver la mèche. Il fixait ses yeux ronds sur le visage du maître, s'attendant à ce que, d'un moment à l'autre, les lettres des noms de Dieu, Notarykon et Gematria, tracées, rangées et transposées continuellement, formassent le mot qui réaliserait de grands prodiges et découvrirait aux humains tous les mystères du ciel et de la terre.

Isaac Todros, en s'en revenant aussitôt après le coucher du soleil, à son logis, un gros paquet de plantes sauvages à la main, trouva son fidèle admirateur assis dans un coin sombre de la chambrette. Ramassé sur lui-même, il avait le menton dans la main, et était plongé dans de profondes méditations.

— « Mosché ! » — dit le rabbin en traversant rapidement et sans bruit le vestibule.

— « Qu'ordonnez-vous, Nassi ? » — demanda Mosché d'un ton d'humilité.

— « Mosché, va de suite chez le vieux Saül et dis-lui que le rabbin Isaac Todros lui rendra demain visite dans sa maison. »

L'être pelotonné dans le coin où on le distinguait à peine se redressa de terre comme un ressort qu'on a touché et qui se détend, courut, pieds nus, par la place en se dirigeant vers la maison de Saül, bondit sur le perron, franchit un large corridor et passant la tête dans l'entre-bâillement de la porte qu'il venait d'ouvrir, s'écria triomphalement d'une voix perçante :

— « Rebé Saül ! Un grand bonheur et un grand honneur t'arrive. Le rabbin Isaac Todros, excellemment pieux et le premier savant du monde, visitera demain ta maison ! »

Du fond du vaste salon de l'opulent marchand, une voix de vieillard, mais encore forte, répondit :

— « Moi, Saül Ezofowicz, mes enfants, petits-fils et arrière-neveux, nous attendrons la visite du rabbin Isaac, le cœur plein de joie et d'impatience. Puisse-t-il vivre cent ans ! »

— « Qu'il vive cent ans ! » répéta le mélamed en avançant son visage sombre aux yeux ronds et il disparut.

La porte se referma. Assis sur le canapé, le vieux Saül lisait le Zohar, dont, malgré les plus grands efforts, son intelligence, rompue aux spéculations commerciales, ne parvenait pas à saisir les profondes révélations. Le souci se peignit soudain sur son front ridé et l'inquiétude dans son regard. Il se tourna vers son fils aîné Raphael qui, à une table voisine, additionnait le chiffre des dépenses et des profits du mois, et il l'interrogea :

— « Pourquoi viendra-t-il ici ? »

Raphael manifesta son ignorance par un mouvement d'épaules.

— « Aurait-il un grief contre nous ? » demanda de nouveau le vieillard.

Raphaël, levant la tête de dessus son livre de compte, répondit :

— « Oui. »

Saül tressaillit.

— « Bah ! » s'écria-t-il. « Quel grief peut-il avoir ? L'un des nôtres aurait-il péché ? »

Raphaël murmura :

— « Meir ! »

Les physionomies du père et du fils s'assombrirent. Isaac Todros ne rendait que très rarement visite aux membres de la communauté et uniquement dans le cas où il s'agissait d'importantes affaires religieuses ou de manquements. Encore réservait-il de pareilles visites, même ainsi motivées, aux membres les plus marquants et les plus influents de la communauté. La pauvre plèbe assiégeait elle-même la masure du rabbin et accourait au moindre signe de lui avec une joie inexprimable ou avec terreur.

*
* *

Le rabbin Isaac Todros, en sa qualité d'ascète, méprisait Mammon. Il ne repoussait cependant pas tous les honneurs qu'on lui prodiguait et toutes les marques de vénération dont on l'entourait. Ceux de ses disciples initiés plus intimement à ses pensées et à ses sentiments, n'ignoraient pas qu'il aimait beaucoup ces manifestations et qu'il les eût même impérieusement exigées, s'il fut jamais venu à l'idée de qui que ce soit de les lui refuser ou de les diminuer. C'est pourquoi les pauvres et ceux qui désiraient particulièrement lui plaire lui donnaient un titre princier en l'appellant Nassi et chacun de ses passages par la ville constituait toujours aux yeux de la population un événement curieux, une solennité entourée d'un certain cérémonial assez imposant.

Vers les dix heures, Saül Ezofowicz, à sa fenêtre, les sourcils froncés, regardait d'un œil un peu troublé le cortège, qui traversait lentement la place. Les membres de sa famille, fils, fille, belles-filles, gendre, contemplaient également ce spectacle, ainsi que les aînés des petits-fils, tous en habits de gala et avec des figures de circonstance, réunis pour saluer au seuil de leur logis le premier dignitaire de la communauté.

A travers la place, cheminait, de la cour de l'École à la maison des Ezofowicz, une troupe de gens de noir habillés, au milieu desquels Isaac Todros, le corps penché à son ordinaire en avant, marchait de son pas habituel, rapide et silencieux, dans un vêtement rapé et avec une chemise grossière, qui laissait à découvert un long cou jaune. Il était flanqué, à droite et à gauche, par deux fonctionnaires du kahal : un petit homme agile, Rébé Jankiel, à la figure blanche marquée de taches de rousseur et à la barbe couleur de feu et David Kalman Moreyne, un gros bonnet de la petite ville, riche marchand de bœufs, élancé, raide, grave, les cheveux blancs, les mains dans les poches de sa houppelande de satin, un sourire doux et béat sur ses lèvres lippues. Derrière ces trois hommes et des deux côtés de ce groupe se pressaient une quinzaine d'individus, la pose plus ou moins altière, la mine plus ou moins souriante, plus ou moins humble. Rébé Mosché précédait toute cette société, le visage tourné vers le rabbin et le dos vers le but de l'expédition. Il avançait donc à reculons, se balançant, battant des mains, se courbant jusqu'à terre, trébuchant de ses pieds nus contre les inégalités du sol, bondissant de nouveau, le front levé au ciel et avec accompagnement de petits cris joyeux. Enfin à quelque distance de ce cortège, trottinait une bande d'une cinquantaine d'enfants de tout âge, extrêmement avides de ce spectacle, et, qui, à la vue de la danse et des sauts du mélamed, s'était mis à l'imiter, gambadaient eux aussi, gesticulaient, se laissaient choir, claquaient des mains et remplissaient l'air d'un tapage indescriptible.

Bientôt les portes du salon des Ezofowicz s'ouvrirent avec fracas et le mélamed se précipita cramoisi, essoufflé, baigné de sueurs et illuminé de joie. Le pauvre mélamed se réjouissait sincèrement, bruyamment, passionnément. De quoi ?...

— « Rébé Saül ! » — s'écria-t-il d'une voix enrouée à force de crier, — « va au-devant du grand bonheur et du grand honneur qui t'échoient. »

On pouvait deviner, à la figure de Saül, qu'une peur secrète luttait chez lui avec une satisfaction réelle. Quant à sa famille, dont les membres s'étaient collés contre la muraille et contre les meubles, elle jubilait évidemment et rayonnait de fierté et de béatitude, à l'exception de Ber, muet et apathique, comme toujours, dès qu'il ne s'agissait pas d'affaires commerciales et d'argent. Le vieux Saül se tenait debout au seuil même du salon, tandis que sur le perron Rébé Jankiel et Moreyne Kalman, saisissant le rabbin sous les deux bras, soulevèrent presque de terre sa maigre personne, lui firent franchir le corridor et le seuil et la déposèrent en face de Saül. Ils saluèrent alors très bas, quittèrent l'intérieur de la maison pour s'asseoir sur le perron, en attendant le moment de figurer dans le retour du cortège.

Saül inclina gravement devant son hôte sa tête grise et les personnes rangées le long des murs de la salle l'imitèrent toutes.

— « Honorer le sage, dit-il, c'est honorer la magnificence de l'Eternel ».

— « Honorer le sage... » commença à répéter après Saül un chœur de voix masculines et féminimes. Mais à ce moment Todros leva un peu l'index de la main, lança un regard foudroyant et siffla :

— « Chaa ! »

Un silence de mort régna dans la salle.

L'hôte décrivit du doigt un large cercle en désignant toutes les personnes debout le long des murs.

— « Hors d'ici », s'écria-t-il.

On entendit, dans la chambre, un frôlement de robes et le bruit de pas précipités ; une surprise mêlée d'effroi se peignit sur les visages de tous les assistants, qui gagnèrent en se bousculant la porte conduisant aux appartements intérieurs par laquelle ils disparurent.

Dans la salle vide, il ne resta que deux hommes : le

corpulent patriarche aux cheveux blancs et le sage desséché aux yeux de feu.

Pendant qu'une brève injonction et qu'un geste impératif de Todros éloignaient de Saül sa famille, ses fils grisonnants, ses respectables filles et ses gracieux petits-enfants, les sourcils de ce dernier tressaillirent et se hérissèrent de nouveau. L'orgueil familial et paternel bouillonnait en lui.

— « Rabbi », dit-il d'une voix légèrement étouffée et avec une attitude moins soumise, « daigne occuper sous mon toit la place qui te siéra le mieux ».

Il n'avait pas donné à son hôte de titre princier, il ne l'avait pas appelé Nassi !

Le rabbin Isaac jeta sur lui un regard ténébreux, se glissa par la chambre et s'assit sur un canapé aux bras jaunes et élevés.

Il n'était plus voûté, sa pose affectait même quelque raideur. Il ne quittait pas des yeux le visage du vieillard affaissé en face de lui.

— « Je les ai chassés, » dit-il, en montrant la porte par laquelle venait de s'écouler la famille. « Pourquoi les as-tu réunis? J'ai à causer avec toi seul. »

Saül se taisait.

— « Je t'apporte une nouvelle », reprit le rabbin avec précipitation et rudesse, — « ton petits-fils Meir a l'âme impure. Il est *kofrim* (incrédule). »

Saül gardait encore le silence, seulement, sur sa prunelle ternie par les ans, ses paupières ridées frémissaient d'un tremblement nerveux.

— « C'est un kofrim ! » répéta à plus haute voix le rabbin. « Il lui échappe de vilaines paroles sur notre religion, il ne respecte pas les sages, transgresse le sabbat et se lie d'amitié avec les hérétiques ».

— « Rabbi !... » commença à dire Saül. Le rabbin l'interrompit :

— « Écoute quand je te parle ! »

Le vieillard serra tellement les lèvres qu'elles disparurent entièrement dans sa barbe blanche.

— « Je suis venu te notifier », poursuivit Todros, « que

tu diriges mal ton petit-fils et que c'est à toi la faute, s'il est tel. Pourquoi n'as-tu pas permis au mélamed de le corriger et de le battre, quand il fréquentait le heder, ne voulait pas apprendre la Gemare, riait parfois des propos de son maître et incitait les autres à en rire? Pourquoi l'envoyais-tu chez cet Édomite, qui habite là bas au milieu des jardins, pour qu'il apprenne à lire et à écrire dans la langue des *Goï* et s'y familiarise encore avec d'autres abominations édomites? Pourquoi ne l'as-tu point châtié de ta main paternelle, lorsqu'il violait le sabbat et tenait tête à ta table au mélamed? Pourquoi gâtes-tu son âme pécheresse par ton amour, ne l'inclines-tu pas aux études saintes et sembles-tu être aveugle à tous ses débordements? »

Cette longue harangue fatigua le rabbin, qui se reposa haletant.

Le vieux Saül lui répliqua d'un ton contenu :

— « Rabbin! que ton cœur ne soit pas irrité contre moi. Je n'ai pu agir autrement que je ne l'ai fait. C'est le fils de mon fils, du plus jeune d'entre tous mes enfants et qui fût très tôt ravi à ma vue. Je le pris, à la mort de ses parents, dans ma maison et je ne voulus point que rien lui rappelât jamais sa situation d'orphelin. J'étais déjà veuf à cette époque, et il s'éleva dans mes bras et dans ceux de sa vieille aïeule qui achèterait le bonheur de l'âme de cet enfant. au prix de la sienne ; c'est le premier diamant de sa couronne et ses lèvres, que son grand âge a closes, ne s'ouvrent plus que pour lui. Voilà, rabbin, tous les motifs pour lesquels je lui ai laissé plus de latitude qu'à mes autres enfants, l'ai mené avec plus de douceur qu'eux et plaint de toute mon âme, quand le mélamed l'injuriait et le battait dans le heder, comme le reste de ses élèves. J'ai péché alors ; je suis tombé dans le heder comme un fou, j'ai gourmandé le mélamed et emmené le garçon chez moi. J'ai péché, rabbin, car le mélamed est un docte et saint personnage; veuille cependant oublier ma faute en songeant que je n'ai pu voir de cicatrices sur le corps du fils de mon fils et me taire. Je me suis tu en en apercevant sur le corps des enfants de mon fils Raphaël, de mon fils Abraham et de mon fils Éphraïm, parce que leurs pères vivaient, grâce à Dieu, et les surveillaient eux-mêmes; mais, en constatant des bleus sur les épaules et les bras de l'orphelin, rabbin! j'ai pleuré, j'ai poussé un grand cri et j'ai péché ! »

— « Ce n'est pas là le seul de tes péchés ! » s'écria le rabbin, qui écoutait les explications de Saül avec l'immobilité, la sévérité et la gravité d'un juge. « Et pourquoi l'as-tu envoyé s'instruire chez un Édomite ? »

— « Rabbin ! » répliqua Saül, « comment se fut-il ensuite tiré d'affaire dans le monde, s'il n'eût pas compris le langage des habitants du pays où il se trouve, ni su signer son nom sur un contrat ou au bas d'une lettre de change ? Rabbin, mes fils et les aînés de mes petits-enfants dirigent de grandes entreprises et il s'y appliquera, lui aussi, dès qu'il sera marié... Tout l'héritage de son père lui revient. Il sera riche et devra causer avec des grands seigneurs, et comment causerait-il avec eux, s'il n'avait pas saisi les leçons de l'Édomite ? »

— « Périsse ton Édomite avec sa science souillée et que le Seigneur ne lui pardonne pas ! » murmura le rabbin. Il ajouta après une pause : — « Et pourquoi n'as-tu pas fait de ton fils un savant, au lieu d'en faire un marchand ! »

— « Rabbin ! » répondit Saül, « la famille des Ezofowicz est une famille de marchands. Nous le sommes de père en fils, et telle est déjà notre coutume. »

A ces mots, il releva un peu la tête, cette mention de sa famille lui redonnait de la fierté et de la hardiesse. Mais rien n'égale le mépris et l'ironie avec lesquels le rabbin répéta :

— « La famille des Ezofowicz ! »

— « La famille des Ezofowicz », reprit-il à plus haute voix, « a toujours été un grain de poivre sur le palais d'Israël. »

Saül dressa soudain la tête.

— « Rabbin, s'écria-t-il, des membres de cette famille ont été des diamants à la vue desquels des Édomites eux-mêmes commençaient à prendre en respect tout Israël... »

La vieille haine réciproque des Ezofowicz et des Todros se réveilla chez ces deux hommes et crépita.

— « Dans votre famille, dit le rabbin, il y a une vilaine âme qui passe d'un Ezofowicz à l'autre et ne parvient pas à se purifier; or il est écrit que toutes les âmes issues des Séraphins s'échappent comme autant de gouttes d'eau d'un vase incliné, accomplissent l'*Ibur-Gilgul* ou pérégrination des corps, allant de l'un à l'autre jusqu'à ce que, lavées de tous leurs péchés, elles soient susceptibles de revenir à l'état séraphique. Quand un homme est pieux et saint, son âme retourne aux Séraphins et à sa place une autre âme descend dans le monde et prend corps. Et la misère, les soucis, les douleurs habiteront la terre, tant que toutes les âmes détachées des Séraphins n'auront pas achevé l'*Ibur-Gilgul* et ne se seront pas incorporées. Et comment pourraient-elles s'incorporer toutes, s'il existe sur la terre beaucoup de détestables et impurs violateurs de l'enseignement sacré ? Les mécréants occupent sans cesse des corps, se faufilent de l'un dans l'autre, et pendant ce temps d'autres âmes attendent qu'ils évacuent les corps et les leur laissent. Elles doivent attendre, parce qu'il n'y a pas à la fois autant de corps ici-bas qu'il existe d'âmes de Séraphins. Et le Messie lui-même attend, car il ne viendra pas en ce monde, avant que la dernière âme n'ait été incarnée et n'ait commencé son *Ibur-Gilgul*. Les mécréants, en logeant dans les corps et en s'y remplaçant tour à tour, en défendent l'accès aux âmes dans l'expectative et ajournent à un avenir lointain le *Jobel-ha-Gadel*, — le jour du Messie, la grande fête de joie. Dans votre famille, il est une de ces âmes odieuses. Elle est d'abord descendue dans le corps de Michel Senior, ensuite dans celui de Hersz, elle gît maintenant dans ton petit-fils Meir ! J'ai reconnu dans les yeux et dans les traits de Meir cette âme orgueilleuse et rebelle et c'est pourquoi mon cœur s'est détourné de lui ! »

A mesure que Todros exposait au vieillard, assis en face de lui, la doctrine de la migration des âmes et ses conséquences, il s'opérait chez Saül un changement frappant. Il s'était précédemment un peu enhardi et il avait relevé la tête avec fierté et dignité. Maintenant, il la penchait de nouveau bien bas, le chagrin et la terreur se lisaient dans les rides de son visage.

— « Rabbin ! » dit-il humblement, « béni sois-tu de ce que tu découvres à mes yeux ta sainte sagesse ! Tu dévoiles la vérité et tes yeux savent reconnaître les âmes qui habitent les corps humains. Rabbin, je te citerai un détail : lorsque mon fils Raphaël m'apporta le petit Meir, je pris l'enfant de ses mains et je le couvris de baisers, croyant qu'il serait l'image de son père, qui fut mon Benjamin. La vieille aïeule s'en empara, le posa à terre devant elle, l'examina très attentivement, puis cria fort haut : « C'est non à ton Benjamin, mais à mon Hersz qu'il ressemble ! » Des larmes coulaient des yeux de la vieille, ses lèvres répétaient : « Hersz, Hersz, mon Hersz ! » et elle pressa l'enfant contre son sein en disant ; « C'est mon petit-fils le plus chéri ! C'est l'œil de ma tête, c'est le diamant de la couronne que me tressent mes neveux et arrière-neveux, car il ressemble à mon Hersz. » Et elle devint folle de lui et maintenant n'a d'yeux que pour lui et l'attire auprès d'elle, parce qu'il ressemble beaucoup à Hersz, son mari. »

— « L'âme de Michel est entrée dans le corps de Hersz et du corps de Hersz dans celui de ton petit-fils Meir », répéta le rabbin et il ajouta : « C'est une âme orgueilleuse et rebelle ! Elle ne connaît ni l'humilité ni la paix ! »

L'attitude de Saül et sa déférence pour les paroles de Todros semblaient avoir adouci ce dernier.

— « Pourquoi ne le maries-tu pas, puisqu'il a déjà de longs cheveux et une barbe fournie ? » demanda-t-il.

— « Rabbin, je voulais le marier à la fille du pieux Jankiel, mais l'adolescent se jeta à mes pieds et me supplia de ne pas le contraindre... »

— « Et que n'as-tu posé ton talon sur son épaule et ne l'as-tu obligé à l'obéissance ? »

Saül baissa les yeux et se tut. Il se sentait coupable. Son amour pour son petit-fils l'induisait sans cesse en péché.

Todros reprit :

— « Marie-le au plus vite, car il est écrit que le jeune homme auquel une longue chevelure et une longue barbe ont poussé et qui n'a pas encore de femme, tombera dans l'impureté... Je l'ai vu hier assis en tête à tête avec une jeune fille... »

Saül leva un regard inquiet sur son interlocuteur.

— « Je l'ai vu, continua le rabbin, causer dans la prairie avec la caraïte. »

— « Avec la caraïte ! » répéta Saül d'un ton plein de surprise et d'effroi.

— « Il était debout au bord de l'étang et il recevait de ses mains je ne sais quelles fleurs et je lisais sur leurs visages qu'une flamme impure embrasait leurs âmes... »

— « Avec la caraïte ! » répéta encore une fois Saül, comme s'il ne voulait pas en croire ses oreilles.

— « Avec une hérétique ! » exclama le rabbin.

— « Avec une mendiante ! » s'écria Saül et il releva énergiquement la tête.

— « Rabbin, » soupira-t-il, « je serai dorénavant autre avec lui. Je ne veux pas que sur mes vieux jours la honte me monte au visage, parce que mon petit-fils aura de coupables liaisons avec d'impures mendiantes ! Je le marierai. »

— « Dompte-le » vociféra le rabbin. « Je suis venu ici pour te dire que tu mettes ton talon sur ses épaules et que tu brises son orgueil. Ne le ménage pas ! Ton indulgence à son égard serait un grand péché que le Seigneur ne te pardonnerait pas. Et si tu ne le châties pas toi-même, j'appuierai ma main sur sa tête, et ce vous sera alors une grande confusion à tous et à lui une calamité telle qu'il tombera en poussière comme un misérable insecte ! »

A ces mots, prononcés d'un ton menaçant, Saül tressaillit. Une foule de sentiments luttaient dans la poitrine du vieillard ; une secrète répulsion pour Todros et une profonde vénération pour sa science ; la fierté et la crainte ; une irritation très vive contre son petit-fils et de l'amour envers lui. La menace du rabbin fit vibrer cette dernière corde.

— « Rabbin ! » s'écria-t-il, « pardonne-lui ! C'est encore

un enfant ! Quand il sera marié et dans les affaires, il deviendra tout autre. A sa naissance, son père m'écrivit : « Père, quel nom veux-tu que porte ton petit-fils. » Et je lui répondis : « Que son nom soit Meir, c'est-à-dire lumière, afin qu'il resplendisse devant moi et devant tout Israël d'une grande clarté ! »

Il ne put en dire davantage. l'émotion lui coupa la voix et deux larmes descendirent le long de ses joues flétries.

Le rabbin quitta le canapé et il dit en levant un doigt en l'air :

— « Souviens-toi seulement de mes ordres ! Je te commande de lui mettre ton talon sur les épaules et conforme-toi à mes injonctions, parce qu'il est écrit que « les savants sont le fondement de ce monde ! »

Sur ce, il s'approcha de la porte où Rebé Jankiel et Kalman Moreyné, qui l'y attendaient, le saisirent derechef sous les bras, lui firent franchir le corridor et le seuil et le déposèrent au bas du perron.

Et de nouveau, à travers la place, une troupe de gens de noir habillés chemina vers la cour de l'École ; le mélamed avançait de nouveau à reculons, en sautillant, dansant et battant des mains ; de nouveau une bande d'enfants, suivant ce cortège à distance, imita son maître en gambadant, criant, claquant des mains, faisant parfois la culbute et déchirant l'air de cris lamentables. Dans le salon des Ezofowicz, le vieux Saül restait assis, la figure cachée dans ses mains, quand, à la porte opposée, parut la vieille Freyda. Aux rayons du soleil, qui pénétraient par la fenêtre, les joyaux et les diamants dont elle était couverte brillaient des couleurs de l'arc-en-ciel et elle murmura de sa voix éteinte, après avoir promené autour d'elle sa prunelle jaune mi close :

— « Où est Meir ? »

V

Pendant la visite du rabbin, Meir se trouva absent du logis. Sorti de fort bonne heure, il dirigea ses pas vers les ruelles les plus éloignées du centre de la ville. Il s'y engagea dans un dédale de masures très indigentes, dont aucune n'avait plus de deux petites fenêtres, et le long desquelles croupissaient de véritables bourbiers, qui viciaient l'atmosphère ambiante. Des noires cheminées de ces habitations s'échappaient de minces filets de fumée : leur ténuité dénotait qu'on faisait là piètre chair. Des haies vermoulues et croulantes entouraient d'étroites cours remplies d'ordures ; par-ci par-là, quelques misérables plantes potagères apparaissaient clairsemées dans un bout de champ. Devant des portes basses, des femmes malingres, en cafetan bleu et en perruque rousse, le visage bistré et souffreteux, lavaient dans des baquets un linge gris et grossier ; des vieilles, voûtées et décrépites, tricotaient, assises sur des bancs, des bas de laine bleus ou noirs ; des jeunes filles, le teint hâlé, les vêtements fripés, la chevelure en désordre, s'occupaient à traire de maigres chèvres.

C'était le quartier de la ville habité par la classe la plus infime de la population de Szybow, l'asile de la pauvreté, même de la détresse, de la saleté et des maladies.

Les demeures des Ezofowicz, des Kalman, des Witebski et des Kamionker, situées sur la place principale, semblaient des palais délicieux en comparaison de ces tanières humaines, dont l'aspect extérieur donnait l'idée d'un purgatoire ici-bas.

Rien de plus naturel. Sur la place logeraient les marchands et les savants, par conséquent l'aristocratie de toute communauté israélite, tandis qu'ici nichaient les artisans et les ouvriers, la plèbe gagnant sa vie par le travail non de sa tête mais de ses mains ; presque aucun de ses membres ne se rattachait à une antique famille ni ne se targuait de posséder dans sa parenté un richard ou un savant.

Quoiqu'il fût encore très matin, les gens vaquaient partout à leur besogne quotidienne. A travers les vitres minuscules de ces petites fenêtres, on voyait tailleurs et cordonniers sans cesse lever et baisser leurs bras en manche de chemise. Derrière de fines cloisons résonnaient les outils des ferblantiers et retentissaient les marteaux des forgerons, et de chez le fabricant de chandelles de suif se répandaient d'insupportables odeurs de graisse fondue. Plusieurs habitants profitaient des premiers rayons de soleil dispensés à leur rue pour ouvrir leurs fenêtres, et le passant pouvait apercevoir, trottinant en tous sens avec l'activité de fourmis, les locataires entassés entre de vilains murs qui leur refusaient l'espace nécessaire et sous des plafonds dont leurs têtes touchaient presque les poutres. Les prières des hommes, les disputes des femmes, formaient un bourdonnement confus que dominait le glapissement des enfants. Il n'y avait que de tout jeunes marmots qui déchirassent de leurs cris l'air méphitique de ces noirs taudis, car les enfants plus âgés étaient tous dans la rue à s'y poursuivre bruyamment, ou, les doigts dans leurs épaisses chevelures, à essayer des culbutes sur le sol sablonneux. Les adolescents, non plus à l'instar de leurs cadets en courtes vestes sans manches, mais en longs habits, se tenaient auprès du seuil de leurs chaumières, le dos contre la muraille, pâles, défaits, apathiques, la bouche grand ouverte, comme s'ils eussent voulu que leurs poumons glacés et endoloris aspirassent ces fugitifs rayons de soleil et ces rares bouffées d'air pur.

Meir s'approcha de l'un de ces garçons, qui s'appuyaient au mur.

— « Eh bien, Leybele, » lui dit-il, « je suis venu à ton intention. Es-tu toujours aussi malade et dévisages-tu encore le monde, en écarquillant autant les yeux qu'une chouette ? »

Leybele, visiblement malade, considérait le monde d'un regard ahuri, car, les mains cachées dans les manches de son habit étriqué et serrées contre la poitrine, il grelottait de froid, quoique la matinée fut chaude, et aux questions de Meir, il ne répondit pas un mot : seulement il écarta ses lèvres davantage encore et fixa sur son interlocuteur ses grands yeux noirs, vides d'expression.

Meir lui posa la main sur la tête.

— « As-tu été hier au heder ? » lui demanda-t-il.

Le garçon se prit à trembler encore plus et il répondit d'une voix enrouée :

— « Aha ! »

Cela équivalait à une affirmation.

— « Et on t'y a de nouveau battu ? »

Les yeux mornes de l'enfant, toujours attachés à la figure de Meir, se remplirent de larmes.

Un sanglot gonfla sa poitrine qu'il pressait de ses mains cachées sous ses manches.

— « Et as-tu déjeuné ? »

L'enfant remua négativement la tête.

Meir prit dans une pauvre échoppe voisine et donna à l'enfant un petit pain en échange duquel il jeta une monnaie de cuivre à la marchande. Leybele saisit ce petit pain des deux mains et se mit à le dévorer avidement. A ce moment, s'élança hors d'une masure un individu, haut, maigre, agile, la barbe épaisse et noire, la figure pâle et soucieuse. Il courut à Meir, s'empara d'abord de sa main qu'il porta à ses lèvres, puis commença à lui adresser des reproches.

— « Pourquoi lui as-tu donné un petit pain ? » cria-t-il. « Tu devrais détourner de lui ta face ! C'est un sot et affreux garnement, qui ne veut pas étudier et me fait honte ! Le mélamed (puisse-t-il vivre cent ans !) se fatigue beaucoup pour éclairer son intelligence, mais il a une tête qui ne comprend rien ! Le mélamed le bat et moi aussi pour lui faire entrer un peu de science dans l'esprit, et tout cela en vain ! Peines perdues ! C'est un fainéant, un âne, un crétin ! »

Meir ne quittait pas des yeux l'enfant, qui continuait à dévorer sa miche.

— « Schmoule », dit-il, « ce n'est ni un fainéant ni un âne, c'est un malade ! »

Schmoule eut un geste méprisant.

— « Lui malade ! » hurla-t-il, « il n'est malade que depuis qu'on l'a attelé à l'étude ! Il avait été jusque-là bien portant, gai et intelligent ! Quel bel et spirituel enfant c'était ! Aurais-je pu prévoir un pareil malheur ! Qu'est-il devenu maintenant ? »

Meir caressait de la main les cheveux ébouriffés du pâle enfant au regard d'idiot.

Le fluet Schmoule courba sa longue échine et lui baisa de nouveau la main.

— « Moreyné », dit-il, tu es bien bon, puisque tu as pitié de ce sot enfant ! »

— « Pourquoi, Schmoule, m'appelles-tu Moreyné ? » demanda Meir.

Schmoule lui répliqua vivement :

— « Les pères de tes pères ont été Moreyné, ton grand-père et tes oncles sont Moreyné, et toi, Meir, tu le seras bientôt. »

Meir secoua la tête avec un sourire singulier.

— « Schmoule, moi je ne serai jamais Moreyné », dit-il. « Ni on ne me fera cet honneur ni je ne le désire. »

Schmoule réfléchit et devint songeur.

— « Il m'est revenu, Meir, que tu ne vis pas en paix avec le grand rabbin et les membres du kahal. »

Meir promena son regard autour de lui comme s'il eut voulu embrasser d'un coup d'œil le tableau des misères qui l'environnaient.

— « Que vous êtes pauvres ! » exclama-t-il, sans répondre directement à Schmoule.

Cette observation toucha, paraît-il, une corde très sensible du cœur et de l'existence de Schmoule ; ses mains tremblèrent et ses yeux étincelèrent.

— « Ah ! que nous sommes pauvres, » soupira-t-il, « mais le plus pauvre des habitants de cette rue, c'est le tailleur Schmoule. Il faut nourrir ma vieille mère aveugle, ma femme et huit enfants. Et avec quoi subvenir à leur entretien ? Je ne possède que mes mains qui cousent nuit et jour, quand il y a que coudre... »

Et ce disant, il tendait et montrait à Meir ses deux mains, de vraies mains d'indigent, noires, sales, maigres, couvertes de piqûres d'aiguilles et d'entailles de ciseaux et qui frémissaient de désespoir...

— « Moreyné ! » continua-t-il toujours plus bas et en se penchant toujours davantage vers l'oreille de son interlocuteur, « nous avons peine, grande peine à vivre, tout coûte cher chez nous et qu'avons-nous pas à payer ! C'est désolant. Les employés fiscaux prélèvent sur nous l'impôt, nous acquittons des droits sur la viande *kocher*, sur les bougies que nous brûlons au jour du sabbat, sur les frais des funérailles, nous payons les fonctionnaires du kahal... et que ne payons-nous pas ? Holala ! De nos pauvres masures, il coule des rivières d'argent... et d'où prenons-nous cet argent ? Nous le tirons de nos sueurs, de notre sang, des entrailles de nos enfants que la faim consume. Tu m'as naguère demandé pourquoi, dans ma chaumière, il y a tant de saletés et d'ordures ! Comment en serait-il autrement quand nous sommes onze dans ma petite pièce et que nous tenons dans l'antichambre les deux chèvres dont le lait nous nourrit ? Tu m'as demandé pourquoi ma femme est si chétive et plus vieille que son âge et pourquoi mes enfants sont sans cesse malades ! Chez nous la viande kocher coûte gros et nous n'en goûtons jamais, nous mangeons du pain et de l'oignon, nous buvons du lait de chèvre et nous n'avons un peu de poisson, le jour du sabbat, que si tu es venu nous donner une pièce d'argent ! Nous sommes pauvres, très pauvres dans toute cette rue, mais le plus pauvre de tous est le tailleur Schmoule avec sa mère aveugle, sa chétive femme et ses huit enfants ! »

Schmoule secoua tristement la tête et fixa sur le visage de Meir ses yeux noirs, où se peignait une sorte de stupéfaction de sa propre misère. Meir, la main toujours posée sur la tête du pâle enfant qui achevait son petit pain, écoutait attentivement les doléances du malheureux. Il avait la pitié sur les lèvres, mais ses sourcils froncés et ses paupières baissées prêtaient à sa physionomie une expression méditative et irritée.

— « Schmoule, » chuchota-t-il, « pourquoi manques-tu si souvent d'ouvrage ? »

Schmoule, évidemment troublé, porta la main à sa tête et déplaça le bonnet qui couvrait ses cheveux noirs tout emmêlés.

— « Je vais te le dire, » poursuivit Meir à voix basse. « On ne te donne pas d'ouvrage, parce que, lorsqu'on te charge de coudre des vêtements, tu coupes de forts morceaux de drap que tu t'appropries. »

Cette fois, Schmoule saisit son bonnet des deux mains.

— « Oh ! ma pauvre tête ! », gémit-il, « Qu'avez-vous dit de moi ? Vos lèvres ont proféré contre moi une très vilaine chose. »

Il fit un bond, se pencha jusqu'à terre, sauta de nouveau et s'écria :

— « Eh bien, c'est vrai, j'ouvrirai mon cœur devant toi ! J'ai coupé des morceaux d'étoffe et je les ai gardés... et pourquoi ai-je agi ainsi ? Parce que mes enfants étaient nus, je parvenais de cette façon à les couvrir. Ma mère aveugle gisait malade au lit, je vendais ces morceaux pour lui acheter un morceau de viande... Ne me regarde pas d'un œil irrité ! Aussi riche que Rebé Jankiel, ou que Moreyné Kalman, en possession d'autant d'argent qu'ils en prélèvent sur le travail de nos mains et la sueur de notre front, je ne volerais point ! »

— « Et pourquoi Rebé Jankiel et Moreyné Kalman prennent-ils votre argent ? » Et Meir allait en dire davantage, mais Schmoule se redressa et l'interrompit soudain.

— « Bah ! Ils en ont le droit ! Ils sont nos anciens ! Ce qu'ils font est sacré. Les écouter, c'est obéir à Dieu lui-même ! »

Meir eut un sourire mélancolique et il mit la main à la poche. Schmoule épiait ce geste d'un regard qui s'illumina subitement d'un éclair d'avidité.

La fenêtre de cette misérable chaumière était ouverte. Meir y posa deux piecettes d'argent. Schmoule se précipita vers lui et lui baisa la main.

— « Tu es bon, tu es secourable à tous les pauvres gens ! Tu as de la pitié même pour mon sot enfant ! »

Une fois que l'effervescence de sa gratitude se fut un peu calmée, il se haussa légèrement et murmura à l'oreille de Meir.

— « Tu es bon, tu es petit-fils d'un grand richard, et moi je ne suis qu'un pauvre imbécile de tailleur ! Mais tu es aussi doux à mes lèvres que le miel et il faut que je t'ouvre entièrement mon cœur. Tu as tort d'être mal avec notre grand rabbin et les membres du kahal ! Notre rabbin n'a pas son pareil dans l'univers ! Il a reçu de l'Éternel de grandes révélations, il comprend la Cabale. Tous les oiseaux volent à lui, dès qu'il les appelle, il sait guérir toutes les maladies et lire dans tous les cœurs humains. Chaque souffle de ses lèvres est saint et son âme lorsqu'elle est en prière, échange des baisers avec le Seigneur lui-même ! Et toi, tu as détourné son cœur de ta personne. »

Cet indigent de Schmoule débitait cela avec beaucoup de gravité, en levant solennellement son doigt noir, criblé de piqûres d'aiguilles.

— « Et bien les membres du kahal », poursuivit-il, « ce sont de très pieuses gens et forts opulents. Il y a aussi à les respecter et à les écouter et, s'il leur arrive de mal faire, il y a à fermer les yeux. Ils pourraient t'accuser devant l'Éternel et devant les hommes. L'Éternel, irrité contre toi en entendant leurs plaintes, t'enverrait un châtiment et les hommes diraient que tu es singulièrement téméraire et détourneraient de toi leurs visages. »

Il eut été difficile de deviner l'impression que causaient à Meir ces avis à la fois humbles et dignes. Il n'ôtait pas la main de dessus la tête du petit Leybele, scrutant sa figure aux traits réguliers et aux énormes prunelles noires, comme si dans ce pâle et malatif enfant idiotisé et tremblant, il eut vu une personnification de toute cette nombreuse catégorie du peuple d'Israel, qui, rongée de misère et de maladie, croit cependant et vénère avec tant d'aveuglement, d'abnégation, de timidité et de constance

Il hocha ensuite amicalement la tete et s'éloigna. Schmoule courut après lui une quinzaine de pas encore.

— « Moreyné », gémissait-il, « ne te fâche pas contre moi de ce que je t'ai ouvert mon cœur. Sois sage. Que les savants et les riches n'élèvent pas contre toi de plaintes au Seigneur, car celui qui gît sous terre y est mieux que celui sur la tête duquel ils étendent leurs mains irritées. »

Il s'en retourna alors et rentra dans sa masure sans s'apercevoir que Leybele n'était plus auprès du mur. Dès qu'il remarqua le départ de Meir, le pâle enfant déserta sa place pour le suivre. Ses mains toujours cachées dans les manches de sa souquenille, les levres entr'ouvertes, le jeune Schmoule emboita le pas d'un bout de la rue à l'entrée derrière le bel adolescent. Il s'arrêta néanmoins à l'extrémité de la rue, comme s'il eut craint d'aller plus loin et d'une voix rauque et enrouée il dit :

— « Moreyné ! »

Meir se retourna. Un doux sourire éclaira son visage en découvrant que ce petit infortuné l'avait accompagné jusque-là.

L'enfant levait vers lui ses noires et mornes prunelles, tirait de sa manche grise et lui tendait une main décharnée.

— « Du pain ! » murmura Leybele.

Meir chercha des yeux une échope. Le long de la ruelle, il existait quantité de tréteaux auprès desquels des femmes, dont les haillons dissimulaient imparfaitement la maigreur, vendaient des petits pains d'une dureté de pierre, de petits oignons et je ne sais quel nougat de miel et de pavot d'une apparence des moins appétissantes.

De nouveau un petit pain passa de la blanche main de Meir dans les mains noires et amaigries de l'enfant. Leybele le saisit, le porta à ses lèvres, et reprit le chemin de son logis, cheminant gravement au beau milieu de la rue.

En quelques instants, Meir se trouva sur la place principale de la ville. On eût pu s'imaginer revenir du fond d'un gouffre à la lumière du jour. Un soleil éclatant inondait de ses rayons cet espace circulaire, séchait les flaques d'eau formées ci et là et embrasait d'étincelles d'or les fenêtres des maisons environnantes. Dans la cour du pieux Reb Jankiel, on bâtissait je ne sais quelle nouvelle et vaste construction : le propriétaire roux surveillait lui-même les ouvriers, avec une satisfaction visible de cet accroissement de son bien. Le bruit des haches et le grincement des scies animait les alentours de cette maison basse, dont l'entrée voûtée servait de remise à plusieurs voitures d'hôtes de passage. Un peu plus loin, se tenait sur le perron de son habitation, Moreyné Kalman, tout resplendissant de satin ; d'une main il portait un cigare à sa bouche souriante et de l'autre il caressait la chevelure dorée d'un enfant de deux ans qui, assis sur un banc, se délectait d'une énorme tranche de pain copieusement tartiné de miel et se pourléchait les lèvres en tournant vers son somptueux père un visage grassouillet et épanoui.

La cour des Ezofowicz était également ensoleillée, bruyante et gaie. Au milieu de cette cour, deux gars vigoureux sciaient la provision de bois pour l'hiver ; plusieurs enfants, proprement vêtus, jouaient dans les copeaux et s'en faisaient des guirlandes dont ils ornaient leurs têtes ; près du puits, une domestique fraîche et joyeuse tirait de l'eau en devisant à haute voix avec les scieurs de bois ; on distingait par la fenêtre ouverte les têtes sérieuses de Raphaël et d'Abraham qui parlaient affaire avec beaucoup d'ardeur, et Sarah, debout près du fourneau de cuisine tout flambant, et la jolie Lia occupée à arranger devant une glace les énormes tresses de ses cheveux.

Lorsque Meir franchit le seuil, les scieurs de bois interrompirent leur besogne, lui adressèrent un sourire et une amicale inclinaison de tête. Ils logeaient dans l'indigente et salle ruelle, dont il revenait à peine et certainement le connaissaient bien.

— « Que la paix soit avec toi, » s'écrièrent-ils.

— « Que la paix soit avec vous » répondit gaiment Meir.

— « Ne nous aideras-tu pas aujourd'hui dans notre travail ? » demanda en plaisantant un des ouvriers.

— « Pourquoi pas ? » répondit Meir et il s'approcha d'eux Évidemment il aimait mettre la main à l'ouvrage et les ouvriers de son grand-père paraissaient habitués à le voir partager leur tâche. L'un d'eux lui cédait déjà sa place auprès d'un tronc d'arbre, quand Lia se pencha par la fenêtre et, tout en finissant de peigner sa tresse noire, s'écria :

— Meir ! Meir ! Où es-tu resté jusqu'à présent ? Le grand-père t'appelle depuis longtemps. »

Il n'y avait guère qu'un quart d'heure que le rabbin était parti. Saul, la tête dans la main, méditait encore, partagé entre la colère et la tristesse. Freyda se tenait assise à quelques pas de lui dans l'embrasure de la fenêtre ouverte sur la place ; le soleil la baignait de reflets d'or et faisait miroiter ses diamants.

Dans la conscience du vieillard, vigoureux malgré son grand âge, il se livrait une curieuse lutte intérieure. Au fond de l'âme, il n'aimait pas Isaac Todros. Sans bien se rendre compte de la profonde portée des agissements et de la situation de son aïeul Michel ni de son père Hersz, il savait pourtant qu'ils exercèrent une immense influence sur « les leurs » et acquirent l'estime « d'etrangers » puissants. De pareils souvenirs le rendaient fier et sa connaissance imparfaite du préjudice causé par les ancêtres d'Isaac Todros à ces étoiles de sa famille éveillait en lui contre ce dernier une malveillance sourde et indéfinissable. De plus, riche et tirant vanité de sa richesse, il sentait pour l'indigence de Todros, que dans le secret de sa pensée, il qualifiait d'incurie, un mépris rentré. Tout cela cependant s'évanouissait devant la vénération que lui inspiraient la science sacrée, sage, sublime, et le grand rabbin son principal représentant. Il apportait lui-même un zèle ardent à la lecture des livres saints. Son intelligence, exercée pendant de longues années à de tout autres soins, saisissait très peu, malgré ses efforts, la signification mystérieuse et ambiguë de ces ouvrages.

Moins il les comprenait et plus il les honorait. Sa terreur et son humilité n'en étaient que plus vives. Cette terreur et cette humilité se trouvaient maintenant en opposition avec son réel amour et même sa tendresse pour son petit-fils orphelin et ces sentiments se combattaient en lui.

— « Quel profit en aura-t-il ? Est-ce qu'il en retirera le moindre avantage ? » pensait le vieux Saül et il accueillit d'un regard irrité son petit-fils qui entrait.

Meir s'avança timidement dans la salle. Il n'ignorait pas la visite du rabbin, il en devinait le but, il redoutait la colère et davantage encore le chagrin de son grand-père.

— « Or donc, » dit le vieillard, « viens plus près de moi. Je t'en dirai de belles et qui te causeront beaucoup de plaisir. »

Et dès que Meir ne fut plus qu'à quelques pas de lui, il fronça les sourcils, le regarda fixement et lui dit :

— « Je vais te fiancer et il faut que, dans deux mois, tu sois marié. »

Meir pâlit, mais se tût.

— « Je te fiancerai à la fille de Jankiel Kamionker. »

Ces paroles furent suivies d'un long silence que Meir interrompit le premier.

— « Grand-père », dit-il d'un ton calme, mais résolu, « je ne prendrai pas pour femme la fille de Kamionker. »

— « Pourquoi ? » demanda Saül, en comprimant sa colère.

— « Parce que, grand-père, » répliqua le jeune homme en s'enhardissant peu à peu, « Kamionker est un homme mauvais et injuste et que je ne veux avoir aucuns liens de parenté avec lui. »

Saül éclata. Il reprocha à son petit-fils l'outrecuidance de ses jugements et vanta la piété de Reb Jankiel.

Meir l'interrompit :

— « Grand-père, il fait du tort à de pauvres gens ! »

— « Et que t'importe à toi ? » vociféra le grand-père.

Cette fois, les yeux du jeune homme lancèrent des éclairs.

— « Grand-père, » s'écria-t-il, « il empoche le fruit de

la sueur et du labeur de beaucoup de malheureux qui demeurent à l'extrémité de notre ville. Il les réduit à devenir voleurs et leurs enfants à marcher nus, tandis qu'il se bâtit ici de nouvelles maisons ! Il brasse aussi de vilaines choses dans les auberges et les distilleries qu'il afferme des propriétaires. Ses cabaretiers grisent et trompent les paysans, et il distille plus d'eau-de-vie qu'il n'y a droit... Grand-père, considère non la façon dont il prie, mais celle dont il agit, parce qu'il est écrit : « Je n'ai besoin ni de vos prières ni de vos sacrifices ! Celui qui opprime le pauvre offense le Créateur ! »

Saül paraissait très irrité : la citation de son petit-fils l'adoucit un peu, car il souhaitait vivement de le voir instruit et versé dans la connaissance des Saintes Écritures.

— « Bah ! » grommela-t-il d'un ton maussade, mais sans emportement. « Que Reb Jankiel grise des paysans et distille plus d'eau-de-vie qu'il n'y est autorisé, ce n'est là qu'une bagatelle ! Tu ne sais encore pas ce que c'est qu'une spéculation de ce genre ni comment on la conduit. Quand tu auras épousé la fille de Reb Jankiel et qu'il t'aura intéressé à ses affaires, tu distilleras et tu vendras de l'eau-de-vie tout comme lui. »

— « Grand-père, » répliqua vivement Meir, « je n'ai nulle envie de distiller ni de vendre de l'eau-de-vie. »

— « Et qu'as-tu envie de faire ? Tu ne manifestes de dispositions pour rien... »

Le vieux Saül n'avait pas achevé sa phrase que Meir, se baissant, lui entoura de ses bras les genoux, y appliqua ses lèvres et se mit à dire :

— « Grand-père, souviens-toi de l'histoire du rabbin Éléazar. Dans sa jeunesse, son père refusant de lui laisser courir le monde, il labourait la terre, regardait les sombres forêts qui lui interceptaient un plus vaste horizon ; la curiosité et la tristesse lui rongeaient le cœur, comme elles rongent le mien maintenant... Il ne put y tenir et s'enfuit... à Jérusalem. Quelques années plus tard, il se rendit auprès d'un grand savant, dont la renommée rayonnait au loin et lui dit : « Sois mon maître et que je sois ton disciple. » Ainsi fut fait. Plusieurs années s'écoulèrent encore et il advint que son père, qui se nommait Hyrcan, visita Jérusalem. Il y aperçut un beau jeune homme qui, sur la grande place, enseignait le peuple avec beaucoup de sagesse, et le peuple l'écoutait, et, à sa parole, les âmes devenaient aussi fondantes que le miel et les fronts s'inclinaient devant cette éloquence et tous criaient : « Voilà notre maître ! » Hyrcan s'étonna fort de la sapience de cet orateur et du grand amour que le peuple lui témoignait. Et il demanda à un voisin : « Quel est le nom de cet adolescent et où habite son père ? Je veux aller saluer celui qui a engendré un pareil homme. » Et le voisin interrogé répondit : « Cet adolescent a nom Éléazar, c'est une étoile au front d'Israël, et son père s'appelle Hyrcan. » A ces mots, Hyrcan courut au jeune homme en poussant un grand cri et lui ouvrit ses bras. Il y eut une grande joie au cœur du père et du fils et le peuple entier s'inclina devant Hyrcan pour avoir engendré un pareil homme. »

Saül, le visage à moitié rasséréné, prêtait à ce récit une oreille attentive. Les légendes nationales lui étaient chères et il lui plaisait de les trouver sur les lèvres du plus chéri de ses petits-fils. Il répondit cependant sans la moindre hésitation. Les yeux à demi fermés, il reprit en hochant la tête :

— « Si maintenant un grand docteur enseignait à Jérusalem, je t'aurais, sans que tu eusses à m'en prier, dépêché suivre ses leçons. Mais la droite vengeresse du Seigneur s'est appesantie sur Jérusalem... Elle n'est plus à nous... Elle sera à nous de nouveau un jour, le grand jour du Messie ; aujourd'hui il n'y est doux à l'Israélite que de mourir, il n'a que y apprendre ni de qui. Or je ne t'enverrai pas au milieu des étrangers, en quête de la science étrangère, parce qu'elle est inutile aux Israélites. Tu as appris de l'Édomite tout ce qu'il te faut pour diriger tes affaires au milieu de la société étrangère... Et cela même m'a valu un reproche du grand rabbin. Ses réprimandes me couvrent de confusion et me remplissent de remords... car, quoique ce soit un grand et docte rabbin, mon âme souffre quand il vient me gronder dans ma maison, comme le mélamed gronde à l'école les petits enfants... »

Le vieux, péniblement affecté, baissait tristement les yeux. Meir restait auprès de lui comme pétrifié; son regard vitreux et perdu dans l'espace réflétait une infinité de douleurs et de révoltes.

— « Grand-père, » s'écria-t-il d'une voix à la fois suppliante et impérieuse, « permets-moi alors de devenir un ouvrier ! J'habiterai la même rue que les pauvres gens, je travaillerai de mes bras en leur compagnie, et je veillerai à préserver leur âme du péché ! Quand ils me poseront une question, je leur répondrai toujours par un oui ou par un non ! et si le pain vient à leur manquer, je partagerai le mien avec eux ! »

Il avait de nouveau le rouge à la figure et des larmes suspendues à ses cils. Mais Saül leva sur lui un regard stupéfait et lui répondit un moment après :

— « D'ici deux ou trois ans, tu reconnaîtras combien tu auras été sot de m'avoir tenu un pareil langage. Dans la famille des Ezofowicz, il n'y a jamais eu et, Dieu merci, il n'y aura jamais aucun ouvrier. Nous sommes marchands de père en fils, nous avons en suffisance de l'argent et la quantité s'en accroît chez nous de père en fils. Tu seras un marchand, car chaque Ezofowicz doit être un marchand. »

Il prononça ces dernières paroles d'un ton décisif, puis il reprit un peu plus doucement :

— « Je veux t'accorder une faveur. Puisque tu refuses d'épouser la fille de Jankiel, je ne t'y oblige pas... Mais je te fiancerai à la fille du gros marchand Elie Witebski. Tu brûles d'apprendre, je te donnerai une femme qui a de l'éducation. Ses parents l'élèvent à Wilna dans une pension. Elle sait parler français et jouer du piano. Capricieux comme tu es, cette jeune fille est précisément ce qui te convient. Elle a seize ans. Son père la dotera richement et t'admettra de suite à participer à ses affaires. »

On pouvait deviner aisément à l'expression de sa figure que Meir bouillonnait intérieurement.

— « Je ne connais pas la fille de Witebski, mes yeux ne l'ont jamais vue, » répliqua-t-il d'un air sombre.

— « En quoi t'importe-t-il de la connaître ? » s'écria Saül. « Je te la donne. Elle revient de Wilna dans un mois chez ses parents et dans deux mois tu l'épouseras ! Telle est ma volonté, tais-toi et obéis à mes ordres. J'ai jusqu'ici été trop tolérant avec toi, mais dorénavant il n'en sera plus ainsi. Isaac Todros m'a dit de poser mes talons sur ton épaule. »

Le pâle visage de Meir se colora, ses yeux étincelèrent.

— « Que le rabbin Isaac pose ses talons sur les épaules de ceux qui, comme des chiens, lèchent ses pieds ! » s'écria-t-il. « Je suis un Israélite au même titre que lui, je ne suis l'esclave de personne, je... »

Les paroles expirèrent sur ses lèvres frémissantes, parce que le vieux Saül se dressait devant lui puissant, emflammé de colère et la main levée. Au même moment, entre la main desséchée, mais encore vigoureuse du vieillard et la figure bouleversée et cramoisie du jeune homme, s'interposa une petite main chetive, ridée et tremblante, qui les sépara : celle de Freyda qui, présente à tout cet entretien, semblait somnoler au soleil sans rien entendre, et qui, lorsque les apostrophes de Meir retentirent dans la chambre et que Saül se leva furieux et menaçant, fut aussitôt debout, elle aussi, avança de quelques pas et de sa pauvre vieille main couvrit son petit-fils comme d'un bouclier. Le bras de Saul retomba. Il cria seulement à Meir d'une voix adoucie : « Va-t'en ! » et s'affaissa sur un banc, la respiration haletante.

L'aïeule s'en alla se rassoir au soleil, près de la fenêtre ouverte. Meir quitta la salle.

Il sortit la tête basse et le front soucieux. Il comprenait en ce moment toute son impuissance en face de ce qui le dominait par l'âge, la dignité, l'autorité ; il sentait la pésanteur des chaînes de l'organisation patriarcale de la famille. Le souvenir de la petite et frêle main de femme qui venait de le préserver des sévices de la force brutale amena sur ses lèvres un sourire de tendresse émue et aussi d'espoir.

— « Si je pouvais me procurer ce manuscrit », se disait-il à lui-même en se passant la main sur le front.

Il songeait au manuscrit de Michel Senior et pensait que seule son aïeule pouvait indiquer où le chercher et que, s'il le découvrait, il saurait que dire et que faire.

Pendant ce temps, Saül demeurait sur son banc, soupirant et soufflant de lassitude et de chagrin. Il sourit une ou deux fois en regardant sa mère, surpris peut-être de cette intervention en faveur de son petit-fils d'une centenaire toujours somnolente et silencieuse, et peut-être, au fond du cœur, lui sachant gré de l'avoir empêché de maltraiter, dans l'emportement de sa colère, cet orphelin.

Il finit par appeler : « Raphaël ! »

L'aîné de ses fils, grave, aux cheveux gris et aux yeux noirs, entra dans la salle. C'était, après Saül, l'aîné de la famille ; il avait lui-même des petits-fils déjà grands. Il dirigeait de très vastes affaires commerciales, mais, à l'appel de son père, il s'empressa de quitter ses livres de compte et d'interrompre un débat très vif avec son frère pour accourir auprès de son père.

— « Est-ce qu'Élie Witebski est à la maison ? » demanda Saül.

— « Il est revenu hier d'un long voyage et se repose maintenant chez lui, » répondit son fils.

— « Que l'un de vous se rende de suite à son logis lui dire qu'il vienne ici, parce que j'ai à causer avec lui d'affaires graves. »

— « J'y vais moi-même », dit Raphaël. « Père, je connais le sujet dont vous voulez vous entretenir avec Witebski ; l'idée est bonne et il convient de la faire aboutir le plus tôt possible. Meir tournera mal s'il ne se marie pas et ne s'attèle pas lui-même à la besogne. »

Saül jeta sur son fils un regard inquiet.

— « Penses-tu, Raphaël, qu'une fois marié il sera autre ? »

Raphaël secoua la tête affirmativement.

— « Père, » répliqua-t-il, « rappelle-toi Ber. Il s'engageait sur la même voie que celle que suit Meir, mais dès qu'il eut épousé notre Sarah, que tu l'eus initié à tes spéculations et que des enfants lui naquirent l'un après l'autre, toutes ces billevesées s'évaporèrent de sa tête. »

Saül termina l'entretien en réitérant à son fils l'injonction d'aller sur l'heure lui chercher Witebski.

Raphaël ne tarda pas à se mettre en route et à se diriger vers une habitation aux larges fenêtres et au perron élevé, située à la jonction de deux des plus belles rues. Sur ce perron était assise une femme un peu replete, en robe de soie, avec une broche d'or à sa mantille, de longues boucles d'oreilles d'or et sur la tête une perruque soigneusement peignée. Elle frisait la quarantaine, avait la figure fraîche et rose, un sourire de satisfaction et de fierté aux lèvres et à la main je ne sais quel ouvrage féminin en laine très fine. Pendant que Raphael gravissait les marches du perron, elle se leva, et, avec la révérence la plus élégante qu'on ait jamais vue à Szybow, tendit la main au nouveau venu. Aucune femme à, Szybow, Mme Hana Witebski exceptee, ne saluait un homme de cette façon. Ce *shake-hand* anglais, universellement adopté dans le monde civilisé, ne fut sans doute pas beaucoup du goût du grave Raphael, car il ne toucha qu'un peu à contre-cœur et du bout des doigts la main potelée de Mme Hana. et, après un échange de politesses mutuelles, la questionna sur son mari.

— « Il est à la maison » répondit la dame sans se départir de son sourire de contentement et de fierté chroniques. « De retour depuis hier d'un grand voyage, il repose en ce moment. »

— « J'ai à lui parler, » dit Raphaël.

— « Entrez, entrez donc ! » s'écria la dame en lui ouvrant avec un aimable empressement les portes du vestibule de sa maison. « Mon mari sera charmé de recevoir un pareil hôte. Entrez donc, je vous prie. »

Raphael remercia à la hâte Mme Hana de ses politesses par une simple inclinaison de tete et pénétra dans l'intérieur des appartements. Mme Hana reprit sa place au perron sur le banc, en clignant dédaigneusement de l'œil et en se disant à elle-même :

— « Oh ! quelles gens que ces habitants de Szybow !

Ils ne veulent pas causer avec les dames et sont d'une sauvagerie d'ours. »

Elle soupira, hocha la tête et ajouta :

— « Est-ce que je suis habituée à de pareils êtres ! Chez nous à Wilna, on est poli, on a de l'éducation, ce n'est pas comme à Szybow. Fi ! fi ! »

Elle cracha légèrement, soupira encore une fois, et, en reprenant machinalement son ouvrage, se mit de nouveau à regarder la ville et les passants qui y circulaient. Deux hommes débouchèrent bientôt sur le perron, le traversèrent rapidement en causant, et, sans un regard pour Mme Hana, se dirigèrent vers la maison des Ezofowicz.

Élie Witebski, qui franchissait à ce moment la place en société de Raphael, ne ressemblait nullement à son compagnon. Quoiqu'il fut comme lui un négociant, son extérieur offrait un type de marchand israélite entièrement distinct du précédent. Il visait évidemment à l'élégance et à la mondanéité. Son vêtement, sans être absolument court, avait cependant une autre coupe et une demi-aune de moins que celui de Raphael, qui descendait chez ce dernier presque à la cheville. Une grosse chaine d'or brillait sur son gilet de satin et un diamant scintillait à son doigt. Le visage guilleret, les yeux vifs et pénétrants, il portait souvent d'un geste lent et réfléchi, la main à sa barbiche jaunâtre.

Il marchait à côté de Raphael d'un pas rapide et l'air dispos. Il n'existait d'ailleurs point à Szybow un seul riche négociant ou propriétaire qui n'eût témoigné la même hâte de se rendre à l'appel de Saül Ezofowicz. Saul ayant cessé, depuis dix ans, de s'occuper personnellement de son commerce, ne sortait plus du logis que pour aller à la Synagogue. En revanche, tous ceux qui voulaient puiser au trésor de la grande expérience et de la non moins grande habileté commerciale du vieux marchand, s'empressaient de lui faire visite.

Assis devant sa table, sur le canapé jaune de son salon, un livre de piété ouvert sous les yeux, il lui arrivait souvent d'être interrompu au beau milieu de sa lecture par les membres les plus réputés, les plus opulents et les plus instruits de sa communauté, qu'amenait à lui le désir de solliciter ses avis et parfois son aide ou sa décision arbitrale dans leurs différends. Le vieux Saül ne leur refusait ni ses conseils ni ses secours, dans la limite où il le pouvait sans léser ses enfants. Rien ne le flattait davantage dans son amour-propre que de trancher les contestations et de concilier les parties. Aussi, lorsqu'il avait besoin, dans son intérêt particulier, d'entretenir les gros bonnets de la communauté et qu'il les mandait par l'intermédiaire de ses fils ou de ses petits-fils, personne n'hésitait à accéder aimablement à son vœu. L'élégant et riche Witebski déférait très volontiers à l'invitation du patriarche de Szybow. Il entra souriant et épanoui dans le salon des Ezofowicz et salua le maître de la maison :

— « Que le paix soit avec toi ! »

Il n'employait plus cette antique formule qu'à Szybow, et il savait échanger les *gut morgen* et les bonjours les plus corrects avec les gens qu'il rencontrait ailleurs. Mais il s'était fixé la règle invariable de s'accommoder en tout aux us et coutumes de ceux avec lesquels il se trouvait en rapports.

Raphaël voulait s'éloigner, mais son père le retint d'un geste impérieux. Ils fermèrent les portes et discutèrent longuement tous les trois à voix basse. Malgré cette précaution, la curieuse et espiègle Lia, fille de Raphaël, en appliquant son petit nez contre la porte et son œil noir contre le trou de la serrure, entendit distinctement répéter plusieurs fois d'abord le nom de Meir et de Méra, fille de Witebski, ensuite le sien et celui d'un certain Léopold, cousin de Mme Hana, répandu dans le grand monde. Elle se rejeta en arrière, toute rougissante, semi confuse et semi joyeuse et ne cessa plus de regarder par la fenêtre, pour être la première à apercevoir le retour de son cousin Meir.

Witebski ne quitta la maison des Ezofowicz qu'au coucher du soleil, souriant, radieux, visiblement enchanté de la conclusion d'une ou peut-être de deux affaires.

Meir rentrait presque dans le même instant au logis

Lia courut à sa rencontre, et, sous la porte cochère, lui passant ses bras autour du cou, lui murmura à l'oreille :

— « Sais-tu, Meir, qu'aujourd'hui chez nous il y a eu du nouveau et de l'important ! Notre grand-père et mon père ont longtemps causé avec Élie Witebski et parlé de nous. Witebski a promis de t'accorder sa fille Méra, mon grand-père et mon père ont promis ma main au neveu de Mme Hana, qui vis dans le grand monde et est très bien élevé. » En débitant ces confidences, elle devenait cramoisie et n'osait fixer son cousin. Soudain, elle sentit qu'il se dérobait brusquement à son étreinte. Lorsqu'elle leva les yeux, elle aperçut Meir, qui s'éloignait de nouveau de la maison.

— « Meir ! » lui cria la jeune fille, « où donc vas-tu? Ne souperas-tu point avec nous? »

Meir ni ne tourna la tête ni ne répondit à cette invitation de venir s'asseoir à la table de famille. Une ride creusa profondément son front irrité. Il comprit l'inanité de sa récente exclamation, plusieurs heures auparavant, en présence de son grand-père : « Je ne suis l'esclave de personne ! » On disposait de son avenir domestique sans la moindre participation de sa volonté, et il savait que ce que les *anciens* ordonnent doit s'accomplir...

Non ! Il se révoltait à la seule pensée qu'il pût en être ainsi. Pourquoi ? Il ne connaissait pas la jeune Méra, qui étudiait n'importe où ces sciences dont il était si avide ! Mais en traversant la ville et les terrains vagues qui le séparaient de la butte des Caraïtes, lentement, les mains à la ceinture, la tête penchée, il restait obstinément, machinalement, continuellement, obsédé par une seule pensée : « Je ne suis l'esclave de personne ! » La fierté et le désir de la liberté bouillonnaient en lui. D'où lui venaient de telles aspirations? On ne sait. Sans doute d'un souffle de la nature qui sème sur tous les terrains des esprits généreux et vaillants, altérés de justice et de savoir.

*
* *

Une petite lumière jaunâtre brille dans une chaumière adossée au flanc de la butte des Caraïtes et dominée par un saule, à travers le feuillage duquel scintillent de mignonnes étoiles, tandis que les ombres du soir s'étendent sur la campagne.

A l'intérieur de cette chaumière au plafond bas, un vieillard voûté, couvert de haillons, est assis sur une mauvaise botte de paille et de ses mains tremblantes tresse des tiges d'ossier. Sa silhouette grise se détache à peine sur ce fond obscur et sa tête penchée ne permet pas de distinguer ses traits.

Plus près de ce chetif rayon de lumière, se tient, auprès d'une table de bois, une svelte jeune fille à la figure maigre et à la taille élancée. Son fuseau voltige sans bruit sous sa main baissée et vis-à-vis d'elle se dresse la planchette de la quenouille, avec sa provision de laine.

Du coin où se perd dans les ténèbres la figure rabougrie du vieillard, part une voix chevrotante et rauque : « Au milieu d'un désert si vaste qu'on n'en voyait pas la fin s'élevaient deux montagnes si hautes que leurs cimes disparaissaient dans les nuages, et qui s'appelaient le mont Horeb et le mont Sinaï. »

La voix cassée et tremblante du vieillard se tut et la jeune fille qui, tout en filant. l'écoutait d'une oreille attentive, lui dit :

— « Grand-père, continue ! »

Par la fenêtre ouverte, une voix d'homme murmura :

— « Golda ! »

La fileuse ne s'étonna ni ne s'effraya de s'entendre nommer par une voix étrangère. On eût dit qu'elle espérait à tout moment ce visiteur, parce qu'elle se leva sans le moindre tressaillement et se dirigea gravement vers lui. Ses yeux toutefois flamboyaient sous ses cils noirs et c'est d'un ton d'une douceur infinie qu'approchant de la fenêtre, elle lui dit bien bas :

— « Meir. je savais que tu tiendrais ta promesse et que tu viendrais. »

— « Je viens à toi, » répondit du dehors Meir, d'une voix alterée, « car je vois le monde en noir et je désire te regarder, pour qu'il me paraisse sous d'autres couleurs... »

— « Et pourquoi vois-tu aujourd'hui les choses en noir ? » demanda la jeune fille ?

— « J'ai un gros chagrin. Le rabbin Isaac m'a accusé devant mon grand-père, qui veut me marier... »

Il se tut et baissa les yeux. La jeune fille ne tressaillit pas. Le plus léger mouvement ni la moindre contraction de sa physionomie ne trahirent son émotion. Seulement de coloré son teint devint en un clin d'œil d'une blancheur d'hostie, lorsqu'elle lui posa une nouvelle question :

— « Avec qui veut-il te marier ! »

— « Avec Méra, fille du marchand Witebski. »

— « Je ne la connais pas. »

Puis elle reprit soudain :

— « Meir, est-ce que tu l'épouseras ? »

Le jeune homme ne répondit rien, et cependant elle ne l'interrogea pas davantage. La rougeur au front, une expression de bonheur indicible débordait de son regard, et Meir la fixait d'un œil doux, ému, profond et ardent.

Ils se taisaient tous deux et on n'entendait que le bruissement du feuillage au-dessus du toit, quand le vieillard reprit de sa voix saccadée et haletante :

— « Dès que Moïse fut descendu du Sinaï, la foudre se tut, les étincelles s'éteignirent, les vents tombèrent, Israël tout entier se leva comme un seul homme et cria à pleine gorge : « Moïse, répète-nous les paroles de l'Éternel. »

Meir prêtait l'oreille à ce vieillard récitant les antiques annales d'Israël. Golda regarda son grand-père :

— « Il est toujours ainsi à conter des légendes et moi je file ma quenouille ou je l'écoute étendue à ses pieds... »

— « Meir, » ajouta-t-elle, le regard sérieux et la voix grave, « entre saluer mon grand-père. »

Les portes de la chaumière grincèrent. Le vieil Abel quitta des yeux les brins d'osier qu'il triait et tressait de ses mains tremblantes mais actives, et, en apercevant dans la pénombre la belle stature d'un jeune homme, il demanda :

— « Et qui va là ? »

— « Grand-père, » répondit Golda, « c'est Meir Ezofowicz, le petit-fils du riche Saül, qui est venu nous rendre visite dans notre maison... »

A peine Golda eut-elle prononcé ce nom, que le personnage courbé dans un coin, se soulevant de sa botte de paille à l'aide de ses deux mains, allongea hors de ses haillons son cou flétri. Il présenta alors à la lumière sa tête, d'où de longues mèches de cheveux d'un gris jaunâtre se déroulaient jusque sur ses épaules et une figure chétive, ramassée, qui disparaissait presque sous les poils qui la couvraient. Golda avait raison de trouver les cheveux de son grand-père blancs comme neige, à force de vieillesse, et ses yeux rouges comme le corail, à force de larmes. Maintenant, sous ces paupières enflées et d'un rouge de corail, les prunelles affaiblies semblaient tantôt dilatées par une peur stupéfiante, tantôt sillonnées par l'éclair fugitif de l'indignation ou de la haine.

— « Ezofowicz ! » et en apostrophant cet intrus, la voix du vieillard devenait plus ferme et moins gutturale, « pourquoi as-tu franchi le seuil de ma maison, puisque tu es un rabbinite, un ennemi, un persécuteur, et que ton aïeul a maudit mes ancêtres et réduit leur temple en poussière? Hors d'ici ! que mes yeux débiles ne s'empoisonnent pas à te regarder. »

Sur ce, il tendit sa main tremblante vers la porte par laquelle le jeune homme venait d'entrer.

Mais Meir fit quelques pas en avant, et, inclinant humblement la tête devant le vieillard irrité, il dit :

— « Que la paix soit avec toi ! »

Au son de cette voix douce et harmonieuse, au profond accent de ces paroles de bénédiction et de concorde, le vieillard se tut, se laissa retomber sur la paille qui lui servait de siège, et, au bout d'un moment, se mit à dire d'un ton qui n'était plus que plaintif et gémissant :

— « Pourquoi es-tu venu chez moi? Tu es rabbinite et descendant du puissant Senior. Les tiens te maudiront pour avoir franchi mon seuil, car je suis le dernier Caraïte resté ici à la garde des ruines de notre temple et des cendres de nos pères ! Je suis, moi, un misérable, un mendiant anathématisé par les tiens ! »

Meir écouta ces lamentations dans un silence respectueux.

— « Je baisse ! » répliqua-t-il un moment après, « bien

humblement ma tête devant toi, parce qu'il faut que la justice triomphe ici-bas et le descendant de celui qui a maudit salue le descendant des maudits. »

Le caraïte Abel prêta à ces propos l'oreille la plus attentive. Il garda ensuite assez longtemps le silence, comme si son intelligence fatiguée en scrutait le sens, puis, l'ayant dûment compris, il finit par murmurer :

— « Que la paix soit avec toi ! »

Golda, debout, les bras croisés sur la poitrine, contemplait Meir de l'œil dont des dévots contemplent une image sainte. En entendant les assurances pacifiques énoncées par son grand-père, elle avança à Meir l'un des deux tabourets qui se trouvaient dans la chaumière, prit dans un coin une petite cruche brillante et sortit dans le vestibule.

Meir s'assit auprès du vieillard qui se remit à son travail et marmotta quelque chose de plus en plus distinctement, si bien qu'à la longue ces chuchotement se changèrent en un récit ému et frémissant. Abel devait être évidemment coutumier de pareilles narrations, dont il avait la poitrine et la mémoire remplies et qui adoucissaient sa triste existence.

— « Ils erraient sur les rives des fleuves de Babylone. Les luths apportés de leur patrie et que de chagrin ils suspendaient aux arbres, résonnaient sous le souffle du vent.

« Et leurs maîtres vinrent à eux et leur dirent : « Prenez en main vos luths, jouez et chantez ! » Et ils répondirent : « Comment jouerions-nous et chanterions-nous sur la terre d'exil, quand notre langue a séché d'amertume et que notre cœur ne sait qu'invoquer la Palestine ! » Mais leurs maîtres leur répliquèrent : « Otez vos luths de ces arbres, jouez et chantez. »

« Les prophètes d'Israel regardèrent autour d'eux et demandèrent : « Qui de nous est certain de supporter les tortures et de ne jouer ni de ne chanter sur la terre d'exil ? »

« Le lendemain leurs maîtres vinrent et dirent : « Otez vos luths des arbres, jouez et chantez ! » Les prophètes d'Israël levèrent leurs bras ensanglantés et s'écrièrent :

« Comment le pourrions-nous, puisque nos mains sont fendues en deux et privées de doigts ! »

« Les fleuves de Babylone frémirent hautement de surprise et le vent pleurait sur les luths suspendus aux arbres, car les prophètes d'Israel avaient coupé leurs mains en deux, pour que personne ne pût les forcer à jouer de leurs instruments sur la terre d'exil. »

Golda retourna dans la chambre, pendant qu'Abel prononçait les derniers mots de cette vieille légende. Elle portait d'une main, sur un plateau d'osier tressé, deux gobelets en terre et de l'autre une cruche brillante, remplie de lait. Au seuil de la porte demeurée ouverte, parut sa chèvre, dont la blancheur ressortait sur ce fond obscur. La jeune fille, en longue jupe déteinte, ses tresses noires lui tombant aux épaules sur sa chemise grise, versa dans les gobelets un lait mousseux et le servit à son grand-père et à son hôte. Elle glissait légèrement dans la pièce, un sourire sur ses lèvres graves. Ensuite, elle s'assit et recommença à filer. La chaumière rentra dans un calme absolu, le vieil Abel se reprit à murmurer très bas je ne sais quelle histoire, mais bientôt ses lèvres se refermèrent, ses mains se détendirent sur les gerbes d'osier et sa tête s'appuya contre la muraille et ne bougea plus.

La chèvre s'éloigna du seuil, on l'entendit trottiner dans l'antichambre, et ce bruit cessa également. Les jeunes gens restèrent seuls en face du vieillard endormi et des étoiles qui miroitaient aux étroites fenêtres. Elle filait, le regard fixé sur la figure du jeune homme assis un peu plus loin. Il méditait les paupières closes.

— « Golda ! » finit-il par dire, « les prophètes d'Israël, qui se fendirent les mains pour n'être pas esclaves de leurs maîtres, ont été de grands hommes... »

— « Ils ne voulaient rien faire contre leur conscience, » répondit gravement la jeune fille.

Nouveau silence. Le bruit de la quenouille de Golda allait se ralentissant et diminuant. Le vent pénétrait par les cloisons disjointes et faisait vaciller la lumière.

— « N'as-tu point peur, » dit Meir, « dans cette masure isolée, quand l'automne et l'hiver amènent de longues ténèbres et que le vent gémit à travers ces cloisons ? »

— « Non, » répondit la jeune fille. « Je suis tranquille,

parce que, au milieu de l'obscurité, l'Éternel veille sur les pauvres chaumières et pendant que les vents sifflent ici et se déchaînent, j'écoute les histoires que me conte mon grand-père et je n'entends pas ce vacarme ! »

Le regard de Meir reposait, plein d'émotion et de pitié, sur la figure austère de cette enfant. Golda le dévisageait de ses yeux immobiles, qui brillaient de loin comme de noires étoiles.

— « Golda ! » reprit Meir, « te souviens-tu de l'histoire du rabbin Akiba ? »

— « Je m'en souviendrai jusqu'à la fin de ma vie..., » répondit-elle.

— « Golda ! saurais-tu, comme la belle Rachel, attendre quatorze ans... »

— « J'attendrais jusqu'à la fin de mes jours... »

Elle prononça ces mots d'une voix tranquille et grave, mais le fuseau s'échappa de sa main, qui retomba, comme paralysée, le long de son corps.

— « Meir, » chuchota-t-elle si bas que le bruissement du vent du soir étouffait presque ses paroles, « donne-moi une promesse ! Quand tu seras trop mal dans la maison de ton grand-père Saül et que tu te sentiras le cœur gros, viens alors chez nous. Que je connaisse chacune de tes contrariétés et que mon grand-père te console avec les belles histoires qu'il sait conter ! »

— « Golda ! » répondit-il d'une voix forte, « moi, comme les prophètes d'Israel, je me fendrai les mains en deux plutôt que de jamais rien faire contre ma conscience ! »

Il se leva et salua la jeune fille d'un signe de tête.

— « Sois en paix ! » dit-il.

— « Que la paix soit avec toi ! » repondit-elle tout bas en lui rendant son salut d'une inclinaison de tête.

Il sortit et bientôt la jeune fille quitta son tabouret, souffla la flamme vacillante et, s'enveloppant d'une grossière toile grise, s'étendit aux pieds du vieillard endormi. En se reposant, elle contempla longtemps encore de ses yeux grands ouverts les étoiles qui scintillaient au dehors.

VI

Élie Witebski avait, dans l'esprit et dans le caractère, des talents diplomatiques hors ligne. Il était le seul des habitants de Szybow, qui ne tînt à cette localité ni par la naissance ni par l'éducation. Des affaires et des convenances de famille l'y amenèrent et il y résidait depuis trois ans à peine.

Il se trouvait donc presque étranger au milieu d'individus qui se connaissaient tous de père en fils, sans compter que les habitudes contractées dans la ville de chef-lieu où s'écoula la majeure partie de son existence constituaient une innovation capable de surprendre et de choquer la population ultra-conservatrice de ce coin perdu. Outre la dimension anormale et la coupe spéciale de ses habits, d'autres particularités distingaient encore Witebski de la masse des Israélites. Il portait, par exemple, un diamant au doigt et pas de bonnet sur la tête, taillait très court sa barbe rousse, ne possédait en son logis ni le Talmud ni la Cabale. Ajoutons que, mari d'une personne telle que Mme Hana, il élevait sa fille dans on ne sait quel pensionnat et ne possédait en outre que deux autres enfants *seulement*. L'absence de précédents de ces nouveautés graves et inouïes aurait dû attirer à l'élégant marchand la malveillance universelle du public. Cependant il n'en fut rien. A l'origine, plusieurs tout bas le qualifièrent entre eux de progressiste et d'indifférent en matière de foi. Ces soupçons néanmoins se dissipèrent rapidement, conjurés par Élie à force de douceur, de prévenance et de souplesse. Toujours poli, souriant, serein, il ne contredisait personne, cédait à chacun, approuvait tout, évitait les gens en désaccord pour ne pas, en prenant le parti de l'un, offenser l'autre ; et s'il lui arrivait d'être contraint de se prononcer, s'acquittait de cette obligation avec tant de grâce, et un langage si coulant, si mielleux et si convaincant que ses adversaires, ébranlés par son éloquence, mollissaient, se reconciliaient et lui gardaient au fond du cœur de la gratitude et de l'admiration, en répétant avec enthousiasme : Quel homme intelligent ! Au point de vue des cérémonies et des prescriptions religieuses, Witebski se montrait d'une parfaite orthodoxie ; dans la célébration du sabbat et dans l'observance du kocher, il ne se départissait pas de la plus minutieuse ponctualité. Chaque fois qu'il rencontrait le grand rabbin, il le saluait très bas et nul autre membre de la communauté ne savait, comme lui, dérider le front ténébreux de ce sage et égayer son regard méditatif par n'importe quelles joyeuses historiettes, tirées on ne sait d'où, mais toujours présentées de façon à avoir un cachet mystique ou patriotique, propre à satisfaire le goût des auditeurs mêmes les plus sévères. Il ne séjournait guère au logis, son zèle pour ses affaires l'obligeant à courir sons cesse le monde et, dès qu'il rentrait à Szybow, on le voyait immanquablement au Bet-ha-Midrasch écouter, avec le respect voulu, le docte enseignement du rabbin Todros, et sourire de contentement, lorsque, en petit ou en grand comité, les érudits de la communauté se livraient à des discussions et à des controverses sur les divers commentaires et commentaires des commentaires qui remplissent les 2500 feuilles imprimées de la Halach, de la Hagada et de la Gémare. Il fréquentait la maison de prières aux occasions où chacun s'y rend, et, quoiqu'il ne fût pas de ces dévots qui prient avec le plus de ferveur et par conséquent crient le plus haut et se balancent le plus fort, il n'en gardait pas moins une tenue et une mine uniformément et irréprochablement correctes.

Il ne faudrait pas en conclure que Witebski se conduisît

ainsi par hypocrisie. Pas le moins du monde. Adepte convaincu de la concorde et de la paix, il ne voulait troubler ni la quiétude d'autrui ni la sienne. Tout lui réussissait dans la vie : heureux et satisfait, il n'éprouvait que de bons sentiments à l'égard du prochain, et, pourvu que l'homme avec lequel il devait traiter ne lui nuisît personnellement en rien, il lui était absolument et foncièrement indifférent que ce fût un talmudiste, un cabaliste, un chassydé, un orthodoxe, un hérétique, voire même un Édomite. Le mot : Édomite frappa la première fois son oreille à son arrivée à Szybow. Dans le cercle où s'exerçait antérieurement son activité, on qualifiait les chrétiens de *goï*, et encore pas autrement que soit sous l'influence d'un mouvement de colère, soit sous l'impulsion d'une offense, car, le reste du temps, la dénomination de chrétien restait la seule employée. Une fois à Szybow, en y entendant parler d'Édomite, il se dit mentalement : Va pour les Édomites ! et, dorénavant, en société d'habitants de Szybow, il ne désigna plus les chrétiens que de la sorte. L'emploi de cette expression n'impliquait d'ailleurs de sa part nul atome de haine, pas un soupçon de malveillance. Pourquoi eût-il détesté les Édomites, puisqu'ils ne lui causaient aucun tort ? Comment même ne les eût-il pas aimés ? Hors de Szybow, il se liait d'amitié avec eux, affectionnait beaucoup d'entre eux, mais à Szybow il trouvait séant de faire comme les autres.

Il reçut dans l'enfance une éducation religieuse qui plus tard s'évapora et s'effaça quasi totalement de sa mémoire, au milieu de la multiplicité de ses tracas et de ses occupations laïques. Il croyait à Jéhovah et l'honorait profondément : ils connaissait l'existence de Moise et possédait quelque idée de l'antique captivité de Babylone et de l'histoire moderne des Juifs, mais tout ce qui avait trait aux autres questions de ce genre échappait entièrement à sa compétence. Au fond, les propos et les décisions de tel Tanaïte ou de tel rabbin lui importaient fort peu. Il ne se permettait ni en parole, ni en action, ni même en pensée, de nier quoique ce soit. Il accomplissait les prescriptions obligatoires pour chacun, en disant : Qu'est-ce que cela fait ! Peut-être est-ce d'invention humaine. Peut-être est-ce un commandement de Dieu lui-même. Pourquoi irais-je indisposer l'Éternel contre moi ?

Il diplomatisait de cette manière avec les hommes et avec Dieu et, sans crainte aucune, coulait des jours prospères.

Sa félicité eut été complète, s'il n'eût pas introduit à sa suite dans Szybow la nouveauté la plus propre à en stupéfier grandement les habitants, à savoir sa femme Hana. Autant ses désirs et ses efforts tendaient à ne se distinguer de personne, dans la petite ville où il résidait, autant la préoccupation constante de Mme Hana consistait à ne rien faire comme les autres. Tant qu'ils vécurent loin de cette bourgade, il régna entre eux une harmonie céleste, basée d'ailleurs sur un attachement réciproque et des goûts identiques, mais lorsqu'ils s'y fixèrent, Mme Hana devint pour son mari un sujet de soucis et d'embarras toujours renaissants.

Mme Hana était entichée d'une civilisation qui consistait à ses yeux dans de jolies robes, la conservation de ses propres cheveux sur la tête [1], un ameublement coquet, des façons fort polies avec le prochain, la langue française et la musique. Elle raffolait de musique. Lorsqu'elle demeurait dans une grande ville, elle allait écouter l'orchestre qui jouait au jardin public. Le frou-frou de sa robe de soie et son chapeau à plumes la remplissaient d'aise et, en se promenant avec ses amies aux sons de cet orchestre et en dévisageant les beaux messieurs en train d'adresser d'aimables propos aux belles dames, elle se sentait pleinement heureuse et surtout très fière de sa situation morale dans le monde. Certaines œuvres de la civilisation la plongeaient dans un véritable ravissement. Elle s'absorba une fois une couple d'heures, en proie à une indicible volupté, dans la contemplation de je ne sais quelle fontaine du jardin public, et, revenue dans sa propre ville qui ne possédait aucune espèce de fontaine, elle

1. Les Juives ont l'habitude, dès qu'elles se marient, de se raser la tête et de porter perruque. (Note du traducteur.)

entretint ses amies le reste de l'année du spectacle extraordinairement remarquable qu'il lui fut donné de voir.

Elle éprouvait également une prédilection particulière pour les miroirs et, chaque fois qu'en face d'elle elle en rencontrait un de dimensions un peu vastes, elle n'en pouvait détacher ses yeux, surtout si elle portait de belles boucles d'oreilles d'or et un charmant bonnet très fleuri. Quant à la philosophie de la religion et de la vie en générale, Mme Hana s'y connaissait moins que son mari. Elle croyait en Dieu et même, au fond du cœur, le redoutait extrêmement ; elle croyait aux démons et les craignait plus encore que Dieu ; dans sa conviction, toute personne qui, une nuit de fête, n'a point aperçu son ombre, meurt dans l'année et quiconque déplace la lumière posée sur la table un jour de sabbat est menacé d'un grand malheur. En revanche, elle n'ajoutait point foi à beaucoup d'articles fort analogues aux précédents, en les qualifiant dédaigneusement de superstitions. Maîtresse de maison très rangée, très entendue, et persuadée dans l'âme qu'il vaudrait mieux que les Juifs mangeassent la même viande que les chrétiens, puisqu'elle leur reviendrait à bien meilleur marché et leur éviterait la quantité d'ustensiles de ménage que nécessite à chaque orthodoxe la stricte conservation des victuailles dans un parfait état de kocher, Mme Hana, par contre, restait aveugle et sourde aux interdictions d'étoffes moitié lin et moitié laine qu'elle employait résolument, les trouvant jolies et bon marché.

A peine à Szybow, Mme Hana fut formellement épouvantée à la vue de la localité dans laquelle son mari l'installait. Pas trace de civilisation ! Aucun jardin public, point de musique jouant en plein air, ni de fontaine, ni de beaux messieurs et de belles dames causant galamment, ni le moindre écho de français. Désolation ! Mme Hana se mit au lit et, ensevelie sous son édredon, elle pleura et se lamenta deux jours et deux nuits, criant qu'elle n'y résisterait pas, qu'elle mourrait et laisserait ses enfants orphelins. Elle ne mourut pourtant pas et quitta le lit, parce qu'il fallait déballer ses malles, arranger sa maison et coquettement parer ses enfants pour qu'à leur première sortie ils émerveillassent par leur beauté et par leur élégance ce qu'en soulignant ce mot d'un geste méprisant, Mme Hana appelait le vulgaire. Ils s'attifèrent, descendirent dans la rue et surprirent réellement tout le monde. Ce fut la première consolation qu'éprouva, dans son exil, cette pauvre bannie de la civilisation. Une foule de joies analogues lui furent réservées. Mme Hana étonnait, en imposait autant qu'elle pouvait, par son costume, ses meubles, ses manières, son langage et, chaque fois qu'elle y parvenait, elle se sentait satisfaite au delà de toute expression. Au fond, elle jouissait peut-être de plus de contentement maintenant que dans la grande ville, dont elle arrivait. Elle contemplait seulement là bas le monde civilisé et s'enorgueillissait d'en être une parcelle, tandis qu'ici elle représentait la civilisation elle-même, la somme de toute la civilisation existant à Szybow.

Ce parti pris d'ébahir ou d'en imposer qui, après les soins de son ménage et de ses enfants, tenait la première place dans l'esprit de Mme Hana et constituait la source principale de son bonheur, inquiétait et effrayait Élie. Il s'entendit qualifier de mécréant, il apprit que le public s'indignait vivement de ce que sa femme portât des vêtements moitié lin et moitié laine, fît le samedi allumer chez elle le samowar[1] et répétât tout haut que Szybow n'est pas sur mais sous terre. Il frémit de ce qui lui revenait et commença à batailler avec sa femme contre les étoffes moitié lin et moitié laine, le samowar du samedi et la situation terrestre ou souterraine de Szybow. Sa moitié lutta longtemps, mais, à force de diplomatie, son mari la vainquit sur le chapitre des étoffes et des samowars. Il n'eut pas le même succès relativement à la position de Szybow, car alors même que Mme Hana se fut le plus fortement résolue à s'exprimer avec le respect convenable au sujet du lieu de son séjour, elle n'y aurait point réussi. Si elle se taisait, un clignement d'œil dédai-

1. Bouilloire employée dans le Nord pour faire le thé. (Note du traducteur.)

gneux, un sourire superbe, une toilette toujours recherchée et des manières à défier qu'on en vît d'aussi distinguées de par le monde, parlaient pour elle.

En résumé, avec un mari conciliant, quoique intraitable sur certains points, de jolis enfants sempiternellement parés et la conscience immuable de sa propre supériorité sur tout ce qui l'entourait, la félicité de Mme Hana eut été complète, sans la pensée que ses cheveux ne pourraient plus jamais ébaubir les habitants de Szybow ; alors même qu'il n'eut pas été trop tard pour les laisser repousser, Élie n'aurait consenti en aucun cas à courir le risque d'un pareil scandale public. Elle portait donc une très élégante perruque noire et se consolait de cette affligeante nécessité en songeant que le retour prochain de Vilna, de sa fille Méra, serait pour elle un triomphe éclatant et définitif. La crainte que l'apparition de Méra ne révélât en lui un père différent des autres chefs de famille de sa petite ville tourmentait Élie. Mme Hana au contraire ne se possédait pas de joie à l'idée de se montrer une mère différente de toutes celles de Szybow.

Un mois après la conversation d'Élie avec Saül, cinq personnes se trouvaient dans le salon de Witebski : trois femmes et deux hommes.

Et ce n'était pas le premier salon venu ! On y remarquait un canapé sur ressorts, couvert de reps vert, le seul de son espèce à Szybow, quelques chaises assorties au canapé et un piano, non de la première jeunesse, il est vrai. Le vernis écaillé par endroits, l'étroitesse du clavier et les touches jaunes trahissaient une profonde vétusté, ce qui ne l'empêchait pas d'être le seul piano qu'il y eût à Szybow. Un an auparavant, les parents de Méra, en faisant venir cet instrument dans la prévision du retour de leur fille et exclusivement pour son usage, révolutionnèrent un peu la ville et sa possession ne cessait de gonfler le cœur de Madame d'une douce fierté ; des rideaux aux fenêtres et quelques pots de fleurs, où poussaient des cactus et des pélargoniums assez laids et médiocrement entretenus, complétaient l'ameublement. Il advint une fois que l'un des cactus s'avisa par hasard de fleurir. Mme Hana le plaça à une fenêtre sur la rue et les enfants de la ville entière accoururent devant sa maison admirer pendant des heures cette fleur rouge.

Or donc Mme Hana trônait sur son canapé vert, en compagnie de sa sœur, marchande de Vilna, chez laquelle demeura Méra, pendant les trois ans où elle alla en pension et qui venait, en reconduisant sa nièce à ses parents, de leur amener en meme temps son fils Léopold. La sœur de Mme Hana, comme elle d'une taille imposante, portait une mantille de velours, ses propres cheveux et beaucoup d'or partout. Devant le canapé, le maître de la maison et le jeune neveu de Mme Hana, Léopold, avaient pris place des deux còtés de la table. Mera, jolie fille aux cheveux blonds et au teint blanc, tournait autour du piano, visiblement désireuse de remplir la ville du bruit de ses accords mélodieux, mais arrètée par la considération du sabbat.

Le jour du sabbat, il n'est permis de jouer d'aucun instrument. Méra ne l'ignorait pas, et ne s'en serait pas souciée si son père, en ne la quittant pas des yeux, ne l'eut avertie de ne point pécher. Il n'est pas permis davantage de fumer le jour du sabbat. Cependant le jeune Léopold, un joli et svelte garçon de vingt ans, renversé très négligeamment dans un fauteuil, fumait une cigarette dont pour comble de malheur, la légère fumée s'échappait au dehors par la fenêtre ouverte. Élie se leva et ferma la fenètre. Un sourire dédaigneux plissa les fines lèvres de Léopold, Méra eut un imperceptible haussement d'épaules et Mme Hana devint toute rouge de confusion.

Sur un plateau argenté s'étalaient diverses friandises: des confitures au miel, du pain d'épice à la graine de pavot, du vin doux, etc. Mme Hana encourageait ses convives à goûter de ce dessert, qui succédait à un dîner composé d'un poisson cuit et d'un gâteau de la veille. Mais la marchande de Vilna, l'esprit à autre chose qu'aux friandises, examinait avec beaucoup d'attention et d'enthousiasme les broches en or, les boucles d'oreille et les bracelets qui se détachaient devant elle sur le velours des écrins et dont plusieurs étincelaient de rubis, de perles et de diamants.

C'étaient les cadeaux de noce que Saül, au nom de Meir, envoya à Méra, dès le lendemain de l'arrivée de cette dernière à Szybow. La mère et la tante de la fiancée les contemplaient depuis deux jours, sans pouvoir en détacher leur yeux. La mère de Léopold se sentait pourtant un peu contrariée de ce que son fils eût apporté pour sa fiancée Lia des présents incomparablement plus modestes que ceux que Méra avait reçus de Meir.

— « Eh ! l'heureuse jeune fille ! » répétait-elle en hochant la tête. « Dieu lui a accordé un vrai honheur ! De pareils cadeaux ! Des gens si riches ! Et pourquoi ne vient-il pas ici ? » demanda-t-elle à sa sœur.

— « Bah ! » répondit Mme Hana avec un geste de mépris, « ce sont des gens simples ! C'est chez eux la coutume que les promis ne voient pas leurs promises. »

— « Il est jeune », interrompit Élie, « il est timide... ! »

Méra vint à ce moment s'asseoir à la table et, la tête appuyée sur la main, elle se mit à réfléchir tristement, tandis qu'au contraire Léopold riait aux éclats.

— « Ce qu'il y a de sûr, » dit-il, « c'est que je n'enverrai pas de cadeau de noce avant d'avoir vu la jeune fille. »

— « Mais tu la verras ! » répliqua la mère d'un ton caressant, nous irons leur rendre visite.

— « Et quel genre de jeune fille est-ce ? » reprit la sœur.

— « Holala ! » répliqua, comme la première fois, Mme Hana, « une jeune fille toute simple. »

— « Son père Raphaël lui donne quinze mille roubles », insinua Élie.

Léopold fronça les soucils.

— « En serais-je plus avancé, » s'écria-t-il. « Et avec quinze mille roubles aurais-je de quoi vivre ? »

— « Tu te mettras dans le commerce », fit observer le négociant.

Mais la mère de ce beau garçon se tourna vers son beau-frère, non sans une pointe d'irritation.

— « Le commerce ! » grommela-t-elle, « il n'a pas étudié en vue du commerce. Lui avons-nous donné une grande éducation pour qu'il trafique ? Il a fini cinq classes, et il est fonctionnaire. Il touche à présent, c'est vrai, une pension modique, mais peut-on prévoir la carrière d'un individu ? Il sera peut-être gouverneur de province ! qui sait ? »

Léopold leva les sourcils en homme qui se supposait réellement destiné aux honneurs prédits par sa mère et qui n'avait aucune, mais aucune objection à devenir gouverneur de province.

Élie sourit imperceptiblement, sans contredire personne, « Qu'importent leurs sottises ? » pensait-il, » qu'ils en débitent, si bon leur semble. »

A ce moment, la gracieuse Méra haussa sa tête toute parée et s'adressant en français à Léopold :

— « Cousin, comme c'est ennuyant ici. »

— « Oui, cousine, cette vilaine petite ville est une place très ennuyante [1], » répliqua le jeune homme en envoyant en l'air des bouffées de fumée de sa cigarette.

Les mamans, installées sur le canapé, ne comprenaient rien. Mais elles se regardèrent, rouges de joie, et Mme Hana, allongeant à travers la table sa main replète, caressa les cheveux de sa fille.

— « Mon petit poisson », soupira-t-elle avec un indescriptible sourire de contentement et d'amour.

Élie fut lui-même impressionné par le français de sa fille. Sa physionomie, ce jour-là soucieuse, reprit sa sérénité habituelle. Il se leva et s'écria allègrement :

— « Allons ! Mettons-nous en route, il est temps ! »

Quelques minutes après, toute cette société descendait du perron dans la rue. Élie eut de nouveau une mine renfrognée. Rien au monde ne sentait plus l'hérésie que le costume de son jeune parent. Il se composait d'une jaquette courte, à la dernière mode, de chaussures luisantes, d'un gilet très découvert qui laissait voir largement un plastron de chemise d'un blanc immaculé. Le jeune homme,

1. Ce petit dialogue est en français dans l'original. (Note du traducteur.)

coiffé en outre d'une élégante casquette ornée de la rondelle argentée des fonctionnaires [1], avant de sortir du logis, alluma de nouveau une cigarette.

Élie se décidait difficilement à contrarier n'importe qui n'importe en quoi, et, à plus forte raison, son hôte et le favori de deux belles dames qu'il respectait infiniment. Cependant en apercevant de son perron, la foule des gens du peuple qui, le samedi, sortent comme des fourmis au soleil, il ne put s'empêcher d'avertir son neveu.

— « Écoute Léopold ! » chuchota-t-il tout bas et d'un ton très doux, « jette cette cigarette. Ce peuple est sot. Pourquoi l'indisposer contre nous ? Et peut-être, » ajouta-t-il aussitôt, « est-ce Dieu lui-même, qui a interdit de fumer le jour du sabbat. Qu'en peut-on savoir ? »

Léopold éclata bruyamment de rire.

— « Je ne crains rien », dit-il en s'élançant au bas du perron pour offrir son bras à Méra.

Léopold et Méra défilaient donc les premiers, au bras l'un de l'autre. Les deux imposantes mamans les suivaient en robes bombées, en mantilles de velours et en chapeaux à fleurs énormes. Élie fermait la marche, cheminant lentement, visiblement contrarié et les mains croisées derrière le dos.

Si d'attirer sur soi les remarques d'une foule nombreuse peut être considéré comme un triomphe, le défilé de la famille Witebski par la place de la petite ville fut triomphal. En un clin d'œil, ils furent entourés de quantité d'enfants de tout sexe et de tout âge, dont les cris, d'abord contenus, se changèrent en un vacarme épouvantable. Aux enfants qui couraient derrière les Witebski s'adjoignirent bientôt des adolescents et même quelques hommes faits. Les familles des notables se répandirent sur les perrons des maisons de la place. A la porte de la cour de l'école se tenait le mélamed, dans son ordinaire et primitif costume et il écarquillait largement les paupières au spectacle étrange qui se déroulait devant lui sur la place, paraissant n'en pas croire ses propres yeux.

1. Le signe distinctif du fonctionnaire en Russie est une rondelle de métal ornée d'une étoile. (Note du traducteur.)

L'attention du public s'attacha surtout au jeune couple, qui marchait au premier rang, c'est-à-dire à Léopold, dans son élégante jaquette et la cigarette aux lèvres, et à Méra, en robe de couleur claire un peu trop bouffante, pendue au bras de son cousin et se dodelinant légèrement pour mieux montrer ses façons du grand monde.

Élie avançait comme sur des charbons ardents, Mme Hana comme sur des lauriers. La marchande de Vilna, la tête haute, clignotait de l'œil et considérait cette foule épaisse.

— « Regardez le beau garçon, la belle jeune fille! » vociféraient les enfants en courant, sautant, claquant leurs doigts et soulevant sous leurs pieds des monceaux de poussière.

— « Qui sont-ils? sont-ce des Israélites? » demandaient les adolescents en montrant du doigt le vêtement court et la cigarette de Léopold.

— « Incrédule! » cria soudain quelqu'un du milieu de la foule et un petit caillou, lancé on ne sait par qui, frôla la tête de Léopold. Le jeune homme pâlit et jeta sa cigarette, objet de la réprobation universelle. Élie fronça les sourcils, mais Mme Hana leva davantage encore la tête et dit à assez haute voix à sa sœur:

— « Bah! Il faut leur pardonner, c'est une plèbe si ignorante! »

Léopold toutefois ne pardonnait pas qu'on lui eût lancé une pierre, cela se voyait à son air effaré et à ses lèvres pincées, en entrant dans le salon des Ézofowicz.

A la place d'honneur, par conséquent sur le canapé jaune, le vieux Saül était assis, entouré de ses fils, de ses belles-filles et de plusieurs des aînés d'entre ses petits-enfants. La vieille grand'mère, parée selon sa coutume, somnolait enfoncée commodément dans son fauteuil, près de l'une des fenêtres et Meir se tenait debout près de l'autre.

Lorsque la famille des Witebski fut introduite dans ce vaste salon, Meir n'accorda qu'un regard banal à Méra, comme à une personne qui ne l'intéressait en rien et fixa un regard curieux, scrutateur, chaud, sur Léopold. Il semblait pressé de se rapprocher au plus tôt d'un homme fraîchement revenu de centres tout autrement vastes que cette petite ville de Szybow, et de le pénétrer de part en part.

L'échange de salutations bruyantes et de propos préliminaires dura un certain temps. Saül n'abandonna point sa place d'honneur sur le canapé. Sa fille Sarah, femme de Ber, faisait les honneurs de la maison, en offrant des friandises à ses hôtes et en admirant hautement la beauté des chapeaux et des robes de ces visiteurs.

Méra s'assit avec grâce sur le bord d'un simple tabouret, et, pendant que la timide Lia, à la fois honteuse et ravie, s'occupait d'elle, elle lançait des regards furtifs sur le jeune homme debout dans l'embrasure de la fenêtre et qu'elle devinait devoir être son fiancé. Leurs yeux ne se rencontrèrent pas une seule fois. Meir paraissait ignorer son existence et observait Léopold.

Mme Hana parlait aux dames qui l'entouraient, avec beaucoup de vivacité et non moins de fierté, de la belle fontaine qu'elle admira jadis dans une ville lointaine, et de la musique qui jouait chaque dimanche au jardin public de Vilna, et, tout en causant, elle examinait le salon des Ezofowicz. Cette vaste pièce, avec son mobilier sévère, sa table de famille au centre, de simples chaises de bois par-ci par-là et le canapé jaune qui y figurait de temps immémorial, avait à la fois un caractère d'opulence, d'ordre et d'économie et éclipsait le salon disparate de Mme Hana. Deux armoires s'y dressaient, l'une vitrée et pleine des vieux livres qui appartinrent, selon la tradition, à Michel Senior ; l'autre contenant le service de table et surmontée d'un énorme samowar qui brillait comme de l'or. Lorsque le regard de Mme Hana tomba sur ce dernier objet, elle rougit de honte ! Un samowar dans le salon de son futur gendre ! C'était directement contraire à tous les préceptes de civilisation connus d'elle ! Néanmoins, son regard passa de cet objet hautement inconvenant au fauteuil où sommeillait l'aïeule. A ce moment un rayon de soleil éclairait cette figure immobile et faisait miroiter les joyaux dont elle était couverte. La boucle de son turban de couleur, à l'instar d'une étoile radieuse, flamboyait au-dessus de son front ridé; ses boucles d'oreille jetaient des milliers d'étincelles et les perles semées sur sa poitrine revêtaient des teintes rosées.

Mme Hana poussa légèrement sa sœur du coude.

— « Eh ! » chuchota-t-elle, en lui indiquant d'un mouvement de tête l'aïeule, « quels diamants ! »

La marchande de Vilna fut éblouie au point de fermer les yeux à moitié ;

— « Oh ! là là ! » s'écria-t-elle, « quels trésors ! et que sert-il à une si vieille femme de porter sur elle de pareils joyaux ! En quoi en bénéficie-t-elle? »

Le vieux Saül entendit cette exclamation et, en s'inclinant avec une gravité polie vers ses hôtes, il dit :

— « Elle a mérité que nous la vénérions de la sorte et que nous la couvrions de tous les bijoux que peut posséder notre famille. Elle a été la couronne de son mari et nous tirons tous d'elle notre origine comme les branches tirent la leur de l'arbre. »

Il cligna des yeux, hocha la tête et ajouta :

— « Elle est fort âgée maintenant, mais elle fut jadis jeune et belle. Et où sa beauté a-t-elle disparu? Elle a été effacée par les ans, par les mois et les jours qui ont passé au-dessus d'elle, pareils à ces oiseaux qui, volant à la suite l'un de l'autre arrachent du buisson une baie après l'autre jusqu'à ce qu'ils les aient toutes dévorées. Et d'où proviennent ses rides? Je le sais, car en la regardant, je vois un tableau en chacune d'elle. Lorsque je considère les rides qu'elle a sur les paupières et autour des yeux, je me souviens qu'enfant j'ai été très malade, qu'elle se tenait auprès de mon berceau, et que des larmes lui coulaient des yeux pendant qu'elle chantait pour m'endormir. Et les rides si nombreuses de ses joues me rappellent toutes ses angoisses et tous ses tracas quand, devenue veuve et ne voulant pas se remarier, elle commerçait elle-même et augmentait l'avoir de ses enfants. A la vue de la ride qui lui laboure le front, il me semble assister à l'instant où l'âme de mon père Hersz se sépara de son corps et où ma mere, s'affaissant comme morte sur le sol, resta longtemps étendue sans pleurer, sans crier, sans gémir, rien qu'en soupirant tout bas ; « Hersz ! Hersz ! mon Hersz ! » Cette douleur, la plus vive qu'elle eût éprouvée de sa vie, lui creusa au milieu du front la plus profonde de ses rides... »

Ainsi pérorait le vieux Saül, le doigt solennellement levé en l'air et un sourire pensif sur ses lèvres décolorées. En l'écoutant, les femmes, désireuses de lui manifester leur sympathie et leur approbation, balançaient la tête et murmuraient en se régardant :

— « Écoutez ! Écoutez ! »

Mme Hana fut tellement attendrie et ravie que des larmes parurent à ses cils. Elle les essuya de son mouchoir de batiste, qu'elle tenait toujours entre ses doigts et tendit ensuite sa main à Saül :

— « Merci ! » dit-elle avec un sourire de gratitude sur les lèvres.

— « Merci ! » répétèrent après elle la majorité des assistants ; la marchande de Vilna, Witebski et quelques autres personnes, qui n'appartenaient pas à la famille, ajoutèrent à demi-voix ;

— « Ah ! quel sage et digne homme ! »

L'amour et la vénération filiale témoignés par Saül et sa description si pittoresque des rides maternelles avaient doucement ému tous les cœurs et toutes les imaginations.

Seulement le jeune Léopold qui gardait tantôt le silence et tantôt causait à demi-voix en français avec Méra, se leva de sa place et s'approcha de la fenêtre auprès de laquelle Meir se tenait debout. Une conversation animée s'engagea autour du canapé, initiée par l'expression du regret de Mme Hana que ce fût un samedi et qu'il n'y eut point là de piano, que sa fille ne pût par conséquent lui jouer de ces belles mélodies qui lui chatouillent le cœur et lui remémorent le jardin botanique de Vilna, l'orchestre qui s'y fait entendre et une foule d'autres merveilles du paradis, perdu par elle, de la civilisation.

Les deux jeunes gens se trouvèrent entièrement isolés, personne ne pouvait saisir un mot de leur entretien.

Léopold ne manifesta d'abord aucunement le dessein d'adresser la parole à Meir. Il s'éloignait du reste de la société dans un tout autre but, que trahissait le porte-cigarette d'argent tiré de sa poche. Mais dès que Meir le vit se diriger vers lui, il avança de quelques pas et sa figure rayonna de joie.

— « Je suis Meir, petit-fils de Saül, » dit-il en tendant la main à son hôte. « Je désire fort vous connaître, parce que j'ai beaucoup à vous dire et beaucoup à vous questionner. »

Léopold lui fit un salut distingué, mais cérémonieux et toucha à peine la main qui lui était offerte. Une ombre de tristesse voila la vive gaîté des yeux de Meir.

— « Vous ne vous souciez guère de vous lier avec moi ». dit-il, « et je n'en suis point surpris. Vous avez de l'éducation, vous êtes versé dans toutes les sciences, et moi je suis un simple Juif, bien au courant de la Bible et du Talmud et rien de plus. Prêtez-moi cependant l'oreille. Quantité de pensées fermentent dans ma tête, il ne leur manque que d'être coordonnées. Peut-être aussi m'accorderez-vous de ces paroles qui infusent la sagesse. »

Ces phrases, débitées d'abord d'un ton de douce humilité, puis d'ardeur juvénile, Léopold les écouta avec une curiosité légèrement moqueuse.

— « Très volontiers », répondit-il. « Je ne vous refuserai aucun des éclaircissements que vous voudrez me demander. Je puis, monsieur, vous communiquer plus d'un renseignement utile. »

— « Léopold ! Ne m'appelez pas monsieur, car je vous aime beaucoup. »

Vivement et sensiblement étonné de cette naïve déclaration, Léopold répliqua :

— « J'en suis charmé, mais nous nous voyons pour la première fois. »

— « Qu'importe ! » s'écria Meir, « je suis depuis longtemps possédé du besoin de rencontrer un Israélite tel que vous... et de lui dire, comme le rabbin Eléazar au sage de Jérusalem : « Que je sois ton disciple et toi sois mon maître ! »

Cette fois, le visage du jeune mondain prit une expression de stupéfaction profonde et de raillerie à peine dissimulée. Évidemment, il ne comprenait rien des propos de son interlocuteur et le considérait comme à moitié sauvage.

Dans son ardeur, Meir ne s'aperçut pas de l'impression qu'il produisait.

— « Léopold », continua-t-il, « vous avez étudié de longues années dans une école étrangère ? »

— « Dans quelle école étrangère ? » demanda Léopold.

— « Eh bien, dans l'école où les gens s'instruisent de beaucoup de sciences non judaïques ? »

Léopold devina de quoi il s'agissait, fit la moue et répliqua :

— « Oui, j'ai donc suivi cinq ans le lycée. »

— « Cinq ans ! » exclama Meir. » Vous êtes très instruit, puisque vous avez fréquenté l'école aussi longtemps. »

— « Oh ! » repartit l'autre avec un sourire indulgent, « il y a de par le monde une foule de savants encore plus doctes que moi ! »

Meir se rapprochait toujours davantage de son compagnon et ses yeux brillaient davantage.

— « Et qu'enseigne-t-on dans cette école ? » demanda-t-il.

— « Choses et autres. »

— « Mais quoi ? »

Léopold, un sourire légèrement ironique aux lèvres, se mit à énumérer lentement les noms des sciences enseignées dans les écoles.

Meir l'interrompit vivement :

— « Et vous savez tout cela ? »

— « Et comment donc ! » articula Léopold.

— « Et qu'est-ce que vous en faites ? »

Cette question, formulée avec une anxiété extraordinaire, abasourdit ce joli garçon.

— « Plaît-il ? Ce que j'en fait ? »

— « Je voudrais être initié aux conceptions dont ces études vous ont rempli la tête et à la manière dont vous les appliquez dans le monde. »

— « Eh bien, mon occupation, c'est d'être employé dans la chancellerie même du gouverneur et d'y copier des papiers importants. »

Meir songea un moment.

— « Ce n'est rien que vous copiez des papiers dans une chancellerie et ce n'est pas ce que je désirais savoir. Vous vous acquittez de cette besogne pour gagner votre vie. Il faut que chacun gagne sa vie. Mais je suis curieux des idées qui vous traversent l'esprit, quand vous restez seul et de ce qu'elles vous incitent à entreprendre dans le monde ? »

Léopold ouvrit de grands yeux.

— « Pourquoi méditerais-je ? Revenu de mon bureau, je reste à la maison, je fume des cigarettes et je pense que, dès que je me serai marié, que j'aurai touché la dot de ma femme et que mon père m'aura remis ce qui me revient, je m'achèterai une maison, j'aménagerai au rez-de-chaussé de jolies boutiques, je louerai le premier à des gens riches et j'habiterai moi-même au second. On vend même en ce moment une très belle maison que je voudrais acquérir. Elle donne deux mille roubles de revenu et elle a de plus des dépendances commodes... »

Ce fut au tour de Meir de s'étonner.

— « Et vous n'avez pas d'autre projet en tête, Léopold, que l'achat de cette maison ? » demanda-t-il.

— « Et à quoi songerais-je ? Je n'ai, Dieu merci ! aucun souci. Mes parents me fournissent la table et le logement et le traitement que je reçois à la chancellerie suffit à mes frais de toilette. »

Meir baissa les yeux à terre. Sur son front se dessina la ride qui s'y montrait chaque fois qu'il lui arrivait d'être désagréablement affecté par quoi que ce soit.

— « Écoutez, Léopold ! » reprit-il après un moment de profond recueillement, « là bas, chez vous, dans votre ville, n'y a-t-il pas du tout de Juifs pauvres et ignorants ? »

Léopold éclata de rire.

— « Et où n'y en a-t-il pas ? Ma ville en possède beaucoup. »

— « Et quelles réflexions leur vue éveille-t-elle en vous ? » demanda violemment Meir.

— « Quelles peuvent être mes réflexions, sinon qu'ils sont très sots et sales ! »

— « Et c'est tout ce que leur rencontre vous inspire ? » répéta Meir, mais déjà d'une voix sourde.

Léopold ouvrit son porte-cigarettes et se prépara à fumer. Meir, très absorbé, ne s'en aperçut pas.

— « Léopold ! » continua-t-il avec une nouvelle énergie, « n'achetez pas de maison dans une grande ville ! »

— « Et pourquoi ne dois-je pas l'acheter ? »

— « Je vais vous l'expliquer. On vous a promis ma cousine germaine. C'est une bonne et intelligente jeune fille. Elle n'a aucune éducation, mais elle a toujours souhaité d'être instruite, et s'est fort réjouie, quand on lui a appris qu'elle aurait un mari savant. Lorsque vous l'aurez épousée, sollicitez auprès de vos hauts fonctionnaires l'autorisation de fonder à Szybow pour les Juifs une école telle qu'on y enseigne non seulement la Thora et le Talmud, mais aussi d'autres sciences étrangères... Vous dirigerez vous-même une pareille école et vous m'instruirez, je vous aiderai... »

Léopold riait, et Meir, radieux d'avoir imaginé ce beau dessein, ne le remarquait même pas. Il se pencha encore plus vers son compagnon et lui murmura quasiment à l'oreille :

— « Il faut que je vous dise, Léopold, que chez nous, à Szybow, il règne un grand obscurantisme et que quantité de pauvres gens croupissent dans une misère noire. Et il y a aussi d'autres individus, tout jeunes, qui déplorent de n'avoir point vu davantage le monde et de n'être pas plus instruits. Ils aspirent aux sciences et n'ont personne qui aide leurs âmes à sortir des ténèbres. Chacun ici redoute le grand rabbin Isaac Todros qui est très rigoureux. Les fonctionnaires du kahal oppriment durement le pauvre peuple... Si vous vous établissiez ici, que vous attiriez à votre suite d'autres personnes avec de l'éducation et que vous nous aidiez à sortir de l'obscurité, de l'indigence et de l'affliction ! »

Il s'exprimait avec un feu extraordinaire, le front resplendissant, la voix tremblante d'émotion. Rien n'égale l'étonnement sarcastique avec lequel le jeune Léopold écoutait ses adjurations. Il tirait une allumette d'un briquet d'argent et se détournait un peu pour cacher le rire qui le secouait.

— « Eh bien », lui dit Meir, « que pensez-vous de tout cela, et mon projet est-il bon ? »

Léopold répondit en frottant son allumette contre le mur :

« Je songe que, quand je le raconterai à ma famille et à mes camarades du bureau, ils vont bien rire... »

L'éclat des yeux de Meir s'éteignit soudain.

« Qu'y a-t-il là de risible ? » murmura-t-il.

A ce moment, Léopold alluma la cigarette qu'il tenait à la main. Une fumée bleuâtre et odorante se répandit dans l'appartement et pénétra jusqu'à la nombreuse société groupée autour de la table, près du canapé jaune. Le vieux Saül regarda du côté de la fenêtre et, se soulevant un peu :

— « Mille excuses, » dit-il poliment mais fermement. « je ne permets pas que personne fasse dans ma maison ce que notre sainte loi défend ! »

A ces mots, il se rassit tranquillement, sans quitter Léopold des yeux et les sourcils un peu hérissés.

Léopold devint cramoisi, jeta sa cigarette à terre et l'éteignit sous son pied en comprimant sa colère.

— « Voilà quelle est votre politesse ! » dit-il à Meir.

— « Et pourquoi, Léopold, fumez-vous le jour du sabbat ? »

— « Vous, vous ne fumez pas ? » demanda-t-il en dévisageant Meir d'un regard d'ironique incrédulité.

— « Je ne fume pas, » répliqua Meir d'un ton catégorique.

— « Vous voulez arracher les âmes à l'obscurantisme et vous croyez que c'est un précepte saint que celui de ne pas fumer le jour du sabbat ? »

— « J'ai depuis longtemps cessé d'y croire, » répondit Meir d'un ton non moins décidé.

— « Alors vous voulez insurger autrui contre le grand rabbin et le kahal et vous cédez vous-même ? »

— « S'il s'agissait, » répartit Meir les yeux étincelants de nouveau, mais cette fois de colère et de raillerie. « s'il s'agissait de sauver une âme des ténèbres ou un corps de la misère, je ne céderais pas, car ce serait important ; quand il s'agit de priver mes lèvres d'un plaisir, je cède, car c'est insignifiant ; et, bien que je ne croie pas que ce soit une prescription sainte et émanée de Dieu lui-même, les vieillards le croient, et il me semble à moi que celui qui contrarie les vieillards pour une bagatelle commet une grande impolitesse ! »

A cette mercuriale, Léopold tourna le dos à Meir et rejoignit Méra, toujours assise sur le bord de sa chaise. Meir le suivit des yeux quelques secondes, son regard trahissait l'irritation et le mécompte ; puis il s'éloigna de la fenêtre et quitta promtement la salle.

Cette sortie brusque du jeune homme impressionna vivement la portion féminine de la société. Les hommes y prêtérent à peine attention, tellement il leur semblait naturel et presque louable qu'un fiancé évitât, par modestie et par réserve, la vue de la fiancée que les anciens lui avaient choisie. Mais la marchande de Vilna et Mme Hana s'assombrirent visiblement et Méra tirant sa mère par sa robe, chuchota :

— « Maman, allons-nous-en à la maison. »

Pendant ce temps, Meir se dirigeait rapidement vers le logis de son ami Éléazar, mais il ne fit qu'y jeter un coup d'œil par la fenêtre ouverte et il continua son chemin, parce que la petite chambre du chantre se trouvait déserte. Il savait sans doute où trouver ses compagnons, et il prit sa course vers la prairie située hors de la ville.

Cette prairie, véritable oasis de tranquillité et de fraicheur, est, comme à l'heure où nous avons vu Meir s'y promener quelques semaines auparavant, toute empourprée des lueurs rougeâtres du couchant. L'herbe, qui y pousse drue, n'a plus la même teinte d'émeraude qu'au printemps. Jaunie par les chaleurs de l'été, elle est entremêlée d'une profusion de fleurs épanouies, les unes largement étalées, les autres élancées sur leurs tiges et qui embaument l'air de leurs parfums violents.

A la lisière de la forêt, sous une épaisse futaie de bouleaux, des jeunes gens sont assis ou couchés sur l'herbe. Les uns devisent penchés vers leurs compagnons; d'autres cueillent machinalement les plantes à leur portée et en tressent des guirlandes multicolores; d'autres enfin, le visage tourné vers le ciel azuré sur lequel glissent des nuages jaunâtres, chantonnent tout bas.

Un peu plus loin, près de l'étang dont les bords sont ceints maintenant d'abondantes touffes de myosotis et dont la surface est couverte des longues feuilles et des larges fleurs de plantes aquatiques, se tient immobile une svelte jeune fille, à la figure sombre et amaigrie, aux énormes yeux noirs et au colier de corail retombant sur une chemise grossière. A côté d'elle, au milieu de buissons d'obier, chargés des grappes de leurs baies ponceau, une chèvre blanche grignotte ci et là herbe et feuilles.

Meir rejoignit vite le groupe de jeunes gens réuni à la lisière de la forêt. Sans doute qu'ils l'attendaient et avec quelque impatience, car ceux d'entre eux qui étaient couchés sur l'herbe se relevèrent à son arrivée et fixèrent leurs yeux sur lui.

Il aborda ses camarades, sans les saluer d'une parole ni d'un regard, et s'assit sur le gros tronc d'un bouleau renversé par l'orage. Il semblait encore plus irrité que triste. Les jeunes gens le considéraient en silence avec quelque surprise. Éléazar, étendu sur l'herbe et l'épaule appuyée au tronc du bouleau, sur lequel Meir venait de prendre place, lui demanda le premier :

— « Eh quoi ? Tu l'as vu ? »

— « Tu l'as vu ? » répétèrent plusieurs voix en chœur. « Comment est-il ? A-t-il beaucoup d'instruction et d'intelligence ? »

Meir releva la tête et s'écria avec emportement :

— « Il est savant, mais très sot ! »

Ce jugement produisit parmi ces jeunes gens la stupéfaction la plus vive. Après un silence assez prolongé, Ariel, fils du magnifique Moreyné Kalman, hasarda, non sans réflexion, la question suivante :

— « Comment un homme peut-il être à la fois savant et sot ? »

— « Et d'où puis-je le savoir ! » répondit Meir, et ses yeux s'ouvrirent tout grands comme s'il contemplait on ne sait quel abîme sans fond.

Aussitôt s'engagea un dialogue composé de ces demandes et réponses qui se succédèrent très vite :

— « Que t'a-t-il dit ? »

— « Il ne m'a débité que niaiseries et méchancetés. »

— « Pourquoi ne l'as-tu pas interrogé sur d'autres matières. »

— « Je n'y ai pas manqué : il ne comprit même pas ce que je lui voulais. »

— « Et t'a-t-il dit à quoi il songe ? »

— « Il m'a déclaré qu'il songe à s'acheter une belle maison qui lui donne deux mille roubles de revenus ! »

— « Il peut méditer cette acquisition et avoir en même temps quelque autre idée en tête ? »

— « Il m'a affirmé qu'il n'avait aucune autre préoccupation. »

— « Et à quoi s'emploie-t-il dans le monde ? »

— « Il transcrit des papiers dans une chancellerie et, de retour chez lui, il fume des cigarettes et rêve à sa maison. »

— « Et que pense-t-il des Juifs qui n'ont pas reçu la même éducation que lui et qui vivent dans une profonde ignorance et une grande misère ? »

— « Que c'est un peuple sale et ignare. »

— « Et que t'a-t-il répondu, lorsque tu lui as parlé de nous tous qui voulons et ne pouvons sauver nos âmes des ténèbres? »

— « Que quand il répèterait mes propos à sa famille et à ses collègues, ils en riraient franchement. »

— « Et que trouveraient-ils là de plaisant? » demandèrent les jeunes gens en chœur.

Une longue période de silence s'ensuivit, puis de toutes les poitrines simultanément partit ce cri :

— « Le mauvais homme ! »

Après une nouvelle pause, le cousin germain de Meir, Chaïm, fils d'Abraham, lui dit :

— « Meir ! Il faut que cette éducation et cette science dont nous sommes avides soient mauvaises, puisqu'elles rendent les gens sots et méchants ? »

Deux ou trois jeunes gens de s'écrier aussitôt :

— « Meir, explique-nous cela. »

Meir, très pâle, promena sur ses compagnons un regard mélancolique et se prenant la tête entre les deux mains, répondit :

— « Je ne sais plus rien ! »

Et cette courte réponse se perdit dans un sanglot comprimé. Mais à ce moment le chantre saisit les mains dont son ami se recouvrait tristement le visage :

— « Que ton cœur ne s'abîme pas dans un profond chagrin, » dit Éleazar, « je vais prier notre maître de répondre à nos questions. »

A ces mots, il souleva de terre un gros livre caché dans les broussailles, et, un doux sourire aux lèvres, il montra triomphalement à ses compagnons la première page où ressortaient imprimés en grandes lettres les noms et prénoms de Moïse Maimonide.

Les jeunes gens furent vite debout et pressés les uns contre les autres; leur figure prit une expression attentive et solennelle. Le sage d'Israël allait leur parler par les lèvres de leur chantre bien-aimé. Ce maître ancien oublié des uns, maudit des autres, leur était cher et sacré, car ils n'avaient que lui. Dès l'instant où, grâce au traité volumineux rapporté par Éléazar de lointains voyages, son souffle passa sur leurs têtes, il y suscita des tourbillons de pensées inconnues jusque-là et de velléités de révoltes. Ils connurent les regrets, l'affliction et les désirs. Et cependant ils lui savaient gré de leur chagrin et de leur mélancolie : dans leurs transes et dans leurs incertitudes, ils couraient à lui. Hélas ! Il ne leur offrait pas de réponses et de consolations pour toutes leurs douleurs ! Des siècles ont passé, les temps ont changé, une longue suite de génies nouveaux, dévoilant de nouvelles vérités, ont traversé le monde. Il n'en est qu'un qu'ils n'ignorent pas, et lorsqu'on a ouvert devant eux ce gros livre, ils se préparent avec joie et avec recueillement à aspirer dans leurs poitrines les effluves de cette antique sagesse.

Éléazar toutefois ne commença point immédiatement. Il tournait les feuillets du livre en cherchant un passage approprié aux circonstances.

Pendant ce temps, la jeune fille, jusque-là assise au bord de l'étang, se leva du milieu des myosotis et des baies, et se dirigea le long de la forêt lentement et silencieusement vers les jeunes gens. On pouvait distinguer déjà de loin ses grands yeux noirs fixés sur le visage de Meir. Sa chèvre blanche l'accompagnait. La chèvre et sa maîtresse disparurent toutes deux un moment dans les buissons; après quoi Golda, écartant les branches des bouleaux, vint se placer à quelques pas de Meir, avec si peu de bruit que personne ne la remarqua. Elle entoura de son bras une frêle tronc de bouleau, appuya son front contre une branche qui s'agitait mollement et abaissa son regard sur la tête légèrement inclinée de Meir. Elle semblait ne pas apercevoir les autres assistants.

Éléazar s'écria d'une voix harmonieuse et d'une pureté cristalline :

— « Écoute Israël ! »

Ce sont là chez les Israélites les paroles initiales de beaucoup de psaumes sacrés et de chaque lecture pieuse. Pour les jeunes gens qui entouraient Éléazar, d'écouter les paroles du vieux maître équivalait à un psaume de vénération et à une fervente prière en esprit.

Éléazar se mit à lire d'une voix musicale et légèrement tremblée :

« O mes disciples ! Vous me demandez quelle est la force qui attire dans l'espace les lumineuses créatures célestes que nous appelons des étoiles et pourquoi parmi elles les unes s'élèvent si haut qu'elles disparaissent dans une brume lactée, tandis que d'autres filent plus bas dans le ciel et bien au-dessous de leurs sœurs ?

« Je vous découvrirai le mystère que vous êtes curieux de pénétrer.

« La force attirant en haut les lumineux corps célestes, c'est la perfection, qui habite les cimes les plus élevées et qui, en langage humain, se nomme Dieu. Les étoiles, enflammées de l'amour et du désir de la perfection, s'élèvent sans cesse pour s'en approcher davantage et s'assimiler quelque chose de sa sagesse et de sa beauté. Elles voguent à travers l'espace, les siècles des siècles, et celles d'entre elles qui sont les plus passionnées pour la perfection se sont élevées le plus haut, et celles qui sont d'une matière plus lourde et souhaitent moins ardemment de s'infuser une parcelle de lumière divine, sont restées loin de leurs sœurs.

« O mes disciples ! Ce sont ces créatures lumineuses, les plus altérées et les plus proches de la perfection, qui déterminent tous les changement de l'orbite terrestre. Elles sont la cause de ce qui passe, de ce qui surgit, elles enfantent les formes et les aspects des choses... »

Éléazar se tut et leva de dessus son livre ses yeux d'un bleu de turquoise. qui rayonnaient de joie.

Les jeunes gens gardaient pourtant le silence et ils méditèrent longtemps, s'efforçant de découvrir dans le passage qui venait de leur être lu la solution des doutes qui les tourmentaient. Meir s'écria le premier :

— « Éléazar, j'ai compris ! »

— « Explique-nous cela » s'écria le chœur des jeunes gens. Meir répondit gravement :

— « Il y a des hommes qui, pareils aux lumineuses créatures célestes dont parle le sage, élèvent leurs âmes très haut, à force d'aspirer à la perfection. Ils savent que la perfection est et ils souhaitent de s'infuser quelque chose de sa sagesse et de sa beauté. D'autres hommes, pareils aux étoiles d'une matière plus lourde, dont parle le sage, n'aiment point la perfection et le désir d'en approcher ne les possède pas. Ces gens-là ont des esprits qui planent très bas... »

Tous comprenaient maintenant. Le contentement illuminait tous les visages. Il ne fallait qu'une petite miette de savoir et de vérité pour ravir ces esprits indigents et pourtant si riches !

Meir ôta des mains de son ami le livre qui devait sans doute lui être familier et lut à une autre page :

— « Les anges eux-mêmes ne sont pas égaux entre eux. Ils se tiennent les uns au-dessus des autres comme sur les échelons d'une échelle et l'esprit le plus élevé parmi eux est celui dont émane la pensée et la connaissance. Cet esprit est l'intelligence vivifiante et la Hagada l'appelle le prince du monde (*Sar-ha-Olam*). »

— « Le premier des anges est l'esprit dont émane la pensée et la connaissance », répéta après Meir le chœur des jeunes gens.

Leurs incertitudes n'existaient plus. Leurs intelligences recouvraient le respect de la connaissance, le désir se réveillait au fond de leurs cœurs et devant leurs yeux passait la figure de l'ange des anges, volant au-dessus du monde, enveloppé d'une pourpre princière et paré du voile lumineux des pensées issues de lui.

La voix argentée et sonore d'Éléazar résonna au loin dans la prairie et dans les champs.

— « J'ai aperçu en rêve l'esprit de mon peuple » entonna le chantre de Jéhovah.

Et on ne savait l'origine ni la provenance de ce chant, personne n'aurait su dire qui l'avait crée. Il parait qu'Éléazar en communiqua le premier vers à ses amis, au lendemain de l'un de ces rêves mystérieux et extatiques qui le hantaient souvent. Ariel, fils de Kalman, composa le second vers un jour qu'à l'ombre d'un bois il jouait seul du violon. Il s'y trouvait d'autres vers qui jaillirent de la poitrine de Meir, d'autres encore que balbutièrent timidement les lèvres encore enfantines de Chaïm, fils d'Abraham.

C'est ainsi que naissent tous les chants populaires. Leur généalogie, ce sont des cœurs affligés, des idées opprimées, des bonds instinctifs vers une meilleure existence.

Voilà comment surgit à Szybow, le chant qu'entonna Éléazar :

« Je vis en rêve l'esprit de mon peuple !
« Etait-il drapé d'une robe de pourpre?
« Roulait-il par le monde sur un char luxueux ?

D'autres voix se joignirent à celles du chantre, les prairies et les champs retentirent de la réponse vigoureusement chantée en cœur :

« Ses pas foulaient la poussière des routes caillouteuses !
« Et la poussière couvrait sa tête blanche !
« Et des haillons pendaient à ses maigres genoux
« Qui tremblaient ! »

En cet endroit, une voix, partant d'entre les branches de bouleau, vint se mêler au chœur des jeunes gens et chuchota :

— « Il y a ici des gens qui vous écoutent ! »

Et en effet sur la route qui traversait le bois se distinguaient plusieurs silhouettes masculines avançant lentement à travers la prairie. Mais les chanteurs n'entendirent ni l'avertissement de Golda ni le bruit des pas de ces nouveaux venus.

La seconde strophe du chant retentit dans la prairie :

« Oh ! triste et pauvre esprit de mon peuple !
« Ton maître fermet-il les yeux sur ton sort ?
« Où s'est évanouie la grande splendeur de ton trône ?
« Les roses de Sion se sont-elles à jamais fanées ?
« Les cèdres du Liban sont-ils renversés entièrement ?
« Est-ce que ton chant d'actions de grâces au Seigneur ne re-
[sonnera plus jamais ? »

Le dernier vers expirait à peine, quand, de la route serpentant dans le bois, débouchèrent au milieu de la prairie trois individus. Ils avaient de superbes longs vêtement noirs, et des foulards de couleur qui, les jours de sabbat, ne peuvent pas être portés comme à l'ordinaire, mais qui, enroulés en guise de ceintures, font partie du costume et ne constituent pas de péché.

Jankiel Kamionker, père du chantre, marchait au milieu, ayant d'un côté Abraham Ezofowicz, père de Chaïm, et de l'autre Moreyné Kalman, père d'Ariel.

Malgré le crépuscule, aux dernières lueurs de la nuit, les pères reconnurent leurs fils et les fils leurs pères. Les voix des jeunes gens tremblèrent, s'assourdirent et se turent l'une après l'autre. Une seule voix ne changea pas de ton et continua à chanter :

« Ne sortiras-tu plus jamais du fond des épaisses ténèbres,
« Les ossements de tes pères ne tressailleront-ils plus dans leurs tombeaux,
« D'orgueil et de joie ? »

C'était la voix de Meir.

Les graves personnages qui cheminaient dans la prairie, s'arrêtèrent, le visage tourné vers le groupe compact des jeunes gens. A ce moment, à cette voix isolée se joignit la voix étendue de Golda qui, apercevant les faces irritées des trois hommes debout au milieu de la prairie, accompagna Meir, comme si elle voulait n'être pas moins courageuse que lui et peut-être s'associer à ses périls.

Et, sans se soucier du silence de leurs compagnons ni de l'attitude menaçante du sombre groupe debout vis-à-vis d'eux dans la prairie, les deux voix mariées ensemble poursuivirent leur chant :

« Que tes pieds se reposent, que tes blessures se cicatrisent ;
« Que les lumineuses effluves de la source de sagesse
« Guérissent tes douleurs, tes misères et tes ignorances,
« Puisse la trompette de la résurrection sonner pour toi,
« Puisse l'ange de la connaissance,
« Briser les chaînes de ton âme affligée . »

Le chant n'avait que trois strophes. Les voix des chanteurs, la masculine et la féminine, se turent donc sur le dernier vers.

Les dignitaires de la communauté, jusque-là immobiles au milieu de la prairie, retournèrent vers la ville et se dirigèrent furibonds vers la maison des Ezofowicz, en discutant entre eux.

*
* *

Abraham, fils de Saül, différait grandement de son frère aîné Raphaël. Tandis que Raphaël svelte, les cheveux noirs, beau, malgré ses cinquante ans, semblait grave, circonspect et laconique, Abraham, de petite taille et les cheveux grisonnants, paraissait impressionnable et passionné. Il parlait vite, ses gestes brusques décélaient une nature violente ; son regard lançait des éclairs et il le tenait le plus souvent baissé.

Les deux frères étaient depuis longtemps redevables à leur savoir de la dignité de *Moreyné*, prisée très haut dans la communauté. Mais Raphaël étudiait de préférence le Talmud et passait pour l'un de ses plus grands connaisseurs; Abraham au contraire aimait mieux sonder le mystique abîme des mystères du Zohar. Raphaël possédait, à un plus haut degré que son frère, l'estime et la confiance des gens d'une autre religion que la sienne, avec lesquels il traitait de nombreuses affaires. Abraham en revanche, plus sympathique à la population de Szybow, plus en faveur auprès du rabbin, fréquentait davantage les dignitaires et par conséquent les savants et les richards de la communauté.

La plus étroite amitié l'unissait à deux des hauts fonctionnaires du kahal : au Moreyné Kalman et au pieux Jankiel Kamionker. Ces trois personnages, associés hors de la ville à beaucoup d'opérations commerciales, telles qu'achats, ventes, affermages, se réunissaient souvent en ville les jours de repos, pour se livrer en commun à des lectures et à des méditations pieuses, et chaque samedi, se promenaient dans la banlieue, sans jamais s'aventurer au delà de cette distance du mur de leur habitation qu'il n'est permis à aucun Israélite orthodoxe de dépasser. Personne ne les vit donc jamais s'éloigner de leurs maisons de plus de 2000 pas, sauf dans de rares occasions où la fraîcheur de l'ombre des bois attirant leurs fronts brûlés par la chaleur et couverts de la poussière de la petite ville, ils se penchaient vers le sol à l'endroit précis de leur deux millième pas et y enterraient un petit morceau de leur pain de ménage. De cette manière, la place qui recelait une bribe de leur pain de ménage représentait déjà leur maison, et il leur devenait licite d'allonger leur promenade de deux autres mille pas. En cheminant, ils se taisaient le plus souvent, parce qu'ils comptaient mentalement avec un scrupule inouï le chiffre de leurs pas. Les pauvres gens, simples de corps et d'esprit, en les voyant avancer avec une telle lenteur, en silence et le visage pensif, s'extasiaient sur la sagesse et louaient grandement l'orthodoxie de leurs savants et de leurs richards; ils se levaient à leur rencontre et ne s'asseyaient qu'après avoir perdu de vue ce groupe imposant, car il est écrit: « Quand tu vois passer un sage, lève-toi et ne te rassied pas qu'il n'ait disparu de tes yeux.»

Cependant, au retour de leurs promenades, la langue de ces trois dignitaires se déliait. Dispensés de prêter une grande attention à chacun de leurs pas, ils s'abandonnaient à des entretiens intimes et animés, auxquels Kamionker prenait le plus et Kalman le moins de part, le premier étant le plus loquace et le second le plus silencieux de tous les sages qu'ait jamais éclairés le soleil. Kalman souriait toujours de ses grosses lèvres et semblait un modèle de douceur, comme aussi de parfait contentement du monde entier et surtout de lui-même; Kamionker au contraire ne riait presque jamais, son extérieur dénotait un homme sans cesse tourmenté de quelque chose et ses petits yeux brillaient parfois des lueurs d'un rigorisme sauvage.

Jamais pourtant les habitants des misérables rues situées à l'extrémité de la ville ne virent ces trois graves et respectés personnages hâter tellement le pas et discourir avec autant de feu que le soir où, dans la verte prairie et les champs jaunis, avait retenti en chœur le chant des jeunes gens. Le magnifique Kalman lui-même se mêlait de temps à autre à la conversation, mais sans sourire et une de ses mains tirée hors de sa poche. Quant à Jankiel Kamionker, ses mouvements furent si violents que les pans noirs de son long habit voltigeaient avec un clapotement d'ailes, et Abraham Ézofowicz détacha le foulard noué autour de sa taille et le porta à la main. Kalman remarqua cet indice d'une agitation qui faisait quasiment perdre à son ami sa présence d'esprit et il l'avertit tout bas du péché qu'il commettait par distraction. Abraham se tut aussitôt, terriblement effrayé de son propre acte, et il se ceignit de nouveau en grande hâte de son foulard.

Ils se trouvaient déjà sur le perron des Ezofowicz. Leurs pas pressés et le frôlement des pans de leurs habits résonnèrent dans l'étroit corridor. Ils pénétrèrent tous les trois dans la salle où le vieux Saül, assis sur le canapé jaune, lisait un grand livre, à la clarté de deux lumières qui brûlaient dans d'antiques chandeliers d'argent.

A la vue des hôtes qui lui arrivaient, il s'étonna un peu de leur visite à une heure si tardive. Il les salua néanmoins d'une amicale inclinaison de tête et leur montra de la main des chaises placées près du canapé. Les trois dignitaires n'occupèrent pas les places qu'il leur désignait, mais se tinrent debout devant Saül. Quoique leurs visages fussent enflammés de colère, leur attitude restait solennelle. Ils s'étaient sans doute entendus sur la façon de dresser leur réquisitoire, car Kamionker prit le premier la parole.

— « Rebe Saül, » dit-il. « nous sommes venus accuser ton neveu Meir ! »

La physionomie de Saül eut un tressaillement pénible et douloureux.

— « Et qu'a-t-il encore fait de mal ? » demanda-t-il à voix basse.

Kamionker se mit à parler d'un ton d'abord grave, puis de plus en plus emporté et furieux.

— « Ton petit-fils Meir corrompt nos fils ! Il insurge leurs âmes contre nous et nos saintes lois ! Mais ce n'est pas tout ! Il est lié d'amitié avec l'impure fille du Caraïte et nous avons vu maintenant dans la prairie nos fils prosternés devant lui comme aux pieds d'un maître et la jeune Caraïte, debout et le dominant de la tête, chantait avec lui d'ignobles chansons ! »

Reb Jankiel, essoufflé par la rapidité de son discours, se tut un moment et Moreyné Kalman, regardant Saül de ses yeux mielleux et un peu mornes, dit lentement :

— « Mon fils Ariel a été là et je l'en punirai ! »

Abraham ajouta :

— « Mon fils Chaïm, ton petit-fils, s'y trouvait également et je l'en punirai. »

Et tous trois s'écrièrent ensemble :

— « Punis Meir ! »

Saül pencha fort son visage très assombri :

— « Maître du monde ! » murmura-t-il de ses lèvres frémissantes, « ai-je mérité que tu changes en ténèbres la lumière de mes yeux ? »

Il releva ensuite la tête et dit d'un ton décidé :

— « Je le punirai. »

Les yeux d'Abraham, fixés sur le visage de son père, étincelaient.

— « Père, » dit-il, « songe surtout à la jeune fille caraïte. Cette impure amitié qu'ils ont ensemble est une très grande honte pour toute notre famille. Tu sais, père, quelle est chez nous la coutume. Aucun Israélite orthodoxe ne doit de sa vie connaître d'autre femme que celle que ses parents lui donnent pour épouse... »

— « Il ne le doit pas ! » s'écria violemment Reb Jankiel, et la figure de Kalman de rouge devint ponceau. La rigidité de mœurs de ces hommes était si grande que, malgré leurs cheveux blancs, ils rougissaient de honte d'avoir à mentionner l'impure amitié d'un homme et d'une femme. Il sembla même que le front ridé de Saül se couvrit d'une pâle rougeur.

— « Je marierai vite Meir, » dit-il.

Abraham répondit :

— « Tant qu'il fréquentera cette jeune fille caraïte, il ne voudra pas se marier. »

— « Et que faire pour qu'il ne la voie pas ? » soupira presque avec désespoir le vieillard.

Ses trois interlocuteurs debout se regardèrent.

— » Il faut faire quelque chose d'elle ! » dirent-ils.

Après un moment de silence et de réflexion, les deux hôtes échangèrent un coup d'œil, s'inclinèrent devant Saül et sortirent. Abraham resta dans la salle.

— « Père, » dit-il, « quelle punition songes-tu à lui infliger ? »

— « Je lui enjoindrai de rester enfermé une semaine entière dans le Bet-ha-Midrasch et d'y lire le Talmud... »

— « A quoi cela servira-t-il ? » répliqua Abraham avec impatience. « Père, fais-le plutôt fustiger. »

Saül avait toujours la tête baissée.

« Je n'ordonnerai pas de le fustiger, » répondit-il après une pause.

Et il ajouta plus bas.

— « L'âme de Michel a passé dans le corps de mon père Hersz et l'âme de mon père Hersz habite le corps de Meir... »

— « Et d'où peut-on le savoir ? » répartit Abraham, visiblement ému des paroles de son père.

— « Cette âme, son aïeule, la femme de Hersz, l'a reconnue la première et le rabbin Isaac l'a reconnue ensuite. »

Saül soupira profondément et répéta :

— « Je lui ordonnerai de rester une semaine entière dans le *Bet-ha-Midrasch,* et d'y lire le Talmud ! Pendant toute une semaine, il ne mangera ni ne dormira sous mon toit et *Schames* (le messager de la Synagogue) publiera sa honte et son châtiment par toute la ville.

VII

Le Bet-ha-Midrasch, vaste et imposant édifice, de belle apparence, s'élevait près de la cour de la Synagogue, dans le voisinage immédiat de la maison de prières. Il avait plusieurs destinations. C'est là qu'on se réunissait pour les prières moins solennelles et qu'on se livrait à de longues et vives controverses sur différents points et sur diverses interprétations du Talmud : c'est là que se trouvaient les bibliothèques des confréries ou associations fondées dans divers buts et très nombreuses au sein de chaque communauté Israélite ; c'est également là que, dans des cas rares, il est vrai, et nécessitant une sévérité exceptionnelle, les jeunes gens, coupables de manquements soit à la religion soit aux mœurs, passaient le temps plus ou moins long d'une pénitence plus humiliante que rigoureuse.

En face du Ha-Midrasch se dressait un autre édifice de moindre dimension, mais non moins soigneusement construit et entretenu ; le Bot-ha-Kahal ou chambre du Kahal, lieu des séances et des délibérations des autorités locales. Un peu plus loin, un bâtiment plus modeste, affecté au Hek-Dosch ou asile des indigents, s'ouvrait à tous les gens affamés, las, et en quête d'un refuge et du repos. Vis-à-vis de la maison de prière, un local étroit et bas abritait le Heder, école où enseignait le savant et vénéré Reb Mosché.

En un mot, la cour de la Synagogue, avec les constructions qui la bordaient, représentait réellement la capitale d'un petit État indépendant. Tout ici, depuis la noire chaumière du docte ascète, presque attenante au temple lui-même, jusqu'à l'hospice visible de loin, considérable et ombragé d'arbres et depuis la superbe maison de prières jusqu'à l'Heder chétif et terre à terre, se rapportait aux intérêts et aux besoins publics.

A l'origine et à la destination primitive de chacune de ces bâtisses avait présidé quelque haute et belle pensée d'ordre social, de miséricorde, d'instruction, d'élévation de l'esprit vers Dieu où de méditation sur des problèmes supérieurs. Comment certaines de ces conceptions furent dénaturées et pourquoi elles revêtirent une signification et un caractère opposés à celui qu'elles ont dans le monde entier, voilà une autre question. C'est à l'histoire à y répondre.

Huit jours se sont écoulés depuis le soir où, dans la verte prairie, un groupe de jeunes amis rêvait, chantait et échangeait des confidences. Le neuvième jour, au coucher du soleil, Meir quitte l'intérieur du Ha-Midrasch et paraît sur le perron élevé de cet édifice. Docile aux ordres du chef de sa famille, il a passé cette semaine dans une solitude complète à lire et à méditer les livres du Talmud qu'il connaît couramment; beaucoup de doutes lui sont venus à l'esprit à leur sujet, sans lui faire perdre entièrement la vénération qu'on lui a, dans son enfance, inculqué pour cette œuvre et qui est telle qu'elle résiste à tout et subsiste quand même. La pénitence à laquelle on l'a condamné fut légère, elle n'entraîna pour lui aucunes privations physiques, ses repas lui étaient envoyés deux fois par jour de la maison paternelle et les tendres mains de femmes sensibles lui réservaient les meilleurs morceaux. Il est cependant bien changé : il a blémi, maigri et paraît toutefois plus fort. Son maintien et l'expression de sa physionomie n'offrent plus de traces de la timidité enfantine qui le caractérisait naguère. Sa raison s'indigne de l'injustice du châtiment subi par lui. A cet isolement absolu, sans autre ressource que de relire les vieux livres empilés sur les rayons des bibliothèques qui garnissent les murs du

Ha-Midrash, son intelligence a gagné de nouvelles notions, propres à le surexciter davantage encore. Il est incontestable que la pâleur de son front moite trahit un labeur spirituel d'autant plus pénible que nul ne le partage avec lui ; l'éclat qui illumine sa prunelle révèle l'intensité d'une irritation comprimée par la force brutale. La pénitence imposée a manqué son but. Au lieu d'apaiser et de réduire à résipiscence le jeune homme orageux et téméraire, elle redouble son audace et sa soif de lutte.

Lorsqu'après avoir descendu le perron du Ha-Midrash, il se mit à traverser lentement la cour de l'école, la honte s'ajoutait visiblement aux autres sentiments déchaînés en lui. A la vue de quelques individus qui franchissaient le seuil de la porte de la cour, il baissa les yeux et rougit. Des fonctionnaires du kahal se rendaient en grande hâte au local de leurs délibérations. En reconnaissant Meir, ils se mirent à rire et à le montrer au doigt. Il n'y eut que Jankiel Kamionker qui demeura sérieux et n'aperçut même pas Meir. Il marchait très vite à une certaine distance de ses compagnons, le visage encore plus morose et plus soucieux que d'habitude. Parvenu au milieu de la cour, il obliqua un peu de la ligne droite, et, laissant ses compagnons entrer dans le Ha-Kahal, il se glissa le long du mur du Hek-Dosch, refuge des indigents. Malgré la rapidité de son pas, il eut le temps d'échanger quelques paroles à voix basse et quelques signes mystérieux avec un homme qui penchait sa tête ébouriffée et son visage bouffi hors de la fenêtre ouverte du Hek-Dosch.

Meir distingua le personnage à l'oreille duquel Kamionker venait de chuchoter et il s'étonna de ce qu'une liaison un peu familière pût exister entre ces deux hommes.

— « Eh ! » pensait-il, « qu'est-ce que le dévot et opulent Reb Jankiel saurait avoir de commun avec un vagabond et un voleur, tel que le cocher Jochel ? »

Sa pensée ne s'y arrêta pas longtemps, et il se dirigea, non vers la maison paternelle où il n'était sans doute pas pressé de paraître, mais vers une ruelle qui, attenant à la cour de l'école, conduisait du côté de la campagne. Il désirait probablement sortir de la ville et gagner la plaine qu'éclairait les dernières lueurs du jour et d'où lui arrivait le bruissement lointain de brises rafraîchissantes. Cependant, parvenu à l'extrémité de la cour, il s'arrêta, l'oreille frappée de l'étrange rumeur formée par quantité de voix enfantines, qui s'abaissaient presque jusqu'au chuchotement, puis s'élevaient jusqu'aux hautes notes d'un chant criard. Les alternances de cette mélodie, troublées ci et là par des accents plaintifs et des soupirs, semblaient s'arracher de poitrines angoissées. Une grosse voix d'homme dominait le tout : tantôt elle lisait et tantôt grondait furieusement.

Une sourire singulier, mélangé de douleur, de colère et de pitié, erra sur les lèvres de Meir. Il se trouvait auprès du heder, où enseignait le mélamed Reb Mosché et d'où s'échappait ce vacarme inintelligible et chaotique, empreint à la fois d'on ne sait quoi de mélancolique et de brutal.

Comme mû par un esprit de contradiction, Meir s'approcha du Heder, appuya ses deux coudes sur la fenêtre basse, en ce moment ouverte, et sa vue plongea dans l'intérieur étroit, sombre, fétide et encombré de ce bâtiment. Entre le plafond noirci, quatre murs également noirs et un parquet qui disparaissait entièrement sous une épaisse couche d'ordures, tressautait en mesure et hurlait en cadence, dans une atmosphere humide, nauséabonde et lourde, une masse dont une première inspection ne permettait pas de distinguer les éléments constitutifs. Meir dut attendre plusieurs minutes pour que, de ce nuage de poussière, émergeassent à ses yeux des visages et des silhouettes d'enfants. Il y avait une grande variété de types : ici une bouffissure maladive, des traits grossiers, un teint olivâtre, là un teint blanc, des traits fins, délicats et d'un dessin exquis ; les uns entr'ouvraient des lèvres à demi idiotisées, le regard morne et endormi ; le regard des autres pétillait de colère contenue et leurs lèvres tremblaient d'impatience nerveuse ; d'autres encore paraissaient pâles, attentifs, humbles, souffreteux, mais patients. La diversité des costumes égalait celle des types, depuis la petite redingote es fils de riches jusqu'aux vestes sans manches et aux capotes grises en loques des fils d'indigents. Une centaine de garçons s'entassaient dans une pièce qui en aurait contenu commodément une dizaine, tous très serrés, presque assis les uns sur les autres, le long de bancs disposés en travers de la salle, trop étroits, trop hauts et fort crasseux.

Szybow possédait un certain nombre de semblables *heders*, mais aucun aussi fréquenté que celui dirigé par Reb Mosché. Riches et pauvres y recherchaient avec un zèle égal une place pour leurs enfants, parce que Reb Mosché était le mélamed des mélameds, l'élève bien-aimé du grand rabbin et de plus un ascète versé dans la Cabale, un parfait dévot.

Il ne faut pas néanmoins supposer que Reb Mosché se ravalât jusqu'à enseigner les premiers éléments de la grande science aux plus petits enfants de la communauté. C'eût été gâcher ses hautes capacités appelées à une destination supérieure. Les garçons qui remplissaient son heder, âgés de dix à douze ans et nourris depuis sept ans déjà du pain sacré de la science, avaient appris dans d'autres *heders* inférieurs à lire en hébreu, on leur y expliqua le Pentateuque avec beaucoup d'interprétations et de commentaires; maintenant, sous la direction de Reb Mosché, ils s'initiaient au troisième degré de la sagesse, c'est-à-dire à la connaissance du Talmud et de l'innombrable quantité de ses chapitres, paragraphes, divisions, subdivisions, points controversés, solutions, interprétations, commentaires, éclaircissements et commentaires des commentaires.

Il semble que ce dût être déjà un champ assez vaste pour développer l'intelligence et la mémoire de cette jeunesse malingre, blême, crispée ou humble et résignée ; mais Reb Mosché, en matière d'instruction religieuse, ne se contentait pas facilement. Il ne lui suffisait pas de surcharger leur intelligence et d'exercer leur mémoire, il s'efforçait encore d'éveiller leur imagination en les attirant dans le pays enchanté des paraboles et des allégories dont la Hagada est pleine, et même en leur donnant un avant-goût de la métaphysique transcendentale et mystique de la Cabale. Les récits et les lectures de cette espèce constituaient une sorte de délassement, dont les âmes enfantines de ses auditeurs appréciaient profondément le charme ; toutefois le mélamed ne s'y abandonnait que lorsqu'il se sentait dans une disposition d'esprit favorable et gaie.

Au moment où Meir se mit à assister, de la fenêtre ouverte, à la leçon qui se donnait à l'intérieur du *heder*, les élèves apprenaient par cœur un passage du Talmud, qui leur avait été indiqué, et l'instituteur, assis en face d'eux sur l'escabeau de bois, qui lui servait de chaire, s'absorbait de son côté dans la lecture d'un très gros et très ancien livre déployé devant lui sur une table boiteuse, ce qui l'occupait vivement et ne l'enchantait pas moins, car un sourire radieux agitait ses lèvres à peine visibles au milieu de sa barbe touffue ; il se balançait, en outre, en remuant la table boiteuse qui se balançait, elle aussi, de même que se balançaient à leurs bancs les élèves courbés sur leurs bouquins, chuchotant tout bas ou haussant la voix comme pour réprimer, une souffrance intérieure, frappant à poings fermés le rebord de leur banc ou se prenant la tête des deux mains et ébouriffant davantage encore leurs cheveux déjà sans cela hérissés et emmêlés en raison de leur dur labeur et de leur peine.

Soudain le mélamed cessa de se balancer, releva son visage épanoui, saisit des deux mains son grand livre et en cogna de toute sa force la table boiteuse. Cela signifiait qu'on eût à se taire. En un clin d'œil, les élèves firent silence et ne bougèrent plus. Ils regardèrent leur précepteur les uns avec un effroi extraordinaire, éveillé par la supposition qu'ils allaient avoir à réciter leur leçon, les autres avec une malicieuse indocilité et une moquerie dissimulée.

Mais le mélamed ne remarqua pas les impressions qui se peignaient sur le visage de ses élèves. En cet instant, il n'apercevait ni ne voyait rien de ce qui se passait autour de lui. Un courant, d'une douceur indicible, emportait son esprit dans la région de l'extase. Il restait assez conscient de ses devoirs de maître pour souhaiter déverser une partie de son extase sur les têtes ébouriffées et soucieuses de ses élèves.

Il leva son index et, le visage en l'air, la barbe en désordre, le regard étincelant et ravi, il se mit à lire à haute voix un passage du Schiur-Koma :

— « Le grand prince du témoignage raconte ainsi la grandeur de l'Éternel. Depuis la maison de la capitale de sa toute-puissance jusqu'au sommet, il y a cent dix-huit mille fois dix mille lieues. Sa hauteur est cent trente-six fois mille lieues. De la main gauche à la main droite de l'Éternel, il y a soixante-dix sept fois dix mille lieues. Son crâne a trois fois dix mille lieues en long et en large. Sa couronne a soixante fois dix mille lieues. La plante des pieds du Roi des Rois a trente mille lieues. De ses talons à ses genoux, il y a dix-neuf fois dix mille lieues ; de ses genoux aux hanches douze fois dix mille et quatre lieues. De ses hanches à son cou, il y a vingt-quatre fois dix mille lieues. Voilà la grandeur du Roi des Rois, du maître du monde. »

Après avoir articulé ce dernier membre de phrase, Reb Mosché demeura quelques minutes immobile dans sa chaise comme une statue, les bras levés et le regard noyé de volupté. Ses élèves ne s'agitaient pas plus que lui et le fixaient stupidement, timides ou espiègles, demi idiots ou intelligents, tous bouche béante, cette description de la grandeur de Jéhovah ayant frappé de stupeur les esprits.

Le mélamed ne tarda pas à se réveiller de son extase et à s'écrier d'un ton impératif et irrité :

— « *Gey!* »

A cette exclamation, dont le sens leur était bien connu, les garçons retournèrent de nouveau à leurs grands livres et se remirent à se balancer et à psalmodier le passage du Talmud qu'il leur fallait apprendre. L'oreille la plus exercée n'aurait point, au milieu de cette confusion d'une centaine de voix, saisi la teneur et le sens du passage en question. Meir, qui peu d'années auparavant suivait un cours identique à celui-là et qui, de plus, doué d'une mémoire excellente, n'en avait rien oublié, devina immédiatement que les garçons apprenaient ce jour-là le chapitre VIII du traité : *Berachot* (Des bénédictions).

Les enfants chantaient donc en chœur, sans reprendre

haleine, avec une contension extraordinaire qui provoquait leur lassitude, arrachait des gémissements de leur poitrine et perlait leurs fronts de sueur :

— « Michna 1. Voici les points controversés entre les écoles de Schammaï et de Hillel. L'école de Schammaï dit : Il faut bénir le jour (du samedi) et ensuite le vin. L'école de Hillel assure qu'il faut bénir le vin et ensuite le jour. »

« Michna 2. L'école de Schammaï, dit : Ils lavent leurs mains et ensuite ils remplissent leur coupe. L'école de Hillel assure qu'ils remplissent la coupe et qu'ensuite ils se lavent les mains. »

« Michna 3. L'école de Schammaï dit : Après s'être essuyé les mains, ils déposent la serviette sur la table. L'école de Hillel assure qu'ils la déposent sur l'oreiller. »

« Michna 4. L'école de Schammaï dit : Ils balaient la chambre et se lavent ensuite les mains. L'école de Hillel assure qu'ils se lavent les mains et balaient ensuite la chambre. »,

« Michna 5. L'école de Schammaï dit : Le feu, la nourriture et le parfum. L'école de Hillel dit : Le feu, le parfum et la nourriture. L'école de Schammaï porte : après avoir créé la clarté du feu. Selon l'école de Hillel, c'est : après avoir créé les clartés du feu. »

Le double bruit du livre cogné contre la table boiteuse et de la table boiteuse résonnant contre le parquet retentit de nouveau, et les élèves redevenus silencieux se changèrent de nouveau en statues immobiles. Le mélamed promenait sur tous les visages l'œil d'un sacrificateur qui aurait eu à choisir une victime pour le bûcher. Il finit par allonger la main vers l'un des derniers bancs en s'écriant d'un ton menaçant :

— « Leybele. »

A cet appel, se leva du milieu de ses compagnons un frêle et pâle enfant en longue souquenille grise qui fixa sur le mélamed sa large prunelle noire et morne.

— « Viens ici, » dit le maître.

Il se fit un mouvement parmi les élèves. Il n'était pas facile de se frayer un chemin à travers cette salle. Les garçons en livrant passage à leur camarade se bousculaient réciproquement, tombaient sous les bancs et poussaient Leybele en avant à coups de poing.

Il sortit enfin de cette presse et vint prendre place dans l'espace fort restreint réservé entre la chaire du maître et le premier banc des élèves. La bouche grand ouverte, il tenait de ses deux débiles mains le gros livre sous le poids duquel elles pliaient à chaque instant ; et, à des intervalles rapprochés, un tressaillement nerveux lui secouait les épaules. Il ne regardait plus le mélamed, mais collait son visage aux pages du livre qu'il avait tant de peine à soutenir. Rebe Mosché lui releva la tête d'un coup de poing sous le menton.

— « Et pourquoi, » s'écria-t-il, « baisses-tu les yeux à terre comme un brigand ? Regarde-moi ! »

L'enfant fixa de nouveau sur lui sa prunelle morne qui se voilait de larmes.

— « Donc, » reprit le mélamed, « que dit l'école de Schammaï et que dit l'école de Hillel ? »

Un long silence succéda à cette question. Les garçons assis au premier banc tiraient discrètement leur camarade par ses habits en lui soufflant :

— « Parle ! parle ! »

— « L'école de Schammaï, » commença Leybele d'une voix tremblante et presque imperceptible, dit : « Il faut bénir le vin... »

— « Le jour, le jour ! et ensuite le vin ! » chuchotèrent au premier banc des voix émues et secourables. Mais à ce moment la main du mélamed rencontra l'oreille de l'un des souffleurs et la tira si vigoureusement qu'un cri perçant s'arracha de la poitrine du délinquant et que les autres élèves fermèrent les lèvres et en revanche écarquillèrent leurs grands yeux craintifs et effarés.

Rebe Mosché se tourna derechef vers l'élève qu'il examinait :

— « Michna première ! » s'écria-t-il, « que dit l'école de Schammaï ? »

L'enfant d'une voix encore plus chevrotante et encore moins distincte, commença à répondre :

« L'école de Schammaï dit : Bénissez le vin... »

Le poing du mélamed s'abattit pesamment sur l'épaule de l'élève, qui laissa échapper de ses mains son lourd volume.

Le mélamed s'élança hors de sa chaire.

— « Ah ! méchant et sot gamin », hurla-t-il, en se précipitant sur l'enfant. « Tu ne veux pas t'initier à la grande science et, quand tu as à réciter une leçon, tu prétends que l'école de Schammaï ordonne de bénir d'abord le vin et ensuite le jour... et de plus tu jettes à terre le livre saint. N'as-tu donc pas lu que Schammaï ordonne de bénir d'abord le jour et ensuite le vin... »

Pendant que le mélamed criait et se démenait ainsi, une voix d'homme mélodieuse, mais frémissante et ironique, l'apostropha : « Rebe Mosché ! Ce pauvre enfant n'a jamais vu de vin et il a chaque jour de sa vie souffert les angoisses de la faim ; il lui est donc difficile de se souvenir s'il faut bénir d'abord le vin ou le jour. »

Mais Rebe Mosché n'entendit pas ce discours. Ses deux poings fermés retombèrent très vite et à plusieurs reprises sur la tête et sur les épaules du pâle enfant. L'enfant n'exhala pas le plus léger gémissement, seulement sous ces coups il s'affaissa sans bruit sur le gros livre qu'il venait de laisser choir. Les poings du mélamed allaient frapper encore les épaules couvertes d'une souquenille déchirée, quand une main robuste le repoussa brusquement de côté, de sorte qu'il buta contre la table boiteuse, la culbuta et s'étala lui-même de son long.

— « Rebe Mosché ! » s'écria la même voix jeune, impétueuse et railleuse qui lui avait déjà parlé, « n'est-ce pas un enfant d'Israël, pour que tu déverses sur lui l'océan de tes colères ? n'est-ce pas un enfant d'indigent ? n'est-ce pas notre frère ? »

Et, tout en exprimant ainsi son indignation, Meir, au pâle visage duquel le rouge montait, se pencha vers l'enfant pelotonné à terre, muet et immobile, et le prit dans ses bras. Il se dirigea aussitôt vers la porte, non sans se retourner une dernière fois en ajoutant :

— « Rebe Mosché ! Tu soutires la raison du cerveau des enfants israélistes et tu arraches la pitié de leurs cœurs.

J'ai entendu plusieurs de ces garçons rire, quand tu frappais Leybele et leur rire a rempli mon cœur de larmes. »

A ces mots, il s'éloigna avec l'enfant dans les bras. Rebe Mosché ne revint qu'alors de la stupéfaction où le plongea une attaque si imprévue. Il se remit en équilibre et s'écria !

— « Brigand ! »

Et, se tournant les poings fermés vers sa classe, il vociférait :

— « Poursuivez-le ! attrapez-le ! battez-le ! lapidez-le ! »

Il n'y eut personne qui écoutât et exécutât ses ordres. L'école était absolument déserte. Les bancs renversés et les livres dispersés à terre témoignaient de la fuite précipitée d'une centaine de garçons qui, en voyant leur camarade sauvé des coups du mélamed et leur maître étendu sur le plancher et luttant contre une table boiteuse et, toute boiteuse qu'elle fût, assez pesante pour le clouer au sol et l'empêcher de se vite relever, détalèrent en masse du heder, ou par peur, ou par gaminerie et soif de liberté, les uns enfilant la porte et les autres la fenêtre, avec des cris perçants : tous s'éparpillèrent dans la ville, à l'instar d'une bande d'oiseaux dont la cage a été ouverte.

Plus âme qui vive ni au heder, ni dans la cour de l'école : seulement, debout sur le perron du Bet-ha-Kahal, plusieurs fonctionnaires du kahal causaient gravement. C'est à eux que le docte Rebe Mosché, franchissant la cour à grandes enjambées, fourrageant des deux mains sa chevelure en désordre, criant et soufflant, courut exposer l'affront reçu par lui.

Meir pressait sa marche, portant toujours dans ses bras l'enfant. De grosses larmes inondaient maintenant le visage de Leybele, et, chose étrange ! ses yeux, quoique voilés de pleurs, avaient perdu de leur expression morne et idiote et, malgré son effroi et sa douleur, un sourire errait sur ses lèvres convulsionnées par les sanglots. L'enfant pleurait et riait à la fois, son regard attaché au visage de son libérateur.

— « Moreyné », murmura au bout d'un instant Leybele, « Moreyné », répéta-t-il plus bas, « que tu es bon ! »

Au coin d'une ruelle sordide, aux masures chétives et sombres, Meir posa l'enfant à terre.

— « Ah ! cela, » dit-il en désignant du doigt le logis du tailleur Schmoule qu'on apercevait au loin, « retourne maintenant à la maison. »

Leybele s'assombrit de nouveau. Il glissa ses mains dans ses manches, sans plus bouger du chemin qu'une statue. Meir sourit à l'aspect du visage de l'enfant.

— « Tu as peur ? » lui dit-il.

— « J'ai peur, » lui répondit d'une voix caverneuse le le pauvre petit tout transi.

Le jeune homme, au lieu de rebrousser chemin, selon son intention première, avança vers la masure de Schmoule. Leybele emboitait le pas derriere lui, les mains dans ses manches et les lèvres ouvertes.

Le jour déclinait. Dans cette ruelle indigente, les travaux journaliers touchaient à leur fin. Une population misérable, hâlée, déguenillée, sordide, se répandit devant les maisons.

Au bout d'une centaine de pas, Meir remarqua le singulier changement de ces gens-là à son endroit. Jadis on saluait fort bas à son passage le petit-fils du riche Saül ; ceux qui le connaissaient de plus près s'approchaient de lui avec une familiarite toute amicale, lui confiaient leurs peines, leurs embarras et parfois jusqu'à leurs scrupules de conscience : les autres, de leurs fenêtres ouvertes ou du seuil de leurs maisons, lui envoyaient un bruyant et bienveillant : « que la paix soit avec toi ! »

Son attention fut maintenant frappée par les regards obliques et hostiles qui lui étaient lancés. Les femmes le considéraient avec une sorte de curiosité et de surprise et se le montraient du doigt en chuchotant entre elles. L'un des scieurs de bois, qui travaillèrent un mois entier dans la cour de la maison de Saül et dont il partagea plus d'une fois la besogne en gai compagnon, loin de le saluer, se faufila à sa vue avec de la tristesse et un peu de malveillance, dans l'intérieur sombre de son habitation.

Meir haussa les épaules d'impatience.

— « Qu'est-ce donc là ? » pensait-il, « que veulent-ils de moi ? quel mal leur ai-je fait ? »

Il aurait pu aussi s'étonner de ce que le tailleur Schmoule n'eut pas, selon son habitude, quitté sa chaumière en courant pour lui prendre les mains et l'accabler d'une grêle de remercîments, de compliments, de craintes et de malédictions. Il n'en pénétra pas moins dans la maisonnette et Leybele, au lieu d'en franchir le seuil, alla s'accroupir au pied du mur.

Meir dut courber la tête pour franchir la porte basse qui, par une obscure antichambre, où la pénombre permettait à peine de distinguer les mouvements de deux chèvres blanches, conduisait dans une pièce étroite et, en dépit d'une fenêtre ouverte sur la rue, à l'atmosphère âcre et nauséabonde. Il se croisa à l'entrée avec la femme de Schmoule, maigre, au visage halé et ridé, qui sortit dans la rue et, sans proférer une parole, offrit à l'enfant, blotti contre la muraille, un morceau de pain noir et sec. A son retour du heder, Leybele ne recevait d'ordinaire pas d'autre souper.

Au moment de la visite de Meir, le reste de la famille de Schmoule soupait de la même façon, à cette seule différence près que trois grandes jeunes filles, deux petits garçons, Schmoule lui-même et sa vieille mère, ajoutaient au pain de menues pincées d'oignons hachés que contenait en faible quantité une assiette noire et ébréchée. Outre les deux garçons, notablement plus jeunes que Leybele et qui, accroupis à terre dans un coin, grignotaient avidement leur portion de pain rassis, un enfant de deux ans se traînait encore sur le parquet au pied d'un énorme poêle noir, et un autre, de quelques mois, dormait au fond d'un berceau suspendu à des cordes aux poutres du plafond et balancé par une des sœurs aînées. La seconde sœur alla dans l'antichambre vaquer aux soins des chèvres, pendant que la troisième rompait le pain en bouchées qu'elle couvrait d'oignon et mettait dans les mains tremblantes de l'aveugle mère de Schmoule. Cette vieille mère aveugle se tenait assise sur l'unique lit qu'il y eut dans la pièce, car les autres personnes de la famille dormaient sur des bancs durs et étroits ou bien à terre. Mais la vieille mère possédait un lit assez confortable ; elle avait, croisé sur la poitrine, un fichu blanc fort propre, et les cheveux cachés sous un grand bonnet de satin noir d'une garniture très cossue. Sa petite-fille, assise à côté d'elle, les habits fripés, les cheveux en désordre, lui plaçait entre les doigts ou lui portait aux lèvres sa subsistance plus que modeste et elle s'acquittait de cette tâche avec autant de gravité que si elle n'en n'eût point perdu de vue un seul instant l'importance. Parfois même elle caressait de sa main rude et noirâtre la main ridée et tremblante de sa grand'mère et, à la vue de la difficulté de cette dernière à mâcher, elle hochait la tête en signe de commisération et d'encouragement.

Dans le taudis sale et sombre de l'indigent Schmoule, comme dans l'habitation vaste et luxueuse de l'opulent Saül, la femme la plus âgée de la famille, objet des prévenances et de la vénération générales, occupait la meilleure place. Il est sans exemple parmi Israël qu'un fils, riche ou pauvre, ait négligé, dans leur vieillesse ou leur infortune, ceux qui lui ont donné la vie. « Pareils aux rejetons d'un arbre, c'est d'elle que nous tirons tous notre origine, » avait dit de sa mère le chef de la famille des Ezofowicz. Le tailleur Schmoule ne savait pas exprimer ses sentiments en aussi bons termes que le marchand Saül, mais lorsque sa mère perdit la vue, il s'arrachait de désespoir des poignées de ses cheveux noirs.

Il jeûna trois jours avec tous les siens, afin d'économiser sur la nourriture de quoi lui acheter un vieux lit branlant ; il répara ensuite ce lit de ses propres mains et le consolida assez pour que, appuyé contre la muraille, il ne risqua rien ; et Sarah Ezofowicz, femme de Ber, lui ayant donné à coudre une robe de satin noir, il tailla à sa mère, dans cette précieuse étoffe, un bonnet qu'il ouata et qu'il garnit.

Dès qu'il aperçut Meir, Schmoule sauta à bas de son tabouret et s'élança vers son hôte. Il le salua en ne courbant pas moins qu'à l'ordinaire son échine flexible, mais sans lui baiser la main comme autrefois et sans répéter joyeusement : Oh ! quel hôte ! quel hôte !

— « Moreyné ! » s'écria-t-il, « je sais déjà ce que vous avez fait ! Les gamins, en revenant par ici au galop du heder, contaient que vous avez arraché mon Leybele de la vigoureuse étreinte de Rebe Mosché et que vous avez bousculé et renversé ce dernier. Cela partait d'un bon cœur, mais, Moreyné, c'est mal ! très mal ! Vous avez commis ainsi un grave péché et vous m'avez précipité dans une grande détresse. Maintenant Rebe Mosché (puisse-t-il vivre cent ans !) ne voudra plus recevoir au heder mon Leybele ni mes fils plus jeunes et ils n'auront plus jamais d'instruction ! Hoh ! la la ! Moreyné ! quel tort cause à vous et à moi votre bon cœur ! »

— « Schmoule, » répartit vivement Meir, « ne t'apitoie point sur moi ! M'advienne que pourra ! mais aie pitié de ton propre enfant et ne le maltraite au moins pas en ton logis. Il souffre déjà assez au heder... »

— « Oh ! Comment ! Que souffre-t-il ? La belle affaire qu'il souffre ! » s'écria Schmoule, « mes aïeux, mes arrière-grands-pères et pères ont suivi le heder et ont souffert ! J'y ai été et j'y ai souffert de même ! Qu'y faire, dès qu'il le faut ! »

— « Et n'as-tu jamais songé, Schmoule, » demanda Meir, plus doucement, cette fois, « qu'il puisse en être autrement ? »

Les yeux de Schmoule étincelèrent.

— « Moreyné ! » répliqua-t-il, « ne prononcez pas de coupables paroles dans ma chaumière ! Ma chaumière est très pauvre, mais, Dieu merci ! chacun y respecte les préceptes saints et y obéit aux ordres des anciens ! Le tailleur Schmoule est très pauvre, et il entretient du travail de ses mains sa femme, huit enfants et sa vieille mère aveugle ! Mais il est pur devant le Seigneur et devant les hommes, puisqu'il observe scrupuleusement les saints préceptes. Le tailleur Schmoule observe le sabbat, pratique le kocher, récite en criant et en gémissant les prières prescrites, n'a jamais contracté d'amitié avec les *goï*, parce qu'il sait que l'Éternel n'aime et ne protège que les Israélites, qui seuls ont une âme. Ainsi, agit le pauvre tailleur Schmoule, car l'Éternel l'a ordonné de la sorte, et ainsi ont agi ses aïeux, ses arrière-grands-pères et pères... »

Quand le fluet, souple et bouillant Schmoule eut débité tout cela, Meir, après réflexion, lui posa affectueusement cette question :

— « Et tes aïeux, arrière-grands-pères et pères ont-ils été heureux ? Et toi, Schmoule, es-tu toi-même heureux ? »

Cette interrogation réveilla de nouveau vivement chez Schmoule le sentiment de ses misères présentes.

— « Oh ! Oh ! » s'écria-t-il, « qu'un pareil bonheur soit épargné à mes ennemis ! Ma peau se dessèche sur mes os et mon cœur ne cesse d'éprouver de pénibles angoisses... »

A ce moment, les douloureuses plaintes du tailleur furent interrompues par un profond soupir parti du coin le plus sombre de la pièce. Meir se retourna et, distinguant entre l'énorme poêle et le mur, dans l'obscurité croissante, on ne sait quel individu de haute et robuste stature, il demanda :

— « Qui est là ? »

Schmoule hocha mélancoliquement la tête et gesticula :

— « Bah ! » dit-il, « le cocher Jochel m'a visité dans ma chaumière, nous sommes de vieilles connaissances. »

Aussitôt un homme, grand et d'une puissante encolure, abandonnant le coin où il se tenait immobile, s'approcha des deux interlocuteurs. Jochel, malgré sa vigoureuse structure physique, avait une apparence sordide et déprimée. Couvert d'une veste sans manches, sale et déchirée, les pieds nus et écorchés, les cheveux roux, épais, emmêlés, les lèvres bouffies, l'œil impudent et cependant souvent baissé à terre, il vint prendre sur la table une pincée d'oignon, qu'il étala sur son morceau de pain noir.

— « Meir ! » dit-il en regardant hardiment le jeune homme, « vous êtes une ancienne connaissance ! J'ai voituré votre oncle Raphaël, quand il est allé vous chercher, parce que vous étiez devenu orphelin et je vous ai amenés tous deux à Szybow. »

— « Je t'ai revu depuis, Jochel », répondit Meir, « cocher à ton aise, avec quatre chevaux... »

L'habitant actuel du Hek-Dosh sourit de ses lèvres bouffies.

— « Eh! c'est la vérité, » répliqua-t-il. « Mais j'eus ensuite un malheur. Je voulais réussir une grosse affaire... et cette affaire me perdit. Après quoi, un second malheur m'arriva... »

— « Et ce second malheur, Jochel, » repartit Meir, « ce fut de tomber dans le péché... Pourquoi dérobais-tu de nuit les chevaux de l'écurie d'un chrétien? »

Mis sur la sellette, Jochel partit d'un éclat de rire cynique.

— « Comment, pourquoi? » marmota-t-il, « je voulais les vendre et réaliser un fort bénéfice. »

Schmoule hocha la tête avec commisération.

— « Oh ! oh ! » gémit-il, « Jochel est un pauvre, un très pauvre homme! Il a fait ses trois ans de prison et maintenant qu'on lui a rendu la liberté, il n'a pas de travail et doit croupir dans le Hek-Dosh... »

Jochel soupira de nouveau profondément, mais il ne tarda pas à relever énergiquement la tête.

— « Bah ! » dit-il, « qu'y faire? Peut-être aurais-je sous peu des gains importants... »

Les paroles de ce vagabond déguenillé rappelèrent à Meir le mystérieux entretien de Jochel une heure auparavant avec le riche Kamionker. Il fut en même temps frappé du changement que cette observation de Jochel provoqua sur le visage de Schmoule, dont la physionomie délicate, pâle, mobile, éprouva quantité de tressaillements nerveux qui pouvaient manifester aussi bien une violente joie que de la douleur. Les yeux du tailleur pétillaient et ses mains tremblotaient.

— « Ah! » s'écria-t-il, « est-ce qu'on peut savoir ce qu'il adviendra demain d'un homme! Très pauvre aujourd'hui, il peut être riche, très riche le lendemain. Qui sait? Peut-être que le tailleur Schmoule se bâtira aussi une belle maison auprès du marché et sera à la tête d'un grand commerce? »

Meir sourit tristement. Il prenait en pitié ces deux malheureux, jugeant leurs espérances dénuées de fondements. Son regard pensif errait sur les vastes champs que, par la fenêtre, on distinguait au delà des basses habitations.

— « Toi, Schmoule, » dit-il « tu ne te construiras certes jamais de grande maison auprès du marché et Jochel ne trouvera pas de gros bénéfices à réaliser ! Qu'y a-t-il d'étrange à cela ? Vous êtes en telle quantité au même endroit qu'aucun de vous n'a de beaux profits. Mais je réfléchis que si, au lieu de vous entasser tous dans ces sales ruelles, vous vous dispersiez à travers le monde, et si, au lieu de convoiter un gain considérable, vous vous mettiez à travailler la terre, comme les paysans chrétiens, vous auriez sans doute ici-bas un sort plus prospère ! »

Il parlait tout entier à ses pensées, et songeait moins, à ce qu'il semble, à ses deux interlocuteurs qu'à cette nombreuse population qui remplissait l'air à ce moment de l'indescriptible mélange de disputes de femmes, de criailleries d'enfant et de je ne sais combien de lamentations indistinctes et de soupirs de déception.

Mais le tailleur Schmoule, dans son indignation de ces mots de son hôte, fit deux grands bonds, empoigna deux fois son bonnet et le mit de travers sur sa tête :

— « Moreyné ! » gémit-il, « quelles laides paroles sortent de tes lèvres ! Moreyné ! Voudrais-tu tout renverser sens dessus dessous dans Israel ? »

— « Schmoule ! » s'écria Meir avec impétuosité, « c'est vrai ! Quand je considère votre misère et les souffrances de vos enfants et que je plonge mon regard dans mon propre cœur, alors je voudrais renverser beaucoup de choses sens dessus dessous dans Israël ! »

— « Horreur ! » hurla violemment l'impressionnable Schmoule tout effaré, « je ne voulais pas y croire ! Je crachais aux yeux des gens qui le disaient, mais maintenant je vois moi-même, Moreyné, que vous êtes un mauvais Israélite et que nos saintes lois et les mœurs de nos aïeux ne vous sont pas agréables ! »

Meir tressaillit tout entier et se redressa.

— « Et qui t'a dit que je sois un mauvais Israélite ! » s'écria-t-il la prunelle enflammée.

Schmoule modéra son emportement. Il s'adoucit un peu et se glissa très près de Meir. Personne ne pouvait entendre ce qu'il allait dire, Jochel s'étant déjà réfugié à l'ombre profonde du poêle, où il mâchait bruyamment son pain et son ognon, tandis que les enfants s'échappaient de la masure dans la rue. Cela n'empêcha pas Schmoule de s'exprimer fort bas, comme si ses paroles contenaient un mystère terrible et redoutable.

— « Moreyné, c'est en vain que vous prétendriez savoir qui a tenu ce propos. Les voix humaines murmurent comme les feuilles des arbres bruissent et personne ne devine quelle est la feuille qui s'agite ni quelles sont les lèvres qui remuent. Le peuple entier commence à répéter de vilaines choses sur votre compte, Moreyné. On assure que vous violez le sabbat, que vous lisez des livres maudits, que vous chantez d'affreuses chansons, que vous insurgez la jeunesse israélite contre les saintes lois, que vous ne respectez ni les savants ni les riches... »

Il y eut un temps d'arrêt dans ce flot de volubilité et ce fut d'un ton à peine perceptible et quasi honteux de ce qu'il ajoutait, que Schmoule balbutia :

— « Et que vous avez des relations amicales avec une impure jeune fille caraïte ! »

Meir fut comme pétrifié. Il pâlit et, le regard plus flamboyant encore, il répéta d'une voix étranglée d'émotion :

— « Qui dit tout cela ? »

— « Moreyné ! » répondit Schmoule en étendant ses bras avec un geste de désespoir. « Vous avez passé toute une semaine en pénitence au Bet-ha-Midrash et nous autres, pauvres hères habitants de cette ruelle, nous avons fait un beau tapage en l'apprenant. Il y eut des gens qui voulurent se rendre auprès du rabbin lui-même pour lui demander de vous épargner cette grave humiliation. Le scieur de bois Judel et le cocher Barouch y auraient été... Bah ! Et le tailleur Schmoule en éprouvait aussi l'envie. Mais ensuite toute sorte de rumeurs circulèrent dans la foule. Et quand nous sûmes par ces rumeurs pourquoi vous aviez été châtié, il se fit parmi nous un grand silence. Nous nous étions dit entre nous : Il est bon et très charitable;

pas fier avec les pauvres gens et très secourable à leurs misères, mais puisqu'il n'observe pas les saintes lois, qu'il advienne de lui ce qu'a décidé son opulent grand-père et qu'il soit puni ! »

Schmoule finit par se taire, essoufflé d'avoir longuement et vite parlé et Meir, fixant sur lui un regard ardent et scrutateur, lui demanda :

— « Et si les riches et les savants ordonnaient de me lapider, vous diriez de nouveau : Ainsi soit-il ? »

L'horrible supposition de Meir consterna Schmoule à ce point qu'il sauta de plusieurs pas en arrière :

— « Horreur ! » s'écria-t-il, « pourquoi de telles vilenies vous viennent-elles à l'esprit ? »

Il reprit ensuite plus tranquillement :

— « Cependant, Moreyné, si vous n'observiez pas les saintes lois... »

Meir ne le laissa point achever, et s'écria avec fougue :

— « Schmoule ! Et savez-vous tous ce qu'est notre sainte Loi ? Ce qui y est de prescription divine et d'invention humaine ? »

— « Chaa ! » sifflota Schmoule entre ses dents, « des gens nous entendent ! Je ne veux pas, Moreyné, qu'un désagrément vous rencontre sous mon toit ! »

Meir se tourna vers la fenêtre et vit qu'en effet plusieurs individus âgés occupaient le long banc étroit placé contre le mur de l'habitation de Schmoule. Ces gens-là, nullement aux écoutes, causaient, au contraire, entre eux, mais les dernières exclamations de Schmoule et de Meir frappèrent sans doute leurs oreilles, car ils penchèrent leurs têtes du côté de la fenêtre ouverte en y plongeant des regard semi étonnés et semi hostiles. Meir haussa les épaules avec impatience, et, sans dire adieu à Schmoule, se dirigea vers la sortie. Il atteignait déjà le seuil, quand Schmoule, bondissant vers lui, se courba avec souplesse et lui baisa la main :

— « Moreyné, » chuchota-t-il, « je vous regrette beaucoup ! Revenez à vous ! Vous avez bon cœur, mais mauvaise tête, une tête en feu ! Oh là là ! Qu'avez-vous fait aujourd'hui au mélamed ! Revenez à résipiscence,

Moreyné, et ne causez pas de scandale dans Israël! »

Sans lâcher la main de Meir qu'il tenait dans sa solide étreinte, il leva sur lui son visage agité de crispations nerveuses et ajouta précipitamment :

— « Moreyné ! Si vous n'étiez pas sous le coup d'une si épouvantable accusation, je vous ouvrirais mon cœur aujourd'hui. Aujourd'hui le tailleur Schmoule est dans d'horribles transes. Il ne sait lui-même où donner de la tête ! Il peut rester toute sa vie pauvre comme il est et il peut devenir riche. Il peut être très heureux et très malheureux, parce qu'un grand bonheur vient à lui et lui tombe dans la main, mais il craint de le saisir, vu qu'il a toute l'apparence d'un malheur ! »

Meir dévisageait avec stupéfaction cet indigent, qui lui faisait de cette façon on ne sait quelles confidences énigmatiques. Mais, à ce moment, la grosse voix enrouée de Jochel cria de derrière le poêle noir.

— « Schmoule, te tairas-tu ? Viens ici »

Schmoule, le visage toujours convulsionné et l'air égaré, se rejetta en arrière et Meir, pensif et l'œil en feu, sortit dans la rue

A son apparition, les physionomies des gens assis sur le banc contre la muraille, s'assombrirent visiblement. Deux d'entre eux lui adressèrent un salut bref et indifférent. Aucun d'eux, ainsi que cela se passait d'habitude, ne se leva devant lui ni ne s'en approcha pour l'accompagner et l'entretenir familièrement jusqu'à l'extrémité de cette longue rue.

Seulement un enfant en longue souquenille se leva du pied du mur et, dès que Meir se fut éloigné un peu de l'habitation, emboita le pas derrière lui, les mains glissées dans les manches de son habit, ses yeux fatigués à moitié clos de sommeil. Il ne s'arrêtait toutefois point et proportionnait ses enjambées à la démarche fiévreuse et précipitée du jeune homme.

En se suivant de la sorte, Meir et Leybele traversèrent une longue rue et se trouvèrent bientôt au milieu des terrains déserts qui séparaient les dernières habitations de la ville du tertre des Caraïtes.

Le crépuscule régnait déjà entièrement, mais nulle petite lumière jaunâtre ne brillait dans la chaumière du Caraïte Abel. On n'y dormait pourtant pas, et dès que Meir se fut approché de la fenêtre ouverte, la silhouette élancée de Golda s'y dessina.

Ils se saluèrent réciproquement d'une inclination de tête.

— « Golda ! » se hâta de dire Meir tout bas, « n'as-tu éprouvé aucun désagrément de la part de personne ? Ne t'a-t-on rien fait de mal ? »

La jeune fille se tut un instant et lui répondit en lui demendant à son tour :

— « Pourquoi, Meir, m'adresses-tu cette question ? »

— « Car je crains qu'on ne t'ait offensée. Les gens commencent à causer sur ton compte. »

Golda eut un haussement d'épaules légerement dédaigneux.

— « Je ne me soucie pas de leurs offenses, » dit-elle, « j'ai grandi avec l'offense et elle est ma sœur. »

Il y eut une pause. Meir paraissait sans cesse inquiet.

— « Pourquoi cette obscurité aujourd'hui chez vous dans votre chaumière ? » demanda-t-il.

— «Je n'ai pas de laine à filer et mon grand-père prie dans les ténèbres. »

Et, en effet, dans un coin de la pièce, résonnait la voix tremblante d'Abel en prière.

— « Et pourquoi n'as tu pas de laine à filer ? » reprit Meir.

— « J'ai rapporté à Hana Witebska et à Sarah, femme de Ber, ce que j'avais filé pour elles et elles ne m'ont plus redonné d'ouvrage. »

— « Est-ce qu'elles ne t'ont pas dit de méchanceté ? » demanda brusquement Meir.

Golda se tut de nouveau un moment.

— « Les yeux des hommes ont parfois une pire éloquence que leurs lèvres », répliqua-t-elle tranquillement.

Visiblement, elle ne voulait ni se plaindre ni incriminer personne.

Il se peut d'ailleurs que ce qui ne concernait qu'elle ne

lui importât guère et qu'elle eût l'esprit occupé d'autre chose.

— « Meir ! » dit-elle, « tu as éprouvé ces jours-ci un grand déplaisir. »

Meir s'assit sur un petit banc étroit placé sous la fenêtre porta la main à son front et soupira profondément.

— « J'ai eu aujourd'hui », répondit-il, « le chagrin le plus sensible ; mon peuple a détourné de moi son visage et m'a proclamé son ennemi... Quand je passe, je remarque qu'à l'amitié succède l'hostilité et ceux qui m'ouvraient jadis leurs cœurs m'ont maintenant en suspicion... »

Golda baissa tristement la tête. Meir reprit un instant après :

— « Je ne sais plus actuellement qu'entreprendre ni comment me comporter... Un doute immense envahit mon âme. Si je parle et si j'agis selon mon cœur, mon peuple me haïra et diverses calamités fondront sur moi, et si je parle et si j'agis contrairement à mon cœur, je me prendrais moi-même en grippe et il n'y aura plus de félicité appréciable pour moi. Dans le Ha-Midrash, je méditais de rester en paix avec chacun, de fermer les yeux sur les sottises et sur les méchancetés et de vivre tranquille... Mais dès que je fus dehors du Ha-Midrash, je ne pus y tenir et, en m'interposant en faveur d'un pauvre enfant, j'ai gravement offensé le mélamed et par là tous les anciens et le peuple entier... Voilà ma besogne d'aujourd'hui ! Et maintenant je débats en moi-même à quoi cela servira ? Cela empêchera-t-il le mélamed de ruiner la santé de l'esprit et la santé du corps des pauvres enfants ? Que puis-je ? Je suis seul, jeune, je n'ai encore ni femme ni enfants, je ne dirige aucunes grandes affaires. Tous ont autorité sur moi et je n'ai d'autorité sur personne... On tracasse mes amis en raison de leur liaison avec moi, ils s'effrayeront et me délaisseront. On se met déjà à te persécuter, parce que, unie de cœur avec moi, tu as accompagné ma voix de la tienne et j'occasionnerai ta perte. Peut-être est-il préférable de clore mes oreilles et mes lèvres, de bannir de mon cœur le chagrin et la mélancolie, et de vivre comme ils vivent tous ? »

Meir parlait toujours plus bas ; on devinait à son accent les doutes cruels et la désespérance qui l'assaillaient.

Un assez long silence suivit ces épanchements. Soudain, derrière le tertre au flanc duquel la masure était bâtie, s'élevèrent graduellement d'étranges rumeurs. Il ne fut d'abord possible de distinguer que le grincement amorti de roues sur un sol sablonneux, des conversations à la sourdine et des pas nombreux. Ces sons ne tardèrent pas à devenir plus nets et, au milieu du profond silence qui régnait en ce lieu, ils avaient quelque chose de mystérieux.

— « Qu'est-ce que cela ? » murmura Meir en se levant.

— « Ce que c'est ? » repéta tranquillement Golda.

— « On dirait, » reprit le jeune homme, « qu'un grand nombre de chariots se sont arrêtés de l'autre côté du monticule. »

— « Et il me semble à moi qu'il y a des grondements et des chocs dans le tertre lui-même. » On aurait pu effectivement s'imaginer que des pas humains retentissaient à l'intérieur même de ce tertre et qu'il s'y joignait le bruit de lourds objets qu'on aurait jetés ou maniés.

La terreur se peignit sur la figure de Meir.

— « Ferme la fenêtre et verrouille la porte », dit-il à la hâte, « moi, j'irai voir ce que cela peut être. »

Évidemment, il éprouvait des craintes pour elle. La jeune fille haussa les épaules et répondit :

— « Je n'ai besoin de barricader ni la porte ni la fenêtre. Elles sont très faibles et, fussent-elles fermées, que le premier homme à la poigne vigoureuse les ouvrira si bon lui semble. »

Meir contourna la butte et se trouva bientôt à l'autre versant. Le spectacle qui l'y attendait le remplit de stupéfaction.

Dans la plaine sablonneuse, sur des chariots à un et deux chevaux, rangés en demi-cercle, il vit des barriques des dimensions les plus variées. Auprès de ces chariots se démenait une foule de paysans chrétiens et de juifs. Les paysans déchargeaient les barriques et roulaient certaines d'entre elles dans une profonde caverne naturelle ou creusée de main d'hommes à l'intérieur de la butte. Les Israélites circulaient entre les chariots, examinaient les barriques, les cognaient légèrement du doigt, puis se pressaient autour d'un homme qui se tenait debout appuyé au flanc du monticule et avec lequel ils poursuivaient une discussion sourde, mais fort animée.

Au milieu de ces Israélites, Meir aperçut plusieurs cabaretiers du voisinage qu'il connaissait et l'homme qui, appuyé contre le flanc de la butte, conduisait ces vives quoique ténébreuses négociations, ces marchés et ces accords suspects, était Jankiel Kamionker.

Les paysans, employés au transport des barriques ou debout et immobiles auprès des charriots, gardaient un silence lugubre. Une forte et énivrante odeur d'alcool, répandue dans la campagne, saturait l'air de cette soirée d'été.

La surprise de Meir ne fut pas de longue durée. Il devina probablement la signification de la scène, dont il se trouvait témoin et prit sans doute quelque résolution, car il fit plusieurs pas comme dans l'intention de se rapprocher de Kamionker. Soudain un individu d'une haute stature, pieds nus et les cheveux en désordre, se détacha du flanc de la butte et lui barra la route.

— « Qu'avez-vous à avancer par là, Meir ? » chuchota cet homme.

— « Et pourquoi, Jochel, ne me laisses-tu point passer ? » répondit Meir et il voulut esquiver l'obstacle qui se dressait devant lui, mais Jochel le retint fortement par la basque de son habit.

— « Êtes-vous donc las de vivre ? » murmura-t-il. « J'ai pitié de vous, parce que vous êtes bon, et je vous dis : Allez-vous-en d'ici. »

— « Et si je suis curieux de voir ce qu'un Reb Jankiel est en train de faire avec ces cabaretiers et tous ces tonneaux ? »

— « Et qu'est-ce que cela vous regarde ? » reprit en core une fois Jochel. « Que vos yeux ne voient pas et que vos oreilles n'entendent pas ce que fait ici Reb Jankiel ! Il brasse de grandes affaires, que vous entraveriez ! Et pourquoi lui nuiriez-vous ? Vous en reviendrait-il un profit ? Pouvez-vous quelque chose contre lui ? »

Meir demeura un moment comme pétrifié, puis il rebroussa chemin lentement dans une autre direction.

« Y puis-je quelque chose ? » balbutièrent ses lèvres tremblantes.

En passant auprès de la chaumière du caraïte Abel, il remarqua Golda encore à sa fenêtre. Il la salua d'une inclination de tête et dit :

— « Dors en paix ! »

Mais elle l'appela.

— « Meir, il y a ici un enfant endormi par terre ! »

Meir s'approcha et distingua à l'extrémité du banc qu'il venait de quitter un instant auparavant la forme grise d'un enfant pelotonné à terre.

— « Leybele ! » exclama-t-il, surpris.

Il ignorait que le garçon l'eût suivi et se fût accroupi sans bruit auprès de lui, pour s'assoupir profondément, les coudes sur les genoux et le menton dans la paume de la main. »

— « Leybele ! » répéta Meir et il posa sa main sur la tête de l'enfant endormi.

L'enfant se réveilla, souleva ses lourdes paupières vers le jeune hommes penché au-dessus de lui et sourit.

— « Pourquoi es-tu venu ici, Leybele? » demanda Meir en souriant à son tour.

L'enfant songea un moment et répliqua :

— « Je suis venu à ta suite. »

— « Ton père et ta mère ne savent pas ce que tu es devenu... »

— « Mon père et ma mère dorment déjà... » répondit l'enfant en balançant la tête et en souriant.

— « Et les chèvres dorment aussi... » ajouta-t-il un instant après et, au souvenir de ses compagnes, les meilleures qu'il eût sans doute, il rit tout haut.

Mais le sourire fugitif provoqué par celui de l'enfant s'évanouit des lèvres de Meir. Il se redressa, soupira, baissa la tête et se dit à lui-même :

— « Que faire maintenant ? »

Golda porta ses mains à son front, et promena son regard triste sur le ciel étoilé. Puis elle murmura tout bas et timidement :

— « J'interrogerai mon grand-père ! Il est très instruit, il sait toute la Bible par cœur. »

— « Interroge-le, » répondit Meir.

La jeune fille rentra dans l'intérieur de la chaumière et s'écria :

— « Grand-père ! Qu'est-ce que l'Éternel ordonne à l'homme dont le peuple détourne sa face, parce qu'il ne veut pas agir et parler contrairement à son cœur ? »

A cette question, Abel interrompit la prière qu'il récitait à demi-voix. Sans doute habitué à recevoir les fréquentes interrogations de sa petite-fille et à leur répondre, il se tut néanmoins longtemps, soit qu'il pesât ses paroles, soit qu'il s'absorbât dans la méditation de versets de l'Écriture. Après quoi le vieillard éleva sa voix tremblante du milieu de l'obscurité, et elle résonna dans l'intérieur de la chaumière :

— « L'Éternel a dit : Prophète, j'ai fait de toi le gardien d'Israël ! Écoute ma parole et répète-la à mon peuple. Si tu agis ainsi, je t'appellerai mon serviteur fidèle, mais si tu gardes le silence, les malheurs d'Israël retomberont sur ta tête ! »

La voix vieillote qui récitait ces versets s'était tu que Meir l'écoutait encore, son pâle visage levé et ses yeux en feu. Puis, montrant du doigt le coin obscur de la pièce où le vieillard venait, d'un ton chevrotant, de reprendre sa prière, il dit :

— « C'est la vérité ! L'antique loi de Moïse, notre vraie et sainte loi, a parlé par sa bouche ! »

Des grosses larmes perlaient aux cils de Golda ; Meir ne les vit pas. Dominé par je ne sais quelle pensée qui avait envahi et illuminé tout son être, il salua la jeune fille d'un signe de tête et s'éloigna.

Elle demeura à sa fenêtre ouverte, à le regarder partir. Son attitude et ses traits conservaient leur tranquillité, mais une larme coulait après l'autre sur ses joues caves et sombres.

— « Le prophète Osias eut la tête tranchée... Le prophète Jérémie fut exilé de Palestine !... » murmura-t-elle.

Meir, déjà à une quinzaine de pas de la chambre, soupira, sa figure pâle levée vers le ciel :

— « Le rabbin Akiba mourut pour la vérité dans de grands tourments ! »

Golda écarquillait les yeux le plus qu'elle pouvait pour, le plus longtemps possible, suivre dans l'éloignement, au milieu des ténèbres du soir, la silhouette du jeune homme. Alors, les mains enlacées et les lèvres humides de pleurs, elle balbutia :

— « De même que Ruth à sa belle-mère, je te dirai, ô lumière de mon âme : « Ton Dieu est mon Dieu, ton » peuple est mon peuple, mon chagrin je lui donnerai le » tien pour compagnon et mon âme divorcera d'avec mon » corps en même temps que la tienne ! »

Voilà comment ces enfants, pénétrés de part en part du souffle des anciennes annales et des traditions d'Israël, qui devaient leur tenir lieu de toute la sagesse de ce monde, y puisaient science, consolation, courage et larmes.

VIII

L'aube blanchissait à peine qu'à l'exception des enfants les plus jeunes, personne ne dormait plus dans l'habitation de Jankiel Kamionker. Le jour qui se levait avait de l'importance pour le propriétaire d'une hôtellerie, car il se tenait à cette date l'un des marchés principaux de l'année, ce qui amenait en foule dans la petite ville la population environnante de toutes classes et de toutes conditions sociales. Aussi les filles de Jankiel, vigoureuses laiderons déjà grandes, aux cheveux en désordre, aidées de leur frère, Mendel, garçon de quartorze ans, la physionomie empreinte de balourdise et de méchanceté par suite de longues études au heder de Rebe Mosché, opéraient un rangement superficiel dans deux chambres d'apparat destinées aux hôtes de distinction et ornées d'un archi-vieux mobilier jaune branlant, de rideaux gris de poussière et de vases en terre où poussaient des caricatures de plantes.

Ces chambres d'apparat se trouvaient dans le voisinage immédiat de la vaste salle de l'hôtellerie où, à l'occasion de pareils rassemblements, les paysans accouraient en masse boire et danser. Une fille de service s'efforçait de nettoyer les longues et étroites tables disposées autour de cette salle et qu'on ne lavait jamais ; elle allumait un feu chétif au fond d'un énorme poêle noir ; la fraîcheur de la matinée ajoutait à l'humidité de ces pièces larges et basses qui sentaient le moisi.

Dans la première pièce de l'appartement du propriétaire de l'hôtellerie, dont les deux fenêtres donnaient sur la place du marché encore entièrement déserte et couverte de brume, deux personnes : Jankiel et sa femme Yenta, debout et le visage tourné vers la place, récitaient les longues prières du matin.

Jankiel, dans ses habits de tous les jours, c'est-à-dire dans une longue houpelande rapée et un gros foulard noir enroulé autour du cou, débitait à haute voix les versets suivants :

— « Béni sois-tu, Seigneur, maître du monde, de ce que tu ne m'as pas créé payen ! Béni sois-tu de ce que tu ne m'as pas créé esclave ! Béni sois-tu de ce que tu ne m'as pas créé femme ! »

Ses lèvres frémissaient de sa précipitation et de son zèle à prononcer ces paroles, il se rejetait en avant, puis en arrière, avec des mouvements passionnés. A ce moment Yenta, en cafetan bleu sans manches et en jupe courte découvrant des bas bruns et des souliers plats, chantonnait sur une gamme notablement moins haute que celle de son mari, et en se balançant très vite devant la fenêtre :

— « Beni sois-tu, Seigneur, maître du monde, de ce que tu m'as créée telle que tu l'as voulu ! »

Jankiel se passa sur la poitrine et sur les épaules une légère bande de toile, aux quatre coins de laquelle pendaient des cordons blancs, et il dit :

— « Béni sois-tu, Seigneur, maître du monde, qui nous as éclairé de tes préceptes et nous as donné la loi des *tsitsele !* »

Yenta reprit avec une oscillation moindre, mais un ton plus accentué.

— « Béni sois-tu, Seigneur, maitre du monde, qui libères les prisonniers et redresse ceux qui sont courbés en arc. »

Jankiel, les doigts occupés à démêler les fils du taled étalé devant lui sur la table, disait :

— « Tu es grand, ô Éternel, maitre du monde ! très grand ! Tu t'es enveloppé de ta grandeur et de ta lumière comme d'un manteau ! »

Yenta, sans cesser de se balancer, se mit à soupirer profondément :

— « Béni sois-tu, Seigneur, maître du monde, » murmurait-elle, « qui donnes la force aux exténués, qui chasses le sommeil de mes yeux et l'assoupissement de mes paupières ! »

Jankiel finit par prendre sur la table son taled et s'enveloppant de cette sorte de cape, d'une étoffe blanche, douce et rayée de bandes de deuil, il leva la tête et s'écria :

— « Béni sois-tu, maître du monde, pour nous avoir éclairé de ta loi et ordonné de nous envelopper du taled ! »

Puis, toujours se balançant et remuant les lèvres, il se ceignit la tête d'une courroie avec un gros nœud adhérent au front et, enroulant une autre courroie semblable autour de son doigt, il chuchota :

— « Je me fiancerai à toi pour les siècles ! Je me fiancerai à toi en vérité, en amour et en grâce ! Je me fiancerai à toi par la foi qui t'aidera à reconnaître le Seigneur ! »

Ils s'absorbèrent tellement dans leurs prières qu'ils n'entendirent point derrière eux le bruit de pas rapides et pesants.

Meir Ezofowicz traversa vivement la pièce dans laquelle priaient Jankiel et sa femme et, laissant de côte une chambrette bourrée de lits, de coffres et de berceaux où dormaient encore deux enfants en bas âge, il ouvrit doucement la porte basse qui conduisait au logement du chantre.

Le clair-obscur des heures naissantes du jour y régnait encore et, dans l'atmosphère bleuâtre de ce crépuscule, Éléazar, le visage tourné vers la fenêtre, priait lui aussi. Il entendit entrer son ami, car il inclina la tête de son côté, sans toutefois interrompre sa prière. Au contraire, il sembla en levant un peu les bras davantage et en haussant la voix, vouloir inviter le nouveau venu à se joindre à ses supplications :

— « Dieu d'Israël ! Éteins le feu de ta colère et ôte le malheur de la tête de ton peuple ! »

Meir s'arrêta à quelques pas de son ami en prières et il psalmodia les paroles que le peuple habituellement répond au chantre qui a entonné des versets de l'Écriture sainte :

— « Regarde du haut des cieux et vois à quel point nous sommes devenus la risée et le mépris des nations ; on nous a, comme l'agneau, traînés au supplice, à la honte, à la destruction ! »

— « Nous n'avons cependant pas oublié ton nom, toi donc ne nous oublie pas ! » réentonna Éléazar.

En se donnant ainsi la réplique, les deux jeunes gens récitaient ensemble l'une des plus belles prières que des cœurs humains endoloris aient jamais adressée au ciel. Chaque parole de cette prière est une larme et chaque strophe un accord tiré des annales tragiques de ce grand peuple.

— « Oh ! renonce à ta vengeance et témoigne de la pitié à ton Élu ! » disait le chantre.

— « Défends-nous, Seigneur, et ne nous livre pas en de cruelles mains ! Car pourquoi les gens doivent-ils dire : Où est leur Dieu ! »

— « Entends nos gémissements et ne nous abandonne pas aux mains des ennemis, qui désirent effacer notre nom ! Souviens-toi de tes promesses à nos ancêtres : — Multipliez votre postérité comme des étoiles — et maintenant, d'une si grande multitude, il est resté si peu d'entre nous ! »

— « Cependant nous n'avons pas oublié ton nom, toi non plus ne nous oublie pas ! »

— « Oh ! sentinelle d'Israël, préserve les débris d'Israël, pour ne pas laisser périr ton peuple fidèle, qui croit à ton nom unique et qui dit : notre Seigneur, le Dieu unique. »

Le maintien des deux amis pendant leurs prières différait autant que leurs caractères. Éléazar soulevait légèrement ses mains un peu tremblantes, une douce émotion humectait ses yeux bleus, et sa taille flexible pliait malgré lui, secouée par la rêverie ou l'extase. Meir se tenait droit et immobile, les bras croisés sur la poitrine, son ardente prunelle pointée sur les nuages blémissants, et une ride profonde labourant son front et prêtant à toute sa physionomie une expression de colère comprimée et de douleur. L'un et l'autre priaient néanmoins de tout cœur avec la foi immuable que la sentinelle d'Israël, le Dieu unique entendait leur voix. A la fin, leurs esprits cessèrent d'être à l'unisson. Éléazar entonnait une prière pour les savants et les sages :

— « Soutiens, ô notre pere céleste, les savants d'Israël, leurs femmes et leurs enfants et leurs disciples, partout où ils se trouvent ! Dites amen ! »

Meir ne répéta point amen. Et, comme le chantre se taisait aussi, attendant une réponse, Meir, les levres frémissantes, reprit avec plus de force :

— « En quelque lieu que nos frères de la maison d'Israël soient esclaves de la misère et du péché, brise leurs chaînes et rends-les à la liberté, sors-les des ténèbres et rends-les à la lumière le plus tôt possible ! Dites amen ! »

— « Amen ! » s'écria Éléazar et il se tourna vers son ami.

Tous deux se tendirent et se serrèrent les mains.

— « Eléazar ! », dit Meir, « tu as bien changé depuis une semaine ! »

— « Et toi, Meir, tu n'es plus le même non plus » répliqua le chantre.

— « Une seule semaine a passé sur nos têtes, mais parfois une semaine, c'est plus que dix ans... »

— « J'ai beaucoup souffert pendant cette semaine », murmura le chantre.

Meir ne se plaignit pas.

— « Éléazar », dit-il, « donne-moi le More Nebuchim[1]. C'est pour chercher ce livre que je suis venu chez toi. J'ai en ce moment grand besoin de ce livre ! »

Éléazar restait debout, la tête penchée.

— « Ce livre n'est plus chez moi », dit-il tout bas,

— « Et où est-il ? » demanda Meir.

— « Meir, ce livre aux pages duquel nos intelligences s'éclairaient et nos cœurs se gonflaient d'espoir, il n'en existe plus d'exemplaire dans le monde entier. Le feu l'a

1. Le guide des égarés, ouvrage de Moïse Maimonide

dévoré et ses cendres ont été jetées aux ordures... »

— « Éléazar ! Tu as eu peur et tu as livré ce livre aux flammes ! » s'écria Meir.

— « Mes mains n'auraient jamais pu accomplir un pareil meurtre et mes lèvres leur eussent ordonné de le faire que mes mains se fussent refusées à leur obéir. Mais, il y a de cela une semaine, mon père est venu ici et il m'a enjoint avec grande colère de lui remettre ce « maudit » livre que nous avons lu ensemble le jour du sabbat dans la prairie. Je me tus. Il criait : « Ce livre est-il en ta possession ! »

— « Je répondis : « Ce livre est chez moi. »

— « Quand il réitéra sa question : « Où est-il ? » — je me tus. Il m'aurait frappé, mais, par égard pour ma fonction dans la synagogue et pour le grand amour que le peuple porte à ma voix, il craignit de me toucher. Il se mit seulement à fouiller partout dans ma chambre, et, en mettant mon lit sens dessus dessous, il découvrit ce livre. Il voulait le porter au rabbin ; je tombai à ses genoux et je le suppliai de n'en rien faire, puisqu'autrement on ne me permettrait plus de chanter devant le Seigneur et l'on me ravirait l'affection que mon peuple ressent pour moi à cause de mon chant. Mon père lui-même s'effraya de cette perspective, car il est fier de ce que son fils encore si jeune soit honoré dans la Synagogue et il estime que c'est parce que je chante les louanges de l'Éternel et que je donne au peuple les paroles de la prière que l'Éternel bénit ses affaires et lui pardonnera ses péchés. Il ne livra donc pas ce livre au rabbin, mais le brûla lui-même et, pendant que cet ouvrage flambait, mon père riait et sautait de joie. »

— « Et, toi, Éléazar, tu en as été témoin et tu t'es croisé les bras ? », demanda Meir d'une voix tremblante.

— « Et qu'y pouvais-je ? » répliqua le chantre.

— « J'aurais pressé ce livre contre ma poitrine de toute la force de mes mains et j'aurais dit à mon père : Si tu veux jeter ce volume au feu, précipite-moi aussi dans les flammes ».

Meir prononça ces paroles, le regard étincelant et la rougeur au front. Éléazar, triste et confus, continuait à baisser la tête.

— « Je n'ai pas pu », murmura-t-il, « je craignais que l'on ne me repoussât de l'autel du Seigneur et qu'à la face du peuple, l'on ne me déclarât impie, mais regarde-moi, Meir, et vois si je n'aimais pas les écrits de notre maître à l'égal de ma propre âme... Depuis qu'ils ont disparu de ma chambrette, ma figure a pâli et mes paupières sont rouges de larmes... »

— « Oh tes larmes! tes larmes! » s'écria Meir en se laissant brusquement tomber sur un siège et en se prenant la tête des deux mains, « oh! tes larmes, tes larmes! » répétait-il d'une voix singulière, moitié ironique et moitié attendrie, « elles pourront couler des siècles, sans qu'il en résulte aucun bien ni pour toi, ni pour moi, ni pour le peuple d'Israël! Éléazar, je t'aime comme un frère! Tu es la prunelle de mes yeux! Cependant tes larmes me déplaisent et je ne puis supporter la vue de tes paupières rougies. Éléazar, ne me montre jamais de larmes, mais que j'aperçoive une fois de la flamme dans ton regard, de la force dans cette voix que le peuple chérit tant qu'il lui obéirait aussi docilement que l'enfant à sa mère. » En maudissant de la sorte les larmes de son ami. Meir avait lui-même les yeux en pleurs. Pour ne pas les laisser voir, il se couvrit le visage de la main et en imprimant à son corps un balancement pénible, il reprit :

— « Oh! Éléazar! qu'as-tu fait en tolérant que ton père brulât ce livre! Où découvrirons-nous maintenant une autre source de sagesse! Où entendrons-nous la voix de notre unique maître! Les flammes ont dévoré l'âme de nos âmes, les cendres de cet ouvrage ont été jetées sur le fumier et les vents les ont dispersées aux quatre coins et si l'âme de notre maître voit cette destruction, elle s'attristera beaucoup et dira : Voilà que les hommes ont peur de moi une seconde fois! A ces mots, il ne put dominer plus longtemps l'émotion qui s'emparait de lui. De grosses et abondantes larmes, filtrant à travers ses doigts, tombaient sur la surface rugueuse de la table. Soudain, il cessa de gémir et de pleurer, et, sans changer d'attitude, s'enfonça silencieusement dans sa douleur ou ses méditations.

Éléazar ouvrit la fenêtre.

Les premiers rayons du soleil levant teintaient de reflets roses et dorés les nombreux sentiers qui sillonnaient ce sol sablonneux. Le long de l'un de ces brillants sentiers cheminait pieds nus un individu de haute et forte carrure. Ses pas lourds ne tardèrent pas à résonner sous la fenêtre auprès de laquelle se tenaient assis les deux jeunes gens. Meir leva les yeux et, quoi qu'il n'eut qu'à peine le loisir d'entrevoir la tête ébouriffée et les lèvres bouffies du passant, il reconnut Jochel.

Quelques minutes après, deux individus habillés de noir glissèrent rapidement sous la fenêtre béante. L'un grave, élancé, avec un sourire de contentement sur le visage, l'autre ramassé, vif, le front ridé et avec d'épais cheveux gris : c'étaient Moreyné Kalman et Abraham Ezofowicz.

Visiblement ils n'avaient pas traversé la place, car on les y eut aperçus plus tôt, mais ils venaient de se faufiler par une communication dissimulée entre les murs et les cours des habitations, puisqu'ils débouchèrent tout à coup de derrière un angle de l'hôtellerie. Leur démarche, leur silence et l'expression sombre et inquiète des traits d'Abraham, laissaient deviner qu'ils désiraient vivement que personne ne les remarquât. Une fois qu'ils eurent franchi l'espace où les ordures accumulées assourdissaient le bruit de leurs pas, ils disparurent, dans les profondeurs du vestibule encore entièrement obscur et qui servait en même temps d'écurie.

Éléazar détacha en cet instant son regard du livre de piété dont il commençait la lecture et, se tournant vers Meir, il s'écria :

— « Meir, pourquoi ta physionomie est-elle devenue si sévère ? Je ne t'ai jamais vu tant de dureté. »

On aurait pu croire que Meir n'entendait même pas l'exclamation de son ami. Les yeux cloués à terre, il se murmuraît à lui-même.

— « Mon oncle Abraham ! Mon oncle Abraham ! Malheur à notre maison ! malheur et honte à la maison des Ezofowicz ! »

Dans la pièce voisine qu'une mince claison et une porte basse séparaient de la chambrette du chantre, s'entre-croisaient des voix nombreuses et bruyantes. D'abord Jankiel cria à sa femme d'emporter ou d'emmener les enfants dehors; ensuite Yenta traîna sur le plancher ses savates éculées ; les enfants, éveillés en sursaut, pleurnichèrent et, pendant que leurs plaintes perçantes s'éloignaient dans le fond de l'appartement, il y eut un remue-ménage hâtif de tabourets, auquel succéda un échange de propos tenus à demi-voix, mais distincts, parce qu'ils étaient passionnés.

Meir s'élança subitement de son siège.

— « Éléazar ! » dit-il précipitamment, « partons d'ici ! »

— « Et pourquoi ! » demanda le chantre en s'arrachant une seconde fois à sa lecture pieuse.

— « Car cette cloison est mince » reprit Meir.

Il n'acheva pas et se tut soudain, en entendant une violente exclamation de son oncle Abraham.

— « Je n'en savais rien, Jankiel ; tu ne m'en as rien dit. »

Jankiel partit d'un éclat de rire bilieux et strident.

— « Parce que j'ai du sens commun », s'écria-t-il. « Je n'ignorais pas, Abraham, qu'il serait difficile de te faire consentir à une pareille affaire ! mais que quand je l'aurais menée à bien à moi seul... »

— « Chaa ! » grommela Kalman, et les deux voix qui discutaient baissèrent de ton.

— Éléazar ! Va-t'en d'ici ! » s'écria Meir.

Le chantre ne comprenait pas.

— « Éléazar ! Veux-tu honorer ton père, ainsi que cela a été ordonné sur le Mont-Sinaï ? »

Le fils de Kamionker soupira.

— « Je supplie l'Éternel, en pleurant, de pouvoir honorer mon père... »

Meir lui saisit le bras.

— « Alors, éloigne-toi d'ici ! Car si tu y restes encore un moment, jamais, non plus jamais, tu n'honoreras ton père... »

Le jeune homme prononça ces paroles avec un tel emportement qu'Éléazar pâlit et se troubla fort.

— « Et comment m'en irais-je d'ici ! » chuchota-t-il, « s'ils sont en train de débattre une importante affaire... »

A ce moment, retentit de nouveau de l'autre côté du mur une exclamation plus bruyante de Jankiel.

— « Le tailleur Schmoule, qui est un indigent, et le cocher Jochel, qui est un voleur, réaliseront tous deux un gros bénéfice... »

— « Et les paysans qui chariaient l'eau-de-vie ? » demanda Abraham.

Jankiel se mit à rire.

— « Corps, âmes et biens, mes cabaretiers les tiennent au fond de leur poche. »

— « Chaa ! » grommela de nouveau Kalman, plus flegmatique et plus prudent que ses compagnons.

Cette fois, Éléazar se prit à trembler. Un soupçon lui traversa l'esprit.

— « Meir ! Meir ! » balbutia-t-il avec une véhémence en dehors de ses habitudes, « je veux sortir d'ici, mais je crains de passer devant eux, parce qu'ils se douteraient que j'ai surpris quelque chose de leur secret... »

Meir recula d'une main la table placée devant la fenêtre et de l'autre poussa son ami vers cette fenêtre.

Éléazar disparut en un clin d'œil de la chambrette. Alors Meir se redressa et se dit à lui-même :

— « Or donc, maintenant, je me montrerai à eux ! qu'ils sachent qu'il y a eu ici des oreilles qui ont pu les entendre. »

A ces mots, il ouvrit la porte basse et entra dans la salle voisine. Une petite table en bois blanc séparait seule trois individus assis près du mur sur des escabeaux très rapprochés ; Jankiel et Abraham, accoudés tous deux et penchés l'un vers l'autre, Kamionker raide, superbe, sous sa houppelande de satin, brillante comme toujours. Jankiel avait la figure enfiévrée et d'un rouge de brique, Abraham était pâle ; l'avidité et la friponerie perçaient dans le regard du premier, le second baissait à terre les yeux comme un homme très tourmenté et au comble de l'hésitation. Mais rien ne pouvait troubler la quiétude plastique de Kalman, ses joues conservaient leur fraîcheur ordinaire et ses lèvres ne se départissaient pas du sempiternel et béat sourire d'un parfait contentement.

En franchissant le seuil de la salle, Meir entendit encore distinctinctement ces paroles de son oncle Abraham :

— « Et si le château entier brûle en même temps que le magasin d'eau-de-vie ! »

— « Ho la la ! » répartit ironiquement Kamionker, « le beau malheur ! Ce sera un édomite de plus réduit à la mendicité ! »

En achevant ces paroles, il se tut et frémit de peur ou de colère, à la vue de Meir qui s'avançait dans la pièce ; ses deux compagnons le remarquèrent également. Le souriant Kalman demeura bouche béante et le front d'Abraham se creusa davantage encore.

L'effet causé par son apparition n'échappa point à Meir. Dès qu'il eut passé le seuil, il s'arrêta un moment et fixa sur le visage de son oncle un regard pénétrant, hardi et en même temps si humble, si triste, si suppliant, qu'Abraham cligna des paupières et baissa les yeux. Sa tête grisonnante se courba, ses mains retombèrent sur ses genoux et commencèrent à trembler.

Meir traversa lentement cette pièce et se trouva au milieu d'une autre qui eut été absolument vide, sans la présence de Jochel debout entre le mur et le poêle, dans une attitude expectante, frottant ses haillons contre la paroi blanchie, son regard imbécile cloué sur ses pieds nus.

Jankiel salua le départ de Meir de l'exclamation :

— « Ah ! ah ! le maudit ! »

Abraham et Kalman se turent longtemps.

— « Pourquoi, Jankiel, nous as-tu amenés en un pareil endroit ? » demanda flegmatiquement Kalman.

— « Que ne nous as-tu averti que, derrière cette porte, il peut y avoir quelqu'un qui nous écoute ? » grommela Abraham d'un ton de fureur.

— « Comment pouvais-je y soupçonner la présence de ce maudit gamin ? Par où s'y est-il introduit, à moins que ce ne soit par la fenêtre, comme un voleur ? »

— « Bah ! » ajouta-t-il après un moment de réflexion, en reprenant un peu d'assurance, « Qu'importe qu'il nous ait entendus ? C'est un Israélite ! C'est un des nôtres ! Il n'osera laisser échapper de sa bouche aucune bouffée d'air contre nous. »

— « Il peut oser », fit observer Kalman. « Mais nous aurons l'œil sur lui et au moindre mot de ses lèvres, nous le plierons en arc... »

Abraham se leva.

— « Faites ce qui vous plaira », dit-il brusquement, « mais je ne veux pas me mêler de cette affaire. »

Jankiel lança sur lui un regard venimeux.

— « Eh ! tant mieux ! » murmura-t-il. « Notre bénéfice, à moi et à Kalman, n'en sera que plus considérable, car celui qui a le risque doit aussi avoir le profit. »

Abraham s'assit. Sa physionomie impressionnable, nerveuse, ravinée par des passions contradictoires, trahissait une lutte pénible.

Jankiel, qui tenait à la main un petit morceau de craie, se mit à écrire sur une tablette noire.

— « Huit mille muids », disait-il, « à quatre roubles [1], le muid valent 32,000 roubles. Trois en 32,000... soit 1066, roubles 66 kopecks 1/3. Jochel et Schmoule recevront 600 roubles chacun et il y aura pour nous 10,066 roubles, 66 kopecks 1/3. »

Abraham quitta de nouveau son siège, mais ne prononça pas une seule parole, les yeux baissés, froissant son mouchoir entre ses doigts. Au bout d'un moment, il demanda sans relever les paupières :

— « Et quand cela s'exécute-t-il ? »

— « Très prochainement » répliqua Jankiel.

Abraham n'ajouta pas un mot, ne prit congé d'aucun de ses compagnons et sortit précipitamment de la pièce.

L'affluence des gens et des voitures qu'attirait la grande foire commençait à remplir la vaste place de mouvement et de bruit. Toute la population de la ville, déjà sur pieds,

1. Le rouble a une valeur nominale de quatre francs, le kopeck est la centième partie du rouble. (Note du Traducteur.)

se préparait à brasser ce jour-là quantité d'affaires les plus variées. Aussi personne ne dormait plus dans la maison des Ezofowicz, tous levés plus tôt que d'habitude.

Dans l'aile de la maison où Raphël et Ber demeuraient avec leurs familles, plusieurs voix d'hommes discouraient à haute voix, avec vivacité et enjouement. On y énumérait divers articles de commerce, en regard desquels on alignait de longues rangées de chiffres. A ces propos se mêlait de temps à autre un récit débité d'un ton traînant, suivi d'exclamations de surprise, de questions tumultueuses ou de joyeux éclats de rire. On sentait le calme et la quiétude de gens qui travaillent avec zèle à leur bien-être et à celui de leurs familles et qui adoucissent les tracas quotidiens de l'existence par une franchisse, une confiance et une amitié réciproques.

Dans son vaste et clair salon, embaumé de la senteur des sapins, dont les aiguilles jonchaient ce jour-là le plancher, balayé et lavé plus soigneusement encore que d'habitude, assis sur le vieux canapé jaune, devant une table couverte d'une nappe de couleur voyante, le vieux Saül, avec son éternelle houpelande de satin brillant, ses cheveux gris sous une calotte de velours, remuait d'une cuillère d'argent massif et humait lentement un thé exquis. Ce matin-là, l'énorme samowar, étincelant comme l'or, n'occupait pas sa place ordinaire sur le buffet, derrière la vitre duquel s'étageaient de riches ustensiles de ménage et de table, mais bouillait à grand feu et dégageait des bouffées de vapeur dans une belle salle avoisinante, propre et entourée de bancs et de tables, et qu'éclairait vivement la flamme d'un grand fourneau de cuisine. Le fait d'avoir allumé cet énorme samowar et ce fourneau de cuisine, le va-et-vient des femmes et de toute la domesticité de la maison, la blancheur immaculée des rideaux appendus aux fenêtres du salon, constituaient autant de symptômes révélant que cette famille de marchand espérait ce jour-là des hôtes nombreux dans son opulente habitation et qu'elle s'employait activement et gaiement aux préparatifs nécessaires pour les bien recevoir.

La matinée n'étant pas avancée, le vieux Saül se trouvait encore seul à se délecter évidemment de cette atmosphère d'ordre et d'aisance qui l'entourait, ainsi que de l'écho des conversations et du remue-ménage qui remplissaient du sommet à la base cette demeure spacieuse et peuplée. C'était l'un de ces moments, assez rares d'ailleurs, qui donnaient au grave patriarche de cette antique famille la plénitude du sentiment des faveurs et des honneurs abondamment répandus par Jéhovah sur sa vieillesse bénie.

Cependant, à peine Meir se fut-il montré à la porte du salon que l'expression de contentement qui animait la prunelle du vieillard disparut. Sans doute que la vue de son petit-fils lui remettait en mémoire une épine oubliée au milieu de ces fleurs de son existence dont il venait d'évoquer le souvenir reconnaissant. C'est qu'un premier coup d'œil sur ce jeune homme causait l'impression sinon d'une fausse au moins d'une mélancolique et orageuse note mêlée à un concert harmonieux et gai. Meir avança hardiment et rapidement au milieu du salon, mais quand son regard rencontra celui de son grand-père, il pencha un peu la tête et ralentit son pas. Il s'approchait jadis de son aïeul et bienfaiteur avec la confiance et la câlinerie d'un enfant gâté. Il sentait maintenant qu'entre lui et le vieillard, qui avait veillé sur son enfance et sur sa jeunesse, s'élevait une barrière toujours plus haute et toujours plus forte, formée de ses paroles et de ses actes. Il regrettait l'ancienne tendresse de ces yeux presque éteints, qui le considéraient maintenant avec sévérité et colère. Aussi est-ce la paupière baissée tristement, le maintien embarrassé et la voix presque humble et suppliante que, debout devant son grand-père, il lui dit :

— « Grand-père, je voudrais t'entretenir seul à seul d'une grave affaire. »

Le spectacle de l'hésitation avec laquelle celui de ses enfants, qui était son favori, l'abordait, rendit Saül moins rigoureux, mais plus soucieux.

— « Parle, » lui répondit-il laconiquement et doucement.

— « Grand-père, me permettrais-tu de fermer portes

et fenêtres pour que personne ne puisse nous entendre? »

— « Ferme! » répartit Saül, qui attendait déjà avec une certaine inquiétude la suite de cette conversation avec son petit-fils.

Meir, après avoir fermé portes et fenêtres, se plaça tout près de son aïeul et commença en ces termes :

— « Grand-père! Je sais que mes paroles t'occasionneront de nouveaux chagrins et de nouveaux tracas. Mais à qui dois-je m'adresser? Tu as été pour moi un père et un bienfaiteur. C'est vers toi qu'à chacune de mes afflictions mon cœur m'attire. »

Sa voix trembla. Sa figure exprimait l'affection profonde qui le poussait aux genoux et dans les bras du vieillard. Saül, visiblement attendri et le regard ravivé, lui répondit :

— « Dis tout! Malgré mes raisons d'être irrité contre toi de ce que tu n'es pas tel que mon âme eut souhaité te voir, je n'oublierai jamais que tu es le fils d'un fils trop tôt disparu à mes yeux. Si tu as quelque embarras, je te l'ôterai de l'esprit, et si quelqu'un t'a fait tort en quoi que ce soit, je me placerai en face de ton offenseur et je le punirai à ta place... »

Ces paroles réconfortèrent Meir et l'enhardirent :

— « Grand-père! » dit-il d'une voix déjà plus assurée « aucun souci, grâce à toi, n'obsède mon esprit et personne ne m'a causé le moindre préjudice. Mais j'ai appris un terrible secret qui me rend très perplexe. Je ne puis le garder pour moi seul. J'ai donc résolu de te le communiquer, afin que par l'influence que te donnent tes cheveux blancs et ton autorité sur les âmes humaines, tu préviennes le péché et la honte... »

Saül se mit à scruter le visage de son petit-fils avec une curiosité chagrine :

— « Oh! » dit-il, « le mieux est de ne jamais surprendre de secrets terribles ou de rester au moins bouche close en pareille matière. Mais je crains qui si tu ne me dévoiles pas ton cœur, tu n'ailles t'ouvrir à d'autres gens et qu'il n'en résulte de nouveaux désagréments... Parle donc, quel est ce terrible secret? »

Meir répondit :

— « Le voici : Jankiel Kamionker a pris à ferme du propriétaire Kamionski une grande distillerie... Il a fabriqué dans le courant de l'été 6000 muids d'eau-de-vie, sans les vendre. Il ne les vendait pas, parce que les prix étaient bas. Maintenant que les prix ont monté, il veut tout vendre, en évitant de payer les droits dus au gouvernement... »

— « Parle plus bas » murmura Saül, dont le ton trahissait une inquiétude croissante.

Meir reprit presque en chuchotant :

— « Pour ne pas payer l'impôt, Kamionker a soutiré cette eau-de-vie du magasin la nuit dernière et l'a transportée à la butte des Caraïtes, où les cabaretiers accourus de différents endroits l'ont marchandée et achetée... Mais il s'est dit : que sera-ce quand l'inspecteur viendra visiter le magasin et n'y trouvera pas d'eau-de-vie ? Il y aura là une grande responsabilité et un gros procès. Il loua donc deux hommes... Grand-père, il tenta à prix d'argent deux indigents... »

— « Chaa ! » s'écria Saül d'une voix étranglée. « Tais-toi et qu'il ne tombe point de tes lèvres une parole de plus ! J'ai déjà deviné la fin de ton récit. »

Les mains du vieillard tremblaient. Ses sourcils grisonnants se rapprochaient, hérissés.

Meir, tourmenté et silencieux, considérait son grand-père d'un œil plein d'anxiété.

Saül, après une longue pause, soulevant un peu ses paupières, dit d'une voix hésitante :

— « Tes lèvres en ont menti ! Cela ne peut pas être ! »

— « Grand-père » chuchota Meir, « c'est la vérité, comme il l'est que le soleil nous éclaire aujourd'hui ! Et pourquoi cela ne pourrait-il pas être ! Ne t'est-il pas revenu, grand-père, que de pareils faits se sont produits l'avant-dernière et la dernière année en plusieurs localités... Ils deviennent de plus en plus fréquents et le cœur de chaque honnête Israélite en frémit de douleur et son front en rougit de honte ! »

— « D'où peux-tu savoir tout cela ? Comment peux-tu

si bien comprendre tout cela? Je ne te crois pas? »

— « D'où je sais et comment je comprends tout cela, grand-père ! J'ai été élevé sous ton toit. Quantité de gens fréquentaient ta maison. Juifs et chrétiens, marchands et propriétaires, riches et pauvres s'y pressaient, s'y entretenaient d'affaires avec toi et moi j'écoutais et je comprenais. Pourquoi ne devrais-je pas comprendre maintenant ? »

Saül se tut de nouveau. Les sentiments les plus contradictoires se peignaient sur son visage profondément altéré. Tout à coup la colère contre son neveu gonfla sa poitrine.

— « Tu en comprends trop ! » s'écria-t-il, « tu es trop curieux. Ton âme agitée répand l'inquietude partout ! Tu empoisonnes le repos de ma vieillesse ! Aujourd'hui j'ai été heureux, tant que mes yeux ne t'ont pas aperçu ! A peine es-tu entré que les soucis sont venus à ta suite ! »

Meir courba la tête.

— « Grand-père ! » dit-il tristement, « pourquoi me grondes-tu? Ce n'est point ma propre affaire qui m'a amené chez toi... »

— « Et qu'as-tu à te mêler d'affaires qui te sont étrangères ? » reprit le vieillard d'une voix hésitante.

— « Ce ne sont point des affaires qui nous soient étrangères » répliqua Meir avec plus de vivacité. « Kamionker est Israélite, il est nôtre, et pourquoi contamine-t-il l'âme d'Israël par ses vilaines actions et nuit-il à sa réputation dans le monde? Grand-père, ces affaires ne te sont point non plus étrangères ! Ton fils Abraham y est fourré. »

Saül bondit, puis se laissa retomber sur son canapé.

— « Mon fils Abraham ! » s'écria-t-il.

Il fouilla d'un regard perçant et scrutateur la physionomie de Meir.

— « Tu ne mens pas ? »

— « J'ai vu et entendu... » murmura Meir.

Saül réfléchit un moment.

— « Oh ! » reprit-il lentement, « tu as le droit de te plaindre à moi de ton oncle. C'est le frère de ton père et son acte pourrait amener de grands malheurs et beaucoup de honte sur toi et sur toute notre famille. Jamais pareils tripotages n'ont eu lieu dans la famille des Ezofowicz et je defendrai à mon fils de participer à cette affaire. »

— « Grand-père ! Dis également à Kamionker et à Kalman de renoncer à de semblables agissements ! »

— « Sot que tu es ! » repartit Saül. « Est-ce que Kamionker et Kalman sont mes fils ou les maris de mes filles ? Ils ne m'ecouteront pas ? »

— « S'ils ne t'écoutent pas », s'écria Meir. « alors, grand-pere, accuse-les devant le propriétaire Kamionski, cite-les devant la justice ! »

Saül leva sur Meir un regard soudainement étincelant.

— « Tes avis sont détestables », s'ecria-t-il avec indignation. « Ton cœur deborde de bile et d'absinthe contre ta propre nation ! Quoi ! Toi ! Tu veux faire de ton grand-père un dénonciateur ! Tu veux que ton grand-père mette en péril les têtes d'Israélites, ses frères ! » Il allait ajouter quelque chose encore ; en ce moment la porte s'ouvrit, et plusieurs Israelites, attirés des environs par le marché de Szybow, entrèrent dans le salon. C'étaient de graves et opulents fermiers ou des tenanciers de propriétés du voisinage. Saül se souleva légèrement pour les saluer, mais ils s'approchèrent de lui avec empressement, lui serrerent la main et lui déclarèrent, au milieu de souhaits en faveur de sa santé, s'être proposé en arrivant à Szybow moins d'y traiter d'affaires ce jour-là que de rendre visite au sage Rebé Saul, si hautement apprécié par eux. Reb Saul repondit aux gracieusetés de ses hôtes par d'autres politesses analogues. Il leur montra, d'un geste noble, les sieges disposés autour de la table et, sans quitter lui-même sa place honorifique sur le canapé jaune, il battit de ses mains maigres et ridées. A ce signal une alerte fille de service accourut de la pièce voisine, et plaça devant les hôtes un plateau d'argent chargé de verres de thé. Ceux-ci remerciaient de sa réception le respectable maître de maison par force sourires et salutations ; il degusterent avec un plaisir visible le thé, dont l'arome pénetrant se répandit dans le salon entier et engagèrent aussitôt un entretien des plus animés relativement à leurs affaires commerciales et familiales.

Meir, reconnaissant que c'est en vain qu'il se flatterait de retrouver maintenant la possibilité de causer à nouveau avec son grand-père, gagna la vaste cuisine où régnait un bruit d'enfer. Elle regorgeait d'hôtes, mais très différents de ceux que le maître de maison traitait dans son salon.

Une quinzaine d'individus, en pauvres habits fripés, se tenaient assis sur les bancs, le long des murs, et Sarah, fille de Saül, ainsi que sa belle-fille, femme de Raphaël, en conversant aimablement avec eux, leur distribuaient des verres d'hydromel, des petits pains blancs et un soupe à l'orge fumante, attentions auxquelles ceux qui les recevaient, tous gens de la classe indigente : éleveurs de bestiaux, cabaretiers, commissionnaires et petits trafiquants de la banlieue de Szybow, répondaient par de gais propos empreints d'une certaine timidité et par d'humbles remerciements pour ce qu'on leur offrait. Leur teint hâlé, leurs corps amaigris et leurs mains rugueuses dénotaient une vie de misère, de soucis et de lutte acharnée pour l'existence. La plus chétive somme attribuée hors du logis à la nourriture leur eut été une dépense conséquente et préjudiciable ; aussi, chaque fois qu'ils venaient au marché de Szybow, ils se dirigeaient tout droit vers l'habitation des Ezofowicz, aux portes hospitalières, toujours largement ouvertes et où une tradition deux fois séculaire leur assurait un accueil empressé et généreux.

Donc deux femmes, en jupes de soie, avec des boucles d'oreille d'or, des fleurs aux bonnets et le sourire aux lèvres, circulaient activement entre le fourneau de cuisine, dont la flamme projetait des reflets rougeâtres et les fenêtres contre lesquelles s'allongeaient les bancs qu'occupaient ces hôtes pleins de déférence et de gratitude. De l'autre côté des fenêtres apparaissaient en foule d'autres physionomies et des mains tendues : là stationnaient les frères les plus pauvres, attirés au marché par l'envie non de trafiquer et de réaliser un gain, mais d'éveiller la pitié de leurs coreligionnaires plus fortunés. Aux haillons qui les couvraient, on pouvait reconnaître des mendiants précipités dans la détresse la plus extrême par diverses vicissitudes du sort et que la charité publique, quoique assez développée au sein de la communauté de Szybow, ne parvenait pas à prendre sous son égide. Les servantes distribuaient par la fenêtre à ces indigents du pain, du lait caillé, et de menues monnaies de cuivre. La rumeur de leurs remerciements, se répandant dans la pièces, enflait visiblement de satisfaction les deux femmes qui présidaient à ces bonnes œuvres, car elles souriaient avec une joie et une fierté croissantes et tiraient du fond de leurs poches de nouvelles poignées de piecettes.

De gaies et bruyantes scenes se deroulaient encore dans un autre coin de la cuisine. Une bande d'enfants de la maison, formee d'une quinzaine de garçons et de fillettes de tous âges, groupés près du mur, dans leurs habits de gala, avaient à portée de leurs levres les friandises des jours de fêtes. Les garçons plus âgés examinaient en silence les étrangers qui ne cessaient de se succéder et écoutaient curieusement leurs propos ; les fillettes semblaient au contraire ne rien voir autour d'elles, tout entieres au ravissement des jupes de couleur dont on venait de les attifer, des colliers de perles passes à leur cou et des longs rubans enroulés autour de leurs tresses brunes ou blondes. Les marmots rampaient à terre, en riant aux éclats ou en pleurant, et tout ce petit monde dévorait avec gourmandise des craquelins dores ou de grosses tartines de pain brillantes d'une épaisse couche de miel. Immédiatement à côté de cette troupe de ses petits-enfants et arrière-petits-enfants siegeait sur un banc Freyda, l'aieule. Le brouhaha de pareilles journées et l'affluence au logis de visages inconnus secouaient son esprit assoupi et y ravivaient le souvenir d'un passé évanoui. Sa mémoire lui retraçait alors le tableau de l'epoque lointaine où, heureuse femme de son bien-aime Hersz et acceptant comme siennes les traditions et les coutumes de la maison de son mari, elle appliquait son cœur, son intelligence et ses forces à les maintenir dans toute leur splendeur. Elle promenait autour d'elle avec plus de vivacité que d'ordinaire ses jaunes prunelles et sur ses lèvres amincies errait le sourire d'un parfait contentement. Ses petites-filles l'avaient éveillée plus tôt, aidée à sortir de son lit, revêtue de ses vêtements les plus précieux et maintenant, avant de l'introduire au salon, où elle allait occuper, comme toujours, sa place auprès de la fenêtre dans le plus beau fauteuil de la maison, on achevait sa toilette. Lia, aux yeux noirs, attachait au turban de son aieule une étoile de diamant ; l'une de ses plus jeunes sœurs lui mettait des boucles d'oreilles également ornées de diamants énormes; une autre lui ajustait autour du cou des rangées de perles et lui disposait sur la poitrine une lourde chaîne d'or, de façon à ce qu'elle retombât avec élégance au milieu des plis du corsage blanc. Les jeunes filles, en s'acquittant de ces soins, souriaient, reculaient un peu la tête pour mieux juger de leur œuvre, lançaient parfois un regard espiègle sur leur aïeule, ou déposaient un bruyant baiser sur son front ridé. Les cabaretiers, les fermiers, les pauvres détaillants considéraient ce groupe formé d'une centenaire, doyenne de sa famille, et des fraîches jeunes filles qui la paraient; ils hochaient la tête d'étonnement de son grand âge, de ses riches joyaux et de l'amour qu'on lui témoignait ; des exclamations admiratives s'échappaient de leurs lèvres et leurs yeux exprimaient une vénération attendrie.

Au contraire, l'autre partie de la maison où, un quart d'heure auparavant, résonnaient les vifs et joyeux propos des aînés de la famille, restait actuellement absolument déserte et silencieuse.

Meir traversa un étroit corridor, et, ouvrant la porte de l'appartement de son oncle Raphaël, rencontra au seuil son jeune cousin et ami Chaïm qui sortait à la hâte, sa figure, presque enfantine, ombragée de boucles blondes, animée et extraordinairement épanouie.

— « Où est mon oncle Raphaël ? » demanda rapidement Meir.

— « Où il est ? » répondit très vite l'adolescent. « Il est allé au marché avec Ber acheter des bœufs ».

— « Et toi, Chaïm, où vas-tu ? »

Le garçon n'entendit même pas cette question. Il écarta impatiemment son cousin de sa route, enfonça sa casquette sur sa tête, et s'élanca dehors en chantonnant gaîment. Le bruit et l'agitation de cette journée l'avaient aussi mis en joie et il se sentait attiré par le spectacle de la foule et des ventes multiples du marché.

Meir s'avança sur le perron et contempla la vaste place. Le marché ne faisait que commencer, mais, auprès d'une centaine de chariots réunis au milieu de la place, il aperçut Ber discutant vivement avec un groupe de paysans auxquels il marchandait de beaux bœufs arrêtés là. Il distingua également Raphel, debout sur le perron de l'une des habitations sises autour du marché et qui, en compagnie de plusieurs marchands considérables des environs, poursuivait avec eux un entretien, dont on pouvait deviner le sens aux mouvements précipités de leurs mains, car ils semblaient additionner sur leurs doigts les dépenses et les bénéfices prévus ce jour-là ; c'eût été peine perdue que de vouloir s'approcher de ces individus, les plus posés de la famille après Saül, pour engager avec eux une conversation qui ne se rapportât pas directement aux affaires courantes. Meir ne l'ignorait pas et il ne tenta pas d'essais inutiles. Il voyait comme à travers un nuage ou comme en rêve ce monde si bigarré et si remuant qui l'entourait. Il lui semblait étrange que, parmi tant d'individus, aucun ne pensât à ce à quoi, l'eût-il voulu, qu'il n'aurait pu cesser de penser. « Qu'ai-je à y voir ? » se disait-il mentalement. « Qu'y puis-je ? » ajoutait-il en promenant un regard morne de côté et d'autre, et quiconque eut remarqué ce regard, aurait cru à de l'ennui ou à de la lassitude de sa part. Or tout grondait et bouillonnait au fond de sa poitrine. Il ne se rendait pas compte de ses sentiments, mais il avait conscience qu'il ne saurait attendre en silence le moment où la ville rentrerait dans le calme, tandis que, hors de la ville, brillerait la lueur de l'incendie.

— « Quel tort cet homme nous a-t-il causé ? » se disait-il à lui-même.

Il songeait au propriétaire Kamionski.

Son regard hésitant, anxieux, en errant autour du marché, rencontra le perron, qui ornait la maison du négociant Witebski. Debout sur ce perron, le propriétaire de la maison, en redingote courte et ouverte et avec une brillante chaîne d'or et un gilet de satin, fumait un cigare et observait le mouvement croissant du marché de l'air tranquille d'un homme qui n'a aucune intention d'y intervenir. En effet, Witebski s'adonnant principalement au commerce du bois, qu'il achetait en immenses quantités aux propriétaires de plusieurs districts, ne pouvait se livrer à aucune transaction au marché de Szybow. Il était d'ailleurs trop raffiné et trop convaincu de l'importance des affaires qu'il conduisait pour consentir à se mêler à cette tourbe bigarrée qui s'occupait de la vente au détail du blé et des bestiaux.

Meir descendit les marches du perron de sa propre habitation et se dirigea vers Witebski qui, en l'apercevant, eut un sourire aimable et lui tendit sa main largement ouverte.

— « Ah ! ah ! » s'écria-t-il, « vous êtes un hôte rare et agréable! Bah ! je sais que vous n'avez pu venir plus tôt saluer les parents de votre fiancée. Votre rigoureux grand-père vous a enjoint de vous enfermer dans le Bet-ha-Midrash et d'y lire le Talmud ! Bah ! cela ne signifie rien ! Le grand-père est un bon vieillard très-aimé ! Il ne vous a point puni par mauvais cœur ni vous n'avez péché par mauvais cœur ! il est naturel que la jeunesse s'amuse un peu... Allons ! Venez au salon et je dirai à ma femme de se hâter de vous y accueillir en cher gendre. » En devisant de la sorte, ce négociant mondain souriait gaîment, dévisageait avec amitié son futur gendre et le conduisait par la main au salon. Une fois arrivé là, il s'arrêta devant un canapé couvert de reps vert, lança à Meir un coup d'œil malicieux et ajouta :

— « C'est bien, Meir, que vous soyez réservé et que vous rougissiez de voir votre fiancée. J'aime cela. J'ai moi-même été ainsi et tous nos jeunes gens doivent se comporter de cette manière, mais ma fille a été élevée et a vécu dans le grand monde, où les habitudes sont différentes. Elle est très surprise de ne pas connaître son fiancé, alors que la noce aura lieu dans un mois, elle en pleure. Je vais aller la chercher et je l'amènerai ici ; je fermerai les fenêtres, pour que personne ne sache que vous êtes ici ensemble ; causez l'un avec l'autre, faites connaissance... »

A ces mots, il voulut se retirer, mais Meir le retint par la manche de sa redingote.

— « Je n'ai, dit-il, maintenant en tête ni noce ni fiancée ! C'est une toute autre affaire qui m'a amené chez vous. »

Witebski scruta d'un regard pénétrant le visage grave et pâli du jeune homme et se renfrogna un peu.

— « Si ce n'est une affaire ni mienne ni vôtre, qu'avons-nous besoin d'en causer ? »

— « En ce monde », répliqua le jeune homme, « il y a de ces affaires, qui intéressent chacun. C'est un devoir à chacun d'y songer et d'en parler. »

En s'exprimant ainsi, il avait en vue ce que, dans le langage civilisé, on appelle les affaires publiques. Il ne connaissait pas ce terme, mais il sentait profondément et chaleureusement ce qu'il désigne.

— « J'ai appris aujourd'hui un terrible secret... »

Witebski bondit hors du fauteuil où il venait de s'asseoir.

— « Je ne veux connaître aucun terrible secret », s'écria-t-il. « Pourquoi iriez-vous m'en entretenir ? Je n'en suis pas curieux ! »

— « Afin que vous mettiez obstacle à l'exécution de certain projet... »

— « Et pourquoi m'y opposerais-je ? En quoi cela me regarde-t-il ? Qu'avez-vous à me tracasser de tous ces propos ? »

— « Je m'y suis décidé, parce que vous êtes riche, disert, au mieux avec le monde entier, y compris le grand rabbin qui s'épanouit à votre vue. Votre parole peut beaucoup et si vous vouliez...

— « Je ne veux pas ! » interrompit Witebski d'un ton décidé et le front soucieux. « Je suis riche et en paix avec tout le monde, c'est vrai. Mais je vous dirai une chose, Meir... »

Ici, il baissa la voix et ajouta :

— « Si je m'immisçais dans les secrets d'autrui et si j'entravais les affaires du prochain, je ne serais ni riche ni en paix avec les autres, ni prospère, comme je le suis actuellement. »

— « Il m'est très agréable », répondit Meir après un moment de réflexion, « de savoir que vous vous trouviez bien ici-bas ; seulement je ne voudrais pas personnellement être heureux au détriment d'autrui. »

— « Eh ! qui vous parle de tort fait à quelqu'un ? » dit Élie en souriant. « Je ne lèse jamais personne, je commerce honnêtement et tous ceux avec lesquels je suis en relation sont contents de moi et ont pour moi de l'amitié. Je puis, grâce à Dieu, regarder hardiment chacun dans les yeux et ni une larme, ni le moindre préjudice causé à qui que ce soit ne pèse sur la fortune que j'amasse pour mes enfants. »

Meir inclina respectueusement la tête devant son interlocuteur :

— « Je sais que ce que vous dites est exact. Vous menez honnêtement vos affaires. La probité et l'intelligence que l'Éternel vous a départies font honneur à Israël. Mais il me semble que quand l'homme est honnête lui-même, il ne doit pas regarder avec indifférence la malhonnêteté d'autrui, parce que lorsqu'on saurait empêcher qu'il ne soit causé de dommage à son prochain et qu'on s'abstient, on devient soi-même coupable. J'ai appris qu'un de nos frères Israélites est sur le point de porter un grand préjudice à un innocent. Je ne puis rien par moi-même, et je cherche des gens capables de détourner d'un innocent ce malheur. »

Meir fut, le plus inopinément du monde, interrompu à ce passage de son discours par un bruyant et joyeux éclat de rire de Witebski, qui se leva de son fauteuil et, distribuant plaisamment à son hôte quelques tapes sur l'épaule lui dit :

— « Bon ! bon ! Je vois déjà, Meir, que vous avez la tête chaude. Vous voulez vous délivrer de je ne sais quel tracas en vous en déchargeant sur moi. Mille fois merci de ce beau cadeau, je ne l'accepterai pas ! Restez donc tranquille.

Pourquoi irions-nous nous empoisonner la vie, quand nous pouvons avoir une excellente journée? Asseyez-vous dans ce fauteuil et j'irai vous chercher votre fiancée. Vous n'avez pas encore entendu sa musique. Oh ! la ! la ! Comme elle joue ! Ce n'est pas sabbat aujourd'hui, elle pourra un peu jouer et vous l'écouterez. »

Witebski débitait cela avec de l'enjouement dans la voix et dans le regard. Il voulait s'éloigner, mais Meir le retint de nouveau par le pan de sa redingote.

— « Écoutez-moi au moins ! » s'écria-t il.

Witebski eut, dans les yeux, un éclair d'impatience. Il n'en répondit pas moins en souriant :

— « Ah ! Meir ! quel garnement vous êtes ! Vous voulez obliger de force de plus âgés que vous à ce qu'ils ne veulent pas faire. Mais bah ! je vous le pardonne et je m'en vais appeler votre fiancée. »

Il se dirigea de nouveau vers la porte et Meir de nouveau lui barra le chemin.

— « Je ne vous lâcherai pas ! » s'écria-t-il, « avant que vous ne m'ayez entendu, car à quel autre pourrais-je encore m'adresser? Aujourd'hui, tout le monde est occupé d'affaires ou de visites, il n'y a que vous, qui flâniez et ayez du loisir. »

Il se tut. Witebski ne souriait plus, le mécontentement se lisait sur son front habituellement placide ; il lui mit gravement la main sur l'épaule :

— « Écoutez, Meir, » dit-il, « je vous dirai que vous vous engagez dans une mauvaise route. Chacun s'en entretient hautement et il y a des gens qui en éprouvent contre vous une vive irritation : moi, je suis indulgent à votre égard. Je le suis, parce que je ne partage moi-même pas toujours les opinions du plus grand nombre et que je sais que certaines choses en Israël devraient être autrement. Eh ! je le pense, mais je ne le dis jamais ni ne le montre ! Pourquoi en parlerai-je et le manifesterai-je ? En quoi cela aiderait-il à quelque chose? Si Dieu lui-même a établi ce qui est tel que cela est, alors moi, par mon opposition, je le tournerai contre moi, et si c'est une invention et une erreur humaine, il se trouvera, sans moi, des gens pour opérer les transformations nécessaires. Suis-je un juge ? Je ne suis pas même un rabbin, donc je me tais, je n'offusque ni Dieu ni les hommes, je ne me mets à la traverse de personne. Voilà comment, Meir, je voudrais que vous agissiez. Je ne vous imposerai pas mes conseils et je vous permettrai de vivre à votre guise ; cependant puisque vous devez devenir le mari de ma fille, il me faut avoir l'œil sur vous. »

— « Ne vous offensez pas ! » répartit Meir, dont la prunelle flamboyante commençait à frémir d'indignation, « de la parole audacieuse que je vais vous dire. Je ne prendrai jamais votre fille pour femme et ne serai jamais son mari. »

Witebski fut pétrifié d'étonnement.

— « Oh ! » s'écria-t-il au bout d'un instant, « qu'entends-je encore de nouveau ? Votre grand-père ne s'est-il pas arrangé avec moi relativement à Méra et ne lui a-t-il pas envoyé en votre nom les cadeaux de fiançailles ? »

— « Mon grand-père s'est arrangé avec vous, » répondit Meir d'une voix tremblante, « et il l'a fait contrairement à ma volonté. »

— « Ah çà ! » s'écria Witebski au comble de l'ébaubissement, « et pourquoi ? Qu'avez-vous contre ma fille ? »

— « Je n'ai rien contre elle ; toutefois mon cœur n'a pas d'inclination pour elle. Et elle, aussi, ne veut pas de moi... Je l'ai, une fois, en passant sous vos fenêtres, entendu pleurer et se plaindre qu'on voulût la marier à un simple et ignare juif. Et c'est vrai ! Je suis un simple juif sans éducation... Mais son éducation n'est pas non plus de mon goût... Pourquoi lui mettre et me mettre des chaînes... Nous ne sommes plus des enfants et nous savons ce que notre âme réclame et ce qu'elle ne réclame pas... »

Witebski ne cessait de le considérer avec stupeur. Il porta ses deux mains à son front et s'écria :

— « Mes oreilles ont-elles bien entendu ? Mon intelligence a-t-elle bien saisi vos paroles ? Vous ne voulez pas de ma fille ? Vous ne voulez pas de ma belle et instruite Méra ? »

Le rouge lui monta à la figure. Le mondain, doux et

diplomate, se changea en un père offensé et furieux. A ce moment, une porte voisine des deux interlocuteurs, et qui conduisait dans le reste de l'appartement, s'ouvrit avec fracas et au seuil parut Mme Hana, la physionomie en feu et les yeux étincelants. Visiblement en train d'achever sa toilette, elle portait sur elle, au lieu de sa robe de soie ordinaire, un court jupon rouge et une camisole bouffante grise. Le devant de sa perruque était déjà soigneusement frisé et peigné, tandis que par derrière les mèches de ses cheveux pendaient non encore tressées. Elle s'arrêta debout en criant :

— « J'ai tout entendu ! »

Son indignation ne lui permit pas d'en dire davantage. Sa respiration devint haletante, ses yeux lancèrent des éclairs. Elle finit par sauter vers Meir et par lui crier en écartant largement ses bras :

— « Eh quoi ! Vous ne voulez pas de ma fille ? Vous, un simple juif ignare de Szybow ! Vous ne voulez pas prendre pour femme une si belle demoiselle avec une si grande éducation ! Fi ! Le sot ! Le mal appris ! Le libertin ! »

Witebski s'efforçait de modérer l'emportement de sa femme en la tirant par le coude et en lui sifflant presque en plein dans l'oreille :

— « Chaa ! Hana ! Chaa ! »

Mais, à ce moment, Mme Hana n'eut aucunement cure ni de la distinction de son maintien ni de l'apparence esthétique de son extérieur. Elle se démenait sans cesse devant Meir, lui mettait son poing fermé presque sous le nez et vociférait :

— « Vous, Meir, vous ne voulez pas de ma fille ! Oh là là ! Quelle misère ! Nous en mourrons de désespoir ! Elle ne trouvera plus de mari et perdra ses yeux à vous pleurer ! Oh ! Oh ! Faut-il tant de guignon qu'un simple et grossier juif de Szybow ne la veuille point prendre pour femme ! Moi, je l'emmènerai à Vilna et je la marierai à un général, à un comte, voire même à un prince ! Fi ! Que pensez-vous donc ! Que parce que votre grand-père Saül est un riche marchand et que vous avez vous-même hérité de votre père d'une grosse fortune, vous vous croyez déjà tout permis ! Je montrerai à votre grand-père et à toute votre famille que nous nous soucions de vous autant que d'une vieille pantoufle ! »

Élie ferma soigneusement portes et fenêtres. Mme Hana s'élanca vers une commode en bois de frêne placée dans le voisinage du piano, ouvrit un tiroir et se mit à en retirer des écrins à bijoux.

— « Ouf ! » cria-t-elle en éparpillant à terre ces boites, « ouf ! reprenez vos cadeaux ! Portez-les à la Caraïte, à laquelle vous faites la cour ! C'est la femme qu'il vous faut ! »

— « Chaa ! » siffla désespérément Witebski, et il commença à ramasser à terre les écrins. Mme Hana les lui arracha des mains :

— « Je les rapporterai moi-même à son grand-père et je romprai ces fiançailles, » disait-elle.

— « Hana ! » balbutiait son mari, « vous commettriez là des sottises. J'irai moi-même m'en expliquer avec Saül. »

Mais Mme Hana n'entendait même pas les paroles de son mari.

— « Fi ! » criait-elle, « ce sot, ce fou, ce libertin ne veut pas de ma fille ! Il préfère à ma fille la jeune Caraïte ! Eh bien, c'est une grâce du bon Dieu que nous soyons débarrassées de lui ! J'emmènerai Méra à Vilna et elle y épousera un grand baron ! »

*
* *

Midi allait sonner, quand Meir abandonna l'habitation des Witebski, poursuivi par les injures et les malédictions de Mme Hana et par les reproches tempérés et les insinuations conciliatrices d'Élie.

Le mouvement atteignait à son apogée au marché. L'énorme place offrait un encombrement de chariots, de gens, de chevaux et de bétail, si compact, que le plus chétif objet n'eut pu se glisser au milieu de cette foule épaisse, multicolore, hurlant de ses mille voix, véritable fourmilière de têtes d'hommes et d'animaux. Il existait cependant un petit recoin du marché où la presse semblait moins grande. Sous la haute muraille mal blanchie de je ne sais quel bâtiment se tenait assis à terre un vieillard voûté, dans un long vêtement gris en loques, un gros foulard rougeâtre roulé autour du cou. Ses pieds, couverts d'une chaussure usée et empoussiérée, disparaissaient presque totalement sous un amas de paniers et de corbeilles d'osier, de bottes de paille et d'autres spécimens du métier de vannier.

C'était le caraïte Abel.

Quoique ce fut une journée d'été ensoleillée, il avait sur la tête un gros bonnet bordé d'une fourrure de renard jaune et touffue, d'où s'échappaient sur ses épaules les longues mèches de ses cheveux blancs, tandis que son abondante barbe rougeâtre s'étalait en éventail sur sa poitrine. Le soleil dardait de ses rayons son visage rond, petit et qu'on distinguait à peine au milieu de tant de poils. La fourrure de renard retombait sur son front ridé, sans protéger toutefois contre la lumière d'un jour éclatant ses paupières gonflées et rouges, qui clignotaient et cachaient presque ses prunelles.

Auprès du vieil Abel se tenait Golda, svelte, simple, grave comme toujours; son collier de corail lui descendait du cou assez avant sur sa chemisette grise et sa chevelure d'un noir de corbeau s'éparpillait sur ses épaules.

A quelques pas du père et de la fille s'alignait une longue file de chariots chargés de blé, de bois et de petits échantillons de tous les produits villageois ; entre ces chariots beuglaient les bœufs et les vaches ; les veaux vélaient ; les chevaux hennissaient ; les commissionnaires et les détaillants circulaient vivement et de robustes campagnards débattaient à grands cris le prix de leurs marchandises et jouaient des coudes au milieu de la foule. Ce n'étaient que chiffres vociférés à tue-tête, marchandage acharné, rires grossiers, disputes sans cesse renaissantes, pleurs bruyants des enfants et criailleries perçantes des femmes. A tout ce tohu-bohu se mêlait la voix chevrotante du vieil Abel, qui ne se lassait pas de conter des légendes israélites. Le tapage qui l'environnait, loin de le troubler, l'excitait davantage ; plus le bruit augmentait, plus il tâchait d'élever la voix, de façon que ses paroles, quoique tremblantes, perçassent à travers cette multiplicité de rumeurs et restassent distinctes. Et d'un ton cassé Abel disait, ou plutôt psalmodiait nettement :

« Et quand Moïse descendit du mont Sinaï, son visage rayonnait d'une lumière telle que le peuple tomba face contre terre et s'écria comme un seul homme : Moïse, répète-nous les paroles de l'Éternel ! — Et il se fit alors sur la terre et dans le ciel un grand silence. Moïse appela à lui soixante-dix vieillards Israelites et lorsqu'ils l'entourèrent, ainsi que les étoiles entourent la lune, il se mit à répéter à son peuple les paroles de l'Éternel. »

A ce moment, se détachèrent de la foule houleuse deux individus d'une mise convenable mais pauvre, qui passaient auprès d'Abel, quand le nom de Moïse prononcé par le vieillard, frappa leur oreille. Ils s'arrêtèrent et jetèrent les yeux sur Abel.

— « Il est de nouveau à jaser », dit l'un.

— « Il n'en finit jamais », ajouta l'autre.

Il sourirent et continuèrent leur chemin. Une femme, accompagnée de deux ou trois gamins, s'arrêta au contraire, prêta l'oreille et demanda :

— « Qu'est-ce qu'il raconte donc? »

— « L'histoire et la loi du peuple d'Israël » répondit tranquillement Golda.

Les gamins demeuraient bouche béante ; la femme toute proche d'Abel baissa la tête, les hommes riaient sans cesser d'écouter debout. Abel continua en ces termes :

— « Dès que le peuple eut entendu les ordres du Seigneur, il s'écria d'une seule voix : « Nous les exécuterons. » Alors Moïse dressa contre le Mont Sinaï douze pierres sur lesquelles il grava les préceptes du Seigneur et il dit au peuple : que toutes les tribus d'Israël, les vieillards, les jeunes gens, les femmes et les enfants, et chaque homme d'une maison Israélite, et chaque étranger qui se trouve parmi vous, et celui qui scie le bois et celui qui puise l'eau, que tous viennent contracter alliance avec l'Éternel et lui jurer d'accomplir ses lois, comme Il vous a juré d'accomplir ses promesses à votre endroit. »

— « Eh ! » fit observer l'un des assistants, « il débite de belles choses. »

— « Et celui qui scie le bois, et celui qui puise l'eau... » répéta un individu en haillons sordides, en soupirant et en jetant les yeux sur un nuage brillant.

La femme qui, penchée sur Abel, écoutait ses paroles attentivement, tira de la poche d'une jupe qui n'avait plus de couleur un mouchoir sale et, dénouant le nœud formé à l'un des coins, elle laissa tomber aux genoux du caraïte une grosse pièce de cuivre.

Plusieurs autres personnes stationnaient déjà auprès des premières. A quelques pas de ce groupe immobile trafiquaient, marchandaient, se querellaient les gens avides de profits et de lucre, juifs et chrétiens, femmes, hommes et enfants à peine adultes, tandis qu'ici au pied d'une haute cloison blanchie, plusieurs individus, se dérobant à cette foule bourdonnante, silencieux, recueillis d'esprit, le visage épanoui et la poitrine gonflée de soupirs, se transportaient malgré eux dans un monde tout autre, monde spirituel au milieu duquel miroitaient les tableaux et résonnaient les accents d'un passé archireculé, magnifique et sacré. On eût pu croire qu'Abel se sentait l'objet de l'attention du groupe qui l'entourait et que tous les regards cloués sur son visage lui enflammaient le cœur et lui fécondaient la mémoire. De dessous ses paupières rouges et clignotantes, ses prunelles lancèrent une lueur argentée ; il rejeta légèrement de son front parcheminé son bonnet de peau de renard, et lorsqu'il releva la tête, sa longue barbe s'éparpilla davantage encore sur sa poitrine et jusque sur ses épaules. Il ressemblait à un vieux chanteur populaire à moitié aveugle, consolant et perfectionnant par ses strophes l'âme de sa nation. C'est d'un ton plus traînant, plus chantant et plus sonore que jamais, qu'il reprit de nouveau :

— « Quand les Israélites traversèrent le Jourdain, Josué posa à cet endroit deux pierres sur lesquelles il grava les dix commandements de l'Éternel. Une moitié du peuple s'appuya au mont Garizim et l'autre au mont Hébal et tous entendirent de puissantes voix qui criaient de façon à ce que chaque homme de la maison d'Israël pût l'entendre de ses oreilles : « Il rompra son alliance avec l'Éternel, celui qui s'inclinera devant les faux dieux et qui n'honorera pas ses père et mère. Il rompra son alliance avec l'Éternel, celui qui désirera le bien d'autrui ou qui engagera un aveugle dans un mauvais chemin ! Il rompra son alliance avec l'Éternel, celui qui fera tort à l'étranger, à l'orphelin et à la veuve, qui insinuera un mensonge dans l'oreille du prochain et qui dira de l'innocent : « qu'il meure ! » Et lorsque de puissantes voix portèrent ces paroles aux oreilles de tous les Israélites, le peuple entier répondit, comme s'il n'eut eu qu'une seule bouche et une seule voix : « Ainsi soit-il ! »

— « Ainsi soit-il ! » murmurèrent autour d'Abel une quinzaine d'individus qui, un quart d'heure à peine auparavant, emportés par le tourbillon des besoins et des tracas quotidiens, luttaient passionnément pour un centime de perte ou de gain.

Une paysanne chrétienne fendit ce rassemblement, ramassa à terre l'un des paniers épars autour d'Abel et en demanda le prix. Golda le lui indiqua de sa voix toujours calme. La paysanne se mit à marchander, et Golda ne lui répondit point, non qu'elle le fît exprès mais parce qu'elle n'entendait même pas ses paroles, articulées pourtant d'une voix haute et criarde. Son regard ne quittait pas un coin du marché ; une vive rougeur colorait son front et son visage entier, et sur ses lèvres graves s'épanouissait un sourire à la fois enfantin et passionné.

A une trentaine de pas du lieu où se trouvaient Abel et sa petite-fille, Meir, émergeant de la foule et rencontrant moins de presse, se dirigeait vers eux. Il ne les voyait cependant point. Il regardait droit devant lui avec des yeux où se peignant la hâte et l'inquiétude. Il dépassa Abel et Golda, sans même les apercevoir et franchit le seuil de la cour de la synagogue.

Ce jour-là, il ne paraissait pas beaucoup plus facile de traverser cette cour que la place du marché.

Meir s'avançait vers la noire masure du rabbin Todros. Quantité de gens, différents d'âge et d'aspect, s'y rendaient également. plus nombreux à mesure qu'ils approchaient davantage du terme, mais causant plus bas et cheminant avec plus de précaution. Il n'y avait point là, comme au marché, de cris, de disputes, de rires, de bousculades, ni de visages passionnément enflammés, ni de regards brillants de la fièvre du gain, ni de gestes violents et grossiers. Cette foule compacte roulait vers cette chétive cabane dans un silence solennel qu'interrompaient seuls de timides chuchotements.

Meir connaissait le but, le mobile de cette foule et les éléments qui la composaient. Il s'y rencontrait peu où point d'habitants stables de Szybow ; ces derniers, ayant sous la main leur grand rabbin, se dispensaient d'attendre des jours déterminés pour bénéficier de ses conseils, de son enseignement et se réjouir de sa vue. Les riches marchands, les gens aux vêtements dénotant une certaine aisance et un degré supérieur de culture sociale, figuraient là en infime minorité. Des individus décharnés, en loques misérables et usées, aux visages pâles, empreints des transes d'une lutte pénible pour l'existence, souffrants et patients, formaient l'immense majorité, et cela constituait une véritable mosaïque de physionomies jeunes, semi enfantines, féminines et masculines.

Meir, parvenu fort près de la masure, s'arrêta :

— « Pourquoi y vais-je ? » se dit-il en lui-même. « Il ne voudra pas m'écouter maintenant ! »

— « Soit ! » ajouta-t-il aussitôt, « mais à qui donc m'adresserai-je ? »

Après un moment de réflexion, il se mêla de nouveau à la foule et déboucha bientôt avec elle à la porte toute grande ouverte de cette noire masure.

De l'autre côté du seuil, dans une étroite et sombre antichambre, se dressait un véritable mur d'épaules humaines et dominait déjà un profond silence que troublait seulement la respiration difficile de tant de poitrines. Meir se fraya un chemin à travers cette cohue, d'autant plus aisément que la plus grande partie des gens entassés là étaient précisément les hôtes pauvres et humbles, si gracieusement accueillis une couple d'heures auparavant dans l'opulente cuisine des Ezofowicz. En reconnaissant un membre de la famille sous le toit de laquelle ils recevaient une fréquente et cordiale hospitalité, ils s'écartaient de leur mieux afin de lui faciliter l'accès de la pièce succédant à cette antichambre. Ils le faisaient néanmoins avec beaucoup de précipitation et de distraction, parce que leurs regards convergaient vers cette endroit et que pour apercevoir et entendre ce qui se passait, ils se dressaient sur la pointe des pieds, allongeaient le cou, écarquillaient largement leurs yeux rayonnants, stupéfaits, curieux, anxieux et en même temps effrayés. Chaque fois que leur oreille saisissait un fragment des colloques qui s'y poursuivaient, sur leurs lèvres fanées et flétries de misère, de maladie et de travail s'épanouissait le sourire d'une inexprimable béatitude, comme si les paroles ou même le son de voix du sage vénéré par eux fussent une huile odorante, guérissant toutes les blessures de leur existence.

La pièce au seuil de laquelle Meir arrivait maintenant présentait un aspect des plus bizarres. Au fond, sur un banc placé entre le mur et la table, Todros se tenait assis, et rien dans son vêtement ni dans son maintien ne rappelait un jour férié. Il portait la même longue houppelande noire, usée et rapiécée que d'ordinaire, ainsi qu'un bonnet rapé rejeté en arrière de telle sorte que la visière fripée se dressait au-dessus de son front jauni qu'ombrageait une abondante chevelure d'un noir de corbeau à peine sillonnée de quelques fils d'argent. Toujours voûté et la partie antérieure du corps projetée en avant, il ne bougeait pas et se bornait à promener son regard sur les visages des individus entassés contre la muraille en face de lui et qui le considéraient d'un œil extatique, effaré, suppliant.

Entre le vieillard maigre, courbé, immobile, assis sur le banc et les quinze à vingt créatures admises déjà auprès de lui, régnait un espace de quelques pas que personne n'osait franchir, sans une invitation formelle de sa part et deux lumières différentes s'y croisaient : l'une bleue, qu'un ciel serein déversait par la fenêtre ouverte et que dorait le soleil, l'autre criarde, blessante, fumeuse jaillissait de la cheminée où flambait un bon feu.

Près de la cheminée, sur un plancher couvert d'une

couche épaisse de crasse, demeurait accroupi l'inséparable disciple et serviteur du rabbin, le mélamed des mélameds, le pieux et docte Reb Mosché.

Sa chemise grossière ceinte d'une corde, assis sur ses talons nus, il ajoutait sans cesse du bois au feu, et jetait des poignées d'herbes desséchées dans plusieurs vases remplis d'eau bouillante. Outre cette besogne d'apothicaire, il remplissait la fonction d'huissier. C'est lui qui appelait d'au milieu de la foule, réunie dans la pièce et dans l'antichambre, ceux dont, selon son opinion et sa volonté, c'était le tour d'approcher du maître.

En train d'allonger son gros doigt noir vers les figures humaines, pressées contre la muraille, il s'écria d'une voix enrouée :

— « Le cabaretier Schimchel. »

L'homme ainsi désigné et qui portait (métamorphosé et altéré par la suite des âges) le nom de Samson, ne rappelait aucunement par son extérieur son homonyme, le poétique héros et le puissant athlète de la Bible. Petit, maigre, les cheveux d'un roux éclatant, il se glissa hors de la foule, et, s'arrêtant au milieu de la pièce, courba presque jusqu'à terre son visage blanc et semé de taches de rousseur.

— « Saluer le sage, c'est saluer la magnificence de l'Éternel ! » proféra-t-il d'une voix gémissante et tremblante. Ce n'est d'ailleurs pas sa voix seule mais aussi ses mains et ses bras qui tremblaient et, lorsqu'il releva un peu la tête, ce fut pour promener sa prunelle bleue autour de la chambre avec une inquiétude et un trouble voisins de l'égarement.

Isaac Todros, impassible et comme pétrifié, fixa son regard sur la physionomie ahurie de l'homme roux qu'il avait devant lui et voyant au bout d'un moment que cet individu, dans son effarement, ne parvenait pas à prononcer une parole et gardait le silence, il s'écria d'un accent traînant, guttural et nasal :

— « Eh bien ? »

Schimchel leva les bras et, renfonçant sa tête entre ses épaules, se mit à dire :

— « Nassi ! Que ta lumière éclaire mes ténèbres ! Rabbi ! J'ai commis un grand péché et mon cœur frémit de crainte, quand mes lèvres doivent le dévoiler devant toi ! Nassi ! Je suis un homme malheureux... Ma femme Rytka a perdu mon âme pour les siècles, à moins que toi, Rabbi, tu ne nous enseignes comment il me faut la purifier maintenant de ce grand péché. »

L'humble pénitent se prit à bégayer, se tut, et il se passa un instant avant que le courage et la force ne lui revinssent.

— « Nassi ! Moi, ma femme Rytka et nos enfants, nous avons, vendredi dernier, pris place au repas du sabbat. Sur une table se trouvait un plat de viande, sur une autre un pot de lait chauffé par ma femme Ritka pour nos plus jeunes enfants. En puisant de ce lait avec une louche, afin de le verser dans les assiettes, la main lui trembla et une gouttelette de lait tomba de sa cuillère sur le plat de viande. Hélas ! hélas ! sotte femme ! Qu'a-t-elle perpétré ! Elle a rendu impure la viande... »

Le timide Samson s'interrompit de nouveau et le rabbin, sans un geste ni un clignement d'yeux, lui demanda :

— « Ah ! Et qu'as-tu fait de cette viande ? »

A cette interrogation, Samson baissa le front encore davantage et répondit dans cette posture :

— « Rabbi ! Et moi, et ma femme, et mes enfants, nous en avons mangé ! »

Cette fois, des étincelles jaillirent des yeux flamboyants de Todros.

— « Et pourquoi n'as-tu pas jeté aux ordures ces impuretés ? » cria-t-il ; « pourquoi as-tu souillé de ces horreurs tes lèvres et celles de tes enfants ? »

Après un moment de silence, l'inculpé répliqua d'une voix humble, tremblante et qui semblait ramper à terre :

— « Nassi ! Je suis très pauvre, je tiens à ferme une misérable auberge et je n'en tire guère de bénéfices ? Et j'ai six enfants et un vieux père, qui habite auprès de moi et deux neveux orphelins, dont les père et mère sont morts ! Il m'est bien difficile de nourrir moi et ma famille et nous ne mangeons de viande qu'une fois par semaine, le saint soir du sabbat ! La viande kocher n'est pas bon marché... donc, chaque vendredi j'en achète trois livres, que nous sommes onze à manger pour restaurer nos forces ! Je savais que, de toute la semaine, nous n'avions rien mis en bouche, sauf du pain, des oignons et des concombres... J'ai eu regret de cette viande et, quoiqu'il y eut dessus une gouttelette de lait, j'en ai mangé et j'ai permis à ma famille d'en manger... »

L'infortuné Samson exhalait ainsi ses plaintes et s'accusait en même temps et le maître l'écoutait, le visage sombre et menaçant.

Il prit ensuite la parole. Il s'exprima dès le début avec indignation et colère et n'en resta pas moins raide et immobile. Il avançait seulement le cou vers Schimchel en dardant sur cet homme abasourdi et humilié un regard toujours plus ardent et plus furieux. Il prodigua de longues et subtiles explications relativement à l'origine de l'interdiction de mêler les plats de viande avec le lait, cita ce qu'ont écrit à ce sujet différents Tonaïtes et grands rabbinites et les éclaircissements et commentaires que donnèrent de leurs œuvres leurs innombrables successeurs et insista sur la grandeur de la faute que commet l'homme qui, violant ce précepte, ose porter à ses lèvres de la viande contaminée d'une goutte de lait.

— « Devant la face de l'Éternel, ton péché est immense ! » grommela-t-il finalement aux oreilles du pénitent toujours humblement courbé en sa présence. « Tu as rompu par ta gourmandise l'alliance que l'Éternel a conclue avec son peuple élu, tu as transgressé l'un des 613 commandements que doit observer chaque Israélite orthodoxe et tu as mérité d'être frappé de la malédiction qu'Élisée lança contre les jeunes gens qui le persécutaient et Josué contre la ville de Jéricho ! Mais parce que ton corps seul a péché et que ton âme a gardé la foi dans la sainteté de la prohibition de manger de la viande avec du lait et aussi parce que tu es venu à moi avec une vive contrition et une profonde humilité, je te pardonne cet énorme manquement, en vous enjoignant seulement, à toi, à ta femme et à tes enfants, de ne sustenter vos corps ni de viande ni de lait pendant quatre semaines et de distribuer aux pauvres l'argent que vous dépensez pour la viande et pour le lait. Ces quatre semaines écoulées, vos âmes seront purifiées de la grande turpitude qui les souillait et vous vivrez pieusement et en paix avec le reste de vos frères Israélites. Criez : Ainsi soit-il ! »

— « Ainsi soit-il ! » répétèrent en chœur les voix et de ceux qui se trouvaient dans la pièce et de ceux qui remplissaient l'antichambre et de ceux encore qui, se pressant autour de cette masure, y plongeaient des regards avides par la fenêtre demeurée ouverte.

Le petit et roux Samson, soulagé du poids qui lui opprimait la conscience d'une si terrible façon, quoiqu'il fût astreint d'autre part à la penitence d'un jeûne de quatre semaines, suprême aggravation du jeûne déjà sans cela rigoureux et perpétuel de tous les jours de son existence, battit en retraite vers l'antichambre, des larmes d'attendrissement dans les yeux et c'est en balbutiant des remerciements qu'il se perdit au milieu de la foule.

Alors Reb Mosché étendit de nouveau son index du côté des individus rangés contre le mur et il s'écria :

— « Le mélamed Reb Gerson. »

A cet appel, sortit de la foule un homme trapu et voûté, d'épais cheveux noirs éparpillés en désordre sur une grosse tête penchée, le visage sombre et méditatif. C'était le collègue de Reb Mosché, le guide intellectuel des enfants Israélites, vivant et enseignant dans une petite ville voisine de Szybow. Debout au milieu de la piece, tenant des deux mains ouvert un livre épais, il salua le maitre conformément à l'usage et commença en ces termes :

— « Rabbi ! Mon âme a eté, il y a deux jours, dans une grande perplexité. Mes élèves lisaient dans le livre Saint qu'il est ordonné de réciter les schéma du soir jusqu'aux premières sentinelles. « Oh ! » me demandèrent mes élèves, « et quelles sont ces premières sentinelles ? Où sont-elles placées, par qui et devant qui ? » Quand ils m'interrogèrent de la sorte, mes lèvres restèrent muettes. Et pourquoi ? Parce que je ne savais pas moi-même que répondre. Je suis venu à toi, pour qu'un rayon de ta sagesse découle sur mon obscure intelligence. Dis-moi, quelles sont ces sentinelles, selon lesquelles chaque Israélite doit mesurer la longueur de ses prières ? Où et devant qui montent-elles la garde et que me faut-il répondre à ce sujet à mes garçons ? »

L'homme sombre et voûté cessa de parler et la compagnie entière devisagea le rabbin avec une extrême curiosité et attendit sa réponse.

— « Et que peuvent être les sentinelles au sujet desquelles tu m interroges, sinon des anges ? Et où les anges montent-ils la garde ? Au ciel. Et devant qui se tiennent-ils ? Devant le trône de l'Éternel ! Dès qu'un jour s'achève et que le crépuscule commence, les anges se partagent en trois grands chœurs. Le premier chœur se tient devant le trône de l'Eternel et y veille jusqu'à minuit : c'est alors l'heure de réciter les prières du soir. L'autre chœur arrive à minuit et veille jusqu'à l'aube ; et à l'aube, lorsqu'on peut distinguer le blanc du bleu clair, arrive le troisième chœur, qui commence sa faction devant le trône de l'Éternel. C'est l'heure des prieres du matin... »

Le sage se tut. Il se produisit dans la foule un bruit de lèvres et un murmure de surprise et d'admiration. Le mélamed Gerson ne bougeait encore pas de place. Le regard cloué sur le lourd volume qu'il tenait ouvert, il reprit :

— « Rabbi ! abaisse encore sur mon obscure intelligence un rayon de ta sagesse et disperse les doutes qui ont envahi mon âme... Près de la petite ville que j'habite s'élève le château d'un riche propriétaire. Mes garçons se rendent quelquefois à ce château et y entendent d'étranges choses. Un jour, un de mes élèves, de retour du château, raconta dans la ville avoir entendu expliquer d'où provient le tonnerre. On lui dit que la foudre descend du ciel, lorsque deux nuages se rencontrent et dégagent une force qui se nomme l'électricité. Rien de pareil ne m'a jamais ete révélé, je ne sais si c'est vrai, si cette force existe dans le monde et si c'est elle qui enfante la foudre... »

Pendant cette allocution de Gerson, le rabbin, jusque-là immobile, eut quelques crispations d'impatience et un sourire ironique plissa ses lèvres minces et sévères.

— « C'est faux ! » s'écria-t-il. « Il n'existe pas de force semblable dans le monde et le tonnerre n'en provient pas. Quand l'Empereur de Rome ruina le temple et dispersa le peuple d'Israël par toute la terre, la foudre ébranla l'univers ! Et d'où partait-elle ? Du sein de l'Éternel lui-même qui avait hautement gémi sur les ruines de son Temple et l'infortune de son peuple. Et maintenant le Seigneur pleure encore souvent la magnificence de son temple et l'écroulement de la felicité de son peuple et, lorsqu'il pleure, ses sanglots se répandent dans le monde entier sous la forme de coups de foudre, et ses larmes tombent dans la mer et sont tellement énormes qu'elles enflent l'Océan et soulèvent le sol qui tremble et laisse échapper des flammes de ses crevasses. Va en paix et enseigne à tes élèves ce que tu as entendu de moi. »

Le sombre mélamed s'éloigna avec d'humbles salutations et des paroles de gratitude ; il disparut au milieu de la foule, son gros livre à la main et, au même moment, près de la muraille, résonna une lamentation enfantine.

Reb Mosché s'écria :

— « Chaim, fermier de Kamionka, et sa femme Malka... »

Un homme et une femme sortirent de la foule, tous deux avec des physionomies endolories et effrayées. La femme portait dans ses bras un enfant pâle et décharné. Ils se précipitèrent aux genoux du rabbin et lui tendant l'enfantqui, emmailloté dans des haillons déteints, pleurait tout bas, ils le conjurèrent de leur octroyer des remèdes contre la maladie qui tourmentait depuis longtemps leur fils. Todros se pencha sur la chétive et pâle créature et la considéra d'un œil perçant et attentif. Reb Mosché, toujours assis auprès de la cheminée, épia les regards du maître et attendit ses ordres, en remuant avec une cuillère les herbes qui infusaient dans l'eau bouillante.

C'est ainsi que défilèrent longtemps, tour à tour, auprès du sage vénéré, du maître, du médecin et presque du prophète, les gens les plus divers, en lui posant les questions les plus variées et en lui adressant leurs requêtes. Il se présenta là, entre autres, un mari désolé qui pria le rabbin de soumettre sa femme jeune et fraîche, qu'il avait amenée avec lui, à une sorte de *jugement de Dieu*, au moyen de la potion nommée *eau de jalousie*, que l'épouse, suspecte d'infidélité conjugale, ne peut ingurgiter sans une mort instantanée, si elle est coupable, et sans une recrudescence de beauté et de santé, si elle est injustement accusée.

Un autre l'interrogea sur la question de savoir, ce qu'il faut faire, si l'heure de la prière vous surprend en voyage, de façon qu'on ne puisse tourner son visage vers l'Orient, ainsi que cela est ordonné, parce que de ce côté un grand vent vous chasse dans les yeux des nuages de poussière. Beaucoup geignant, larmoyant et déplorant leur misérable condition, suppliaient le rabbin de sonder leur avenir d'un œil prophétique et de le leur révéler : est-il proche, le radieux jour du messie, le jour de la libération, du repos et de l'abondance ?

La majorité des gens rassemblés dans la masure et autour d'elle ne réclamaient toutefois rien, ne formulaient aucune prière, ne posaient aucune question ; ils n'étaient accourus s'étouffer dans cet étroit taudis que pour respirer le même air que leur sage vénéré, se désaltérer des paroles tombées de ses lèvres et réjouir leur vue de la lumière rayonnant de sa face.

Isaac Todros sentait et comprenait visiblement l'éminence de sa situation. Il s'acquittait de sa tâche avec une gravité imperturbable, un zèle infatigable et une patience à toute épreuve. Il ne repoussait personne ni ne refusait rien à qui que ce soit. Il multipliait les admonestations, les éclaircissements, les explications, les récits, imposait les pénitences, distribuait des remèdes, sans se départir de son immobilité et en scrutant seulement de son regard, tantôt sévère et tantôt pensif, la physionomie de ceux qui l'approchaient. Parfois, pendant que sa petite chambre retentissait des lamentations les plus déchirantes et des plus vives instances touchant les prédictions prophétiques des jours messianiques, les yeux de Todros, noirs comme la nuit et fulgurants comme la passion, s'humectaient. Il aimait certainement ce peuple, dont les confidences poignantes et les gémissements mouillaient sa sévère prunelle. Par moments aussi, d'abondantes gouttes de sueur perlaient sur son front jauni ; et sa poitrine, épuisée par de longs discours, devenait haletante. Il essuyait d'un bout de sa manche déchirée la sueur de son front, reprenait de nouvelles forces et poursuivait l'instruction, la réprimande et la consolation de son peuple. Son intelligence, sa mémoire, son imagination et ses poumons travaillaient péniblement. Profondément pénétré tant de la conscience de son devoir que d'une foi ardente dans l'efficacité et la sainteté de son labeur, il pratiquait le désintéressement absolu d'un homme qui ne connaissait d'autres besoins personnels qu'une masure sombre, héritage de ses aïeux, la modeste subsistance quotidienne que lui fournissaient ses fidèles, et ces sordides vêtements en loques, qui couvraient peut-être depuis dix ans déjà son maigre corps.

Sur ces entrefaites, un personnage, visiblement pressé, traversa la cour de la Synagogue en cherchant quelqu'un dans la foule.

Ce fut Ber, gendre de Saül. Il examina attentivement le visage des gens qui entouraient la masure du rabbin, s'appuya contre l'entrée de l'antichambre regorgeante de monde et, apercevant Meir debout au seuil de la pièce, le tira par la manche.

Le jeune homme, arraché à une méditation tellement recueillie qu'elle le rendait aussi immobile qu'une statue, revint à lui et tourna son regard pensif vers le parent qui venait de se faufiler à ses côtés :

— « Va-t-en d'ici ! » lui marmota Ber à l'oreille.

— « Je ne puis quitter la place », lui répondit Meir sur le même ton. « J'ai une grave affaire à exposer au rabbin et j'attendrai que tout ce monde se soit dispersé pour en causer avec lui... »

— « Viens ! » répéta Ber et il empoigna par le bras l'obstiné jeune homme.

Meir se rebiffa avec impatience, mais Ber répéta une fois encore : « Viens ! Tu retourneras ensuite, si tu le veux, lorsque ces gens-là seront partis, mais je sais que tu ne le voudras pas. »

Ils s'éloignèrent tous deux de cette masure encombrée. Ber conduisit rapidement et en silence son compagnon à une autre extrémité de cette vaste cour, où regnait une complète solitude. Le mur du Bet-ha-Midrash les séparait de la foule qui trafiquait au marche et ils se trouvaient à une distance sensible de l'autre foule qui assiégeait la maison du rabbin. Ils pouvaient donc être certains que personne ne surprendrait leur conversation.

Meir appuya ses épaules contre la muraille du bâtiment. Ber, debout en face lui, le considera un moment en silence.

L'extérieur de Ber était tel que des millions d'hommes eussent passé devant lui sans même le remarquer, tandis que l'œil d'un observateur perspicace eut saisi des indices propres à piquer la curiosité et dignes d'attention.

Agé d'une quarantaine d'années, recherché dans sa toilette, quoiqu'il se conformât strictement aux prescriptions et coutumes anciennes, la barbe très blonde, la chevelure claire et soyeuse, il avait des traits pâles et délicats empreints d'un singulier désenchantement, d'un marasme et d'une apathie qui ne disparaissaient et ne s'effaçaient que pour faire place à une fébrile et nerveuse activité aux occasions où il s'agissait de combiner et de brasser des affaires. A l'examiner de plus près, on eût cependant découvert, cachées sous cet indifférentisme et sous cette somnolence, des couches inférieures de sentiment et de caractère. Un quelque chose de rêveur et de mélancolique à la fois perçait dans ses grands yeux largement ouverts, aux prunelles d'un bleu vitreux. D'indéfinissables aspirations éprouvées et violemment comprimées, on ne sait quels desirs inassouvis et refoulés au fond de la poitrine, se peignaient dans le contour de ses lèvres minces, intuitives et marquées comme du sceau d'une immuable résignation. Parfois son front blanc et uni se creusait de deux rides transversales, evoquées par des souvenirs peut-être lointains, mais toujours douloureux, puisqu'ils ne se réveillaient jamais, sans que Ber ne portât la main à sa poitrine et sans qu'un bref soupir ne lui secouât brusquement les épaules. Il existait probablement dans le passé de cet homme un drame que personne ne connaissait avec exactitude. L'écho de ce drame, dont le dénouement engourdissait sa volonté et son intelligence, s'évanouissait et se répercutait perpétuellement.

Il se tenait maintenant vis-à-vis du jeune homme arraché presque de force du milieu de la foule et qu'il dévisagea longtemps de son œil vitreux et dolent :

— « Meir », finit-il par lui dire, « ton grand-père Saül a eu, il y a une heure, une longue conversation avec son fils Abraham. Il a congédié ses hôtes pour s'expliquer avec lui et il m'a ordonné d'être présent à cet entretien, parce qu'il a voulu un témoin des paroles tombées de ses lèvres et de leur effet sur la conscience du fils qui les écoutait. Sois déjà tranquille, Meir. Ton oncle ne participera pas au grand péché et à la turpitude qui s'accompliront bientôt... »

— « Qui s'accompliront ! » interrompit Meir avec feu. « Non ! Je m'arrangerai de façon à ce que cela ne s'accomplisse pas. »

Un sourire fort amer voltigea sur les lèvres de Ber.

— « Tu t'arrangeras de telle sorte... » répéta-t-il en riant discrètement. « Et comment t'arrangeras-tu ? Je devine que tu veux en parler au rabbin et je t'ai cherché pour t'avertir et détourner un malheur de ta tête. Tu présumes que, dès que tu auras révélé cette affaire au rabbin, il bondira et criera que personne n'ose entreprendre une pareille vilenie. S'il prenait ce parti, chacun lui obéirait, c'est vrai, seulement il n'en fera rien... »

— « Et pourquoi ? » s'écria Meir.

— « Parce qu'il n'a aucune compétence en semblable matière. »

Il sourit de nouveau et reprit :

— « Si tu lui demandais quelle nourriture est pure ou impure ; s'il est permis le jour du sabbat de moucher les chandelles et de se ceindre les reins d'une écharpe ; si, en s'asseyant à table, il faut d'abord bénir le pain ou le vin ; ou que tu le priasses de te préciser quelles âmes humaines subissent des incarnations successives, combien Jéhovah a détaché de lui de séraphins et les noms de ces séraphins; comment il faut disposer les lettres des noms de Dieu pour former les paroles de grands mystères, et la date de la venue du messie et ce qui arrivera ce jour-là... à toutes ces questions, il te trouverait de longues et doctes réponses. Mais quand tu te mettras à l'entretenir de distilleries, d'impôts, de domaines seigneuriaux, et des desseins qu'ont sur eux de méchantes gens, il écarquillera les yeux et t'écoutera, comme un sourd écoute; car il n'y comprend rien et en deçà des livres où il puise sa science, le monde entier est à ses yeux un désert couvert d'une épaisse nuit! »

Meir baissa la tête.

— « Je sens que tu as raison », dit-il, « et cependant, si je lui demandais: est-il licite en vue de son propre bénéfice de faire tort à un innocent? »

Ber répondit:

« Il s'informerait quel est cet innocent, si c'est un Israélite ou un Édomite? »

— « Un Édomite! » répondit Meir comme un écho.

Il leva ses yeux pensifs, haussa les épaules, sans doute sous l'impression d'une vive surprise, puis regardant Ber fixement:

— « Ber »! s'écria-t-il, « est-ce que tu hais les Édomites? »

Ber hocha négativement la tête.

— « La haine est pénible au cœur », répondit-il. « Jadis... quand j'étais jeune je voulais même aller à eux et leur crier : Sauvez-moi! Maintenant je suis content de m'en être abstenu et d'être resté avec les miens, mais je ne nourris aucune haine dans mon cœur contre eux. »

— « Ni moi non plus », repartit vivement Meir. « Et penses-tu », demanda-t-il, « que Kamionker les haïsse? »

— « Non », répliqua Ber; « il les traite seulement comme des vaches et les méprise, parce qu'ils ne surveillent pas leurs intérêts et permettent qu'il les trompe. »

— « Et est-ce que Todros les hait? » demanda-t-il encore.

— « Oui, plus énergiquement que jamais », dit Ber. « Todros les hait. Et pourquoi les hait-il? parce qu'il ne vit pas à la même époque que nous tous. Il vit sans cesse au temps ou l'Empereur de Rome détruisit le temple de Jérusalem et exila de Palestine le peuple d'Israël, au temps où l'on brûlait les Juifs sur les bûchers et où on les pourchassait par le monde entier. Il respire, il mange et il marche dans le présent, mais il pense et il sent comme s'il vivait il y a mille ou deux mille ans de cela. Il ignore que, depuis la mort de son aïeul Todros, qui arriva ici d'Espagne, un flot d'années n'a cessé de couler, grand et rapide fleuve sur lequel ont navigué de doctes et braves gens qui ont apporté au monde de bonnes et savantes choses; que, depuis ces siècles reculés, le monde a changé et que les hommes qui se haïssaient et se persécutaient les uns les autres se sont amicalement donné la main. Il ne sait rien de tout ce qui se passe dans le monde. Et d'où le saurait-il? Depuis sa naissance, il n'est jamais sorti de Szybow; ses yeux n'ont pas contemplé d'autres livres que ceux que lui ont transmis ses aïeux ni d'hommes d'une autre nation que la nation israélite. »

Meir hochait légèrement la tête en l'écoutant, comme s'il approuvait mentalement les paroles de son compagnon.

— « Alors je n'ai que faire d'aller à lui », dit-il après un moment de réflexion.

— « Je te cherchais pour t'en aviser », répondit Ber. « Il ne défendra pas à Kamionker de porter préjudice à Kamionski, parce qu'il lui semblera que le propriétaire Kamionski descend de la nation des Iduméens qui guerroyait contre Josué, ou du peuple romain qui adorait les idoles et qui a renversé le temple de Jérusalem, ou de la nation espagnole qui, il y a cinq cents ans, tourmenta cruellement les Juifs... Il ne voudra pas même causer avec toi, parce qu'à ses yeux, tu es un incrédule, et que ce n'est que par égard pour l'importance de ta famille et l'amour que le peuple témoigne à ton grand-pere Saül, qu'il n'appesantit pas sur toi sa main irritée. Mais si tu accusais Kamionker devant lui, ce dernier l'exciterait à la vengeance, comme l'y excite déjà Reb Mosché. Meir! Sois prudent! Recule, car tu touches à ta perte! »

Meir ne répondit rien à ce conseil.

— « Ber », dit-il, « cela m'étonne fort, puis qu'il me semble, à moi, qu'en cet homme sot, méchant et vindicatif, habite une grande âme. Il est très endurant, il consume ses jours et ses nuits sur les livres, il est miséricordieux. Ses yeux se mouillent de larmes, quand de pauvres gens pleurent et se plaignent devant lui. Il est accessible à tous, il enseigne et console chacun. Il ne désire rien pour lui-même et, Ber, il croit! il croit si fortement! »

En écoutant cette tirade, Ber souriait, son œil vitreux tourné vers les nuages.

— « Meir, voilà ce que tu dis du rabbin. » répondit-il lentement. « Et que diras-tu de ce pauvre peuple, dont le corps a séché de faim et dont deux mille ans de douleur, de tourments et de dédains ont courbé la tête bien bas et qui court au fleuve de sagesse, comme un homme altéré à une source pour s'y désaltérer? Ne t'enquiers pas si cette sagesse est vraie ou fausse, mais considère combien, en vivant dans la détresse et la misère, attelé à de petits intérêts, il souhaite cette sagesse, combien il honore ses docteurs, combien il observe rigoureusement les préceptes tenus par lui pour saints? Estimes-tu que cette nation sotte, avide et malpropre, a l'âme grande? »

Meir releva la tête. Le rouge lui monta au front, ainsi que cela arrivait chaque fois qu'il était ému.

— « Israël a une grande âme en lui et je l'aime plus que mon repos, que mon bonheur et que ma vie! »

Il s'interrompit un moment, saisit brusquement le bras de Ber et s'écria :

« Eh! je sais, moi aussi, ce qui manque à Todros pour qu'avec sa grande âme il soit un grand homme, et ce qui manque au peuple d'Israel pour qu'il manifeste sa grandeur au monde... Il faut qu'ils détachent leurs pensées et leurs souvenirs de ces anciennes époques où ils résident toujours et qu'ils habitent les temps nouveaux, échus actuellement à notre globe, et que Sar-ha-Olam, l'ange de la science et le prince de ce monde, effleure leur tête de ses ailes! »

Pendant que ce jeune homme, le front et l'œil en feu,

prononçait ces paroles, Ber le considérait d'un regard profond, à la fois triste et joyeux. Il reprit :

— « Meir, quand je te vois et que je t'écoute, il me semble me voir moi-même, à l'âge que tu as maintenant. De même que toi aujourd'hui, je m'irritais et je m'affligeais fort. Je voulais aussi... »

Il se tut et porta la main à sa poitrine, son front se plissa de deux rides profondes; son regard vague fouillait-il l'horizon lointain ou le passé ?

Ainsi devisaient deux jeunes gens, l'un appuyé au mur du Bet-Midrash, l'autre debout en face de lui. Ils causaient avec animation, leurs gestes étaient parfois violents. Les yeux de Meir flamboyaient ; il avait la figure blême, et Ber le front creusé de rides et la lèvre frémissante. Si quelqu'un d'étranger au monde au milieu duquel ils vivaient, sentaient et pensaient, les eût aperçus à ce moment et eût voulu deviner le sujet de leur entretien, il se fût dit : ils achètent, ils vendent, ils marchandent, il est question entre eux de commerce ! Est-ce que les pensées, les propos, les afflictions de gens de cette sorte peuvent avoir un autre objet ?

Certainement que oui. Des gens de cette sorte pensent, parlent, souffrent, sans que personne n'écoute leurs confidences, ne comprenne leurs pensées, ne désire deviner leurs souffrances. C'est un Océan immense et mystérieux que nuls ne sondent, pas même ceux qui s'y noient !

— « Viens à la maison », dit Ber à son compagnon. « Ton grand-père Saül prendra bientôt place à table avec ses hôtes et il sera en colère s'il ne t'y voit pas. L'orage suspendu au-dessus de ta tête n'est déjà que trop redoutable. Hana Witebska a rapporté les cadeaux de noces envoyés par ton grand-père en ton nom à sa fille, elle lui a débité devant ses hôtes un tas d'impertinences et rompu les fiançailles. »

Meir eut un geste insouciant :

— « C'est ce que je voulais », dit-il. « Je m'excuserai auprès de mon grand-père... Ma seule préoccupation actuelle, c'est à qui m'adresser maintenant... »

Ber considéra son interlocuteur avec surprise.

— « Comme tu es entêté » ! murmura-t-il.

Ils se dirigeaient tous deux vers la porte de la cour.

Ber s'arrêta soudain.

— « Meir », dit-il, « n'en informe seulement pas les autorités! »

Meir se passa la main sur le front.

— « Je recourerais à elles », dit-il, « mais une terreur me glace! Si je découvre la vérité, on punira rigoureusement Kamionker et avec lui les malheureux qu'il a tentés... Pauvres et stupides gens! Je les plains... »

Il se tut tout à coup et fixa un point unique. Un élégant cabriolet, traîné par quatre chevaux vigoureux et conduit par un beau jeune homme habillé avec recherche, traversait la place du marché, déjà à moitié déserte.

Meir montra du doigt le cabriolet arrêté devant l'habitation de Kamionker et les yeux dilatés par on ne sait quelle idée subitement venue à l'esprit, il s'écria d'une voix tremblante :

— « Ber! Ne vois-tu pas le châtelain Kamionski! »

*
* *

Le soleil descendait déjà de l'horizon, quand sur le perron de l'habitation des Ezofowicz parut un groupe de gens engagés dans une conversation vive, aimable et gaie. Les hôtes de Saül ce jour-là, festoyés à sa table, en prenant congé de lui avec force poignées de mains, remerciaient le vieillard, debout parmi eux, de l'accueil dont il venait de les honorer; et à mesure qu'à deux ou trois ils se plaçaient dans leurs voitures, ils tournaient encore leur visage vers le maître de la maison qu'ils quittaient.

Au salon, les femmes du logis, aidées des servantes, déservaient de la table la nombreuse vaisselle, serraient dans les armoires les restes des plats et des bouteilles, et repliaient soigneusement un linge gros, mais blanc et cossu.

Sur la place, le marché touchait à sa fin. Des charriots et des individus clairsemés en occupaient encore un certain espace, mais leur nombre diminuait à chaque instant. En revanche, deux ou trois auberges avoisinantes étaient pleines de rumeurs et de bruit. Dans leurs vestibules énormes et sombres s'entassaient les charriots et les chevaux des villageois qui buvaient, dansaient, se querellaient et s'amusaient aux principaux cabarets.

C'est dans le cabaret de Kamionker qu'il y avait le plus de presse et de tapage. A cela, rien d'étonnant. L'adroit spéculateur tenait à ferme plusieurs distilleries et une quinzaine de cabarets du voisinage ; il réglait l'activité et présidait au destin de toute une armée de sous-fermiers et de cabaretiers. Une centaine d'individus, pareils à Samson, qui une fois par semaine achetait trois livres de viande pour nourrir et sustenter les onze personnes de sa famille (ce devaient être là des forces réellement samsonesques), une centaine, dis-je, d'indigents de cette catégorie se trouvaient dans l'absolue dépendance de Kamionker. Il ne se montrait pas envers eux un maître magnanime, ils ne se montraient pas magnanimes à leur tour envers les paysans, qui en foule noyaient leur raison et le bien-être de leurs familles dans les flots d'alcool répandus de leurs mains. De cette manière, Kamionker disposait du sort de peut-être trois mille familles de paysans, à quoi l'aidait l'art consommé d'enfler les comptes de leurs pratiques, dans lequel excellaient les commis des cabaretiers, qui attendaient de leur principal entrepreneur l'amélioration ou l'anéantissement définitif de leurs misérables, sales et laborieuses existences.

Naturellement donc, autour de l'habitation de Kamionker, affluaient en plus grand nombre les charriots et les chevaux et dans son cabaret buvait et clabaudait la majeure partie des paysans. Kamionker ne se mêlait cependant pas à cette foule et ne la traitait pas lui-même. Il se déchargeait de ce soin sur sa femme Yenta qui posait sur les tables les cruchons, les bouteilles et les verres, secondée par ses deux filles, vilaines et trapues, qui vendaient à l'extrémité de l'une des tables des craquelins, des petits pains et des harengs. Et quiconque eut alors regardé la mine de Yenta, maigre, penchée en avant, affublée d'une robe large et défraîchie, son visage flétri, morose et paraissant plus jaune encore sous un bonnet cramoisi, orné d'une rose rouge ; quiconque, dis-je eût vu de quel air cette créature circulait lentement dans cette athmosphère étouffante de tant d'haleines humaines impregnées d'exhalaisons alcooliques, n'aurait jamais pu admettre que ce fût là la femme d'un négociant et d'un entrepreneur en gros, possesseur de l'une des plus grandes fortunes de la province.

Il eut été également difficile de deviner un spéculateur sur une vaste échelle et le propriétaire de capitaux considérables dans ce petit homme roux qui en longue redingote fripée et traînant jusqu'à terre, le cou caché sous les plis d'un foulard rouge, se tenait maintenant dans une des salles de réception de sa maison, à quelques pas à peine du seuil.

C'était précisément la chambre aux vieux meubles jaunes déchirés et à la tenture sale, où de hideuses plantes noirâtres s'étalaient dans des pots en terre.

Tandis que Reb Jankiel Kamionker restait à quelques pas du seuil, son hôte, le chatelain Kamionski, à l'aise dans un fauteuil jaune, le dévisageait d'un regard demi sérieux et demi badin, tout en fumant un cigare.

Ce jeune homme de haute taille, robuste, et d'une belle prestance, aux traits délicats quoique un peu hâlés par les chaleurs de l'été, avait une expression de physionomie assez intelligente et pleine de douceur et de bonhomie.

Sans doute que l'apparence ingrate de Reb Jankiel, sa figure marquée de taches de rousseur et ses longues cadenettes, éveillaient la jovialité, qui se lisait par moment dans les yeux du gentilhomme. Il redevenait bientôt pensif, probablement parce que son interlocuteur, à la mine rébarbative et aux longues cadenettes, l'entretenait d'intérêts graves.

D'ailleurs, le jeune gentilhomme au front ouvert et intelligent et aux lèvres gracieuses, ignorait absolument avec qui il causait affaire. Devant lui il voyait un Juif, l'administrateur de la distillerie et voilà tout. Que pouvait-il être de plus qu'un Juif et qu'un administrateur de distillerie ?

Qu'il pouvait encore être en outre un membre actif et

influent de certaine société particulière fortement organisée ; un parfait dévot grandement vénéré par la partie orthodoxe de cette société ; un mystique attendant la venue du messie avec la même foi que celle qui animait les hommes de sa race il y a bien des siècles ; un savant et un richard tenu en profonde estime par tous les simples et tous les indigents de sa nation ; qu'enfin ses mains informes, roussâtres et mal lavées tramaient les fils de quantité de destinées humaines, juives et chrétiennes, ce sont là autant de détails dont Kamionski, malgré son front intelligent et ses lèvres gracieuses, ne se faisait pas la moindre idée.

Aussi ne lui vint-il pas même à l'esprit d'inviter ce Juif roux à s'approcher de quelques pas et à s'asseoir en sa présence. Reb Jankiel de son côté n'y songeait pas, tellement une attitude humble (legs de ses pères et aïeux), lui était habituelle en pareille circonstance ; et néanmoins ses yeux d'un bleu pâle eurent des lueurs de malveillance et de méchanceté, chaque fois que le gentilhomme se tourna d'un autre côté et ne put pas en remarquer l'expression. Qui sait si Reb Jankiel, sans y penser et sans analyser ses impressions, ne sentit cependant pas à quel point l'humiliation de son maintien injectait du venin corrosif de mépris essuyés et réciproquement rendus son âme quotidiennement saturée de fierté ? Or quand le mépris tombe sur le terrain d'un cœur mauvais, il devient une semence de haine et de crime.

— « Tu m'ennuies, mon Jankiel, avec ton sempiternel marchandage et tes contrats », disait négligeamment Kamionski en fumant son cigare. « Je ne suis entré chez toi un moment que pour laisser souffler mes chevaux, et toi, tu m'accapares formellement... »

Reb Jankiel s'inclina prestement et souplement :

— « Je vous demande bien pardon, Monsieur, de ma hardiesse », dit-il avec un sourire, « mais votre distillerie va fonctionner dans un mois et je voulais que vous m'assuriez la préférence. »

— « C'est bon, c'est bon » ! repartit le gentilhomme. « Pourquoi n'aurais-tu pas la préférence, puisqu'il y a déjà trois ans que tu prends à ferme ma distillerie ? Mais pourquoi tant se presser ? N'avons-nous pas encore un mois..? »

— « Est-ce qu'il est préjudiciable aux affaires d'y songer à l'avance? Moi, j'achète déjà des bœufs. Votre distillerie, Monsieur, exige qu'on tienne une centaine de bœufs. Cent bœufs ! Ce n'est pas une plaisanterie ! Je ne puis risquer de si grosses sommes, n'ayant encore aucune certitude de votre côté. Si vous me le permettez, je me rendrai demain au château et nous rédigerons le bail. »

Le jeune châtelain se leva du fauteuil.

— « Soit », dit-il, « mais n'arrive que l'après-midi, car le matin, tu ne me trouverais pas chez moi. »

— « Votre seigneurie passera la nuit dans le voisinage? » demanda Jankiel et ses paupières éprouvèrent un tressaillement nerveux.

— « Chez un proche voisin », répondit le gentilhomme et il voulait ajouter quelques mots, mais derrière les épaules de Reb Jankiel une main évidemment timide ouvrit lentement la porte et, dans la salle entra un jeune Israélite svelte, bien fait, proprement habillé, la physionomie pâle et agitée, le regard étincelant et hardi.

— « Que viens-tu faire ici? » balbutia Jankiel, mais la voix expira dans sa gorge.

Le gentilhomme jeta sur le nouveau venu un regard indifférent, et lui demanda :

— « Et que veux-tu, mon cher ? as-tu affaire à moi ? »

— « A vous », répliqua le jeune homme d'une voix etranglée.

Il s'avança encore de quelques pas, mais Jankiel lui barra la route.

— « Que votre Seigneurie ne l'autorise pas à s'entretenir avec elle » ! cria-t-il, « qu'elle ne tolère pas qu'il ouvre la bouche. C'est un très méchant homme, il se mêle de tout .. »

Kamionski étendit le bras et écarta l'individu qui gesticulait fiévreusement devant lui.

— « Laisse-le parler », dit-il. « S'il a affaire à moi, pourquoi ne m'expliquerai-je pas avec lui ? »

En disant cela, il examinait attentivement le nouveau venu, dont le visage, aux traits expressifs et pâles d'émotion, piqua visiblement sa curiosité. Il trouvait en outre à la fois offensante et comique la subite violence des gestes et du ton de Jankiel.

— « Votre Seigneurie ne me connaît pas, mais je la connais », reprit le nouveau venu d'une voix sourde et pénible.

— « Et quel besoin sa Seigneurie a-t-elle de connaître un coquin tel que toi ? » grommela Jankiel en essayant de nouveau de l'interrompre, mais Kamionski d'un geste lui enjoignit le silence.

— « J'ai plusieurs fois vu votre Seigneurie chez mon grand-père Saül Ézofowicz, dont le fils Raphaël achète toujours votre blé... »

— « Alors vous êtes le petit-fils du vieux Saül ? »

— « Je suis en effet son petit-fils. »

— « Et Raphaël Ezofowicz est votre père ? »

— « Non, je suis le fils de Benjamin, le plus jeune des fils de Saül, mort il y a déjà long temps. »

Meir s'exprimait en un polonais un peu incorrect, mais assez supportable. Dans la maison de son grand-père, il entendait souvent converser en cette langue les propriétaires du voisinage qu'amenaient leurs affaires, et le vieil Édomite, qui lui enseigna à lire et à écrire autrement qu'en hébreu, se servait également du polonais.

— « Est-ce Raphaël qui vous a envoyé vers moi » ? demanda le gentilhomme.

— « Non, je suis venu de moi-même... »

Il se tût un moment, comme s'il recueillait ses forces et son courage. Il se raffermit, releva la tête et reprit d'un ton plus assuré.

— « Je suis venu pour prémunir votre Seigneurie contre un grand malheur que de méchantes gens trament contre elle... »

Jankiel bondit de nouveau et, étendant les bras, le déroba à la vue de Kamionski.

— « Te tairas-tu » ? cria-t-il, « pourquoi romperais tu la tête de sa Seigneurie avec tes balivernes. »

Et se tournant vers le gentilhomme, il murmura en gémissant:

— « C'est un fou, un vaurien... »

Cette fois, ce n'est plus Kamionski, mais Meir, qui l'écarta de devant lui. Avec un redoublement de fièvre dans les yeux et une respiration accélérée, il repoussa Jankiel et se mit à dire rapidement :

— « Cet homme ne me laisse pas parler... Je dirai donc à la hâte ce dont il s'agit. Que votre Seigneurie ne se fie pas à lui. C'est un très vilain homme et qui lui est hostile... Il vous occasionnera de grands malheurs. Méfiez-vous de lui et gardez votre maison avec autant de soin que la prunelle de votre œil. Je ne suis pas un délateur et c'est pourquoi je suis venu pour vous parler devant lui... Il se vengera sur moi, mais qu'il se venge, j'ai dû faire ce qui est du devoir de chaque Israélite orthodoxe, car il est écrit chez nous: « que l'étranger vive au milieu de vous, comme s'il était né de descendants d'Israël » et il est écrit en un autre endroit: « si tu te tais, les calamités d'Israël fondront sur ta tête. »

Il cessa de parler, parce que le souffle vint à lui manquer. Visiblement, il tremblait tout entier et son bouillant enthousiasme se trouvait chez lui aux prises avec une mystérieuse et poignante terreur.

Kamionski l'envisageait avec intérêt, étonnement et hilarité. Il était tellement habitué à sourire en regardant les Juifs que maintenant l'attitude tremblante de Meir, ses paroles énigmatiques et surout ses citations bibliques, belles en elles-mêmes mais auxquelles l'inexpérience et l'incohérence du langage prêtaient une forme étrange, excitèrent plus encore la gaieté du gentilhomme que sa surprise et sa curiosité.

— « A ce que je vois », se mit-il à dire, « le vieux Saül a un petit-fils versé dans l'Ecriture Sainte et doué du don de prophétie. Explique-moi cependant, mon jeune prophète, avec plus de clarté et de précision quelle est la calamité qui me menace et pourquoi l'honnête Jankiel, qui est ma bonne connaissance depuis trois ans, a soudainement été pris d'une telle inimitié contre moi? »

Jankiel, se glissant tout près du fauteuil où restait assis le gentilhomme et, penché vers lui, souriait doucement et lui murmurait à l'oreille :

— « C'est un fou ! Il lui semble toujours qu'il prophétise et il ne cesse de prodiguer aux gens toutes sortes de prédictions. Quant à moi, il m'en veut, parce que je le plaisante et que je me moque de lui. »

— « Oh, alors je ne rirai ni ne plaisanterai plus de lui, de peur qu'il ne m'en veuille à moi aussi », répartit joyeusement le gentilhomme et, se tournant vers Meir, il l'interrogea néanmoins avec une certaine curiosité :

— « Quel est le malheur dont je suis menacé? Parle clairement et catégoriquement et si tu dis vrai, tu auras fait une bonne action et je t'en serai reconnaissant. »

Meir répliqua :

« Ce que vous exigez de moi est très difficile ; je pensai que vous devineriez tout au premier mot, il m'est très pénible d'avoir à en parler... »

Il passa sa main sur son front où perlaient quelques gouttes de sueur.

— « Me promettez-vous que, quand j'aurai prononcé ces mots terribles, ils disparaîtront au fond de votre oreille comme une pierre au fond de l'eau, que vous ne les répéterez devant aucun tribunal et vous bornerez à en profiter vous-même? m'en donnez-vous votre parole? »

Sa pâleur augmentait et sa voix tremblait.

Le gentilhomme continuait visiblement à être partagé entre sa curiosité et son envie de rire :

— « Je te donne ma parole d'honneur », dit-il en souriant, « que tes paroles tomberont au fond de mon oreille comme une pierre au fond de l'eau. »

Meir tourna vers Jankiel ses yeux flamboyants et ouvrit les lèvres, mais elles tremblaient tellement qu'il ne put énoncer aucun son. Jankiel, exploitant l'émotion profonde qui semblait avoir privé momentanément le jeune homme de sa vigueur et de sa présence d'esprit, se rua sur lui, le saisit subitement et violemment par le pan de son habit, et se mit à le pousser vers la porte en criant :

— « Qu'est-ce que tu viens dans ma maison débiter des

sornettes à mon hôte et lui tarabuster l'esprit? Mon hôte est un grand seigneur avec lequel je suis en affaire depuis trois ans. Va-t'en ! Va-t'en d'ici ! »

Meir s'efforçait de se débarrasser des mains qui le tiraient et l'entraînaient, mais, quoi qu'il fût plus haut et plus robuste que Jankiel, il déployait moins d'élasticité et de souplesse que son adversaire qu'aiguillonnait, d'ailleurs, l'énergie du désespoir, de sorte que tous deux roulaient vers la porte; et le jeune gentilhomme regardait leur lutte en souriant. La figure toujours plus pâle de Meir dominait les épaules et la tête de Jankiel qui se démenait comme un forcené : tout à coup un vif incarnat succéda à sa pâleur.

— « Que votre seigneurie ne rie pas », s'écria-t-il d'une voix entrecoupée. « elle ne sait pas la difficulté que j'ai à m'exprimer... Que votre seigneurie garde bien sa maison du feu... »

Sur ce dernier mot, il franchit le seuil, et Jankiel essoufflé, las, la figure convulsionnée, ferma la porte sur lui.

Kamionski riait toujours. C'est naturel. La lutte du petit et roux Jankiel avec un jeune Israélite svelte et robuste, mais trop ému pour se défendre suffisamment, offrait un aspect plaisant. Au milieu de ce duel, les vêtements des deux adversaires voltigeaient; Jankiel, dans l'excès de ses efforts et de son emportement, bondissait, puis s'accroupissait presque à terre; Meir tremblait comme s'il eût grandement redouté son adversaire, auquel il opposait une défense des plus maladroites. Cela formait un spectacle d'autant plus burlesque qu'il y figurait des gens dont on a l'habitude générale et invétérée de se moquer.

Comment, du reste, un jeune gentilhomme aurait-il pu deviner le sens mystérieux et nullement comique de la scène qui venait de se jouer ? En causant avec Meir, comprenait-il exactement qui se trouvait là ? Il ne voyait devant lui qu'un jeune Juif qui s'exprimait dans un langage macaronique et plaisant, petit-fils d'un marchand et sans doute futur marchand lui-même. Que ce fût un esprit généreux, révolté contre toutes les sottises et les injustices, altéré jusqu'au désespoir de liberté et de science, et qu'en se présentant à lui il accomplissait un acte de grand courage et ruinait par cette démarche son avenir entier, c'est là ce dont le jeune gentilhomme ne se faisait pas la plus légère idée. Est-ce qu'il saurait exister parmi les Juifs des âmes généreuses, insurgées contre le mal, hardies et dévorées de mélancolie?

Au bout d'un moment, Kamionski cessa néanmoins de rire et, regardant Jankiel, il lui demanda :

— « Explique-moi maintenant ce qui vient de se passer et ce que c'est que cet homme? »

— « Ah! ce qui vient de se passer et ce que c'est que cet homme? » répéta Jankiel qui avait repris en un clin d'œil son apparence placide. « Une sottise, et je regrette que votre seigneurie ait été témoin d'une pareille scène sous mon toit, cet homme est un fou... Il était pétri de méchanceté et il est devenu fou à force de malice. »

— « Houm! » exclama Kamionski, « il n'a nullement l'air d'un fou. Sa physionomie est jolie et tout à fait intelligente. »

— « C'est qu'il n'est pas absolument fou... », interrompit Jankiel, mais Kamionski lui coupa la parole:

— « C'est le petit-fils de Saül Ézofowicz? », demanda-t-il tout pensif.

— « Oui, mais son grand-père ne l'aime aucunement...»

— « Qu'il l'aime ou non, ce serait peine perdue que d'interroger son grand-père sur son compte. »

— « Bien au contraire, que votre seigneurie l'interroge », s'écria Kamionski avec un regard triomphant. « Que votre seigneurie interroge ses oncles... Je vais de suite courir vous chercher son oncle Abraham et vous l'amènerai ici... »

— « C'est inutile », répliqua sèchement le gentilhomme.

Il se leva et se prit à réfléchir. Il dévisagea Jankiel d'un œil perçant et investigateur. Jankiel supporta cet examen sans se troubler. Tous deux gardèrent un moment le silence.

— « Écoute, Jankiel ! » dit Kamionski, « tu n'es plus un homme jeune, tu es un négociant aisé, un père de famille ; je dois donc avoir plus de confiance en toi qu'en un jeune homme que j'ai vu pour la première fois de ma vie et qui peut réellement être fou... Cependant il faut qu'il y ait quelque chose au fond de ceci. Il est nécessaire que je prenne des informations au sujet de ce jeune homme ».

— « Que votre seigneurie se renseigne », répondit Jankiel avec un dédaigneux haussement d'épaules.

Kamionski lui demanda après une assez longue pause :

— « Votre fameux rabbin est-il en ville actuellement ? »

— « Et où donc serait-il ? Il n'a, depuis sa naissance, jamais quitté notre ville. »

— « C'est un personnage posé », dit Kamionski, en souriant de nouveau et en ramassant sur la table son élégant bonnet :

— « Allons ! Jankiel », ajouta-t-il ; « conduis-moi chez le rabbin. Quand même je n'apprendrais de lui rien de curieux, j'y gagnerai d'avoir vu votre rabbin au moins une fois dans ma vie. »

Jankiel ouvrit avec empressement les portes à son hôte et descendit en sa compagnie sur la place déjà presque entièrement déserte.

Élie Witebski la traversait en ce moment. Dès qu'il aperçut le châtelain Kamionski, il se hâta d'approcher de lui avec le plus aimable sourire. Kamionski, de son côté, le salua poliment. Au moins extérieurement, ce négociant mondain confinait plus que les autres habitants de cette localité de la variété de l'espèce humaine qui s'intitule civilisée.

— « Votre seigneurie est-elle venue en ville pour affaire ? »

— « Non. Je n'y suis que de passage. »

— « Et où votre seigneurie se rend-elle maintenant ? »

— « Chez votre rabbin, monsieur Witebski. »

Witebski fut étonné.

— « Chez le rabbin ? Et que lui veut votre seigneurie ? »

— « Une drôle d'histoire, mon cher Witebski ! Tenez, dites-moi si vous connaissez le petit-fils de Saül Ezofowicz ? »

— « Lequel ? Saül a beaucoup de petits-fils. »

— « Comment s'appelle-t-il ? », demanda le gentilhomme à Jankiel.

— « Meir ! Cet indigne Meir ! » hurla Kamionker.

Witebski montra d'un signe de tête qu'il avait compris.

— « Eh ! » commença-t-il en souriant avec douceur et bienveillance, « ce n'est pas un individu indigne. Il est encore jeune... Il peut se corriger... Ce qui est vrai, c'est que c'est une tête inquiète. »

— « Quoi ? une cervelle un peu détraquée ? » dit le gentilhomme en riant et en portant d'un geste plaisant son doigt à son front.

— « Oh ! » répondit Élie, « ce n'est pas non plus un fou... Il est jeune, la raison lui viendra encore, mais qu'il commet présentement de grosses balourdises, c'est aussi la vérité. Il m'a aujourd'hui, à moi-même, causé de vifs désagréments. Hélas ! hélas ! que de chagrins et de tracas j'ai eus et j'aurai de par son fait ! »

— « Ainsi donc », dit Kamionski, c'est une espèce d'écervelé et d'être nuisible, qui ne sait ce qu'il veut et moleste chacun ? »

— « Vous avez deviné juste ! » répondit Witebski, et il ajouta aussitôt : « Il est jeune encore et capable de devenir un jour un très digne homme. »

— « Par ici, je vous prie », dit à ce moment Jankiel en indiquant au gentilhomme l'entrée de la cour de la synagogue.

— « Et où est l'habitation de votre rabbin ? »

Kamionker allongea le doigt vers la masure attenante au mur du temple.

— « Comment ! » s'écria le gentilhomme, « dans cette cabane ? »

Et il se dirigea de ce côté, en compagnie de Jankiel seulement, car Witebski, pressentant qu'il devait y avoir quelque grosse affaire en jeu, qui pouvait être désagréable, s'esquiva rapidement de la cour de la Synagogue, non sans force saluts et force sourires.

Les portes de la masure du rabbin étaient déjà fermées, mais une quinzaine d'individus se tenaient encore devant la fenêtre ouverte, s'entretenant tout bas entre eux et jetant de temps à autre un coup d'œil timide à l'intérieur, où regnait déjà un profond silence. Quiconque aurait assisté au dur labeur auquel l'infatigable Isaac Todros venait de se livrer des heures durant, aurait incontestablement supposé qu'il goûtait maintenant le repos, s'abandonnant soit au sommeil, soit à une complète inactivité. C'eut été une hypothèse absolument erronée. Sauf quelques heures de nuit où il dormait de ce sommeil interrompu et difficile qui est le partage de ceux qui ont l'intelligence tendue et les nerfs irrités, Isaac Todros ne se reposait jamais. Incarnation du travail opiniâtre, passionné, il ignorait le découragement qu'enfantent le doute, une peureuse préoccupation de sa propre santé, et le souci de son existence. Maintenant encore, après toute une journée passée dans une atmosphère rendue chaude et étouffante par l'énorme affluence de monde entassé dans son étroite masure, et un long effort de tête et de poitrine, le rabbin de Szybow ni ne s'étendit sur sa dure couchette, ni ne sortit de la ville jouir de la tranquillité et de la brise qui eussent rafraîchi son front inondé de sueur et exténué de fatigue. Il ne quitta pas le banc occupé depuis le matin, s'absorbant pieusement dans la lecture passionnée d'un grand livre déployé devant lui. Ce livre, comme tous les autres volumes qu'il possédait, il l'avait lu tant de fois qu'il le savait presque par cœur, du commencement à la fin. Il ne le relisait pas moins sans cesse, parce que, sous chaque expression, il soupçonnait toujours de nouvelles significations et de nouveaux mystères et il aspirait de toute l'énergie de son esprit embrasé du feu des croyances, des rêveries et des désirs mystiques, à l'élucidation définitive de ces significations et à la découverte de ces mystères.

En revanche, Reb Mosché reposait, mais pas complètement, blotti à terre dans un coin de la pièce, les deux coudes appuyés sur les genoux, le menton dans la main, et les yeux cloués sur le visage immobile de son maître, penché sur le livre : contemplation analogue à l'extase d'une moine chrétien devant le portrait du saint patron de son ordre ; d'un nègre à demi sauvage devant son fétiche taillé dans un morceau de bois ; d'un observateur et amant de la nature devant l'espace semé des brillantes myriades de corps célestes. Les regards que Reb Mosché attachait sur le visage du grand rabbin trahissaient la vénération, la surprise et l'amour.

Les portes de la petite chambre s'ouvrirent soudain et Kamionski parut au seuil. Il s'y arrêta un moment et dit à Jankiel, qui le suivait :

— « Restez ici, monsieur Jankiel ; je m'expliquerai seul à seul avec le rabbin. »

A ces mots, il baissa la tête, pour passer sous la porte trop basse pour sa haute et belle stature.

Le seuil à peine franchi, il promena autour de lui un œil investigateur.

En face de lui, au pied d'une muraille noire de poussière et de crasse, était assis sur un banc un homme en habits fripés, les cheveux et la barbe noirs comme la nuit, qui, à son entrée, leva de dessus les pages jaunies d'un livre antique une figure au teint quasi couleur orange. Le demi-cercle de la visière bosselée d'une casquette rejetée en arrière de la tête, surmontait le front bas et creusé ci et là de rides profondes de ce personnage ; ses yeux noirs et fulgurants dévisagèrent le nouveau venu avec stupeur.

A l'angle de la chambre, à une petite distance du sol, se distinguait vaguement une autre forme humaine, mais que le gentilhomme n'honora que d'un regard distrait. Il ne lui vint pas même à l'idée que l'individu aux coudes troués et à l'expression hébétée, installé sur ce banc, put être précisément ce grand rabbin de Szybow, dont la gloire, répandue dans la société israélite à beaucoup de lieues à l'alentour, éveillait au sein du monde chrétien des échos qui, quoique indistincts et vagues, se répercutaient avec une progression constante.

Il s'approcha donc de lui et demanda assez poliment à voir le rabbin de Szybow.

Il n'obtint aucune parole.

Ce personnage allongea seulement vers lui son long cou jauni, et ouvrit davantage encore les yeux et les lèvres. La consternation et peut-être encore l'éveil soudain d'autres sentiments, communiquèrent à tout son extérieur un air d'ébaubissement presque voisin de l'idiotisme. Et il n'est nullement étrange qu'Isaac Todros ait éprouvé un effet aussi foudroyant à la vue du gentilhomme debout devant lui. Depuis qu'il habitait cette masure, ce fut le premier Édomite qui en eût franchi le seuil, que ses yeux eussent aperçu de près et qui eût émis devant lui des sons qui résonnaient à ses oreilles d'une manière absolument incompréhensible et quasi sauvage. Si l'ange Metatron, le céleste patron et le défenseur d'Israël, ou même le chef et le commandant des démons lui eût apparu, il en aurait ressenti moins de surprise et d'effarement ; car il entretenait d'étroites bien qu'indirectes relations avec les créatures surnaturelles. Il scrutait et connaissait leur origine, leur nature, leurs propriétés et leurs agissements, quels qu'ils fussent. Mais d'où arrivait ce svelte et robuste individu, avec son affreux costume n'allant pas même aux genoux, son front d'une blancheur féminine et son langage incompréhensible ? Pourquoi venait-il ? Que voulait-il ? Était-ce un Iduméen, un Philistin, un de ces féroces Romains, qui vainquirent le vaillant Barkobéka ? Ou au moins l'Espagnol qui massacra la famille renommée des Abrabanéles, et bannit indignement de son pays son aïeul Todros ?

Kamionski attendit un moment une réponse à sa question et n'en recevant pas, répéta de nouveau :

— « Puis-je vois le rabbin de Szybow ? »

Cette fois, il força un peu sa voix et, à ce bruit, la forme humaine blottie dans un coin de la pièce se remua et se dressa lentement. Reb Mosché, la bouche ouverte et ahuri d'étonnement, le regard cloué sur le nouveau venu, se glissa en pleine lumière et dit d'un ton guttural :

— « Ha ? »

A l'aspect de cet homme, vêtu avec une simplicité primitive inconnue partout ailleurs, un sourire, rapidement réprimé, se joua sur la physionomie de Kamionski.

— « Monsieur! » dit-il en se tournant vers Reb Mosché, « est-ce que cet homme est sourd et muet? Je l'ai interrogé deux fois au sujet du rabbin de Szybow et n'ai pu en tirer de réponse. »

Ce disant, il désignait Todros qui, obliquant lentement et allongeant maintenant le cou vers le mélamed, demanda :

— « Que dit-il? que veut-il? »

Reb Mosché, au lieu de répondre, écarta ses lèvres plus largement encore et, en ce moment, derrière la fenêtre béante, s'élevèrent des murmures et des chuchotements. Kamionski regarda dans cette direction et aperçut à la fenêtre quantité de visages qui du dehors examinaient l'intérieur de la pièce. Sur ces visages un peu d'effroi se mêlait à la curiosité. Kamionski réitéra sa question :

— « Est-ce ici qu'habite le rabbin de Szybow? »

— « Ici », répondirent une quinzaine de voix.

— « Et où est-il? »

Une quinzaine de doigts indiquèrent l'homme assis sur le banc.

— « Comment! » s'écria le gentilhomme, « c'est là ce docte et fameux rabbin? »

Je ne sais quelle béate satisfaction illumina les visages pressés à la fenêtre qui clignèrent des yeux affirmativement.

Il devenait patent que Kamionski se débattait contre une forte envie de rire qu'il domina pourtant.

— « Et quel est cet autre? » demanda-t-il en montrant Reb Mosché.

— « Eh! » lui répliquèrent quelques voix de la fenêtre, « c'est le très instruit et très pieux mélamed. »

Kamionski revint à Todros.

— « Respectable rabbin, » dit-il, « je voudrais m'entretenir avec vous quelques instants sans témoins. »

Todros ne se départissait pas d'un silence sépulcral. Seulement sa respiration s'accélérait et ses prunelles scintillaient davantage.

— « Monsieur le mélamed », dit le gentilhomme à l'individu aux pieds nus et à la chemise grossière, « est-ce chez vous un jour où il ne soit pas permis à votre rabbin de parler ? »

— « Ha ? » murmura derechef Reb Mosché.

Kamionski, moitié riant et moitie colère, demanda aux gens de la fenêtre :

— « Pourquoi ne répondent-ils pas ? »

Il y eut un long silence. Les gens rassemblés à la fenêtre échangeaient des regards embarrassés.

— « C'est que, » risqua quelqu'un de plus hardi, « ils ne comprennent pas la langue que Monsieur parle. »

— « Et que diable ! quelle langue entendent-ils donc ? »

— « Oh ! » répondit la même voix, « ils ne savent que l'hébreu. »

Kamionski écarquilla les yeux. Il ne voulait pas en croire ses oreilles. Le rire le gagnait en même temps qu'une irritation indéfinissable.

— « Comment ! » s'écria-t-il, « ils ne comprennent pas la langue du pays où ils vivent ? »

Personne ne souffla mot.

— « Eh bien donc, » finit par dire quelqu'un des gens de la fenêtre, « ils ne la comprennent pas. »

Dans le ton de celui qui formulait cette réponse perçait on ne sait quelle malveillance secrète.

A ce moment, Isaac Todros bondit de son siège, se redressa, leva les deux mains au-dessus de sa tête et se mit à débiter très vite :

— « Un jour viendra où, dans le nid suspendu au ciel, le messie s'éveillera et où il descendra sur la terre. Alors une guerre formidable s'étendra à l'univers entier. Israël se lèvera contre Édom et Ismaël. Édom et Ismaël se prosterneront à ses pieds comme des cèdres abattus. »

En prononçant les expressions d'Édom et d'Ismaël, l'orateur désigna du doigt l'Édomite debout au milieu de la chambre. Son geste était menaçant et solennel. Ses yeux étincelaient de passion et de fureur ; il aspira vivement une gorgée d'air et répéta encore une fois d'un ton violent :

— « Édom et Ismaël se prosterneront aux pieds d'Israël comme des cèdres du Liban abattus et l'immensité de la vengeance du Seigneur fondra sur eux et les réduira en poussière. »

Ce fut maintenant le tour de l'Édomite, au milieu de la chambre, de ne pas comprendre. Il ressemblait en effet à un svelte et robuste cèdre, mais nullement à un arbre sur le point de tomber en poussière. Il ne redoutait l'imminence d'aucune autre catastrophe qu'un rire homérique, jusque-là heureusement réprimé, mais non sans peine.

— « Qu'est-ce qu'il dit ? » demanda-t-il aux gens placés à la fenêtre.

Il n'y eut pas de réponse. Pendant qu'ils restaient tous le regard cloué sur le sage qui leur parlait, une expression de ravissement inexprimable se lisait sur la figure sombre et ronde du mélamed.

— « Mes chers », s'écria Kamionski, expliquez-moi ce qu'il a dit ? »

Une voix de la fenêtre, rude et saccadée, ironique et vibrante d'un étrange désir de revanche, répondit par la question :

— « Votre seigneurie n'a pas compris ? »

Cette question naïve, bizarre, inouïe, triompha de la forte résolution du jeune gentilhomme. Ses yeux bleus brillèrent d'une hilarité invincible, et de sa poitrine s'échappa un long et retentissant éclat de rire.

Il riait en se dirigeant vers la sortie.

— « Ce sont des sauvages ! » s'écria-t-il à la porte. En traversant la cour de la synagogue, sa gaieté redoublait. Les gens stationnant devant la fenêtre du rabbin tournèrent la tête et le poursuivirent de regards surpris et profondément blessés.

Rien d'étrange à cela. Le jeune gentilhomme, tout en riant, sentait au fond de lui-même une sourde colère, parce que les sages d'Israël lui avaient paru des gens sauvages et d'un haut comique, et qu'ils ne comprenaient même pas la langue du pays dont ils respiraient l'air et dont les productions les nourrissaient depuis des siècles. D'autre part, les gens réunis auprès de la masure du rabbin éprouvaient une malveillance qui allait presque jusqu'à la haine, car il offensait par son rire l'objet de leur plus brûlant amour et de leur plus haute vénération. Pauvres sages d'Israël qui, avec leurs admirateurs, lançaient de furibonds regards à l'Édomite! Pauvre Édomite, qui riait des sages d'Israël et de leurs admirateurs! Et surtout, ô pauvre, bien pauvre terre que celle dont les enfants, après un voyage plusieurs fois séculaire, côte à côte, ne comprennent réciproquement pas le langage ni de leurs lèvres ni de leurs cœurs!

Le gentilhomme retrouva Jankiel Kamionker à la porte de la cour de la synagogue.

— « Oh! monsieur Jankiel », s'écria Kamionski, « vous avez réellement un docte et intelligent rabbin! »

Jankiel ne répondit rien à cela et se mit à parler de l'affermage, pour l'an prochain, de la distillerie de Kamionski. On aurait pu croire que tout ce qui venait de se passer n'était que bagatelles déjà oubliées par lui. Kamionski n'oubliait rien, mais ce qu'il avait vu et entendu ne lui laissait d'autre impression qu'une surprise mêlée d'hilarité. Le jeune prophète furibond contre le prophète Jankiel aux longues cadenettes, le rabbin ignorant toute autre langue que la juive, et son compagnon vêtu d'une si primitive façon lui paraissaient autant de personnages tour à tour incompréhensibles, révoltants ou ridicules. Il brûlait de raconter ses aventures dans la bourgade juive aux parents et amis chez lesquels il se rendait. Qu'à ce récit le rire du digne et rubicond M. André serait bruyant et cordial! Avec quel reconnaissant sourire sur ses lèvres roses l'écouterait la fille de M. André, la charmante Hedvige, aux sourires reconnaissants de qui Kamionski, depuis beaucoup de semaines et de mois, rêvait comme un fidèle rêve au paradis.

En songeant aux grâces de la ravissante Hedvige, le jeune gentilhomme sauta dans son cabriolet et, en jetant les yeux du côté du couchant, s'écria:

— « Oh! que vous m'avez arrêté longtemps ici! »

Il salua ensuite Jankiel d'un signe de tête et cria au cocher:

— « En route ! »

Quatre vigoureux chevaux gris emportèrent l'élégante voiture de célibataire, qui fila comme l'éclair par la place de la ville et disparut au milieu de tourbillons d'une poussière dorée.

Au couchant, les nuages pourpres s'éteignaient graduellement, et le crépuscule transparent d'une soirée d'août descendait sur la ville et commençait à remplir de ses teintes grises le salon des Ézofowicz. Dans ce salon retentirent, il y a un moment, des criailleries et d'orageuses disputes que dominait la voix plus perçante et plus passionnée de Rebé Jankiel. Les membres nombreux de la famille que le roux Jankiel accablait de plaintes, de reproches et de menaces, lui opposaient les réponses les plus variées, calmes ou violentes, furieuses ou conciliatrices. Après quoi, ce délirant accusateur, tremblant de rage et peut-être aussi de peur, s'élança hors de l'habitation et courut à perte d'haleine vers la masure du rabbin. Les personnes, demeurées dans la pièce, restèrent longtemps silencieuses et absolument immobiles, comme si les mouvements d'irritation ou les préoccupations pénibles de leurs esprits clouassent chacun d'eux à sa place.

Saül, affaissé sur le canapé jaune, la tête penchée et les mains posées sur les genoux, poussait de profonds, douloureux et bruyants soupirs. A la fin, Raphaël, Abraham et Ber, placés sur des tabourets autour de lui, secouèrent leur torpeur et maîtrisèrent leur émotion. Les épouses de Raphaël et de Ber, femmes aimées et considérées dans la famille, se glissèrent et s'assirent sans bruit auprès de leurs maris. Une figure indécise ne se distinguait guère dans l'un des coins de l'appartement, celle du tout jeune Chaïm, fils d'Abraham et intime ami de Meir, dont personne ne remarquait la présence.

Saül interrompit le premier le silence.

— « Où a-t-il été ? » demanda-t-il.

— « Porter plainte au rabbin », répondit Abraham.

— « Il citera Meir devant le tribunal spirituel », fit observer Raphaël.

Saül se balança en gémissant :

— « Holala ! ma pauvre tête ! A-t-il donc été réservé à ma vieillesse de voir mon petit-fils comparaître en justice, comme un brigand ou un escroc ! »

— « Il y sera cité pour délation », s'écria Abraham avec emportement, et il ajouta en s'exprimant avec volubilité et véhémence :

— « Père, il faut prendre un parti quant à Meir. Pense et ordonne, c'est à nous d'agir. Cela ne saurait durer ains plus longtemps. Il perdra et lui et nos fils, couvrira de honte toute notre maison et lui causera d'immenses préjudices. Père ! Les gens prétendent sans cela déjà que la lignée des Ezofowicz enfante sans cesse des hommes qui veulent miner de leurs mains la loi d'Israel et introduire de faux dieux dans la maison d'Israel ! C'est vrai. J'ai moi-même entendu dire que les familles Todros et Ezofowicz sont comme deux rivières, dont l'une coule en arrière et l'autre en avant. Elles ne cessent de se rencontrer et de lutter à qui l'emportera. Ces bavardages avaient cessé et s'oubliaient. Maintenant ils circulent de nouveau par le monde. C'est la faute de Meir. Cela ne doit pas se prolonger. Il faut prendre un parti relativement à Meir. Toi, grand-père, songes-y et donne des ordres et nous nous chargerons de leur exécution. »

Malgré la lumière incertaine de ces heures grises, on voyait un rouge de brique monter aux joues déjà ridées de Saül.

— « Que faire de lui ? » demanda-t-il après une longue pause, et sa voix ressemblait à un sanglot comprimé.

— « Il faut le châtier très sévèrement », s'écria Abraham.

Raphaël dit :

— « Il convient de le marier au plus vite. »

Ber, silencieux jusque-là, émit l'avis suivant :

— « Il y a à l'éloigner d'ici. »

Saül réfléchit longtemps et répondit ensuite :

— « Tous vos conseils ne valent rien. Je ne puis pas le punir très rigoureusement, car que dirait à cela l'âme de mon père Hersz, dont il veut suivre les voies et qu'il ne m'est pas permis de juger ? Je ne saurais davantage le vite marier, parce que ce n'est pas un enfant pareil aux autres. Il est rétif et audacieux et ne se laissera pas enchaîner. Il est, du reste, d'ailleurs déjà tellement déconsidéré par la masse de réprimandes qu'il a méritées, qu'aucun Israélite opulent et instruit ne lui accordera sa fille... »

La grandeur de son humiliation altéra de nouveau la voix de Saül. Il en était donc venu au point que nulle famille Israélite éminente ne voudrait plus accepter comme sien son petit-fils, jadis le plus chéri de tous !

— « Je ne puis non plus », continua-t-il, « le renvoyer d'ici, car je crains qu'en s'aventurant au milieu du vaste monde, il n'achève de bannir de son cœur et de sa tête la foi de ses pères. Je suis maintenant dans la situation de ce grand et savant rabbin sur le compte duquel il est écrit qu'il possèdait un fils très impie et mangeant en secret du cochon. On lui conseillait de faire voyager ce fils au loin et de le livrer à la misère et aux angoisses d'une vie errante. Mais il répondit : « Que mon fils reste auprès de moi et qu'il ait toujours devant les yeux mon visage affligé de sa conduite, puisqu'à ce spectacle son cœur peut s'attendrir et devenir docile, tandis qu'une dure indigence le pétrifierait. »

Saül se tut et tous gardèrent un silence qu'interrompaient seulement, par moments, les soupirs des deux femmes, assises derrière leurs maris. L'obscurité augmentait dans la pièce.

Un instant après, Ber commença à dire d'une voix qui semblait étouffée et hésitante :

— « Permettez-moi d'ouvrir aujourd'hui mon cœur devant vous. Je prends rarement la parole, et chaque fois que je suis sur le point de le faire, je suis assailli des anciens souvenirs de ma jeunesse. Leur poids assourdit ma voix qui paraît sortir de dessous terre et est la moins sonore de toutes celles de la famille. J'ai donc cessé d'intervenir et de conseiller, et je n'ai plus eu d'yeux que pour ma femme, mes enfants et mes affaires. Mais maintenant, je dois m'expliquer. Pourquoi débattre si longtemps ce qu'il y a à décider au sujet de Meir ? Octroyez-lui la liberté. Laissez-le aller à travers le monde, sans le punir ni par votre colère ni par une cruelle détresse? De quoi est-il donc coupable? Il a fidèlement accompli toutes les prescriptions de la synagogue, a étudié avec zèle les saintes écritures. Tous les frères et toutes les sœurs de sa famille et même les pauvres et le simple peuple, qui croupit dans l'ignorance et dans la misère, l'aiment comme leur propre âme. Que lui voulez-vous? De quoi le châtiriez-vous? Qu'a-t-il fait de mal? »

Cette allocution de Ber, débitée d'un ton à demi nonchalant et à demi timoré, impressionna fortement tous les assistants. Sa femme Sarah, visiblement effrayée, le tirait par la manche de sa redingote et lui murmurait à l'oreille:

— « Chaa! Chaa! Ber! On va s'irriter contre toi de tes audacieuses paroles! »

Saül releva, puis baissa de nouveau la tête plusieurs fois. On aurait pu croire que sa gratitude pour Ber contrebalançait son indignation et sa colère. L'impétueux Abraham s'écria:

— « Ber! Tes propres péchés ont parlé par ta bouche! Si tu défends Meir, c'est que tu as été ce qu'il est maintenant. »

Raphaël, avec sa gravité habituelle, chapitra Ber en ces termes:

— « Ber, tu as parlé des commandements du Sinaï et tu as dit que Meir ne les a pas transgressés. C'est vrai. Tu oublies toutefois que la loi d'Israël est comprise non seulement dans les dix commandements que l'Éternel a dictés à Moïse sur le mont Sinaï, mais encore dans les six cent treize autres que les grands Tanaïtes, Amoraïtes, Gaons et rabbins ont inscrits dans le Talmud. Ce n'est pas à dix, c'est à six cent treize commandements que nous devons obéissance et Meir a violé beaucoup de commandements Talmudiques... »

— « Il a commis de grands péchés », s'écria Abraham, « mais le plus grand aujourd'hui. Il a accusé devant un étranger son frère israélite, dont il mettait ainsi gravement la tête en péril, lésant par là l'unité et l'alliance du peuple d'Israël! Et que deviendrons-nous, si nous nous dénonçons les uns les autres aux étrangers! Qui donc aimerons-nous et défendrons-nous, si ce n'est pas nos frères qui sont l'os de nos os, le sang de notre sang? Il a eu plus de pitié d'un étranger que de son frère Israélite, qu'il soit donc pour cela... »

Soudain, cet homme passionné et ardent, s'interrompit et demeura bouche béante, aussi immobile qu'une statue. Assis en face de la fenêtre, il avait les yeux dilatés de stupeur.

— « Qu'est-ce donc? » finit-il par s'écrier d'une voix tremblante.

— « Qu'est-ce donc? » répétèrent après lui les autres assistants en se levant de leurs places, Saül excepté.

La pièce, sombre un moment auparavant, fut aussi brillamment illuminée que si un millier de torches venaient d'être allumées sur la place de la ville et des torrents de cette lumière envahissaient l'intérieur de l'habitation. Ces torches flambaient en réalité non sur la place de la ville, mais à deux kilomètres plus loin, et inondaient d'un océan de reflets rougeâtres, outre l'intérieur de la maison des Ezofowicz, la moitié encore du firmament.

Au milieu de ce subit éclairage, les gens, réunis dans ce salon, restaient muets, sans bouger, à contempler les colonnes de feu qui montaient haut, toujours plus haut vers le ciel... »

— « Comme *il* a vite exécuté son dessein! » s'écria Abraham.

Personne ne répondit.

La petite ville, jusque-là paisible, se remplissait déjà de bruit et de rumeur. Aucune population au monde n'est autant et si promptement accessible aux impressions de toutes espèces que l'israélite. Cette fois l'émotion devait être considérable, provoquée qu'elle était par le puissant élément qui sur la terre propageait la destruction et embrasait le ciel de lueurs magnifiques. C'est pourquoi on entendait le grondement des milliers de pas précipités d'une foule qui, avec le fracas d'une inondation roulait, de chaque rue et de chaque ruelle, vers la campagne. Des fenêtres des Ezofowicz, la place apparaissait noire de la multitude qui s'engouffrait dans la même direction. Il y eut un formidable entre-croisement des questions et des hypothèses les plus variées. Quelques voix plus énergiques dominaient ce tumulte.

— « Kamionka ! Kamionka ! » répétaient des gens mieux au courant que les autres des localités.

« Écoutez ! écoutez ! Le château de Kamionka brûle ! » vociféra en chœur la foule.

— « Aïe ! aïe ! un si beau château ! un si beau château ! »

Ce furent les dernières exclamations qui, parties des masses bourdonnant sous les fenêtres, pénétrèrent dans l'intérieur de la maison des Ezofowicz. Puis la cohue vida la place pour gagner l'extrémité de la ville et l'écho des pas et des dialogues n'arriva plus que de loin et indistinctement.

Alors le vieux Saül quitta le canapé et, le visage tourné vers la fenêtre, se tint longtemps immobile et silencieux.

Il leva ensuite lentement ses bras qui tremblaient un peu et dit d'une voix mal assurée :

« Du temps de mon père Hersz et de mon temps, il ne se passait pas de choses pareilles et il ne se commettait point de tels péchés en Israël. L'or et l'argent coulaient de nos mains sur ce pays et non le feu et les larmes. »

Après être resté un moment abîmé dans ses réflexions et le regard toujours cloué sur le ciel en feu, il dit encore :

— « Mon père Hersz vivait en grande amitié avec l'aïeul de Kamionski. Ils causaient souvent ensemble d'affaires importantes et ce seigneur, qui portait encore une ceinture d'or et un long sabre, disait à mon père Hersz : « Ezofowicz ! Tu as un grand cœur et si notre parti l'emporte, notre diète te fera gentilhomme ! » Le fils ne fut plus pareil au père, mais il s'entretenait toujours poliment avec moi. J'ai, pendant trente ans, acheté tout le blé de ses domaines, et chaque fois qu'il en eut besoin, je lui ouvris ma bourse, car elle s'enflait de gros profits provenant des terres qu'il possédait. Sa femme, et elle vit encore, aimait beaucoup ma Freyda et lui dit une fois : « Madame Freyda a en sa maison beaucoup de diamants et moi je n'en ai qu'un seul. » Elle appelait diamant son fils, n'en ayant qu'un, comme l'œil n'a qu'une prunelle, ce même fils dont l'habitation est actuellement en flammes. » De l'index, il désignait la réverbération de l'incendie et, pénétré d'horreur, de chagrin ou de surprise, il se tut et son fils Raphaël, qu'il avait près de lui, prit la parole :

— « La dernière fois que j'ai été au château de Kamionka, la vieille dame se tenait assise sur le perron avec son fils et, lorsque je me mis à traiter d'affaires, elle lui dit : « Sigismond, souviens-toi de ne vendre ton blé qu'aux Ezofowicz, parce que ce sont les Juifs les plus probes et qui nous veulent le plus de bien. » Et elle s'informa si la vieille Freyda vivait encore, si son fils Saül était en bonne santé, s'il possédait déjà de nombreux petits-enfants, et, regardant mon fils, elle me dit : « Monsieur Raphaël ! Moi je n'ai pas de petit-fils. » Je la saluai poliment et lui répondit : « Puissiez-vous, madame, vivre cent ans et voir vos petits-enfants. » Je n'ai pas murmuré de mensonges à son oreille, je le lui souhaitais sincèrement. Et pourquoi lui aurais-je désiré du mal ? »

Raphaël cessa de parler et Saül, sans tourner la tête, ne tarda pas à le questionner laconiquement :

— « Raphaël ! Depuis combien d'années commerces-tu avec le jeune Kamionski ? »

— « Je fais des affaires avec lui depuis qu'il est majeur et gère ses propriétés... Il ne veut connaître aucun autre négociant que moi... »

— « Raphaël ! As-tu éprouvé de sa part le moindre préjudice ? »

Raphaël, après avoir réfléchi un moment, répondit :

— « Non. Il ne m'a jamais causé le moindre tort. Il est un peu fier, c'est vrai, et il ne s'entend pas merveilleusement en affaires. Il aime s'amuser et, quand un Israélite l'aborde, il le salue à peine et ne veut pas l'avoir pour ami... Mais il a bon cœur, sa parole est sûre et, en affaire, il se laissera plutôt léser que de léser qui que ce soit. »

Sarah, debout derrière son mari, hochant la tête et se tordant les mains, murmura en gémissant :

— « Aïe ! Aïe ! qu'une si grande calamité ait fondue sur la tête d'un si jeune seigneur ! »

— « Un si beau gentilhomme, qui allait épouser une si belle demoiselle ! » soupira la femme de Raphaël.

— « Et comment se mariera-t-il maintenant que sa maison aura été dévorée par les flammes? » murmura Saül et il ajouta encore plus bas :

— « Israël a chargé aujourd'hui son âme d'un grand péché. »

Raphaël, comme s'il répondait aux paroles de son père, dit gravement :

— « Israël a aujourd'hui chargé son âme d'une grande honte ! »

Du coin de la chambre où pénétraient le moins du dehors les lueurs blafardes de l'incendie sortit ou plutôt se glissa Abraham. Le dos voûté et la tête base, il s'approcha de son père en tremblant tout entier, lui saisit la main et la porta à ses lèvres.

— « Père ! » dit-il, « je te remercie de m'avoir défendu de participer à cette besogne. »

Saül leva la tête. Une subite rougeur colora son front ridé, l'énergie brilla dans ses yeux presque éteints.

— « Abraham ! » dit-il d'un ton impératif, « fais atteler deux chevaux à l'instant même. Monte en voiture et vole vite là où Kamionski est en visite et d'où l'on n'aperçoit pas l'incendie. Depêche-toi et dis-lui de courir sauver sa mère et sa maison. »

Il se tourna vers Raphaël :

— « Raphaël ! Rends-toi à l'auberge de Jankiel et Leyzor... Les paysans de Kamionski sont là à festoyer et à boire... Pousse-les à se précipiter au secours de la maison de leur maître. »

Avec la docilité de petits enfants, les deux fils de Saül quittèrent en grande hâte le salon. Les femmes sortirent sur le perron et alors Ber demanda à Saül :

— « Père ! Et que penses-tu maintenant de Meir ? a-t-il mal fait d'avertir Kamionski ? »

Saül baissa la tête et ne répondit rien.

— « Père », continua Ber, « secours Meir. Va chez le

rabbin, chez les juges, chez les membres du kahal et prie-les de ne pas le mettre en jugement. »

Longtemps Saül ne répondit rien.

— « Il m'est pénible de les aller voir, » finit-il par dire, « et surtout pénible de courber ma tête blanche devant Todros... N'importe » ajouta-t-il après une pause, « j'irai demain... Il faut protéger cet enfant, quoiqu'il soit téméraire et qu'il respecte et affectionne trop peu la foi et les coutumes de ses pères... »

*
* *

Pendant que ces incidents se déroulaient dans la maison des Ézofowicz, une foule compacte, noire, houleuse et grondante, couvrait entièrement la petite prairie au pied de la ville. De cet endroit on pouvait le mieux contempler ce spectacle grandiose et terrible. Aussi toute la population de Szybow, avide d'émotion et mue par la curiosité, s'y était-elle donné rendez-vous.

L'incendie, déchaîné derrière une forêt de pins, l'éclairait au point qu'elle paraissait rose tout entière et d'une transparence telle qu'on eut juré pouvoir compter chacune des branches qui couronnait le sommet de ces arbres lisses. Le vaste demi-cercle des flammes, écarlate au bas, passait par toutes les nuances de l'or, jusqu'à sa cime, ou un mince filet d'un jaune clair partageait les cieux en deux pour se confondre ensuite avec leur pâle azur. L'effrayant éclat de ces gerbes lumineuses éclipait les étoiles qui semblaient des rondelles de métal doré, et n'avaient de pendant de l'autre côté de l'horizon, que l'énorme disque rouge de la lune, émergeant d'au delà d'un bois.

Les badauds, rassemblés dans la prairie, échangeaient entre eux toute sorte de propos. On y racontait que Jankiel Kamionker, à la première lueur de l'incendie, se dirigea en très grande hâte vers le château en flammes, geignant et déplorant bien haut l'immensité de la destruction probable des provisions d'eau-de-vie qu'il y possédait en grande quantité. Une forte proportion des auditeurs de lamentations de ce genre souriaient d'une manière équivoque, d'autres hochaient la tête, désolés de l'hypothèse des pertes colossales de Jankiel. La majorité observait au sujet de Jankiel et de l'eau-de-vie en péril d'être flambée, le plus complet silence. On soupçonnait sans doute la vérité, certainement même que çà et là on la connaissait, mais personne n'osait ni ne voulait s'immiscer dans une affaire, hérissée de périls de tous les côtés, en un mot nul ne risquait une imprudence.

Une bonne heure après la première apparition au ciel d'une lueur sanglante, la ruelle avoisinant la prairie résonna du bruit des roues d'un cabriolet lancé de toute la vitesse du galop de quatre chevaux. Ce n'était pas la route habituelle de Kamionski, il n'y avait même là aucune espèce de route, mais en coupant de ce côté, le propriétaire du château en flammes abrégeait sensiblement l'espace qui lui restait à parcourir. Ce n'est pas assis dans son élégant équipage, mais debout, et la main sur le garde-fou des roues et penché en avant, qu'il fouillait du regard la forêt empourprée de la réverbération du feu et au delà de laquelle sa mère courait le danger de périr sous les ruines de la maison de ses pères. Lorsque ses chevaux atteignirent la prairie et qu'il y aperçut la quantité de gens qui s'y pressaient, il cria au cocher :

— « Attention ! n'écrase personne ! »

— « Le brave homme! » dit une voix de la foule, « en un pareil malheur il songe encore à éviter un accident au prochain. »

Un autre soupira profondément.

Plusieurs têtes se rapprochèrent, il y eut des chuchotements, au milieu desquels le nom de Jankiel fut prononcé bas, bien bas.

Cependant à un endroit, non pas de la prairie, mais de la ruelle avoisinante, l'on discutait à haute voix. Meir sur le banc qui longeait la chaumière du tailleur Schmoule considérait les gerbes de feu, entouré des jeunes gens, ses compagnons ordinaires, dont le visage dénotait une violente indignation. Chaïm, fils d'Abraham, qui, blotti dans un coin, entendit une heure avant toute la conversation de Saül et de ses fils, la racontait à ses amis. Dans son emportement, il ne mettait aucune sourdine à sa voix. Il répétait hautement et distinctement chacune des paroles échangées entre eux par les aînés de la famille, et ses compagnons l'approuvaient non moins haut. Ces jeunes cœurs, habituellement timides, puisaient quelque hardiesse dans leur indignation et leur honte. Une seule voix, coutumière de paroles de douceur et de sagesse, manquait à ce chœur. Éléazar se tenait non parmi ses compagnons réunis autour de Meir, mais un peu plus loin, les épaules appuyées contre les murs noircis de la chaumière. Les coudes sur les genoux, la tête très basse, il se couvrait des mains le visage. Il semblait pétrifié dans une attitude pleine de regrets et de confusion. Parfois seulement, il imprimait à son corps un léger balancement. Visiblement, cet esprit mou, rêveur, craintif, s'abîmait maintenant tout entier dans un océan de méditations amères, désespérées ou peut-être reconfortantes.

Tout à coup, rasant les murs, à l'ombre des cabanes et des barrières, une ombre humaine, très svelte et très mince, se glissa avec une vélocité extraordinaire. Près du groupe réuni, à la porte de Schmoule, on perçut la respiration bruyante et entremêlée de gémissements d'une poitrine horriblement fatiguée.

— « Schmoule ! » dirent les jeunes gens

— « Silence ! » leur cria d'un ton contenu Meir en sautant du banc à terre. « Que vos lèvres ne prononçent pas le nom de ce misérable pour ne pas exposer sa tête au péril. J'attendais ici son retour. Éloignez-vous et souvenez-vous que vos yeux n'ont pas vu revenir Schmoule du côté où sévit l'incendie. »

— « Tu as raison », murmura Ariel, « cet infortuné est notre frère ! »

— « L'infortuné ! L'infortuné ! L'infortuné ! » fût-il répété à l'entour.

Ils se dispersèrent. Auprès de la cabane de l'indigent, il n'y eut plus que Meir, debout au seuil, et Eléazar que rien ne parvenait à tirer de sa stupeur.

Schmoule, après s'être faufilé dans la pièce dont, sauf ses plus jeunes enfants et sa mère aveugle, tous les habitants étaient sortis, s'affaissa sur le plancher sale, le frappant du front, sanglotant, soupirant et parlant à mots entrecoupés :

— « Je suis innocent ! Je suis innocent ! Je suis innocent ! Je n'ai ni mis le feu ni tenu dans mes mains le pot à huile ! C'est lui, c'est Jochel qui a seul agi... Moi, je faisais le guet dehors, mais quand la flamme brilla devant mes yeux... aïe ! aïe ! je reconnus alors à quoi je participais... »

— « Silence ! » dit, près du malheureux qui délirait et se lamentait, une voix sourde et vibrante de douleur. « Ferme tes lèvres, Schmoule, et moi je fermerai la fenêtre de ta cabane. »

Schmoule releva la tête et la laissa aussitôt retomber sur le plancher.

— « Mes filles ! » soupira-t-il, « ont plus de seize ans, il me fallait les marier ! Et je n'ai plus de quoi acquitter les impôts de l'année entière ! »

— « Lève-toi et tranquillise-toi ! » dit Meir.

Schmoule ne l'écoutait pas. Il balayait de ses lèvres la poussière du plancher, et il gemissait :

— « Secours-moi ! Je suis à jamais perdu corps et âme ! »

— « Tu ne perdras pas ton âme, et l'Éternel mettra ta misère dans la balance de tes péchés, si tu n'acceptes pas l'argent par lequel de méchantes gens t'ont tenté. »

Pour le coup, Schmoule releva de terre son visage amaigri, mortellement pâle, secoué de tressaillements nerveux et où se lisait la misère humaine poussée à ses dernières limites.

Il fixa sur Meir un regard qui exprimait alternativement une souffrance déchirante et un effroi mortel et, montrant les cloisons de sa chambre, il s'écria :

— « Et comment sans cet argent. vivrais-je plus longtemps ? »

Une bonne demi-heure s'écoula avant que Meir quittât la chambre où Schmoule s'accusait, se maudissait et se désespérait de plus en plus bas. Une large bande de vive lumière projetée de la rue, éclairait en plein un des coins de l'étroite antichambre. Dans un angle, sous un mur noir et branlant, entre deux chèvres blanches, dont l'une était debout et l'autre couchée, Leybele dormait sur une botte de paille humide, les mains glissées dans les manches étriquées de son habit gris, la tête dorée par le reflet de l'incendie et reposant contre une planche qui saillissait du mur.

Ni les cris et le tumulte, ni la réverbération violente du ciel, ni les gémissements et les malédictions de son père, n'avaient interrompu le sommeil innocent que cet enfant de la misère, de l'ignorance et du crime, goûtait entre deux chèvres, ses amies.

Le lendemain, dans toute la petite ville régnait un mouvement inaccoutumé. On ne s'y entretenait que de l'incendie, qui venait de détruire presque de fond en comble le château de Kamionski ; de la maladie de sa vieille mère, transportée à la hâte chez des voisins ou des parents, et des pertes énormes subies par Kamionski, auquel le feu consuma outre les bâtiments seigneuriaux, une grange remplie déjà du blé rentré des champs.

Afin de causer de cet événement, les gens se groupaient sur la place, au milieu des rues, aux seuils des maisons, et si quelqu'un eût épié les conversations animées qui s'y poursuivaient à voix basse, il eut fréquemment entendu formuler la question suivante :

— « Et qu'adviendra-t-il de *lui ?* »

Cette question concerne non pas Kamionski, mais Kamionker. On plaint Kamionski par-ci par-là, comme parci par-là on blâme Jankiel, mais le gentilhomme est entièrement étranger à la population de Szybow, qu'il ne connaît pas et qui ne le connaît que de vue. Kamionker au contraire, depuis les premiers jours de son existence, a grandi avec cette population, tissé au milieu d'elle les mailles d'un vaste filet de relations intéressées et amicales et de plus, aux yeux de la classe inférieure, il est entouré de l'auréole de l'opulence et d'une dévotion fanatique. Il ne faut donc pas s'étonner des inquiétudes à son endroit de ceux même qui le désapprouvent.

— « Le suspectera-t-on ? » voilà ce qu'on demandait de côté et d'autre.

Tel et tel répondait :

— « Aucun soupçon ne planerait sur lui, sans les vilaines insinuations de Meir Ézofowicz. »

— « Il a brisé l'unité et l'alliance du peuple d'Israël... »

— « Il a exposé au péril la tête de son frère. »

— « Et qu'y a-t-il d'étrange à cela ? C'est un incrédule. »

— « Il a osé levé la main sur Reb Mosché. »

— « Il est lié d'une impure amitié avec la jeune caraïte. »

Et ceux qui tenaient ces propos jetaient parfois des regards hostiles et malveillants sur l'habitation des Ézofowicz.

Cette habitation fut ce jour-là plus silencieuse et plus morne que jamais. On laissa même closes les fenêtres qui donnaient sur la place, quoique d'ordinaire au printemps et tout l'été elles restassent assez largement béantes pour que quiconque l'eût voulu eût pu, du matin au soir, être témoin du genre de vie de cette nombreuse famille qui n'avait rien à cacher.

Personne de la maison ne songeait même à ouvrir les fenêtres ni à mettre en ordre le salon habituellement si soigneusement tenu. Les femmes allaient d'un coin à un autre, comme déroutées, froissant leurs bonnet à force de porter leurs mains à leurs têtes ; elles s'arrêtaient devant le foyer de la cuisine, le menton dans la main, et soupiraient profondément. Sarah même larmoyait. Rien d'étonnant à cela. Ber, son mari, avait, depuis le matin, le front sillonné de ces grosses rides qu'elle attribuait à des souffrances ignorées d'elle et dont la compréhension lui échappait. Il ne lui adressait pas une parole, et, assis au salon, silencieux, il regardait alternativement ses deux frères Abraham et Raphaël. Raphaël, quoiqu'il eût le visage penché sur son livre de compte, ne calculait évidemment pas, mais méditait quelque important sujet. De temps à autre, il levait ses yeux de son livre et considérait Ber et Abraham. Le vieux Saül, sur le canapé jaune, semblait également absorbé par la lecture d'un gros livre de piété. En réalité, il comprenait moins encore que d'ordinaire ce qu'il lisait et son visage dénotait de poignantes inquiétudes.

L'aïeule Freyda, installée près de la fenêtre à sa place habituelle, c'est-à-dire dans un grand fauteuil, seule de toute sa famille, ne trahissait aucun changement. Son sourire endormi n'avait pas disparu de ses lèvres. Elle baissait les paupières, s'assoupissait légèrement, puis les relevait et se réveillait de nouveau.

Dès que midi eût sonné, les femmes couvrirent la table d'une nappe blanche et se mirent à y placer les assiettes.

Meir entra dans la pièce. Il ouvrit la porte lentement et sans bruit, s'arrêta près du mur et promena sur tous les visages un regard anxieux, presque effrayé et plein d'un profond chagrin. Les personnes présentes levèrent la tête et la baissèrent aussitôt, mais en un clin d'œil une lourde avalanche de reproches muets fondit sur le jeune homme timidement adossé au mur, reproches motivés à la fois par les soucis éprouvés, par les terreurs de créatures tranquilles gravement menacées dans leur quiétude, et par un profond apitoiement sur son sort, auquel s'alliait la perspective encore lointaine et pas même formulée d'une expulsion... Il n'y eut que la grand'mère qui, à la vue du nouveau venu, souleva entièrement ses paupières jusque-là clignotantes, sourit largement et murmura : « mon petit-fils ! »

Aussi c'est à cette physionomie que s'attachèrent les yeux de Meir, brillants de l'impatience on ne sait de quelle pensée.

A ce moment, un choc et un bruit retentirent dans la chambre ; quelqu'un du milieu des groupes qui, répandus sur la place, considéraient avec malveillance la maison des Ézofowicz, jeta contre l'une des fenêtres une grosse pierre qui brisa une vitre en mille morceaux, frôla l'œil de Freyda et tomba au centre de la pièce.

La figure de Saül devint d'un rouge de brique ; les femmes, en train de couvrir la table, poussèrent un cri ; Raphaël, Abraham et Ber se levèrent comme mus par un ressort ; tous commencèrent par regarder la vitre brisée, puis leur aïeule Freyda qui, se redressant soudain et apercevant la pierre qui glissait sur le plancher, dit de sa voix chevrotante, mais distincte :

— « Oh ! c'est la même pierre ? Il l'ont lancée contre la fenêtre de notre maison, quand mon Hersz se disputa avec Reb Nochim et voulut entretenir d'amicales relations avec des étrangers... C'est la même pierre. A qui l'ont-ils jetée maintenant ? »

Pendant qu'elle parlait, un frisson agitait les rides de son visage et, pour la première fois depuis nombre d'années, elle eut les yeux grand ouverts.

— « Contre moi, grand'mère, répondit du côté opposé une voix imprégnée d'une indicible angoisse.

Meir traversa la pièce et, debout devant son aïeule, il lui saisit dans les siennes ses deux petites mains parcheminées. Il fixait sur elle un regard à la fois plein de tendresse, de questions et d'on ne sait quelles prières que ses lèvres ne formulaient pas et elle levait vers lui ses prunelles jaunes qui commençaient à cligner.

Saül quitta le canapé.

— « Raphaël », dit-il, « donne-moi mon manteau et mon chapeau.

— « Où iras-tu, père » ? demandèrent simultanément ses deux fils.

Saül, la rougeur au front, répondit d'une voix tremblante :

— « J'irai courber ma tête devant Todros... Qu'il ne mette pas en jugement ce téméraire enfant, tant que le feu de la colère allumée dans le cœur du peuple ne se sera pas éteint. »

Un instant après, le patriarche de la famille la plus considérable de la communauté, enveloppé dans un long manteau noir et sur la tête un brillant chapeau à haute forme, cheminait lentement et gravement par la place. Les groupes qui y stationnaient s'écartaient devant lui et leurs membres le saluaient fort bas. Quelqu'un cependant cria :

— « Quelle misère ! Rebé Saül, que tu aies un pareil petit-fils. »

Saül ne releva pas cette provocation, seulement ses lèvres minces se serrèrent davantage encore.

Une bonne heure s'écoula avant que Saül ne revint de cette

visite. Il trouva tous les aînés de sa famille rassemblés au salon et Meir assis près du fauteuil de son aïeule, dont la petite main sèche tenait fortement un pan de son habit.

Sarah débarrassa son père de son manteau.

— « Et que nous rapportes-tu de là bas, père » ? demanda Raphaël.

Saül, les yeux tristement baissés, respirait péniblement.

— « Je rapporte de là bas », reprit-il après un moment de silence, « honte et colère. Le cœur de Todros se réjouit du malheur qui est arrivé à la maison des Ézofowicz... Des sourires rampent comme des serpents sur son visage jaune. »

— « Et qu'a-t-il dit » ! murmurèrent quelques voix.

— « Il a dit avoir témoigné trop longtemps de l'indulgence à mon petit-fils... Reb Mosché, Kamionker et le peuple entier le prient de juger Meir... A ma prière, il a ajourné ce jugement à demain soir et déclare que si Meir s'humilie devant lui et implore du peuple entier le pardon de ses péchés... l'arrêt qui interviendra sera moins sévère... »

Les yeux de tous les assistants se tournèrent vers Meir.

— « Et que penses-tu de ceci » ? lui cria-t-on en chœur.

Meir réfléchit un moment :

— « Donnez-moi un peu de temps », répondit-il. « Peut-être d'ici à demain soir me procurerai-je quelque secours. »

— « Et d'où saurait-il te venir un secours » ? lui objecta-t-on.

— « Laissez-moi ne pas vous répondre avant demain », répartit Meir.

Tous hochèrent la tête et se turent. Leur silence équivalait à un consentement.

Dans le cœur de tous les assistants, la crainte et l'orgueil étaient aux prises avec la fierté. Irrités contre Meir, ils avaient des appréhensions relatives et à lui, et au repos et à la prospérité de leur maison entière, en même temps qu'ils supportaient difficilement l'idée qu'un membre de leur famille pût s'humilier devant le rabbin et devant le peuple.

— « Que peut-on savoir », chuchota Raphaël à son frère. « Qui sait s'il ne trouvera pas quelque expédient... »

— « Peut-être que sa mère lui apparaîtra la nuit et lui enseignera comment il doit agir », murmura Sarah tout bas.

Le dîner retardé se passa dans un silence qu'interrompaient seulement les soupirs des femmes et les pleurs des enfants, auxquels leurs mères défendaient de rire et de jacasser.

Les membres de cette famille, préoccupés et soucieux, considéraient à tous moments avec surprise la vieille Freyda, qui manifestait sans cesse une agitation extraordinaire. En vérité elle ne disait rien, mais, au cours de ce dîner, elle ne s'assoupit pas un instant; elle se trémoussait au contraire continuellement sur sa chaise, en examinant tantôt la vitre brisée, tantôt Meir, et tantôt l'endroit de la pièce où, il y a une couple d'heures, tomba la pierre lancée de la rue.

— « Qu'a-t-elle donc » ? se demandaient avec inquiétude et tout bas les uns aux autre les assistants.

— « Elle a quelque reminiscence », répondait-on.

— « Elle redoute on ne sait quoi ».

— « Elle veut dire quelque chose et ne le peut pas. »

En se levant de table, les deux petites filles voulurent, selon l'usage, emmener Freyda dans la chambre voisine et l'arranger pour la nuit, mais, s'affermissant sur ses jambes, elle montra du doigt son fauteuil auprès de la fenêtre.

Bientôt, les personnes réunies dans ce salon se mirent à le quitter successivement. Raphaël et Ber partirent pour le reste de la journée, régler une grave et pressante affaire chez un châtelain du voisinage. Abraham s'enferma dans sa chambre, afin de s'y livrer à ses calculs ou peut-être à une lecture pieuse. Saül enjoignit à ses filles qu'il n'y eût aucun bruit au logis et, en soupirant péniblement, il s'étendit sur sa couche. Les femmes éteignirent les fourneaux de cuisine, fermèrent doucement les portes du salon, et sortirent dans la cour, où elles cousaient et causaient, tout en surveillant les jeux des enfants.

L'aïeule demeura au salon, et, chose étrange! quoiqu'un profond silence régnât autour d'elle, elle ne somnola pas un moment. Assise dans son grand fauteuil, elle regardait la vitre brisée et ses lèvres remuaient, comme si elle se chuchotait quelque chose à elle-même. Elle hochait parfois sa tête chargée d'une sorte de turban de couleur. Alors son agrafe de diamants semblait semer d'un torrent d'étincelles son front jauni et ses boucles d'oreilles résonnaient contre les anneaux de sa chaîne d'or.

Sans cesser de remuer les lèvres, elle ne tarda pas aussi à agiter les mains. On eut pu supposer qu'elle poursuivait un entretien animé et ardu avec quelque être invisible, peut-être avec les fantômes enfantés par sa propre imagination. Soudain, elle secoua la tête et dit :

« Il en fut de même, quand mon Hersz trouva le manuscrit de Senior... Les méchantes gens lui jetèrent alors des pierres... »

Elle se tut, mais de grosses larmes mouillèrent ses prunelles vitreuses et s'arrêtèrent sous sa paupière ridée et tremblante.

Alors du banc placé à l'extrémité opposée, Meir, traversant rapidement la salle, vint s'asseoir sur le tabouret sur lequel reposaient les pieds de son aïeule et enlaçant ses mains dans les siennes, il lui demanda :

« Grand'mère! Où est le manuscrit de Senior? »

Au son de cette voix qui sans doute, de même que le visage de Meir, lui rappelait un homme tendrement chéri aux jours de sa jeunesse et de son bonheur, Freyda sourit. Elle n'abaissa pourtant pas les yeux sur son petit-fils assis à ses pieds, mais à travers les larmes qui voilaient encore son regard, elle sondait l'espace et murmurait :

— « Quand il se fut querellé pour la première fois avec Reb Nochim et le peuple entier, il revint à son logis, s'affaissa très triste sur le banc et manda sa femme Freyda. Freyda, alors jeune et fort belle, portait enroulée autour de sa tête une écharpe d'un blanc de neige et, debout auprès du foyer de la cuisine, surveillait ses enfants et ses serviteurs. Au premier appel de son mari, elle alla à lui et attendit en sa présence qu'il lui adressât la parole. Il lui demanda alors :

— « Freyda ! Où est le manuscrit de Senior ? »

La vieille femme cessa de chuchoter. Le jeune homme, lui pressa plus fortement les mains et l'interrogea de nouveau :

— « Grand'mère ! Où est le manuscrit de Senior ? »

L'aïeule balança légèrement sa tête chargée du turban de couleur voyante, et ses lèvres jaunes et minces murmurèrent derechef :

— « Il demanda où était le manuscrit de Senior. Senior l'aurait-il caché sous terre ? Non. Il ne l'eut pas caché sous terre, pour qu'il y pourrisse et que les vers l'y mangent. L'aurait-il caché dans l'un des murs de la maison ? Non ! Car il savait que le feu peut dévorer la maison ? Où donc l'aurait-il célé ? Ainsi s'exprimait Hersz, et sa femme Freyda médita longtemps ses paroles. Ensuite, elle montra du doigt l'armoire, où se conservaient les livres de Senior et elle dit : — Hersz, mon Hersz ! le manuscrit est là ! A ces mots de Freyda, Hersz ressentit une vive joie et ses lèvres dirent : Freyda, tu as de la sagesse en tête et ton âme est aussi belle que tes yeux ! »

A ce souvenir, ses larmes, immobiles jusque-là, glissèrent de dessous ses paupières, coulèrent le long de ses rides jusqu'à ses lèvres qui, souriant aux réminiscences nébuleuses de sa jeunesse et de son bonheur, murmurèrent encore :

— « Et il dit : Une femme intelligente et bonne est plus précieuse que l'or et que les perles. Auprès d'elle, le cœur d'un mari est tranquille. »

Le jeune homme qui, assis à ses genoux, la dévisageait d'un regard plein de prières et de désir, lui demanda de nouveau :

— « Grand'mère ! Et qu'est-ce que Hersz a fait de ce manuscrit ? »

Un moment, la vieille femme ne répondit pas, remuant

les lèvres comme si elle causait avec quelqu'un d'invisible, puis elle reprit son récit :

— « Hersz revint d'un lointain voyage, il s'assit de nouveau tristement sur le banc et dit à Freyda : Tout est perdu ! Il faut cacher le manuscrit de Senior, car il ne pourrait actuellement servir à rien. » Freyda l'interrogea : « Hersz, et où céleras-tu ce manuscrit ? » Hersz répondit : « Je le remettrai à la place même d'où je l'ai tiré et tu seras seule à connaître ce secret. »

Les yeux de Meir étincelèrent de joie :

— « Grand'mère, ce manuscrit y est-il encore ? »

Et il indiqua une armoire pleine de vieux livres qui étaient des souvenirs de famille. Freyda, sans lui répondre, continuait à marmotter tout bas :

— « Il dit : Tu seras seule à connaître ce secret, et, quand ton âme sera sur le point de se séparer de ton corps, tu le révéleras à celui de mes fils ou petits-enfants qui ressemblera le plus à ton mari Hersz. Et quel est celui des fils et des petits-fils de Freyda, qui ressemble le plus à son mari Hersz ? C'est Meir, fils de Benjamin ; il lui ressemble autant qu'un grain de sable à un autre. C'est mon favori, Freyda lui dévoilera son secret ! »

Meir tenait les deux mains de son aïeule dans les siennes et les couvrait de baisers.

— « Grand'mère » chuchota-t-il en désignant l'armoire aux livres, « est-ce là bas que se trouve le manuscrit de Senior ? »

Mais la vieille femme maintenant ne lui répondit pas directement, et reprit son récit :

— « Hersz dit à Freyda : Si les anciens de la famille commencent à lever la main sur ton fils ou ton petit-fils et si le peuple lui jette des pierres, toi, Freyda, révèle-lui notre secret ! Qu'il prenne le manuscrit de Senior, le place sur son cœur et abandonne sa famille et sa fortune. Qu'il emporte à travers le monde ce manuscrit, plus précieux que l'or et que les perles, puisqu'il est l'alliance d'Israël avec le Temps, qui coule au-dessus de sa tête comme un grand fleuve, et avec les peuples, qui s'étagent autour de lui comme de hautes montagnes... »

— « Grand'mère ! Les anciens de la famille ont commencé à lever la main sur moi. Le peuple a détourné de moi son visage irrité. Je te suis le plus cher de tes petits-fils. C'est de moi qu'Hersz, ton mari, te parlait. Dis-moi si le manuscrit de Senior existe parmi ces livres ? »

Un large et triomphant sourire entr'ouvrit les lèvres jaunies de Freyda. Elle secoua la tête avec un mystérieux sentiment de joie et murmura :

— « Freyda a été la gardienne vigilante du trésor de son mari. Elle l'a défendu envers et contre tous, comme s'il s'agissait de son âme. Lorsqu'elle devint veuve, Reb Nochim Todros vint chez elle et il voulait brûler les vieux livres de l'antique armoire. Plus tard, Reb Baruch Todros, fils de Reb Nochim, essaya également de livrer ces vieux livres au feu, mais, à chacune de leurs tentatives, Freyda couvrit la vieille armoire de son corps en disant : Cette maison est à moi et tout ce qu'elle renferme m'appartient ! Et quand Freyda se mettait devant cette armoire, devant Freyda se plaçaient ses fils et petits-fils et ils disaient : — C'est notre mère et nous ne lui laisserons faire aucune avanie ! — Reb Nochim s'en alla furibond et Reb Isaac n'y revint plus jamais, car il avait appris de ses pères que tant que Freyda vivrait... Freyda a veillé scrupuleusement sur le trésor de son mari, et depuis cette époque il gît là intact... »

En achevant ces mots, la vieille femme allongea son doigt ridé vers l'armoire vitrée qui se dressait à quelques pas devant elle et le rire tranquille d'une joie intérieure, d'un triomphe quasi enfantin, agita sa poitrine.

Meir fut d'un bond auprès de l'armoire, et d'une main dont la fièvre redoublait la vigueur, il en fit sauter la serrure, déjà rongée par les années et par la rouille. Les portes de l'armoire s'ouvrirent tout grandes et de ses profondeurs s'éleva un nuage de poussière qui, comme celle jadis répandue sur le turban blanc de Freyda et la chevelure dorée de Hersz, saupoudra les vêtements de leur petit-fils. Mais il n'en avait cure et feuilletait rapidement ces livres où deux de ses ancêtres puisèrent la sagesse et qui récélaient ce guide de son existence qu'il souhaitait passionnément posséder.

A la vue de cette armoire ouverte, et de ce nuage de poussière, Freyda se pencha en avant, étendit les bras et s'écria :

— « Hersz ! Hersz ! mon Hersz ! »

Ce fut non pas son chuchotement morne habituel, mais une clameur joyeuse, qui s'arracha de sa poitrine, transpercée de la félicité et de l'angoisse du souvenir. Elle oublia son petit-fils. Il lui semblait sans doute que ce beau jeune homme aux cheveux d'or, couverts de poussière, était une miraculeuse apparition de son mari, descendue à elle des mondes inconnus.

Meir tourna vers elle son visage pâle et ses yeux ardents.

— « Grand'mère ! » lui demanda-t-il d'une voix haletante, « où est-il ? En haut, en bas, dans ce livre ou dans cet autre ? »

— « Dans celui-là ! » s'écria la vieille femme en indiquant du doigt un volume sur lequel Meir venait de mettre la main. Bientôt on entendit, sous l'épaisse reliure de parchemin, le froissement de feuillets jaunis par le temps, mais couverts d'une grosse écriture encore distincte et Meir les retira de leur cachette, et tomba aux pieds de son aïeule, lui baisa les genoux et les doigts, se prenant la tête à tout moment, en proie à la fois au rire et aux larmes.

Freyda souriait et caressait de ses mains tremblantes la tête de son petit-fils, ses paupières ne tardèrent pas à s'abaisser, et son visage à revenir à cette expression de quiétude somnolente qui lui était habituelle depuis bien des années. Lasse d'avoir tant parlé et d'avoir si largement évoqué ses souvenirs, absorbée encore dans le radieux fantôme de sa jeunesse qui brillait devant elle avec la clarté de larmes limpides, cette centenaire fut de nouveau envahie par un doux assoupissement, première pour ainsi dire et paisible vague de l'éternel sommeil.

Les remercîments passionnés et les tendresses de son petit-fils cessèrent de la tenir éveillée. Meir serra contre sa poitrine les feuillets jaunis et ses pas rapides résonnèrent bientôt sur l'escalier qui conduisait à une pièce située sous les combles de la maison et où logeaient Meir et ses plus jeunes frères.

Toute la soirée et la nuit suivante, à la large fenêtre qui se trouvait sous le toit même, élevé et pointu, de la maison, scintilla une vacillante petite lumière et l'on put voir à travers la vitre de nombreuses allées et venues. Le matin, à l'aube, quelques jeunes gens sortirent dans la cour de l'habitation par une porte latérale et se dispersèrent de différents côtés de la ville.

Dans la ville circulaient presque depuis le lever du soleil des rumeurs indistinctes, vagues, racontées et commentées de mille façons, mais qui piquaient la curiosité et excitaient vivement l'émotion de toutes les couches de la population locale. En apparence, les choses suivaient leur train ordinaire, mais, surtout dans les rues les plus pauvres, on entendait le grondement incessant de conversations humaines qui, mêlé au choc, au grincement et au sifflement d'instruments de travail très divers, semblait comme le sourd bourdonnement d'une fourmilière. On ne sait d'où venaient, qui propageait, ni de quelles lèvres tombaient les nouvelles, les hypothèses, les suppositions répandues dans les cours, les recoins, les chambres et les taudis.

— « Aujourd'hui au coucher du soleil, dès qu'un épais crépuscule régnera sur la terre, le grand tribunal des membres du Kahal se réunira sous la présidence du rabbin Isaac, au Bet-ha-Kahal et jugera le jeune Meir Ezofowicz. »

— « Comment sera-t-il jugé ? Quel est l'arrêt qui sera rendu contre lui ? Que deviendra-t-il ? ».

— « Non. Le grand tribunal ne siégera plus aujourd'hui au Bet-Kahal, car lorsqu'au coucher du soleil le crépuscule du soir régnera sur la terre, le téméraire petit-fils du riche Saül viendra au Bet-Midrash s'humilier en présence du peuple entier devant le grand rabbin, confesser ses péchés et implorer le pardon de ceux qu'il a offensés, irrités ou scandalisés. »

— « Non, il ne s'humiliera pas devant le rabbin, ni il ne confessera humblement ses péchés devant le peuple entier. »

— « Et pourquoi pas ? »

— « Ah ! C'est un grand secret, mais que chacun connaît, un si grand secret qu'en l'écoutant tous les yeux pétillent d'une curiosité fiévreuse, et que toutes les poitrines aspirent à le posséder au plus tôt. »

— « Le jeune Meir a trouvé un trésor. »

— « Quel trésor ? Un trésor que depuis trois cents, cinq cents, mille ans peut-être, bah ! depuis l'époque où les Juifs vinrent en ce pays, cachait la famille des Ezofowicz. »

— « Ce trésor, c'est le manuscrit d'un ancêtre qui, à sa mort, l'a laissé en héritage à sa lointaine postérité. »

— « Et que renferme ce manuscrit. »

— « Personne ne le sait avec certitude. »

Tous les habitants des rues pauvres ont appris de leurs pères, grand-pères et grand'mères l'existence de ce manuscrit, mais chacun en disait autre chose. Maintenant encore vivaient des vieillards renseignés sur ce manuscrit, seulement les informations de chacun d'eux différaient. Les uns prétendaient que ce manuscrit provenait d'un docte et saint Israélite qui existait il y a de cela bien longtemps et ne songea toute sa vie qu'à la manière de rendre sa nation riche, sage et heureuse. D'autres soutenaient au contraire que cet ancêtre si reculé des Ezofowicz fut un impie et un hérétique acheté par les *goï* pour effacer de la surface de la terre le nom d'Israël et sa loi.

— « Dans ce manuscrit, il est enseigné comment l'on peut changer le sable en or et ce que les pauvres gens doivent faire pour devenir aussitôt de gros richards. »

— « Non. Dans ce manuscrit est donné à l'homme le moyen de chasser de lui les démons, de façon à ce qu'ils ne vous molestent plus jamais, et de composer avec les lettres du nom de l'Eternel une parole telle que le regard de celui qui la prononcera deviendra capable de pénétrer de part en part le ciel et la terre. »

— « Non. Dans ce manuscrit, il est dit comment les Israélites doivent se conduire pour changer leurs ennemis en amis et contracter alliance avec tous les peuples qui leur sont hostiles. »

— « Et quelque autre avait encore entendu dire que ce

manuscrit contient le secret de ressusciter Moïse et de l'évoquer afin qu'il revienne tirer à nouveau son peuple de la captivité, des ténèbres et des humiliations pour le mener dans une contrée regorgeant d'or, de sagesse et de gloire. »

— « Pourquoi jusqu'à présent ce manuscrit n'avait-il été ni cherché ni communiqué au peuple ? »

— « La crainte paralysait les possesseurs, car les mains de quiconque touchera ce manuscrit prendront feu et tomberont en poussière. »

— « Non. Des serpents s'enrouleront autour du cœur de quiconque touchera ce manuscrit. Son front deviendra aussi noir que la suie... Le bonheur et la paix le fuieront. Une pluie de pierres l'accablera. Il portera au front une balafre sanglante. »

— « Jadis... il vit encore de vieilles gens qui s'en souviennent, le père du riche Saül, le riche marchand Hersz, toucha ce manuscrit. »

— « Et que lui est-il arrivé ? »

« Les vieilles gens racontent que, lorsqu'il eût touché ce manuscrit, des serpents vénimeux s'enroulèrent autour de son cœur et qu'il mourut fort jeune de leurs morsures. »

— « Et maintenant, le jeune Meir à découvert ce manuscrit ? »

— « Oui. Il l'a découvert et il le lira au Bet-ha-Midrash devant le peuple entier, dès que le soleil se sera couché et que le crépuscule du soir aura couvert la terre. »

Parmi les gens qui s'entretenaient ainsi se faufilait le mélamed Reb Mosché. Il se montrait par-ci par-là, s'éclipsait de nouveau, réapparaissait dans quelque autre rue, au milieu d'une autre cour, sous la fenêtre ouverte d'une autre chaumière. Il tendait l'oreille, saisissait les propos, un sourire courait sur ses lèvres lippues et ses yeux sombres et ronds lançaient des éclairs. Humblement et parfois opiniâtrement interrogé par ceux dont il s'approchait, il se taisait ou répondait seulement par un grognement indistinct ou un lugubre hochement de tête. Il ne pouvait parler, faute d'avoir encore entretenu ce jour-là des incidents et des rumeurs qui agitaient si fortement l'esprit public, le maître auquel, avec la plus haute vénération, la foi la plus fanatique, l'amour le plus passionné et le plus mystique, il avait asservi son corps et son âme. Sans l'ordre exprès de ce maître adulé et chéri, il se sentait incapable d'émettre de jugement, ni de donner de mots d'ordre ni même de trancher un doute quelconque au moyen de ses propres lumières. Sa parole et son action n'auraient eu qu'à ne pas concorder avec la volonté du maître, ou qu'à violer je ne sais laquelle de milliers de prescriptions ? A la vérité, il connaissait toutes ces prescriptions par cœur, mais non seulement chacune de leurs expressions, mais chacune de leur lettre est susceptible d'interprétations et d'applications différentes. Reb Mosché, tout conscient qu'il fut de sa profonde instruction, n'ignorait pas qu'elle ne signifiait rien en face du savoir du grand rabbin, dont la clarté illuminait le globe terrestre entier et se reflétait jusque dans le ciel même !... L'Éternel se plaisait à la contempler et s'admirait lui-même d'être le créateur, une œuvre aussi parfaite que le rabbin Isaac Todros.

Vers midi, Reb Mosché, la tête et les oreilles pleines de tout ce qu'il avait entendu, se glissa silencieusement dans la noire masure du rabbin. Il ne put cependant pas s'entretenir avec lui sur l'heure. Todros parlait à un vieillard dont le vêtement poudreux trahissait une longue route et qui, appuyé sur son bâton et debout devant lui, le visage à la fois humble et radieux, priait le rabbin de le gratifier d'une pincée de terre rapportée de Jérusalem.

— « Je désire fort », disait-il d'une voix chevrotante de vieillesse et d'émotion, « m'en aller mourir à Jérusalem et y être enseveli dans la terre de mes ancêtres. Mais je suis pauvre et je n'ai pas d'argent pour la route. Donne-moi, Rabbin, une poignée de ce sable que, chaque année, on te rapporte de là-bas pour que mes petits-enfants puissent me la mettre sur la poitrine, quand mon âme se séparera de mon corps. Avec cette poignée de sable, mon sommeil sera plus doux dans la tombe, et n'est-il pas vrai que de ceux qui l'ont sur eux les vers n'approchent pas et ne dévorent pas leurs corps ? »

— « C'est la vérité », répondit gravement le rabbin, et, tirant une poignée de sable blanchâtre du sac ou il gardait cet objet précieux soigneusement ficelé, il l'enveloppa dans un morceau de papier et la tendit au vieillard.

Le vieillard reçut ce don d'une main tremblante de joie, y appliqua un long et pieux baiser et le serra contre sa poitrine, sous ses sordides haillons.

— « Rabbin » dit-il, « je n'ai avec quoi te payer. »

Todros l'interrrompit brusquement et dit, en allongeant vers lui son cou jaune :

— « Il paraît que tu viens de loin, puisque tu as de pareilles préoccupations et que tu peux parler à Isaac Todros de rémunération. Moi, je ne prends aucun paiement de personne. Et, quoique je sache que je fais beaucoup de bien à mes frères, je n'implore de l'Éternel qu'une seule récompense ; qu'il daigne ajouter fût-ce une gouttelette à ce que mon âme, insatiable de sapience, en possède déjà. »

Le vieillard au pas chancelant, en s'aidant de son bâton, s'approcha de l'homme si sage déjà et toujours si passionnément altéré de sagesse.

— « Rabbin ! » soupira dévotement le vieillard, « permets-moi de baiser ta bienfaisante main. »

— « Baise-la » répondit doucement le maître, mais il prit des deux mains la tête couverte de cheveux d'un blanc de lait du postulant penché devant lui et appliqua un baiser retentissant sur son front plissé et désseché.

— « Rabbi ! » s'écria le vieillard avec une explosion de joie dans la voix, « tu es bon, tu es à la fois notre père, notre maître et notre frère ! »

— « Et toi », répondit Todros, « sois béni pour avoir conservé jusque dans l'extrême vieillesse la fidélité aux lois du Seigneur et l'amour de notre terre natale, dont une poignée de sable t'a paru plus précieuse que l'argent et l'or. »

Tous deux eurent les larmes aux yeux et évidemment l'un et l'autre, quoiqu'ils se vissent pour la première fois de leur vie, éprouvèrent une réciproque, fraternelle et singulièrement mélancolique tendresse.

Reb Mosché, assis en attendant la fin de cet entretien, à terre près du noir orifice du poêle, partageait leur émotion et ce n'est que quand un moment après, Todros eut été laissé seul, qu'il murmura tout bas :

— « Nassi... »

— « Ah ! » exclama le maître, plongé déjà dans sa méditation habituelle.

— « Il y a aujourd'hui chez nous en ville de graves nouvelles. »

— « Et quoi donc ? »

— « Meir Ezofowicz a découvert le manuscrit de son ancêtre Senior et il le lira aujourd'hui au peuple entier. »

Todros s'arracha instantanément à ses réflexions :

— « D'où sais-tu cela ! »

— « Oh ! Le monde entier en parle. Les amis de Meir parcourent la ville depuis le matin et l'annoncent parmi le peuple. »

Todros ne répondit rien, ses yeux avaient un éclat presque sauvage. Il réfléchissait.

— « Nassi ! lui permettras-tu d'agir ainsi ? »

Todros se tut un moment encore, puis répondit d'un ton décidé.

— « Je le lui permettrai. »

Reb Mosché en tressaillit des pieds à la tête.

— « Rabbi ! » s'écria-t-il, « tu es le plus sage de tous les hommes qui ont vécu, vivent et vivront en ce monde, mais est-ce que ta sagesse a songé que cette lecture peut détourner l'âme du peuple de toi et de notre sainte Loi ? »

Todros lança à Reb Mosché un regard menaçant :

« Si tu penses et parles de la sorte, c'est que tu ne connais pas l'âme de notre peuple. Cette âme, ce n'est pas pour qu'il soit facile de la détourner de nous que mon aïeul, mon grand-père, mon père et moi, nous l'avons travaillée de toutes nos forces. Que Meir fasse cette lecture, » ajouta-t-il un moment après, « que cette infamie jusqu'ici cachée sorte une fois de terre, afin qu'il soit possible de la consumer du feu de la colère et de sceller ses cendres sous la pierre du mépris. Il comblera ainsi la mesure de ses péchés et ma main vengeresse se posera alors sur lui. »

Il y eut une pause, pendant laquelle le maître pensif se tut. Son disciple ne le quittait pas des yeux.

— « Mosché ! »

— « Nassi, qu'y a-t-il ? »

— « Il faut lui arracher ce manuscrit des mains et me le remettre. »

— Nassi ! Et comment m'en emparer ? »

Todros grommela d'un ton impératif :

— « Il faut lui arracher ce manuscrit des mains et me le remettre. »

L'homme acroupi près du poêle lui demanda encore, mais cette fois d'une voix mal assurée :

— « Nassi ! Qu'est-ce qui doit lui ravir ce manuscrit ? »

Todros fixa sur Mosché son regard flamboyant et répéta pour la troisième fois :

— « Il faut lui arracher ce manuscrit des mains et me le remettre. »

Mosché baissa la tête. « Rabbi, » chuchota-t-il, « j'ai compris ta volonté. Dès qu'il aura lu cette infamie au peuple entier, il fondera sur sa tête une tempête telle qu'elle le brisera et le réduira en poussière. »

Ils se turent ensuite tous deux un moment ; le rabbin reprit le premier la parole.

— « Mosché » !

— « Nassi, qu'y a-t-il » !

— « Où et quand lira-t-il cette infamie ? »

— « Il la lira au Bet-ha-Midrash, au coucher du soleil, alors que le crépuscule couvrira la terre. »

— « Mosché ! Va maintenant chez le chamoche (messager de la Synagogue) et dis-lui que je lui ordonne de se rendre à l'instant auprès des membres du kahal et de leur notifier qu'au coucher du soleil, quand le crépuscule couvrira la terre, ils doivent tous se réunir au Bet-ha-Midrash pour y former le grand tribunal. »

Mosché se redressa et se dirigea vers la porte. Le rabbin secoua la tête plusieurs fois, leva les mains et s'écria :

— « Malheur à l'audacieux, au fort et au désobéissant ! Malheur à celui qui est atteint de la lèpre et qui propage la peste ! malheur à lui ! »

En prononçant cette imprécation, il eut le visage baigné d'une haine sombre et implacable. Et un quart d'heure à peine auparavant, ce même visage débordait de tendresse et d'amour fraternel; ces mêmes lèvres prodiguaient des paroles de mansuétude et de consolation, ces mêmes yeux se voilaient de larmes d'attendrissement.

C'est ainsi qu'un seul cœur peut contenir à la fois douceur et colère, bonté et vengeance, amour illimité et haine inextinguible; c'est ainsi que d'une même source peuvent découler de hautes vertus et de noirs forfaits!

Quiconque scrutera avec attention les annales de l'humanité rencontrera beaucoup de mystères de ce genre; le mot: miséricorde s'y marie étrangement avec le mot: vengeance et le mot: prochain avec le mot: ennemi. Voilà ce qui maintes fois a donné au monde le spectacle d'hommes guérissant d'une main les blessures de l'humanité et de l'autre allumant les bûchers et tournant la roue des tortionnaires. Où chercher la solution du dualisme énigmatique de ces grandes âmes, de ces brillants esprits si bizarrement dévoyés! Oh! lecteur! s'il n'existait sur cette terre de ces éléments qui précipitent les cœurs et les intelligences humaines dans de terribles aberrations, le rabbin Isaac Todros eut peut-être été un grand homme...

Soyons justes. Le rabbin Isaac Todros eut été certainement un grand homme, s'il n'y avait jamais eu d'êtres qui, en employant le feu, la torture et — le mépris, plus cruel que tout le reste! — construisirent à sa race, jusqu'à des générations reculées, un ghetto moral et intellectuel étroit, sombre, plein de terreurs et de rancunes.

*
* *

Le soleil s'est couché et le crépuscule du soir descend sur la terre. La large cour de la Synagogue fourmille d'une tourbe épaisse, noire, bourdonnante. Je ne sais quel stimulant surexcite cette population qui bout intérieurement.

Le Bet-ha-Midrash regorge aussi d'une masse de monde qui se presse entre ses murs.

On y distinguait et des têtes de vieillards et de fauves cadenettes d'enfant; de longues barbes noires comme les plumes du corbeau ou blondes comme le lin et luisantes comme le cuivre poli. Les têtes se mouvaient et ondulaient, les cous s'allongeaient, les barbes se dressaient; la curiosité et le désir d'impressions allumaient les regards. Cette scène se déroulait au milieu d'une demi-obscurité. Il n'y avait pour éclairer l'immense salle du Bet-Midrash qu'une petite lampe suspendue à la porte d'entrée et qu'une chandelle brûlant dans un chandelier de bronze sur une table de bois blanc ; entre cette table et une haute muraille nue, se trouvait l'escabeau de bois, place habituelle de tous ceux qui voulaient, n'importe en quelle circonstance, s'adresser au peuple. Chez les Israélites, chaque homme, depuis le plus honoré et le plus âgé jusqu'au plus jeune et au plus infime, a droit à la parole, et le Bet-ha-Midrash est un vestige encore visible de l'esprit démocratique, dont furent jadis imprégnées les antiques institutions juives. Quiconque seulement est d'origine israélite jouit du droit de franchir le seuil de cet édifice, d'y prier, d'y discourir, d'y enseigner.

Une foule de gens, faute d'avoir pu pénétrer dans l'intérieur de Bet-ha-Midrash, stationnaient au dehors, le long des murs de ce bâtiment et jetaient souvent les yeux sur le Bet-Kahal, situé en face ; là siégeaient les pouvoirs administratifs et judiciaires de la communauté, et quelques pâles lumières commençaient aussi à y briller. Une petite lampe éclairait la porte d'entrée et sur une longue table qu'on apercevait à peine à travers les vitres des fenêtres, on avait disposé plusieurs chandelles jaunes et fumeuses. Bientôt sur le perron du Bet-Kahal, parurent successivement des personnages bien connus de la population de Szybow et universellement respectés par elle. Par un ou par deux débouchèrent là les juges de la communauté, à cheveux blancs ou grisonnants, graves pères de familles nombreuses, opulents négociants ou propriétaires de maisons dans la ville. Ils auraient dû être au nombre de douze, cette fois pourtant ils furent onze seulement. Le douzième *daïon* de Szybow était Raphaël Ézofowicz. Parmi le peuple, on chuchota que l'oncle de l'accusé ne pouvait pas siéger au tribunal, d'autres prétendaient qu'il ne le voulait pas. Après les *daïons* vinrent les membres du Kahal, entre autres : Moreyné Kalman, les mains dans les poches de sa houppelande de satin, son éternel sourire sucré et béat aux lèvres et Kamionker, dont le visage blême s'était ratatiné pendant ce peu de jours et dont le regard, par ses lueurs fugitives, trahissait les craintes d'un homme en péril. Isaac Todros arriva le dernier de tous. Il se glissa hors de l'étroite porte de sa masure et maigre, voûté, se faufila à l'ombre des murs de cette cour, si prestement et si silencieusement que quasi personne ne le remarqua.

Presque au même moment, au fond du Bet-ha-Midrash, une voix d'homme pure et forte retentit et domina la sourde rumeur des flots populaires.

— « Au nom du Dieu d'Abraham, d'Isaac et de Jacob, écoute Israël. »

La rumeur populaire s'accrut et se changea en grondement, presque en tapage. On y sentait un peu de malveillance et plus encore de peur, aux prises avec la curiosité. Assez longtemps, la voix de l'orateur, qui s'adressait à la foule entassée dans l'intérieur de ce bâtiment, lutta contre le bruit qui tendait à l'étouffer et il n'y eut qu'un petit nombre de mots et d'expressions qui, articulés avec une grande force, fussent entendus distinctement. Soudain quelqu'un cria vigoureusement du milieu de la foule :

— « Faites silence et écoutez ! car il est dit : Écoutez toute parole dite au nom de l'Éternel. »

— « C'est la vérité » murmura-t-on, « il a commencé au nom du Dieu d'Abraham, d'Isaac et de Jacob. »

Et il se produisit un grand silence, interrompu uniquement par les mouvements de ceux qui, debout aux portes et aux fenêtres, se haussaient sur la pointe des pieds pour voir celui qui leur parlait.

Le spectacle qui frappa leur vue n'eut rien d'extraordinaire. Derrière la table blanche et par conséquent à l'endroit même d'où l'on s'adressait souvent au peuple, Meir Ézofowicz était debout, dans une attitude calme et le visage tranquille, mais plus pâle que d'habitude. Ses yeux brillaient d'une émotion qui visiblement prenait sa source non dans l'effroi ou un doute, si léger fut-il, mais dans le sentiment d'une foi vive et d'une espérance reconfortante. Il tenait à la main quelques feuilles antiques et jaunes qu'il lisait et soulevait parfois assez haut, comme pour montrer aux yeux de tous où il puisait ses paroles.

— « Israël », s'écria-t-il à l'instant où au bruit succéda un silence profond et général. « Tu es une grande nation. Tu as, la première d'entre toutes les nations, contemplé au ciel le Dieu unique et entendu sur la terre, au milieu du fracas de la foudre et à la lueur des éclairs, les dix paroles immenses, sur lesquelles, comme sur dix rocs, les autres peuples, pendant une longue suite de générations, bâtissent l'escalier qui les conduira au Soleil de la perfection. Israël! Aveugle de naissance ou aveuglé par le poivre de la méchanceté, est l'œil de quiconque, en considérant ta face, n'y aperçoit pas les signes de ton antique dignité. Sèche de naissance ou désséchée par un vent soufflant de l'enfer, est la paupière, qui ne versera pas une larme sur les grandes souffrances que tu as endurées. Malheureux celui dont les lèvres te qualifieront de vil! que le Seigneur en ait pitié et lui pardonne, car il manque de cette balance équitable sur laquelle se pèsent les mérites et les fautes des nations et de cette lumière de sagesse qui indique comment la douleur et la misère enfantent le péché. Israël! de ton sein sont sortis Moïse dont le cœur rayonnait d'amour comme un buisson ardent, David à la poupre d'or, la belle Esther, pleurant la détresse de son peuple, les Macchabées, puissants par le glaive, et ces prophètes qui affrontaient volontiers la mort pour la vérité qu'ils avaient au cœur. Toi, quand tu vivais heureux sur le sol de tes pères, la servitude d'un frère te répugnait, tu abandonnais dans ton champ la dixième gerbe à l'affamé et tu accordais la parole à chacun qui voulait élever la voix devant le peuple et, ne te prosternant qu'aux pieds de l'Éternel, tu disais: Nous sommes tous égaux en face de notre père! Et quand plus tard malheureux et vaincu, inondé du sang de tes fils qui défendaient la terre de leurs ancêtres, tu apparus en larmes et couvert de cendres, au milieu des nations étrangères, tu supportas toutes les douleurs et tous les mépris, sans perdre le souvenir de tes aïeux et tu enseignas à tout peuple opprimé où que ce soit et noyé de larmes, comment on se peut défendre sans armes ! Le Seigneur te créa intelligent, pur et miséricordieux, mais voici que deux mille ans auront bientôt passé, depuis que tu es privé de ce qui importe tant..., de ta patrie ! »

Ici la voix de l'orateur trembla, il se tut un moment, un frisson parcourut l'assemblée entière et ensuite beaucoup chuchotèrent :

« Écoutons ! écoutons ! C'est l'écrit d'un sage et bon Israélite, qui exalte la gloire de son peuple ! »

Ils écoutaient. Meir Ezofowicz continua sa lecture.

« Malheur au peuple auquel sa patrie vient à manquer ! « Et tous ceux qui rament et naviguent sur la mer descendront des navires et prendront terre. » L'âme de chaque grande nation s'unit à son sol comme l'enfant au sein de sa mère et elle y puise la nourriture, la santé, le remède à ses maladies. Ainsi l'a voulu et disposé l'Éternel. Mais les hommes, agissant contre sa volonté, ont, ô Israël, séparé ton âme du sol auquel elle fut fixée. Tu as frappé en mendiant à la porte des habitations étrangères et tu as été obligé d'implorer la pitié de ceux qui crachaient sur toi. Ta tête s'est courbée sous les prescriptions de lois contre lesquelles ta nature criait de répulsion. Tu as violenté ta langue pour imiter les parleurs étrangers ; ton palais a été brûlé de l'amertume que tu buvais ; ton visage a noirci de colère et d'humiliation, et dans ta poitrine, ton cœur frémissait de crainte que le nom d'Israël et de Jéhovah, l'unique Dieu, ne disparût de le surface de la terre, si bien qu'à la fin tes tourments et tes misères poignantes te dépouillèrent de ta magnanimité ; tes fautes et tes iniquités devinrent aussi nombreuses que les étoiles, et Jéhovah, ton Dieu, en te regardant, dit avec colère : « Est-ce donc là le peuple élu, avec lequel j'ai contracté une alliance en grâce et en vérité ? Ne sait-il plus autrement observer ma loi qu'en paroles de ses lèvres que contredisent les actes de ses mains ? La Loi consiste-t-elle pour lui dans les sacrifices, les chants, les prières et l'encens, et non plus dans l'ascension à cette grande échelle qu'a vue en rêve Jacob mon serviteur, afin que, jusqu'à la consommation des siècles, les hommes sachent comment monter vers moi qui suis la connaissance et la perfection ? »

A ce passage, la voix du lecteur fut de nouveau assourdie par les sourdes protestations de l'auditoire.

— « Que lit-il donc ? » se demandait-on. « Le manuscrit est d'un mauvais Israëlite, qui invective son peuple de vilaines paroles ! Et quelles sont ces fautes et ces iniquités qui se sont multipliées parmi nous au point d'être aussi nombreuses que le sont les étoiles du ciel ? Et comment louerions-nous le Seigneur, si nos chants et nos prières ne signifient rien à ses yeux... ? »

Meir pâlit encore un peu plus en sentant que sa voix commençait de nouveau à se perdre au milieu d'un flot de voix grondantes ou timorées. Il n'était pourtant pas en son pouvoir de se taire.

Il continua donc à lire, malgré ces murmures, et la curiosité l'emporta bientôt sur les autres sentiments : on se tut et on écouta.

On écouta le récit de la manière dont Michel Senior, par l'orde du roi et grâce à l'amour que son peuple lui avait porté de prime abord, se mit à la tête des affaires juives et tenta d'amener sa nation dans la voie nouvelle au bout de laquelle il entrevoyait l'aube du soleil d'un jour radieux ; et comment on l'entrava dans cette œuvre, on détourna de lui l'âme de son peuple, on le couvrit de la suie de la diffamation, et on le réduisit en poussière misérable que foulèrent les pieds de ses ennemis :

— « Dans ma tête bouillonnaient des idées que ma langue n'eut plus à qui exprimer, délaissé que je fus de tous mes anciens amis et disciples. Dans ma poitrine, brûlait une flamme à laquelle personne ne voulut plus se chauffer, car on insinua à l'oreille de mon peuple que des mains sataniques attisaient cette flamme. Mon visage s'altéra ; mes yeux eurent la tristesse des étoiles, lorsqu'elles regardent le monde à travers une nuée épaisse ! Mes membres s'affaissaient impuissants, le sommeil de la mort commençait à me gagner et de mes lèvres s'échappaient ces supplications :

« Seigneur de l'Univers ! n'abandonne pas ton envoyé ! Donne-lui assez de force dans la voix pour qu'il puisse s'adresser à ceux qui ne sont pas encore nés, car les vivants ne veulent plus m'écouter.

« J'ai ouvert l'Écriture Sainte et j'y ai lu : « Si ton bras retombe sans force, ta voix, ton amour et tes larmes lutteront encore en faveur de la vérité. »

« O mon petit-fils ! Toi qui chercheras et trouveras ce manuscrit, communique à mon peuple ce que j'ai voulu pour lui. En premier lieu, je lui ai souhaité l'oubli. Pouvais-je souhaiter qu'il oubliât Jéhovah, son Dieu, qu'il ne se souvînt plus de ce que fus Israël, c'est-à-dire un peuple doué d'une âme et qui, dans le passé, a enfanté de grands hommes de son sein et émis de grandes idées ? Non. Je ne pouvais former un pareil vœu, puisque ces réminiscences paraissent à mon palais aussi douces que le miel et qu'elles me délassent le cœur. Mais je souhaitais qu'Israël oubliât les injures et les souffrances que lui ont fait endurer les nations étrangères. « Ne te souviens pas des offenses. » Ne dis pas : « Je rendrai le mal pour le mal. » Mar Zoutra répétait chaque jour en s'allant coucher : « Je pardonne à tous ceux qui m'ont affligé ». Mar Zoutra était un grand homme.

« Quand tu sauras oublier, ô Israël, alors tu te rapprocheras des races que tu appelles étrangères et qui appartiennent à l'humanité. Ces flammes étrangères que dans l'opiniâtreté de la rancune, tu fuis, c'est la main de Sar-ha-Olam qui les attises, de l'ange de la science, ange des anges et prince de ce monde. La Science de la religion est sainte, mais qui a créé les autres sciences, sinon Celui en qui réside la perfection du savoir ? C'est un fruit savoureux que la pomme du paradis, mais ne devons-nous pas nous nourrir des autres produits de la terre ? « Il viendra un temps où le monde entier sera plein de science, comme l'immense capacité de la mer est pleine d'eau ». Ces paroles, le sage qui les a dites a été maudit par les docteurs. Il s'appelait Moïse Maïmonide, véritable prophète qui avait des yeux « non derrière la tête, mais devant », et qui considérait non ce qui a été, mais ce qui sera, et poussait son peuple vers les flammes étrangères, parce qu'il savait qu'un temps viendra où quiconque n'aura pas aspiré de cette flamme en soi sera pulvérisé, réduit en boue, que son nom sera honni et qu'il deviendra l'objet du mépris de toutes les nations... Ce fut un second Moïse, le maître auquel je suis redevable de toutes mes joies et de toutes mes douleurs. »

Le lecteur abaissa vers la table les mains qui tenaient les feuillets jaunis, et levant son visage qui rayonnait d'une expression d'indicible extase, il répéta :

— « Ce fut le maître, auquel je suis redevable de toutes mes joies et de toutes mes douleurs. »

Chose étrange ! Le maître de l'ancêtre mort il y a trois cents ans restait encore le maître de son jeune descendant actuel ! Leurs douleurs et leurs joies à tous deux découlaient de la même source. Le même maître alluma dans ces deux cœurs cet amour de l'idée qui, porté jusqu'à l'héroïsme et au martyre, est le plus sublime de tous les amours terrestres. Seulement le descendant, en lisant ces paroles de son ancêtre, qui dissipaient et éclairaient ses doutes et ses incertitudes antérieures, ne ressentait que du contentement. En ce moment, il n'y avait trace ni de chagrin ni d'affliction dans son cœur, débordant de foi et d'espérance d'autant plus puissamment qu'il était jeune. Soudain, du milieu de la foule, une voix hargneuse et stridente cria :

— « Écoutez ! écoutez ! Il vante les flammes étrangères ! Il qualifie de second Moïse un maudit hérétique ! »

Les têtes se tournèrent brusquement vers la porte pour voir de qui émanaient ces paroles. Reb Mosché, debout sur un banc à l'entrée, dominait de toute sa taille la foule s'agitant à ses pieds nus, secouait la tête, riait ironiquement et dévorait Meir de ses regards de feu. Mais la curiosité populaire ne fut pas encore rassasiée ; sous les haillons beaucoup de cœurs, par le fait d'une émotion indéfinissable et incompréhensible à eux-mêmes, éprouvaient un battement précipité.

— « Il nous parle de la tombe par les lèvres de son arrière-petit-fils ! Écoutons celui dont l'âme habite maintenant parmi les Séraphins ! » dirent plusieurs voix.

Et un vieillard voûté et appuyé sur un bâton, releva sa tête grise, dirigea ses yeux clignotants sur Meir et commença à dire d'une voix un peu gémissante :

« Comment Israël se serait-il chauffé au soleil de la science, puisque ses ennemis l'en repoussaient ? Rebe, nous eûmes jadis de fameux savants et docteurs, ministres de rois puissants, mais quand ensuite on nous écarta des portes de la science, nous nous éloignâmes en murmurant : « Voici qu'Israël divorce avec les nations étrangères et il se tiendra isolé au milieu d'elles, comme un frère aîné que ses plus jeunes frères ont offensé. »

Meir considéra ce vieillard avec un sourire semi de mausuétude et semi de triomphe.

— « Rebe », répondit-il, « dans l'écrit de mon ancêtre, il y a une réponse à ton interrogation. »

« Les péchés disparaîtront de la surface de la terre. Et il n'y aura plus de pécheurs. » Et quand le péché n'existera plus et que les portes de la sagesse se seront ouvertes devant vous, précipitez-vous-y d'un pas rapide et d'un cœur léger, car la science est la plus grande arme du Seigneur, qui gouverne le monde selon les éternelles lois de l'intelligence. « Ils ne veulent pas contempler les œuvres du Créateur. » Il est dit de ces gens-là dans l'Écriture : « Les sots détestent le savoir. »

« Mon second souhait à mon peuple, c'est qu'il lui soit donné de se souvenir. Rawa demanda à Raba, fils de Mora, l'origine du proverbe : « Ne jette pas de boue dans la citerne où tu bois. » Raba répondit : « Il provient de ce verset des Écritures : « Ne repousse pas l'Égyptien, parce que, dans son pays, tu as été son hôte. » Éléazar, fils d'Azarie, disait : « Les Égyptiens ont accueilli les Israélites pour en tirer profit et cependant l'Éternel les en a récompensés. » Et si le pays des citernes duquel tu bois l'eau et des campagnes duquel tu manges le pain, t'a reçu non comme une bête de somme pour lui labourer ses champs, mais comme un frère épuisé pour te faire reposer sur sa poitrine, quelle récompense lui destines-tu, ô Israël ?

« Il n'est pas dit : « Vous dépouillerez l'étranger de son bien », mais : « Vous partagerez votre bien avec l'étranger. » Il n'est pas dit non plus : « Que l'étranger vive parmi vous comme parmi les sauterelles, qui dévorent le blé de ses champs », mais : « Que l'étranger vive parmi vous, comme s'il était né de descendants d'Israël. »

« Pendant que j'exerçais énergiquement l'autorité mise entre mes mains par le roi lui-même, il se trouva deux Israélites indignes qui s'enfuirent au camp ennemi, y portèrent les secrets de l'armée royale et, en les livrant, occasionnèrent de grandes pertes et créèrent de sérieuses difficultés au roi au cours de la guerre. Comment ai-je agi vis-à-vis de ces indignes subordonnés ! J'ordonnai de proclamer, dans le pays entier, à son de trompe que ces traîtres à Dieu et à sa loi, Israël les repousserait de son sein pour les siècles des siècles ! Je me suis conduit de la sorte, parce que, le cœur plein de colère contre eux, je vis en rêve le second Moïse qui me dit : « Rejette-les du sein d'Israël, puisqu'ils ont rejeté loin d'eux ceux sur le territoire de qui ils ont été accueillis et dont ils sont les hôtes.

« Ce n'est pas seulement pour la sainteté de vos âmes que j'ai exigé de vous que vous remplissiez les prescriptions de la reconnaissance, mais encore pour la félicité de votre existence ici-bas.

« Quand je siégeais au grand Synode israélite qui, avec l'autorisation du roi et de tous les puissants seigneurs de ce pays, se réunit, dans la belle et opulente cité de Lublin, je persuadai à tous les gens probes et intelligents, mes collègues, de répandre parmi les Israélites un appel qui pût secouer leur raison et leur cœur, comme le jardinier secoue l'arbre, dont il veut faire tomber les fruits mûrs.

« Il fut dit dans cet appel à nos frères : « Soyez des hommes utiles à la terre que vous habitez et on vous respectera. » Voilà la première condition de la félicité, car le mépris est amer et le respect doux au cœur de l'homme.

« Mais j'ai encore d'autres idées en tête.

« Celui qui est serviteur de ta terre aura du pain à satiété. » Et comment la terre vous rassasiera-t-elle si vous la traitez non en serviteurs fidèles et laborieux, mais en passants qui ne se soucient que de leur pain d'aujourd'hui ?

« Quand Abraham arriva à la frontière de Tyr et y aperçut des gens occupés à ensemencer la terre et à planter des arbres fruitiers, il s'écria : « Oh ! si une parcelle de ce sol m'était accordée ! » Et le Seigneur dit : « Je donnerai cette terre à ta postérité. » Et il la remit aux fils des hommes. »

« Rabbi Papa a dit : « Ne te livre pas au commerce, mais cultive la terre ; bien que ces deux labeurs soient bons l'un et l'autre, le premier est béni des hommes. » « Quand vous arriverez en une région, plantez-la de tous les arbres qui enfantent des fruits ! »

« Une époque viendra où le péché disparaitra et les nations de ce monde crieront aux fils d'Israël : « Prenez en main la charrue et allez labourer la terre, afin de vivre tranquillement et d'avoir pour vous, vos enfants et petits-enfants du pain à satiété ! » Mais de faux sages vous diront : « Nos mains ne conduiront pas la charrue sur la terre d'exil ». Toi, ô mon descendant, qui liras ceci, dis à ton peuple qu'il se bouche les oreilles devant les discours des faux sages ? Remplis ta poitrine d'un grand souffle et crie : Tes faux sages te perdaient, ô Israël ! »

Évidemment le lecteur exécutait avec une foi, une ardeur et une joie inexprimables les ordres légués par son ancêtre. Éprouvait-il lui-même depuis longtemps au fond de son âme répulsion et indignation à l'endroit des faux sages ? Il n'aurait pas su le dire lui-même, pas plus qu'il n'aurait su dire en quoi consistait leur fausse sagesse ; l'insuffisance de savoir lui liait la langue et son regard, avide de connaissance, se brisait aux murs du ténébreux cachot où il avait été enfermé. Maintenant déjà il savait, il voyait, il comprenait. Aussi du fond de sa poitrine s'arracha ce cri retentissant :

— « N'ajoute point foi, ô Israël, à tes faux sages ! »

La foule murmura :

« De qui parle-t-il ? »

« Où il y a-t-il en Israël de faux prophètes et de faux sages ? »

« Il fait allusion à nos rabbins et à nos docteurs, d'horribles blasphèmes s'échappent de ses lèvres. »

« Il ne trouve que des reproches à jeter à la figure du peuple d'Israël. »

« Il exige que nous labourions de nos mains la terre d'exil. »

« Or Rabbi Nochim a été le sage des sages ; la lumière de sa sagesse éclairait la terre entière. »

« Hersz Ézofowicz s'est violemment disputé avec Reb Nochim. »

« Hersz Ézofowicz a été un grand pécheur. »

« Que ne nous a-t-il plutôt révélé le moyen à employer par les indigents pour devenir de grands richards ? »

« Il a écrit que nous devions être les serviteurs de la terre que nous habitons ! Et quand le Messie viendra nous ramener dans la terre de nos ancêtres, nous abandonnerons ce pays. Pourquoi serions-nous ses serviteurs ? »

« Des gens assuraient que ce manuscrit révélait le moyen de changer le sable en or »

« Et comment chasser les démons. »

« Et comment ressusciter Moïse. »

« Les gens mentaient ! Ce manuscrit ne contient rien de sage ni d'agréable à Dieu. »

Ces dialogues, ces plaintes et beaucoup d'autres doléances analogues se croisaient avec les regards sarcastiques d'une foule déçue dans sa curiosité et dans ses espérances. Le mélamed, du banc d'où debout il dominait l'asssemblée entière, ne cessait de lancer d'injurieuses paroles ou de grossiers éclats de rire, épanchant ainsi sa haine vénimeuse. Au pied de la muraille qui faisait face au mélamed, on voyait Ber debout lui aussi sur un banc. Ces deux hommes qui se dressaient l'un vis-à-vis de l'autre et dominaient tous deux la foule houleuse, représentaient les deux extrêmes. Le mélamed secouait la tête, agitait les bras, se ramassait, sautait, riait et criait. Ber se tenait muet et immobile, la tête légèrement rejetée en arrière et appuyée contre la muraille et de ses yeux vitreux et perdus on ne sait dans quelle contemplation lointaine, de grosses larmes coulaient une à une le long de son visage couvert d'une expression à la fois de souffrance et d'extaxe. A une certaine distance de la foule et plus proche de Meir un groupe compact d'une quinzaine de jeunes gens fixaient le visage du lecteur comme un arc-en-ciel. Tantôt ils respiraient bruyamment, souriaient d'un sourire de ravissement, tantôt ils soupiraient ou levaient leurs mains et les portaient alternativement à leur tête, à leur front, à leurs yeux. On eut pu croire qu'ils ne voyaient ni n'entendaient le remou et le fracas de ces vagues humaines ; que leur esprit, depuis longtemps altéré d'une vérité qu'il cherchait à tâtons au milieu de l'obscurité, s'abandonnait entièrement au tourbillon de feu des idées développées devant eux... Au fond de la foule, au centre même de la salle, un vieillard très âgé disait d'une voix chevrotante : « Les gens ont beaucoup débattu ces questions il y a longtemps, bien longtemps de cela, aux jours de ma jeunesse ! » Au soupir sonore qui accompagna les paroles de ce vieillard décrépit et peut-être, qui sait ? un des anciens amis de Hersz, répondirent de sourds murmures ; c'étaient les gamins qui, hissés çà et là sur les bancs, les portes et les corniches, passaient entre les épaules des assistants plus âgés leurs têtes crépues et coiffées de bonnets fripés, puis se glissaient de nouveau à terre et disparaissaient en comprimant leurs éclats de rire.

Les antiques feuilles jaunies se mirent à trembler entre les mains de Meir. Une vive rougeur remplaça la pâleur de son visage. De dessous ses paupières légèrement baissées, il promenait sur la foule un regard où se lisaient colère et supplications, pitié et impatience.

— « Faites silence ! » s'écria-t-il. « Permettez que le grand homme, qui gît au tombeau, vous dise jusqu'au bout par mes lèvres ce qu'il vous a destiné. Il m'a choisi pour son messager au milieu de vous. Je dois être fidèle à ses commandements. »

Sa voix avait des intonations pénétrantes et impératives. L'énergie du courage et des convictions se peignait dans son attitude et dans le geste de sa main tendue vers la cohue qui grondait de plus en plus.

Le mélamed cria : « Silence ! qu'il lise ! Que ces infamies sortent de terre où elles furent jusqu'à présent célées pour qu'il soit plus facile de les consumer du feu de la colère et de les sceller sous la pierre du mépris. »

— « Israël ! » reprit la forte voix du jeune homme au milieu des rumeurs qui s'apaisaient, « Israël, ce que j'exige de toi en troisième lieu, c'est le discernement.

« Nous avons jadis possédé de grands sages appelés *Baale Tressim,* c'est-à-dire les gens armés. Et armés de quoi ? D'une vaste connaissance de la loi d'Israël. Et contre quoi ? contre la perte du nom d'Israël. Ils avaient dit : « La maison d'Israël ne disparaîtra pas de la surface de la terre, car nous l'entourerons de la forte clôture d'une multitude de prescriptions que nous déduirons de la loi de Moïse et qui la sépareront tellement des autres nations qu'elle restera isolée au milieu d'elles et ne se confondra pas avec elles, comme il advient du fleuve qui se jette dans l'immensité de la mer. »

« Ainsi parlèrent nos Tanaïtes. Et le Sanhédrin où ils siégeaient, les écoles où ils enseignaient ressemblèrent au champ de bataille où l'on fond des balles et aiguise des glaives. Gamaliel, Eléazar, Josué, Akiba, Jéhuda, brillent au milieu des étoiles ; et ils se sont succédé les uns aux autres pendant cinq cents ans ; ils coordonnèrent, expliquèrent et écrivirent ce livre immense qu'ils ont intitulé : Talmud, et qui, de longues années durant, servit aux Israélites de rempart contre les envahissements de la mer prête à les engloutir. Ce fut à cette source que pendant des siècles les Israélites puisèrent leurs consolations et leurs lumières et, dans leur cruelle dispersion, ils n'étaient pas désunis, car leurs pensées et leurs soupirs convergeaient vers le même point, comme les pensées et les soupirs d'enfants dispersés par le monde convergent vers leur mère.

» Un livre qu'ont composé et écrit pendant cinq cents ans des gens qui ont beaucoup aimé et beaucoup appris et qui des siècles entiers a donné à toute une nation des consolations, des espérances et de l'union, ne saurait être sot et mauvais. Et à celui qui oserait le prétendre, vous direz : Purifie d'abord ton cœur de méchanceté et ensuite ouvre ce livre et lis-le. »

« Mais s'ensuit-il que tout ce qui est bon soit parfait ? Le ciel lui-même est sillonné de noires nuées et l'œil du Seigneur, qui voit tout, découvre des souillures dans le cœur le plus pur. Est-ce Jéhovah lui-même qui a écrit ce livre de nos lois ? Sont-ce même ses Anges ? Des hommes l'écrivirent. Est-il un seul homme sur la terre entière et dans tous les siècles, qui n'ait su ce que c'est que l'erreur ? Est-il une œuvre humaine qui ait été faite pour toutes les époques et toutes les générations ? Le trône des Pharaons a croulé. Il ne reste de Ninive que des ruines ; Rome, qui gouvernait la moitié du monde, est tombée ; la sagesse grecque s'est inclinée devant une sagesse plus haute. Des déserts s'étendent où florissaient des villes populeuses et des villes s'élèvent où s'étendaient des déserts. Les œuvres humaines, fussent-elles les plus grandes, s'émiettent et d'autres se substituent à elles. Ainsi va le monde, Israël ! Les aliments dont tu t'es sustenté pendant des siècles contiennent du grain et, il y a, dans tes richesses, des diamants et du sable. Le livre de ta foi est comme le fruit du grenadier qu'un niais mangeait avec son écorce qui causait une vive amertume à son palais et de cruelles douleurs à ses entrailles. Mais quand Rabbi Meir aperçut ce sot personnage, il cueillit de l'arbre une grenade, rejeta l'écorce dure et amère et suça les grains juteux et sucrés. J'ai désiré vous éclairer comme Rabbi Meir éclaira l'homme qui mangeait la grenade avec son écorce. J'ai voulu que vous développiez en vous la faculté du discernement et qu'en ce qui concerne les livres de votre foi vous fassiez de votre intelligence un crible tel que les bâles et le sable fussent rejetés et que les grains et les diamants vous restassent. Tu m'as repoussé de toi en raison de cette exigence, ô mon peuple ! Ton cœur m'a pris en aversion, car une peur et une haine fort grandes de toute nouveauté te hantent. Et pourtant il est dit :

« Ne regarde pas le vase, mais son contenu. Il y a des vases nouveaux remplis d'un vin généreux et de vieux vases qui n'en renferment pas une goutte. »

Le peuple qui un moment s'était tu et remis à écouter avec une recrudescence de curiosité, bouillonna de nouveau. Ber sauta du banc sur lequel il se tenait et se fraya rapidement passage vers Meir. Les jeunes gens groupés un peu plus loin s'ébranlèrent également de son côté.

— « Meir ! » chuchota Ber, « jette les yeux sur ce peuple ! »

Et il ajouta encore plus bas :

« Va-t'en d'ici et au plus vite ! »

Meir promena son regard sur la masse ondulante et noire de cette foule hostile. Un sourire semi triste et semi irrité passa sur ses lèvres.

— « Ce n'est pas à cela que je m'attendais ! Je rêvais toute autre chose » dit-il très bas et il baissa la tête. Il ne tarda cependant pas à la relever et s'écria :

— « Je suis l'envoyé de mon ancêtre ! Il m'a choisi pour lecteur de ses dernières pensées. Je dois être docile à sa volonté... »

Il respira profondément et ajouta d'un ton plus net encore :

— « Il résolut les questions qui devaient flotter dans l'esprit de son descendant et y répondit ! Il pénétra le secret des âmes altérées de vérité en me chargeant de les consoler et de les instruire. Je l'aime comme s'il m'eut élevé sur ses genoux ! Je me prosterne devant sa grande âme, qui a mérité l'immortalité et habite maintenant la lumière de Jéhovah. Mes pensées sont identiques à celles qu'il eut jadis. J'ai les mêmes aspirations, je suis pareil à lui, je suis le fils de son âme... »

Sa voix harmonieuse et vibrante était entrecoupée de soupirs et d'inflexions extatiques plus étranges encore ; de grosses larmes voilaient l'éclat et la profondeur de son regard, ses lèvres frémissaient, son front pâlissait davantage et ses mains semblaient se soulever d'elles-mêmes.

— « Il est écrit dans le manuscrit de mon ancêtre », criait-il, « que nous demeurons stationnaires, quand toutes les autres nations s'avancent vers le savoir et la félicité ;

que nos têtes sont si encombrées de quantité de bagatelles que les grandes choses n'y peuvent plus trouver place; que la science nommée *Cabale,* et que vous considérez comme sainte, est une science maudite, parce que l'intelligence des fils d'Israël s'y noie et n'atteint plus à la véritable connaissance... Il y est écrit... »

Ici la voix de l'orateur se confondit tellement avec les cris, les rires et les lamentations de la foule que des expressions détachées purent seules parvenir aux oreilles de ceux qui voulaient encore écouter. Il ne cessait pourtant point de parler, sa diction s'accélérait, sa poitrine devenait haletante, ses yeux tantôt se fermaient à moitié et tantôt s'ouvraient tout grands. On eût dit qu'en voyant l'inanité de ses efforts, il eut au moins désiré s'acquitter le plus longtemps possible de ce qu'il considérait comme sa mission, et que, déçu dans son attente, il conservait encore un brin d'espérance.

— « Malheur ! Malheur ! » hurlait la foule sur différents tons. « L'hérésie et le scandale ont visité la maison d'Israël ! Les lèvres de ses enfants vomissent des blasphèmes contre les choses saintes ! »

— « Écoutez, écoutez ! » répétait Meir, « nous sommes encore loin de la fin des paroles de mon ancêtre... »

— « Fermons-lui les lèvres et expulsons-le de l'endroit d'où les sages d'Israël parlent au peuple ! »

— « Écoutez ! Il est dit dans ce manuscrit qu'Israël cesse d'espérer un Messie en chair et en os... »

— « Malheur ! Malheur ! Il veut ravir au cœur d'Israël la consolation et l'espérance ! »

— « Car il ne se révélera pas au monde sous forme humaine, mais il descendra, comme le Temps, apportant à tous les peuples la connaissance, la réalisation de leurs désirs, l'amour et la paix... »

— « Meir ! Meir ! Que fais-tu ? Tu te perds ! Regarde le peuple, fuis ! » chuchotèrent autour de lui des voix étranglées par l'émotion.

Ber se trouvait déjà à ses côtés. Éléazar, Ariel, Chaïm et plusieurs autres se serrèrent autour de lui, et, ni il ne les voyait, ni il ne les entendait. Des gouttes de sueur perlaient sur son front d'une pâleur de linge mais hardiment levé, et ses yeux alternativement étincelaient de lueurs de colère ou se mouillaient de larmes de désespoir.

Soudain, près de la porte d'entrée, retentit un bruit sourd. Le mélamed sauta à bas du banc sur lequel il était juché et frappa plusieurs fois de ses pieds nus le plancher. Puis, en quelques bonds, il traversa la salle au milieu de la foule qui s'écartait devant lui et d'un violent coup de son bras couvert d'une manche de toile, il renversa de la table le chandelier de bronze à la chandelle jaune, dont d'autres éteignirent aussitôt la lumière sous leurs pas. Simultanément quelqu'un grimpa sur un banc et souffla la lampe qui brûlait à l'entrée. Une épaisse obscurité qu'interrompait cà et là les pâles rayons de lune qui filtraient par la fenêtre, envahit cette grande salle où régnait maintenant un tumulte aussi épouvantable que si elle n'eut contenu que des éléments en furie.

L'ouïe la plus subtile n'eut plus été capable de distinguer les paroles qui pleuvaient comme grêle et créaient en se confondant un inextricable chaos. Ce n'est qu'au ton des exclamations individuelles qui s'élevaient au-dessus de cet immense vacarme qu'on pouvait deviner un chassé-croisé de menaces, de lamentations, d'imprécations et de prières. Finalement, des portes grandes ouvertes du Bet-Midrash se précipitèrent dans la cour de la synagogue, épaisses et noires, des vagues humaines qui se rencontrèrent avec une autre masse flottante autour de l'extérieur du bâtiment et un peu plus tranquille, quoiqu'elle fut, elle aussi, agitée et bruyante. La lune inondait de rayons de lumière ce vaste espace au milieu duquel se dressait le Bet-ha-Midrash, aux fenêtres et aux portes soigneusement closes. Le *chamoche*, assis seul sur les marches du perron, les coudes sur les genoux et le menton dans la main, aussi immobile qu'une statue, attendait qu'on lui communiquât des ordres de l'intérieur de cet édifice qui, au milieu d'un peuple en ébullition, restait muet et fermé, comme un tombeau.

La foule se fractionna en beaucoup de groupes. L'un d'eux franchit les portes de la synagogue et, pareil à un gigantesque oiseau noir rasant le sol, glissa par la cour blanche de l'éclat de la lune. Ce groupe nombreux se composait d'individus sordidement vêtus, aux longues barbes et aux regards chargés de malice; d'enfants de tous âges, toujours à se pencher pour ramasser tantôt une pierre, tantôt un peu de sable ou de boue. Cette tourbe enveloppait une poignée d'adolescents qui serraient leurs rangs et faisaient à Meir un rempart de leurs corps. Mais bousculés et maltraités, ils luttèrent encore un moment de toute la force de leur poitrine et de leurs bras, jusqu'à ce que, soit impuissance, soit effroi, ils battirent en retraite et se perdirent dans la foule. Alors une grêle de pierres s'abattit sur les épaules de l'homme qu'ils ne protégeaient plus; des dizaines de mains empoignaient et déchiraient en loques ses vêtements; et lui lançaient à la tête des graviers et la boue du ruisseau. Un chœur de vociférations passionnées bourdonnait à ses oreilles; devant ses yeux miroitaient des visages enflammés, des mains qui se levaient et retombaient, et plus loin, comme au delà d'un nuage empourpré, lui apparaissait silencieuse et close la maison paternelle. Il courait vers ce logis, qui était pour lui un port de salut, aussi vite que le lui permettaient les mains qui lacéraient ses habits et les bandes agiles d'enfants qui se jetaient au travers de ses jambes. Ses lèvres contractées ne laissaient échapper ni le moindre gémissement ni le moindre mot de prière ou de plainte. On eut dit qu'il ne ressentait aucune douleur des coups qui pleuvaient sur lui, ni aucune appréhension des pierres qui volaient et pouvaient d'un moment à l'autre l'atteindre mortellement. Il repoussait, il est vrai, de la poitrine et des bras, avec l'énergie du désespoir, la cohue qui s'efforçait de l'accabler, mais il semblait défendre moins sa personne que le trésor qu'il enlevait avec lui, car, à chaque instant, il portait la main à son sein pour se convaincre qu'il le possédait encore. Soudain, il se vit barrer la route par un homme en longue chemise grossière, un gros bâton à la main et qui, les yeux étincelants, cria au peuple :

— « Que faites-vous, imbéciles ? Pourquoi ne lui reprenez-vous pas cet odieux manuscrit? Le rabbin Isaac a ordonné que vous vous empariez de ce manuscrit pour le remettre entre ses mains! Il l'a caché contre sa poitrine! »

En un clin d'œil, le jeune homme, jusqu'alors guère pressé que par derrière et de côté, se vit assaillir de face. Des mains basanées et rugueuses s'allongèrent vers sa poitrine, tâchèrent de lui écarter les bras et se mirent à tirailler le devant de ses habits. Il leva alors vers le ciel que la lune éclairait splendidement son visage mortellement pâle et du fond de sa poitrine s'échappa le cri de : Jéhovah!

Il sentit au même moment ramper à ses pieds un corps maigre et agile, des lèvres chaudes appliquèrent un long baiser à l'une de ses mains qui pendait. Ce baiser mêlé aux coups qu'il recevait, cette manifestation d'amour au milieu des imprécations et des menaces dont il était bombardé, dut étrangement lui remuer le cœur. De ce qui lui restait de force, il écarta les assaillants, se pencha, et, avant que ses adversaires eussent eu le temps de se ruer de nouveau sur lui, et de lever leurs mains contre sa personne, il se redressa, souleva l'enfant dans ses bras et s'en couvrit comme d'un bouclier. L'enfant s'attacha à lui, poitrine contre poitrine, lui passa ses deux bras autour du cou et tourna vers la foule menaçante sa figure inondée d'abondantes larmes. A travers ces larmes, les énormes yeux noirs de l'enfant regardaient avec une expression particulièrement pénétrante de colère, de supplication et de terreur.

— « C'est mon enfant! C'est mon Leybele! Ne lui faites pas de mal! » cria du milieu de la foule la voix plaintive et épouvantée du tailleur Schmoule.

— « Rebé! » crièrent plusieurs voix énergiques au mélamed qui se démenait toujours parmi la foule, son bâton à la main, « Rebé, il s'est couvert de l'enfant! Cet enfant l'aime très fort! »

— « Arrachez-lui l'enfant! Emparez-vous du manuscrit maudit! » hurla Rebé.

Personne ne lui obéit. On molesta encore Meir par derrière et de côté, quelques pierres le frappèrent à l'épaule et volèrent au-dessus de sa tête, mais il aperçut le passage libre devant lui et, en plusieurs enjambées, se trouva sur le perron de la maison paternelle, dont un individu qu'il ne vit pas lui ouvrit la porte et la referma aussitôt sur lui.

Meir posa l'enfant à terre dans le corridor sombre et se hâta de pénétrer dans le salon où, à la lumière d'une lampe brûlant devant le canapé, il trouva réunie toute sa famille. Entré en courant, il s'arrêta bientôt contre la muraille ; la respiration haletante, il promenait autour de lui un regard morne et se taisait. Les assistants se turent aussi un moment. Jamais, depuis que la famille des Ezofowicz existait sur la terre, aucun de ses membres n'eut la mine de ce jeune homme blême, essoufflé, les vêtements en lambeaux, la tête souillée de la poussière des rues, le front moite de la sueur d'une lassitude mortelle et sillonné en biais d'une balafre livide, trace peut-être de la pierre raboteuse qui l'effleura, sans doute, ou qui sait ? de quelque instrument tranchant qu'une main inconnue aurait dirigé contre lui au milieu de la ténébreuse salle du Bet-Midrash ? Il avait l'air d'un criminel traqué, on aurait pu aussi le prendre pour un misérable mendiant, n'étaient la fierté qui rayonnait de son front harassé et blessé et l'éclat ardent de son regard où, à côté d'une inexprimable douleur, se peignait l'obstination d'une volonté invincible.

Saül se voila le visage des deux mains. Plusieurs des femmes sanglotèrent tout haut. Raphaël, Abraham et les autres membres âgés de la famille se levèrent de leurs places, exaspérés et hors d'eux-mêmes, et ils s'écrièrent tous d'une voix : « Oh ! l'infortuné ! » Ils voulaient l'entourer, lui parler, mais ils n'en eurent pas le temps. De grands volets, fermés à l'extérieur, s'ouvrirent avec fracas, une grêle de pierres tombèrent dans la pièce, ricochant bruyamment contre les murs, cognant les ustensiles de ménage et sur la place retentit un effroyable tumulte au milieu duquel se distinguait hurlante et passionnée la grosse voix du mélamed. On réclamait Meir et le manuscrit de Senior, on invectivait toute la famille domiciliée sous ce toit, on la menaçait de la vengeance divine et humaine, on lui reprochait d'avoir outragé la loi et blasphémé ce qui est sacré pour Israël.

Les Ézofowicz semblaient cloués à leurs places par la peur, le chagrin et la confusion.

Seul le vieux Saül, découvrant son visage, se redressa orgueilleusement et se mit à se diriger rapidement vers la porte.

— « Père ! où vas-tu ? » crièrent hommes et femmes effarés.

Il allongea le doigt vers les fenêtres et dit d'un ton frémissant :

— « J'irai du haut du perron de ma maison enjoindre à cette sotte engeance d'avoir à se taire et à vider les lieux. »

On se jeta en travers de sa route. Les femmes entourèrent ses genoux de leurs bras.

« Ils te tueront », gémissaient-elles.

Tout à coup, en un moment, le vacarme cessa et on n'entendit plus au dehors que quantité de voix murmurer :

— « Le chamoche ! le chamoche ! le chamoche ! »

En effet, de la porte de la cour de la synagogue déboucha sur la place qu'il traversa rapidement, se dirigeant vers la maison des Ézofowicz, l'homme qui, peu de minutes auparavant, gardait immobile le seuil du Bet-Kahal, aussi muet que le tombeau. Ce tombeau s'était, paraît-il, ouvert pour l'énoncé des termes de l'arrêt intervenu et le serviteur de la synagogue se hâtait de le notifier au prévenu et à sa famille. Mais le peuple non moins curieux du texte de ce jugement, s'apaisa et se tint tel qu'une noire muraille humaine au pied des fenêtres, dont il ne restait plus un seul carreau d'intact. Les autres individus, demeurés dans la cour de la synagogue ou disséminés sur la place en spectateurs inactifs de la scène orageuse à laquelle ils assistaient, formèrent une masse énorme qui occupa un espace considérable devant la maison des Ézofowicz. Les portes de cette maison se réouvrirent pour se refermer aussitôt. Le chamoche venait d'entrer au salon.

Il commença par lancer autour de lui un regard légèrement inquiet et défiant, puis il s'inclina devant Saül.

— « Que la paix soit avec toi! » dit-il à voix basse, comme s'il sentait lui-même ce que cette formule habituelle de salut avait cette fois en soi de cruelle ironie.

Personne ne répondit rien.

— « Rebé Saül! » reprit-il d'un ton déjà plus assuré. « n'en veuille pas à ton serviteur de ce qu'il apporte en ta maison le malheur et la honte. Je remplis les ordres du grand rabbin et de tous nos *daïons* et membres du kahal qui aujourd'hui ont siégé en tribunal pour juger ton petit-fils Meir et m'ont chargé de communiquer leur arrêt à lui et à vous tous. »

Il n'y eut de nouveau d'autre réponse à ces paroles qu'un profond silence. Au bout d'un instant, le vieux Saül se leva, appuyé sur l'épaule de son fils Raphaël et dit d'une voix étouffée : « Lis! »

Le chamoche déploya le papier qu'il tenait à la main et lut ou plutôt chanta d'une voix vibrante :

— « Isaac Todros, fils de Baruch, rabbin de Szybow, qui avec les *daïons* et les membres du kahal exercent la justice et administrent la communauté israélite de la ville de Szybow, ayant été informé, ce qu'ont confirmé de nombreux témoignages et d'irrécusables preuves, que le fort, le téméraire et le désobéissant Meir Ézofowicz, fils de Benjamin, s'est rendu coupable de graves délits et de crimes inconnus jusqu'ici parmi les Israélites, notamment :

1° Que le susdit Meir, fils de Benjamin, négligeait d'observer le sabbat, conformément aux décisions et aux commandements de la loi israélite, et que, au lieu, comme il sied à tout israélite orthodoxe, de se livrer ce jour-là à de pieuses lectures et à la méditation des innombrables prescriptions du Talmud et des mystères insondables de la Cabale, il osait surveiller et défendre l'habitation d'un caraïte hérétique, lever une main irritée contre les enfants d'Israël, lire dans des endroits écartés des livres maudits et chanter des chansons profanes ;

2° Que Meir Ezofowicz, fils de Benjamin, a non seulement lui-même lu le : *More Nebuchim*, ouvrage maudit de

Moïse Maïmonide, faux docteur excommunié par nombre de saints rabbins et de savants Israélites, mais qu'il a encouragé ses compagnons et ses amis à lire et à méditer les blasphèmes et les infamies qui y sont contenus ;

3° Que Meir Ézofowicz, fils de Benjamin, en tenant devant ses compagnons et ses amis des discours insurrectionnels contre la loi et les sages d'Israël, a corrompu par là l'âme de cette jeunesse et l'a infectée de la lepre de l'incrédulité ;

4° Que, sous couleur de pitié pour la misère et l'affliction du peuple, il lui donnait de sots et criminels conseils, disant qu'il faut approfondir ce que les fonctionnaires du kahal font de l'argent qu'ils reçoivent ; qu'il convient dans la loi de distinguer les choses divines des choses humaines et que les Juifs doivent s'éparpiller dans les vastes campagnes et y conduire la charrue. comme d'ignares et bas paysans ;

5° Qu'ayant depuis longtemps déjà de la barbe au menton il ne voulait pas prendre femme, contrairement à la volonté et aux injonctions des anciens, et qu'il a témérairement rompu avec une jeune Israélite, Méra, fille d'Élie, qui lui était promise, manifestant ainsi sa résolution impudique d'éviter des liens matrimoniaux réguliers ;

6° Qu'il entretenait d'impures relations avec la caraïte Golda, petite-fille d'un hérétique auquel le rabbin Isaac et les membres du kahal ne permettent de vivre dans la maison de ses pères que par grande miséricorde, car les caraïtes, qui se sont séparés volontairement du sein d'Israël et ne veulent pas reconnaître la sainteté du Talmud et de la Cabale, ne méritent pas que la terre les tolère à sa surface. Meir Ézofowicz, fils de Benjamin, les a souvent fréquentés, il a eu avec la caraïte Golda des rendez-vous dans des endroits écartés, il osait accepter des fleurs de sa main, accompagner de sa voix la sienne, et entonner en même temps qu'elle des chansons profanes le jour du sabbat ;

7° Qu'il ne rendait pas le tribut d'hommages qui leur est dû aux savants d'Israël, engageant d'insolentes controverses avec Reb Mosché, le disciple bien-aimé du rabbin Isaac; qu'il osa lever une main criminelle contre ce même Reb Mosché, le poussant assez violemment pour qu'il s'étalât sur le plancher du Heder, entraînant une table dans sa chute, et occasionnant une mêlée, un grand vacarme et de plus de la crainte et de la douleur à Reb Mosché, de l'affliction et du scandale à tout Israël;

8° Que, dans son inconcevable malice, il a accusé devant un homme étranger Rebé Jankiel Kamionker de mauvais desseins à l'égard de cet étranger, par quoi il a brisé l'union et l'alliance du peuple d'Israël et exposé la tête de son frère à un cruel danger que Rebé Jankiel ne peut conjurer qu'au prix de beaucoup de désagréments, de tracas et de dépenses;

9° Que, dans sa témérité et son impiété sans bornes, il a retiré le manuscrit de son ancêtre Michel Senior de la cachette où il aurait moisi et serait tombé en poussière ! et que le cœur gonflé d'une criminelle audace, il est venu dans le Bet-Midrash lire ce manuscrit en présence du peuple entier, ébranlant furieusement sa foi aux anciennes lois et coutumes d'Israël; qu'ainsi que nous le rapportent les témoins mandés par nous, ce manuscrit est plein des plus perfides conseils et des plus abominables blasplèmes qu'oreille israélite ait jamais entendus; considérant cette lecture de Meir, fils d'Ézofowicz, comme le plus grand forfait de tous ceux qu'il a perpétrés, et en vertu des lois de nos saints livres et de l'autorité qu'elles nous accordent sur tout fils de la maison d'Israël, nous décidons ce qui suit :

« Demain soir, sera lancée contre le fort, le téméraire et le désobéissant Meir Ezofowicz, fils de Benjamin, une grande et terrible malédiction, par la bouche du rabbin Isaac, fils de Baruch. Les chamoches convoqueront toute la population de la ville de Szybow et des environs pour l'entendre. Et dès qu'elle aura été prononcée sur la tête de Meir Ezofowicz, fils de Benjamin, il sera séparé du sein d'Israel et honteusement chassé de la maison d'Israël. Vous tous qui demeurez fidèles au Dieu unique et à la loi, vivez heureux et en paix, ainsi que tous vos frères israélites. »

Le chamoche, sa lecture achevée, serra contre sa poitrine le papier dont il venait de débiter le contenu, salua bien bas et quitta prestement la pièce.

Il y eut quelques minutes d'un silence sépulcral, que n'interrompit même pas du plus léger murmure le peuple qui, entassé sous les fenêtres en masse noire et compacte, se taisait également.

Tout à coup Meir, qui se tenait jusque-là immobile, le regard cloué à la place que le chamoche quittait à peine, se saisit la tête des deux mains et s'écria :

— « Retranché du sein d'Israël ! Honteusement chassé de la maison d'Israel ! »

Sa voix expira en un immense sanglot qui lui déchira la poitrine. Il tourna brusquement le dos aux personnes présentes, cacha son visage dans ses mains, appuya son front contre la muraille et il se prit à pleurer tout haut avec passion et avec rage. Il suffisait d'entendre un seul de ses sanglots pour deviner qu'il avait été frappé en plein cœur et que le divorce qui allait s'effectuer entre son peuple et lui faisait vibrer en lui et brisait les cordes les plus puissantes et les plus profondes.

Alors s'approchèrent de lui ses oncles, leurs femmes et leurs filles, et sur différents tons de colère et de pitié, de menace et de prière, se mirent à lui crier de revenir à lui, de s'humilier et de remettre le manuscrit de Senior, pour qu'il fût publiquement brûlé ; qu'en ce cas l'irritation des anciens s'apaiserait peut-être et que l'arrêt édicté par eux serait révoqué. Les hommes le serraient de près, les femmes l'entouraient de leurs bras et des baisers se mêlaient aux gronderies et aux lamentations.

Meir ne cessait de pleurer, sans tourner le visage ni détacher le front de la muraille et il ne répondait aux cris et aux supplications qui l'assaillaient de toutes parts qu'en hochant la tête et qu'en murmurant :

— « Non ! non ! non ! »

Ces mots, qui s'échappaient précipitamment de ses lèvres au milieu des sanglots qui le secouaient, eurent plus d'éloquence que de longs discours, parce qu'ils passaient par toutes les intonations de la voix humaine, exprimant tour à tour le désespoir, l'angoisse, la colère, la supplication et l'amour.

— « Père ! » s'écria Raphaël en se tournant vers Saül qui restait à part, immobile sur son siège, « père ! pourquoi ne lui dis-tu pas de s'humilier et de rentrer en lui-même, de livrer entre nos mains ce malencontreux manuscrit que nous porterons au rabbin en l'implorant en sa faveur ? »

Pendant que Raphaël parlait, Meir se découvrit le visage et le tourna vers son grand-père.

Saül leva la tête, étendit les bras comme s'il cherchait devant lui quelque point d'appui et quitta son siège. Son œil jusque-là vitreux devint étonnamment mobile et inquiet, jusqu'à ce qu'il se rencontrât avec le regard que son petit-fils dardait sur lui. Il ouvrit les lèvres, mais ne souffla mot.

— « Parle ! père, parle ! donne-lui tes ordres ! » crièrent plusieurs voix.

Le vieillard chancela sur ses jambes. Une lutte affreuse et l'hésitation cruelle d'un esprit tiraillé en sens contraire se peignirent sur son visage tremblant. Il essaya plusieurs fois de parler, mais en vain. Enfin, il s'écria péniblement :

— « Il n'est pas encore anathématisé. Il m'est encore permis .. Au nom du Dieu d'Abraham, d'Isaac et de Jacob, je te bénis, ô mon fils ! »

Et frissonnant tout entier, les sourcils hérissés et les yeux pleins de larmes, il s'affaissa sur son siège.

Les assistants échangèrent des regards pleins de surprise et de respect. Meir bondit, se prosterna à terre devant son grand-père, lui baisa les pieds et les genoux, l'assurant tout bas de son amour pour lui, l'entretenant du manuscrit de Senior, de son prochain départ et de son retour un jour... Après quoi, il se releva et sortit à la hâte.

Il n'y avait alors plus personne sous les fenêtres de l'habitation, la masse populaire s'étant repliée au milieu de la place. De cette sombre agglomération qui semblait ne plus s'agiter, il se dégageait de sourds murmures.

Chose étrange ! Dès que le chamoche eut lu les termes de cet arrêt rigoureux, la colère presque furieuse qui gonflait les poitrines, tomba subitement. Il se produisit un changement. La nature impressionnable du peuple le rend pareil à une harpe aux cordes nombreuses, toujours prête à résonner au moindre choc et qui cédait maintenant à la vibration d'un sentiment nouveau. Fût-ce le respect de l'infortune et de la confusion qui fondaient sur une ancienne famille, riche et bienfaisante ? Fût-ce le calme d'une vengeance satisfaite ? Fût-ce terreur, pitié, ou tout cela réuni ?

La foule qui, un moment auparavant, bouillonnait, maudissait, menaçait, disposée à se porter à n'importe quelle extrémité, devenue subitement silencieuse, se retirait en proie à la tristesse. Par-ci par-là, on entendait encore les rires d'une joie rancunière, ou d'outrageuses paroles de réprobation, mais, parmi les groupes répandus sur la place ou en train de s'éparpiller dans les ruelles avoisinantes, c'était à qui ferait à bâtons rompus des réflexions du genre de celles-ci :

— « Il est cependant bon et miséricordieux. »

— « Il n'a jamais été orgueilleux. »

— « Il a nourri et embrassée mon sot enfant. »

— « Il a lui-même retiré mon père de dessous la charette renversée sur lui. »

— « Il nous a, comme un simple ouvrier, aidés à scier le bois. »

— « Son visage brillait de beauté et d'intelligence. »

— « Et la vue de sa jeunesse réjouissait tous les yeux. »

— « *Herem! herem! herem!* » répétaient quantité de voix.

On hochait la tête de surprise, on pâlissait d'indignation, on soupirait...

*
* *

A la lumière argentée de la lune, trois formes humaines, glissaient rapidement à travers les terrains vagues, qui séparaient de la petite ville la butte caraïte : d'abord, un svelte et beau jeune homme, qu'un enfant tenait par la manche de son habit ; (ces deux ombres se trouvaient si rapprochées qu'elles se confondaient parfois) ; puis, à peu de distance des précédentes se dessinait une troisième silhouette, celle d'un homme de petite taille et trapu qui, en suivant les deux autres personnages, s'arrêtait, se courbait et disparaissait souvent tout à fait derrière un buisson ou un arbre. Ces pauses et ce soin de se dissimuler dénotaient la précaution d'un individu qui voulait, sans être lui-même aperçu, voir autrui ou surprendre ses secrets et qui épiait quelque chose ou quelqu'un...

La fenêtre de la chaumière caraïte était ouverte ; une voix appela discrètement : « Golda ! Golda ! »

Un visage, inondé de lumière par la lune et encadré d'une forêt de cheveux noirs, se pencha hors de la fenêtre et l'air vibra d'accents passionnés.

— « Meir ! Meir ! J'ai entendu un grand tumulte et d'affreuses vociférations. Mon cœur a tremblé d'effroi. Mais ce n'est rien, puisque te voilà ! »

Deux bras recouverts de grossières manches de toile s'allongeaient vers le nouveau venu avec une joie empreinte d'appréhension et des coraux s'entrechoquaient sur une poitrine secouée et par des sanglots et par le rire.

Soudain la jeune fille poussa un cri poignant.

Meir se tenait maintenant très près d'elle. Elle remarqua les déchirures de son vêtement et la balafre sanglante qui sillonnait son front.

— « Oh ! » soupira-t-elle du fond de la poitrine. Elle porta ses deux mains à son front, puis laissa retomber ses bras et, inclinée vers l'homme assis sous la fenêtre et retenant sa respiration haletante, elle se mit, avec des paroles entrecoupées, à lui passer la main sur ses cheveux poudreux et sur sa cicatrice toute fraîche. Il perçait, dans cette caresse passionnée, quelque chose du sentiment d'une mère qui désire tranquilliser, guérir et consoler.

Il garda un moment l'attitude d'un homme qui se repose après une mortelle fatigue. La tête appuyée contre le cadre de la fenêtre, il aspirait difficilement des lèvres l'air froid de la nuit et la lumière de la lune se réflétait dans ses prunelles enfiévrées et fixées sur les nuages argentés avec je ne sais quelle expression d'interrogation douloureuse.

Bientôt, il se redressa et se mit à parler rapidement à demi-voix :

— « Golda ! On me fouillera peut-être et si on trouve mon trésor, on le confisquera. Je te donnerai, Golda, ce trésor à garder et je m'en irai moi-même à travers les champs et les bois, criant et implorant toute la nuit la pitié de Jéhovah. »

La jeune fille debout, grave et attentive, répondit : « donne. »

On entendit le frottement des feuillets de papier que Meir tendait à la jeune fille en disant :

— « Serre contre ta poitrine mon trésor et veille sur lui comme sur la prunelle de tes yeux. Ce manuscrit que mon ancêtre rédigea peu de temps avant sa mort a fini de me désiller les yeux. C'est avec ce passeport que je m'en irai par le monde et c'est lui qui ouvrira devant moi les portes et les cœurs des sages. L'endroit est tranquille et sûr, personne ne me voit, personne ne se doutera de l'existence ici de ce manuscrit, et quand l'heure d'entreprendre mes pérégrinations aura sonné, je viendrai te le redemander. »

Golda accepta le rouleau qu'il lui présentait.

« Sois sans crainte au sujet de ton trésor, » dit-elle. « Je perdrai plutôt la vie que de le remettre en d'autres mains que les tiennes. Il sera chez moi à l'abri, dans ce lieu paisible où nul ne le soupçonnera. »

Meir se leva du banc :

« Dors tranquille », soupira-t-il. « Moi, je partirai. Il y a une telle tempête de larmes déchaînée en moi que je dois marcher et marcher. J'irai au milieu des arbres, je tomberai la figure contre terre et sur l'aile des vents qui bruissent là bas j'enverrai à Jéhovah mes retentissantes supplications. Il me faut me plaindre à lui, il me faut l'implorer, il me faut le questionner sur beaucoup de choses. Ma poitrine est à ce point remplie des cris de mon âme que force m'est de leur donner carrière, car ils me prennent à la gorge et m'étouffent. »

Il voulait s'éloigner, mais Golda le saisit par la manche de son habit.

— « Meir ! » murmura-t-elle, « dis-moi encore ce qui s'est passé ? Pourquoi es-tu contraint de t'en aller par le monde ? »

Meir répondit avec un certain éclat dans le regard :

— « Les gens m'ont frappé et blessé, parce que je n'ai pas voulu être infidèle à la vérité qui est en moi ni approuver tout ce que dit le peuple. Je dois m'en aller par le monde, parce que demain sera lancée contre moi un grand et effrayant anathème et que je serai honteusement chassé de la maison d'Israël ! »

— « *Herem* ! » s'écria la la jeune fille et, avec un geste d'indignation, elle posa sur sa tête ses deux mains entrelacées. Elle demeura un moment dans cette attitude, puis un sourire pensif et doux éclaira son visage.

— « Meir ! » chuchota-t-elle, « mon grand-père est excommunié et moi aussi... mais la miséricorde du Seigneur est plus grande que la plus grande réprobation et sa justice est plus profonde que la plus profonde des mers. C'est dit ainsi dans l'Écriture. En la lisant, mon grand-père cesse de s'affliger et il répète . celui qui est maudit est plus heureux que celui qui maudit, parce qu'un temps viendra où la miséricorde du Seigneur descendra dans le cœur des hommes et ils béniront les noms maudits. »

Meir considéra longtemps la jeune fille pendant qu'elle parlait, ses yeux caves flamboyant d'enthousiasme et sa figure rayonnant d'inspiration :

— « Golda ! » murmura-t-il, « tu es la moitié de mon âme... Accompagne-moi à travers le monde. Je te prendrai pour femme, et, la main dans la main, nous supporterons ensemble les malédictions des hommes et nous nous efforcerons qu'un jour nos noms soient bénis. »

Golda fut embrasée tout entière du feu d'une félicité inexprimable.

— « Oh ! Meir ! » s'écria-t-elle. Elle voulait ajouter encore quelque chose. Elle ne le put. La joie lui ôta sa présence d'esprit ; le sein agité de sanglots, de rires, de soupirs, elle balbutiait des témoignages de gratitude et penchant très bas sa taille svelte et souple, elle se suspendit à l'épaule du jeune homme.

Il lui entoura le cou de ses bras, la pressa contre sa poitrine et noya ses lèvres dans l'épaisseur soyeuse de sa chevelure...

Ce ne fut qu'un moment... En un clin d'œil, la jeune fille se remit debout, et le visage écarlate, les lèvres frémissantes, la poitrine haletante, dit à demi-voix :

— « Et mon grand-père ? »

Meir la regarda comme un homme réveillé en sursaut. Elle continua :

« Il a les jambes trop faibles pour pouvoir nous suivre et il ne voudra pas s'éloigner du tombeau de ses pères. Et comment l'abandonnerais-je ? Comment saurait-il vivre sans moi ? Il m'a bercée dans ses bras, il m'a appris à filer et à lire la Bible, il a éclairé mon âme et réjoui mon cœur par de beaux récits qu'il contait toujours et toujours... Si je m'éloignais, qui rassasierait et désaltérerait ses lèvres ? Qui se coucherait à ses pieds, dans les sombres et froides nuits d'hiver pour réchauffer ses membres glacés ? Et quand son âme se séparera de son corps, quelle main bercera sa tête grise au seuil de l'éternel sommeil ? Meir ! Meir ! Tu as aussi un grand-père à cheveux blancs qui, en te perdant, déchirera ses habits. Mais ton grand-père a des fils et des filles, des belles-filles et des gendres, des petits-enfants et des arrière-petits-enfants, une maison opulente et beaucoup de considération aux yeux des hommes... Mon grand-père ne possède dans le monde entier que cette pauvre masure, une Bible et sa petite-fille Golda. »

Meir soupira.

— « Tu as raison, Golda », reprit-il « mais que vas-tu entreprendre ? Que deviendras-tu, lorsque ton grand-père fermera les yeux à jamais et que tu resteras seule en face du mépris des hommes et de ta misère ? »

Golda s'assit, ses jambes flageollaient sous elle. Elle

passa ses mains sur son visage brûlant, et, les yeux levés, elle lui répondit :

— « Je m'assoirai devant la porte de ma chaumière, je filerai la laine, je mènerai paître mes chèvres et je regarderai la route par laquelle tu reviendras un jour...»

C'était là un passage de l'histoire d'Akiba et de la belle Rachel.

Meir, plongé dans une rêverie mélancolique, lui demanda encore.

— « Et que feras-tu, quand des gens viendront se moquer de toi et dire : « Akiba boit à la source de sagesse, tandis que la misère ronge ton corps et que tes yeux s'éteignent à force de pleurer ? »

Une voix grave, voilée par une émotion passionnée, répondit :

« Que la misère, leur répliquerai-je, dévore mon corps et que mes yeux s'éteignent à force de larmes, je n'en resterai pas moins fidèle à mon mari. Et s'il se présentait maintenant devant moi et disait : « Je suis revenu, parce que je n'ai pas voulu que tu pleures davantage, mais j'ai trop peu bu à la source de sagesse ! » je lui répondrais : « Va et bois encore ! »

Meir se leva. En place du désespoir, c'est l'énergie et le courage qui se peignaient sur sa figure et dans son maintien.

— « Rachel, je reviendrai ! » s'écria-t-il. « Jéhovah sera avec moi et je trouverai l'aide des hommes auxquels je montrerai mon cœur avide de connaissance, et le manuscrit de mon ancêtre qui conclut un traité d'alliance entre le peuple d'Israël et les autres nations. Je boirai longtemps, longtemps, avec avidité, à la source de sagesse et ensuite je m'en retournerai ici instruire mon pauvre peuple et placer sur ta tête une couronne d'or en échange de toutes les misères et de tous les mépris que tu auras supportés pour moi. »

Golda secoua la tête. Son visage trahissait qu'elle se sentait sous l'empire d'un rêve merveilleux. Il lui semblait être la belle Rachel, saluant son mari Akiba de retour d'un long voyage. Un sourire extatique sur les lèvres et le feu de la passion dans les yeux, elle murmura :

— « J'embrasserai alors tes genoux, je contemplerai ta splendeur avec des yeux qui redeviendront aussi beaux que nombre d'années auparavant et je te dirai : « Maître ! Ta gloire est ma couronne ! »

Ils se considéraient à travers leurs larmes. Au fond de leurs prunelles l'amour brûlait d'une flamme héroïque et pure, comme héroïques et purs étaient leurs cœurs.

A ce moment, le son étouffé, harmonieux cependant, d'un rire enfantin frappa leur oreille. Étonnés, ils regardèrent l'un et l'autre du côté d'où provenait ce bruit. Dans l'entrebâillement de la porte de la mesure, Leybele, assis sur le seuil, tenait dans ses bras un petit chevreau d'un blanc de neige. Ce chevreau, Golda l'a acheté au marché avec l'argent que lui procura la vente de ses paniers. L'enfant, l'apercevant au fond de la première pièce éclairée par la lune, le prit dans ses bras, le porta jusqu'au seuil de la chaumière, et, en se frottant le visage contre cette douce toison, se mit à s'amuser et à rire en espiègle.

— « Cet enfant t'accompagne toujours ici », dit Golda.

— « Il m'a embrassé aujourd'hui où tous me frappaient et je me suis servi de lui pour protéger mon trésor contre de robustes mains », répondit Meir.

Golda disparut de la fenêtre et se montra aussitôt au seuil de la chaumière. Elle se pencha tellement au-dessus de l'enfant que ses cheveux défaits se répandirent sur la tête et sur les épaules de Leybele ; puis elle appliqua ses lèvres sur le front du gamin, qui ne s'effraya aucunement. Il se sentait sans doute en sûreté. Il avait déjà maintes fois vu la femme, dont les yeux de feu examinaient maintenant ses traits avec une expression d'indicible douceur. Il leva vers elle un regard clair, reconnaissant et quasi intelligent.

— « Permets-moi de jouer avec le chevreau », chuchota-t-il.

— « Veux-tu du lait ? » lui demanda-t-elle.

— « J'en veux bien, donne-m'en », répondit-il.

Elle lui apporta un vase en terre rempli de lait et elle-même fit boire l'enfant. Puis elle s'assit auprès de lui sur le seuil et demanda :

« Pourquoi quittes-tu tes père et mère, afin de suivre Meir ? »

L'enfant hocha la tête et répartit :

— « Il est meilleur que *tatele* [1], meilleur que *mamele* [1]. Il m'a nourri et caressé la tête et il m'a arraché des mains de Reb Mosché... »

— « De qui es-tu fils ? » demanda Golda.

Leybele se tut un moment. Les yeux en l'air, il balançait la tête. Visiblement il cherchait à maîtriser sa pensée indocile, à force d'avoir été déprimée. Soudain il allongea le doigt dans la direction de Meir qui s'éloignait et s'écria tout haut :

« De lui ! »

Et là-dessus, il éclata de rire, mais c'était non pas le rire d'un idiot, mais la manifestation de joie d'une pauvre âme d'enfant parvenue à grand'peine à formuler son amour et ses aspirations, ardentes quoique non définies.

Golda jeta les yeux du côté où Meir disparaissait et soupira péniblement. Elle se leva ensuite, s'enveloppa d'un vieux fichu, escalada la butte à moitié et s'assit sous un pin rabougri qui poussait là. Elle voulait peut-être de cette hauteur embrasser un espace plus vaste et l'apercevoir cheminant au loin à travers les champs et les bois. Elle appuya ses coudes sur ses genoux, se cacha des mains le visage et demeura aussi immobile qu'une statue de la douleur ; seulement le long de ses cheveux d'un noir de corbeau qui la couvraient tout entière comme d'un manteau et descendaient jusque sur l'herbe humide la lune semait des millions d'étincelles.

A la porte de la chaumière, Leybele ne tarda pas à s'assoupir et, tout en dormant, il pressait encore contre sa poitrine le petit chevreau blanc, qui dormait lui aussi.

*
* *

Presque au même instant, les portes de la masure du rabbin s'ouvraient pour donner passage à Reb Mosché, qui entra voûté, confus, exténué. Il s'accroupit à terre

1. Papa et maman, en jargon israélite (note du traducteur).

auprès du foyer, lançant des coups d'œil furtifs à Todros qui, assis à la fenêtre ouverte, la tête dans ses mains, suivait la lune du regard.

— « Rabbi ! » murmura-t-il doucement. « Rabbi ! » répéta-t-il un peu plus haut, « ton serviteur est coupable à tes yeux, il ne t'apporte pas, ô Rabbi, cet horrible manuscrit. Grand fut l'orage, mais ses amis le défendirent, puis il se défendit lui-même et il fut ensuite défendu par un petit enfant. La sotte multitude le houspilla, frappa, injuria, lapida, mais elle ne lui arracha pas des mains cet horrible manuscrit. Nassi ! ton serviteur est plein de confusion et de crainte, mais aie pitié de lui et ne le foudroie pas du tonnerre de ton regard... »

Todros, sans baisser ses yeux qui contemplaient la lune, dit :

— « Il faut lui enlever ce manuscrit des mains et le remettre entre les miennes. »

— « Nassi ! Ce manuscrit n'est plus dans ses mains. »

— « Et où est-il ? » s'écria Todros, sans se retourner, mais en élevant la voix.

— « Rabbi ! Je n'oserais point paraître devant toi, si je ne savais ce que ce manuscrit est devenu. J'ai épié son propriétaire. Toute mon âme se concentrait dans mes yeux et dans mes oreilles. Je l'ai vu donner à céler à la jeune fille caraïte, ce manuscrit que je l'ai entendu qualifier de trésor. Il a dit qu'il s'en irait par le monde avec ce passeport qui lui ouvrirait le cœur des hommes... »

Todros tressaillit.

— « C'est la vérité ! » grommela-t-il violemment. « Ce manuscrit sera le bouclier et le glaive contre lequel s'émousseront les instruments de notre vengeance... Mosché ! » ajouta-t-il en haussant la voix, « il faut arracher cette horreur des mains de la jeune fille caraïte. »

Le mélamed rampa jusqu'aux genoux du maître, et, levant vers lui son visage, il chuchota tout bas :

— « Rabbi ! cette jeune fille a dit qu'elle se laisserait plutôt arracher la vie que ce manuscrit. »

Todros se tut un instant et dit ensuite :

— « Il faut lui arracher ce manuscrit des mains. »

Le melamed demeura longtemps à penser en silence.

— « Rabbi ! » finit-il par marmotter d'une voix à peine distincte, « et s'il se commet quelque acte très mauvais? »

Todros ne répliqua rien sur le moment. Il dit ensuite :

— « Bénie soit la main qui de la maison d'Israël balaie les ordures. »

Le mélamed, après avoir ouï avidement ces laconiques paroles, en scruta longtemps le sens mystérieux.

— « Rabbi ! » dit-il en souriant, « je comprends déjà ta volonté. Tu peux t'en remettre à ton serviteur. Il trouvera des gens dont les bras seront armés de vigueur et dont les cœurs seront inexorables. Rabbi ! » ajouta-t-il d'un ton suppliant, « abaisse sur ma tête un doux rayon de ton regard, que je m'aperçoive que tu es loin d'être irrité contre ton serviteur. Mon âme, sans tes bonnes grâces et ton amour. est comme un puits sans eau ou comme un antre que n'éclaire pas le soleil. »

Todros répondit :

— « Ni un doux rayon ne luira dans mes yeux, ni la colère et le chagrin ne sortiront de mon cœur, tant que cet horrible manuscrit restera en de maudites mains... »

Mosché poussa un gémissement.

— « Rabbi ! Ce manuscrit sera demain dans la nuit entre tes mains ! »

La lune éclairait le visage de ces individus en train de contempler l'un le ciel et l'autre la face de son maître. Le maître cherchait au ciel d'un regard ardent les traînées lumineuses que laissent les anges qui guident les étoiles dans eur éternel voyage à travers l'espace ; le disciple cherchait dans les prunelles de son maître le reflet de ces lumières surnaturelles.

Et le nom de l'ange de la mort hantait les cerveaux de ces deux hommes qui l'invoquaient à leur aide, alors qu'une admiration sans borne remplissait leurs poitrines.

IX

La population de la petite ville paraissait en proie à une effervescence extraordinaire. De tous côtés des gens, soit à la file l'un de l'autre, soit par groupes, se dirigeaient vers le temple noirâtre, dont le triple toit, couvert de mousse, surplombait des fenêtres pareilles à d'antiques meurtrières et où commençaient à briller de longs et minces filets de lumière. Le ciel se constellait aussi d'étoiles qu'éclipsait le radieux éclat de la pleine lune.

L'intérieur du temple se composait d'une salle énorme, pouvant contenir les quelques milliers d'habitants de la ville ; et haute de deux étages. Une galerie massive, avec des niches profondément encastrées, sortes de loges dissimulées par une barrière élevée, mais à claire-voie, couronnait des murailles disposées en carré régulier, tout à fait lisses et blanches comme la neige. Dans le bas, des bancs de bois fort rapprochés se trouvaient disposés depuis la porte d'entrée jusqu'à un endroit, qui, également entouré d'une élégante barrière de bois, dominait de quelques marches le reste de la salle, supportait le pupitre destiné à dérouler les feuillets immenses de la Thora (Pentateuque) aux jours où le rituel ordonnait d'en lire des passages au peuple et servait de chaire pour les sermons et pour l'enseignement religieux. C'est là que se tenaient les chœurs, formés d'enfants approchant de l'adolescence et de jeunes gens plus âgés, qui mêlaient leurs voix à celle du chantre, quand il entonnait la prière. Cette place n'est distante que de plusieurs pas du point principal du temple, remarquable par la majesté de ses proportions, par la splendeur de ses teintes et qui s'appellerait l'autel, si l'on peut appliquer une semblable dénomination au lieu où l'on conserve des objets sacro-saints et qui attire et provoque les regards et les soupirs les plus pieux des fidèles. Le sommet de cet autel, qui touchait le plafond, consistait en deux énormes tablettes : sur leur fond, de l'azur le plus pur, ressortaient des lettres blanches, torses, analogues, de loin, aux riches et fantastiques dessins des arabesques orientales et où un œil compétent déchiffrait les dix commandements du Sinaï. Ces tablettes bleues, couvertes de caractères blancs et sinueux, étaient présentées par deux lions en bronze doré, d'énorme dimension, assis dans une superbe attitude, sur deux gros et lourds piliers, étincelant de très vifs reflets de saphir, autour desquels s'enroulaient des guirlandes d'un blanc de neige, de feuilles de vignes et de grappes de raisin artistiquement sculptées et que soutenaient de solides piédestaux en pierre, à la large surface décorée, presque jusqu'à terre, de nombreux versets des Écritures. Ces pilliers, tels que de puissantes et robustes sentinelles, se dressaient des deux côtés d'une niche profonde, fermée du haut en bas par un rideau de soie écarlate qu'ornait des broderies d'or d'une richesse à éblouir les yeux. Ce rideau, ordinairement baissé et qu'on ne tirait que dans des circonstances déterminées, abritait la sainteté par excellence, la Thora, énorme rouleau de parchemin, enveloppé d'une riche étoffe et attaché par un ruban lourd et raidi de broderies d'or et d'argent.

A en juger d'après l'apparence terne et chétive de la petite ville, personne n'aurait supposé la magnificence du tableau qu'offrait, à l'heure avancée de la soirée où il s'illuminait tout entier d'un brillant éclairage et regorgeait de peuple, l'intérieur de ce temple décoré par une piété séculaire.

Sept chandeliers à cent lumières, suspendus au plafond par des chaînes d'argent massif, inondaient de clarté les plus profonds recoins de la galerie voûtée, dont le treillage à jour laissait apercevoir une véritable mosaïque de figures et de toilettes féminines, et les bancs d'en bas, occupés par quantité d'individus âgés, barbus, entièrement drapés dans des châles blancs (taleds) bordés d'un liséré noir à leur extrémité, en signe des regrets touchants et éternels de la perte de la patrie ; ci et là, au cou des richards et des fonctionnaires de la communauté, miroitaient des bandes argentées au dessin folié et saillant. Mais c'est devant une niche fermée, ménagée entre deux puissants piliers, que brûlait le candélabre le plus grand et ses pandeloques rendaient de temps en temps un son argentin. Le scintillement de broderies d'or et de glands d'une tenture écarlate était des plus vifs et des feuilles délicates, ainsi que de grosses grappes de raisin, semblaient rouler de dessous les pieds des lions superbes. Au sommet, les sinuosités des lettres blanches se détachaient merveilleusement sur un fond bleu, tandis que dans le bas, tournant le dos au soubassement chargé d'inscriptions aux lignes inégales, le chantre, la tête encapuchonnée de son taled blanc, entonnait ce vieux psaume, dont on dirait que la mélodie infinie parcourt toute la gamme des extases et des admirations, des désirs, des supplications et des souffrances.

La ravissante voix d'Éléazar n'exprima cependant jamais tous ces sentiments avec autant de force et de netteté que ce soir-là ; jamais elle n'eut d'explosions aussi grandioses, de vibrations aussi solennelles, ni de pareils frémissements et de ces sanglots qui, en tombant et en se calmant, semblent sombrer dans l'abime d'un océan de douleurs ou de prières. On eut pu croire qu'une puissance surhumaine de plainte et de supplication s'emparait de sa poitrine et s'imaginer qu'aux épaules il lui poussait des ailes, sur lesquelles il s'efforçait de s'élever jusqu'au maître des maîtres, lui offrir son corps et son âme en holocauste pour quelque chose ou pour quelqu'un. Le torrent d'harmonie qui coulait de ses lèvres sans interruption remplissait l'immense salle d'un bout à l'autre et du sommet à la base. Le chœur, placé sur l'estrade, y ajoutait à certains moments d'imposants accords et l'assemblée entière, dans la volupté de l'extase, gardait un silence sépulcral, le regard absorbé par le scintillement d'or de la tenture écarlate. Seulement, un tel ou un tel, en indiquant de la tête le chantre inspiré et d'une inspiration si communicative, murmurait : « C'est l'ange Sandalfon qui remet au Seigneur les guirlandes tressées de toutes les prières des hommes. » D'autres, avec de tristes hochements de tête soupiraient : « Il prie ainsi en faveur de son ami qui doit être aujourd'hui frappé d'anathème. »

Soudain, aux merveilleux accents du chantre et au silence solennel du peuple, se mêla un bruit sec, mais fort et plusieurs fois répété. La voix d'Éléazar expira comme la corde de l'instrument brisée par les doigts qui la touchent brutalement. Les yeux du peuple passèrent de l'autel à l'endroit où retentissait ces bruits discordants.

Le chœur des jeunes chantres avait disparu de l'estrade entourée d'une barrière en bois ; à leur place se tenait un homme maigre, voûté, son long cou jaune tendu en avant, son visage sombre, couvert d'une barbe noire comme la nuit, et tristement éclairé par des yeux brillants comme des charbons ardents. Il frappait de toute sa force la table avec un livre qu'il tenait à la main, intimant ainsi à chacun l'ordre de se taire. Bientôt un silence absolu régna dans cette salle immense. On n'entendait quelques murmures et quelques exclamations étouffées que dans le vestibule, où un groupe d'une cinquantaine de personnes, d'âges et de conditions différentes, entouraient un individu à la figure très pâle, aux lèvres sèches et serrées, à l'œil flamboyant, qui restait debout, l'épaule appuyée contre le chambranle de la porte du temple : c'était Meir. On chuchotait à son oreille :

— « Il en est encore temps ! Aie pitié de toi et de ta famille ! Humilie-toi ! Cours vite, vite et tombe aux pieds du rabbin ! Oh ! *herem, herem, herem* ! »

Il semblait ne pas entendre, ramenant fortement ses bras sur sa poitrine. La contraction de son sourcil et la balafre livide de son front lui prêtaient une expression de morme douleur et de volonté infrangible.

Isaac Todros, d'une forte voix de basse, lança la phrase : « Au nom du Dieu de nos pères ! »

Une sourde rumeur se répandit dans l'assemblée entière, une espèce de frisson secoua ce corps collectif, puis tout rentra dans un calme profond.

Isaac Todros lentement, distinctement, en scandant chaque syllabe, se mit à dire :

» De par la force et la puissance mondiales, au nom de notre sainte loi et des 613 articles qu'elle contient, en vertu de l' *herem* dont Josué s'est servi contre la ville de Jéricho, de la malédiction qu'Élisée a lancée aux gamins qui le persécutaient, et de celle qu'employèrent nos grands Sanhédrins et nos conciles, de tous les *herem*, méledictions, banissements et anathèmes en usage depuis le temps de Moïse jusqu'à aujourd'hui ; au nom du Dieu Éternel, maître du monde et créateur de sa magnificence ; au nom de Matatron, ange gardien et protecteur d'Israël ; au nom de l'ange Sandalfon, qui tresse en guirlandes et dépose aux pieds de l'Éternel les prières humaines : au nom de l'Archange Michel, chef puissant des armées célestes ; au nom des anges du feu, du vent et des éclairs ; de par la force du nom de tous les anges qui dirigent ces étoiles et conduisent les chars célestes et de tous les Archanges qui déploient leurs ailes au-dessus du trône du Tout-Puissant ; de par le nom qui apparut à Moïse au milieu du buisson ardent et de celui au moyen duquel Moïse partagea les eaux en deux moitiés ; au nom de la main qui traça les tables de la Sainte Loi, nous chassons anéantissons, honnissons, annihilons et maudissons le fort, le téméraire et le désobéissant Meir Ézofowicz, fils de Benjamin. »

Il s'arrêta une seconde, en relevant d'un geste véhément ses bras au-dessus de sa tête. Puis, au milieu d'un silence tel qu'on eut entendu voler une mouche, et d'une voix vibrante et sonore, il se mit à dire ou plutôt à déclamer de plus en plus vite :

« Qu'il soit maudit par le Dieu d'Israël ! Qu'il soit maudit par le Dieu fort et terrible, dont les hommes prononceront le nom avec terreur au jour du jugement ! Qu'il soit maudit par le ciel et la terre ! Qu'il soit maudit par Matatron, Sandalfon, Michel ; par les archanges, les anges et tous les habitants du ciel ! Qu'il soit maudit par tous les purs et saints serviteurs de Dieu ! Qu'il soit maudit par chaque force supérieure sur la terre et au ciel ! Dieu créateur! Extermine-le et anéantis-le pour les siècles! Dieu qui relève, humilie-le! Dieu, foudroie sa tête de ta colère! Que les démons aillent à sa rencontre! Que partout où il tournera ses pas, il soit enveloppé de malédictions et de lamentations! Que, de son propre glaive, il se transperce le sein, que toutes ses flèches s'émoussent, que les anges du Seigneur le pourchassent de place en place, pour que son pied ne trouve où se reposer! Que ses sentiers soient périlleux et profondément enténébrés, et qu'il y ait comme compagnon un affreux désespoir! Que les chagrins et les calamités le traquent sans cesse et qu'il voie de ses propres yeux les coups qui le frapperont et se rassasie du feu de la colère divine. Que le Seigneur ne lui pardonne pas. Qu'au contraire son courroux et sa vengeance s'abattent sur cet homme, l'enserrent et le pénètrent jusqu'à la moelle des os, qu'il soit tout entier enveloppé de cette malédiction comme d'un vêtement, de façon à ce qu'il disparaisse de la face de la lumière et que son nom soit effacé de l'espace céleste! »

Ici Todros se tut un moment. Il aspira un peu d'air dans sa poitrine fatiguée de ses cris qui devenaient toujours plus entrecoupés, plus sourds et plus pénibles. Il avait la figure en feu et ses bras s'agitaient convulsivement au-dessus de sa tête.

« Qu'à partir de l'instant », vociféra de nouveau Todros, « où cette malédiction a fondu sur sa tête, il n'ose, dans le monde entier, approcher d'aucun temple Israélite de plus près qu'à la distance de quatre toises! Sous peine d'anathème et de rejet du sein d'Israël, qu'aucun Israélite n'approche de lui de plus près qu'à la distance de quatre toises, qu'il n'ose n'ouvrir devant lui les portes de sa maison ni lui donner du pain, de l'eau ou du feu, alors même qu'il le verrait exténué, trébuchant et courbé en arc par le vagabondage, la faim, la maladie et la misère! Au contraire! Que quiconque le rencontrera lui crache au visage la salive de ses lèvres et jette des pierres sous ses pas pour qu'il trébuche et qu'il tombe! Qu'il ne jouisse d'aucune propriété. Que tout ce qui par droit d'héritage lui revient de ses père et mère et tout ce qu'il s'est amassé par le travail de ses propres mains soit remis à la disposition du kahal pour que ce bien inique soit employé à consoler et à aider les faibles.

« Qu'Israël tout entier soit avisé du châtiment et de l'anathème qu'il a encourus !

« Vous tous, qui les avez entendues de vos propres oreilles, publiez ces paroles et ces injonctions en chaque endroit où vos pas vous porteront et nous, nous transmettrons cette nouvelle à toutes les villes et communautés habitées par nos frères, jusqu'aux extrémités du monde. »

« Ainsi soit-il ! Et vous tous, qui êtes fidèles à votre Seigneur et à sa loi, vivez heureux. »

A peine eut-il achevé, qu'au moyen d'un mécanisme ingénieusement combiné, les lumières éclatantes des sept gigantesques candélabres baissèrent tout à coup et qu'aux quatre coins de la salle retentirent bruyamment des sons de trompe. Au fracas tantôt intermittent, tantôt prolongé et lugubre des instruments de cuivre se joignit le chœur formidable des sanglots, des gémissements et des cris de l'assistance. Le cri le plus perçant partit du vestibule, cri d'autant plus terrible qu'il sortait d'une forte poitrine d'homme. Il se fit là un grand mouvement ; on distinguait comme une bousculade, une expulsion, des appels. Meir disparut du seuil du temple. Plus près de l'autel, dans les bancs, plusieurs hommes d'un âge mûr déchirèrent bruyamment leurs robes et tombèrent la face contre terre.

« Les puissants Ézofowicz gisent dans la poussière » vociférait-on ailleurs en les montrant du doigt.

Dans la galerie d'en haut, ce fut un débordement de sanglots et de lamentations féminines et au fond de la salle un groupe d'hommes mal vêtus, sans bandes d'argent à leur taled, levaient et tordaient au-dessus de leurs têtes leurs mains calleuses, noires, usées par le travail.

Todros essuya de sa manche déchirée les gouttes de sueur qui lui coulaient du front, appuya ses deux mains sur la balustrade de bois et, penché en avant, la poitrine haletante, les lèvres contractées, regarda le chantre. Il ne descendit pas de l'estrade et dévisagea le chantre aussi longtemps, parce que, d'après le rituel, aux expressions d'un anathème épouvantable lancées contre un individu, devaient succéder des paroles de bénédiction à l'adresse du peuple entier. Ces paroles de bénédiction au peuple, il fallait que le chantre les entonnât. Todros attendait cet épilogue de l'acte qui venait de s'accomplir. Pourquoi le chantre gardait-il si obstinément le silence et tardait-il tant à s'acquitter de son devoir ? Pourquoi laissait-il passer ces derniers mots : « Vivez heureux ! » sans en tirer aussitôt une prière de bénédiction ?

Éléazar se tenait tourné vers l'autel. Pendant que le rabbin proférait les paroles de l'anathème, on voyait ses épaules frissonner sous le taled qui les couvrait. Il avait cependant fini par ne plus trembler, et, immobile, le tête levée, il regardait en haut on ne sait quoi. Soudain, il leva les deux bras en l'air, ce qui signifiait qu'il invitait le peuple au silence et à la prière. Les trompes qui jusque-la sonnaient et hurlaient continuellement se turent ; les clameurs et les gémissements cessèrent aussi. Les lumières baissées brillèrent à nouveau de tout leur éclat et, au milieu de cette illumination et de ce silence, interrompu seulement ci et là par quelque sanglot, une voix d'une sonorité argentine et pure comme le cristal, imprégnée de larmes qui ajoutaient une force immense à ses supplications, se mit, lentement, gravement, à dire :

« Que celui qui a béni nos ancêtres : Abraham, Isaac, Jacob, Moïse, Aaron, David, les prophètes d'Israël et tous les justes de ce monde, dispense sa grâce et ses bénédictions à l'homme qu'un *herem* injuste a frappé tout à l'heure ! Que la miséricorde divine le préserve et le sauvegarde de tout mal et de toute infortune, qu'elle prolonge son temps et ses années, qu'elle favorise chaque œuvre de ses mains et qu'elle le délivre de l'affliction, des ténèbres et des chaînes, ainsi que tous nos frères israélites ! Puisse sa volonté être telle ! Criez : Amen ! »

Il se tut. Pendant plusieurs secondes, il régna dans la salle un silence de stupéfaction, puis, de plusieurs centaines de poitrines, s'arracha ce grand cri : « Amen ! »

— « Amen ! » répétèrent les Ézofowicz, en se levant du

sol où ils s'étaient prosternés et en secouant la poussière de leurs vêtements en lambeaux.

« Amen! » répéta un groupe d'hommes, qui misérablement vêtus, tordaient leurs mains au-dessus de leurs têtes.

« Amen ! » entendit-on retentir dans la galerie pleine de femmes en pleurs.

« Amen ! » répéta le dernier le chœur des jeunes gens près de l'autel.

Le rabbin lâcha des mains la balustrade, se redressa, promena autour de lui un regard surpris et s'écria :

— « Qu'est ce ! Qu'est-ce que cela signifie ? »

Alors Éléazar tourna son visage vers lui et vers l'assemblée entière ; son taled lui retomba de la tête sur les épaules. La rougeur de l'enthousiasme empourprait ses joues, ses yeux bleus étincelaient de colère et de courage. Il leva la main et s'écria hautement :

« Rabbi ! Cela signifie que nos oreilles et nos cœurs ne veulent plus écouter de malédictions de cette espèce. »

Ces mots furent comme un signal de combat. A peine Éléazar les eut-il prononcés, qu'à ses côtés se rangèrent une centaine de jeunes gens, des adolescents. Parmi eux, figuraient tous les compagnons et les plus proches amis du maudit, mais il y en eut aussi qui précédemment ne l'avaient vu que rarement et de loin et qui, peu de jours auparavant, s'étonnaient encore de son obstination et de sa témérité qu'ils ne parvenaient pas à comprendre.

Des voix s'élevèrent qui disaient :

— « Rabbi ! Nous ne voulons plus écouter de malédictions de cette espèce ! »

— « Rabbi ! Ton anathème a enfanté dans nos âmes de l'amour pour le maudit ! »

— « Rabbi ! Tu as chargé de cet *herem* un homme agréable aux hommes et à Dieu. »

Todros, pétrifié de surprise, reprit, par un effort violent, son sang-froid.

— « Que voulez-vous ? » s'écria-t-il, « que dites-vous ? Satan se serait-il emparé de vos esprits ? Ne savez-vous pas que nos lois ordonnent de tirer vengeance des téméraires qui se révoltent contre notre religion et de les frapper d'anathème? »

Ce n'est plus de parmi les jeunes gens, mais du centre de la salle que partit une voix grave qui dit :

— « Rabbi ! Ignores-tu que quand, au sein de notre Sanhédrin, se débattit vivement la question de savoir si Israël devait adopter la doctrine de Chamaï ou d'Hillel, le Bat-Kohl assemblé entendit une voix mystérieuse suscitée par Dieu lui-même, qui disait : « Écoutez les lois d'Hillel, car elles sont empreintes de mansuétude et de miséricorde ! »

On leva la tête et on se haussa sur la pointe des pieds pour apercevoir de qui émanaient ces paroles. C'est Raphaël, l'oncle du maudit, qui les avait prononcées.

Au même moment, Beer perça la foule et, debout au milieu de la jeunesse, s'écria :

— « Rabbi ! As-tu jamais compté combien d'intelligences a accablées ta sévérité et celle des Todros, tes ancêtres, et toutes les âmes, pleines de grandes aspirations que votre main de fer a précipitées pour toujours dans les ténèbres et les secrètes tortures. »

— « Rabbi ! » clama une voix jeune et presque enfantine, « est-ce que toi et ceux qui tiennent avec toi, vous écarterez toujours de nous ces rayons étrangers, sans la lumière desquels nos cœurs sèchent de chagrin et nos mains se noircissent d'une vile poussière... »

— « Pourquoi, Rabbi, n'enseignes-tu pas au peuple à se servir de son intelligence comme d'un crible pour séparer le grain de la bâle et la perle du sable? »

— « Rabbi ! Toi et tous ceux qui tiennent avec toi, vous mangez et vous nous enjoignez de manger ensemble le grain de la grenade et l'écorce dure et amère. Mais déjà le temps est venu où nos palais ont ressenti de l'amertume et où nos entrailles ont éprouvé une atroce souffrance. »

— « Malheureux ! Sots ! Possédés ! Maudits ! » se mit à crier Todros de toute la force de ses poumons : « N'avez-vous pas vu de vos propres yeux que le peuple entier avait pris cet homme en haine, qu'il l'a poursuivi le long du chemin, lui a appliqué ses robustes mains sur les épaules, l'a lapidé et lui a marqué le front d'une sanglante cicatrice? »

Des rires d'une fierté indignée et méprisante éclatèrent çà et là.

— « Il ne faut pas, parce que le peuple aura dit : d'accord ! répondre d'accord ! à tout ce qu'il dira, » crièrent des voix nombreuses et l'une d'elles ajouta :

— « Rabbi, la malédiction que tu as lancée a amolli le cœur de plus d'un et ouvert les yeux à beaucoup. »

— « De méchantes langues ont soufflé dans nos cœurs de la colère contre un innocent, mais nous le pleurons aujourd'hui, Rabbi, parce que ton anathème a tué sa jeunesse. »

— « Rabbi, l'anathème dont tu l'as frappé est pire que la mort, parce qu'il le condamnera à être comme un mort au milieu des vivants. »

— « Et n'est-il pas écrit dans les ordonnances de nos grands Sanhédrins : « Le tribunal qui, en soixante-dix ans, rendra un arrêt de mort, s'appellera un tribunal meurtrier. »

— « Il ne siégeait pas dans les Sanhédrins de célibataires, ni de gens au cœur dur. »

— « Celui qui sème la haine recueille le regret. »

Ces réflexions et quantité d'autres analogues partaient d'au milieu d'un groupe massé auprès de l'autel. Les voix s'y confondaient, les figures y étaient provocantes, les yeux flamboyants et les bras enfiévrés et d'audacieuses menaces furent prodiguées au rabbin et à l'assemblée entière.

Todros paralysé, pétrifié, ne répondait plus... Les lèvres entre-bâillées et les paupières toutes relevées, il avait l'apparence d'un homme qui ne comprend plus ce qui se passe autour de lui. Mais le mélamed bondit hors de la foule et se mesura face à face devant la balustrade avec le groupe des rebelles. Tremblant de la tête aux pieds, hérissé, il étendit ses gros bras, comme s'il voulait couvrir son maître debout sur l'estrade, et il s'écria :

— « Malheur ! Malheur ! Malheur ! aux téméraires, qui ne rendent pas hommage à l'homme occupé de servir le maître du monde ! »

Éléazar répondit :

— « Aucun mur ne se dresse entre nous et notre maître ? Nous avons établi parmi nous des individus chargés d'apprendre la loi et de l'enseigner aux ignorants. Mais nous ne leur avons pas dit : Nous vous livrons nos âmes en esclavage ! Car chaque Israélite est libre de chercher le Seigneur dans son propre cœur et d'expliquer ses paroles d'après sa propre raison ! »

D'autres crièrent :

— « Il n'y a pas en Israël de supérieur ni d'inférieur ! Nous sommes tous des freres égaux devant le maître, notre créateur, et le droit n'est donné à personne d'enchaîner nos intelligences et notre volonté. »

— « Les faux sages nous ont perdus, car ils ont créé une scission entre Israël et les autres peuples, de sorte que nous sommes pareils à des prisonniers dans un obscur cachot où nul ne les visite. »

— « Mais le temps approche où Israël secouera ses chaînes, où les esprits orgueilleux et aveugles seront précipités des hauteurs et où les esprits captifs recouvreront la liberté. »

Isaac Todros, d'un mouvement lent, leva ses deux mains et les passa sur son visage, comme un homme qui essaie de secouer son sommeil. Il s'appuya ensuite de nouveau à la balustrade, et, les yeux au plafond, il tira de sa poitrine un profond soupir.

« *En Sof!* » murmura-t-il d'un ton bas et somnolent.

L'un des noms cabalistiques de Dieu hantait à ce moment son cerveau pénétré d'un muet désespoir : mais aussitôt, en signe de protestation contre toutes les superfétations apportées par le temps et d'une sorte de retour mélancolique à la source primordiale de la foi d'Israël, d'une centaine de lèvres partit le cri de « Jéhovah ! »

Le mélamed avait le frisson de la fièvre. Il se tourna brusquement vers l'assemblée. Sa voix tonnait, les mots se pressaient sur ses lèvres, il se mit à appeler les assistants à défendre le maître outragé et à châtier les insolents. Mais à mesure qu'il parla, plus son animosité fut grande et plus grande aussi fut la surprise qui visiblement s'empara de lui. Personne ne bougeait. Les richards et les dignitaires de la communauté restaient assis à leurs bancs, le front dans la main, les yeux baissés, plongés dans une méditation absorbante, et le pauvre peuple se tenait immobile comme un mur et muet comme une tombe. On apercevait par-ci par-là des gens qui se faufilaient furtivement à travers la foule en essayant de s'y perdre. Pourquoi les uns méditaient, les autres se taisaient, d'autres encore s'esquivaient et se cachaient? Qui le devinerait? ou plutôt qui comptera tous les tressaillements intérieurs de la foule, élément auquel on peut appliquer, en en modifiant un peu la forme, ces mots du poète: « vague, infidèle vague et pourtant si fidèle! »

Le mélamed finit par se convaincre de l'inutilité de ses adjurations. Il se tut, écarquillant les yeux de stupeur, car il ne pouvait saisir pourquoi on ne l'écoutait pas, mais un rayon de lumière filtra par la pensée troublée de Todros et lui fit voir le tableau fugitif d'une vérité terrible pour lui. Quelque chose lui souffla à l'oreille que la rébellion contre lui de ces jeunes gens constituait un symptôme du réveil de toutes ces aspirations et de toutes ces résistances dont l'homme qu'il venait de maudire demeurait le représentant et la victime. Cet homme n'était donc pas le seul en Israël, et il en existait beaucoup d'autres semblables à lui, sinon que le premier eut plus d'audace, de goût pour la lutte, d'impétuosité et de fierté! Et il entendit encore une autre voix lui murmurer tout bas qu'en volant au-dessus de ces jeunes têtes, d'une stupéfiante audace, l'ange du siècle les avait effleurés: or il soupçonnait de loin, très loin, et entrevoyait à travers une brume, que ce siècle, gros de révoltes et de tempêtes, s'efforçait de renverser tout ce qui essayait de s'interposer entre les hommes et la vérité suprême! Enfin il percevait un chuchotement qui disait à son oreille que le peuple gardait le silence, sans prendre parti pour sa personne, ni mettre en pièces ceux qui s'insurgeaient contre elle, car l'ange du siècle semait dans le monde, en même temps que les tempêtes et les luttes, la pitié et le pardon, tandis qu'il balayait de son aile à la fois flamboyante et douce les malédictions et la haine.

Tout cela, Todros l'entendait et le percevait confusément, chaotiquement, indistinctement surtout, mais cela suffisait pour glacer dans sa poitrine son cœur plein d'une foi immuable et d'un orgueil immense.

« *Bat-Kohl* » pensa-t-il.

Il prit les suggestions de sa propre pensée, troublée et confondue, pour les avis de cette voix surnaturelle, mystérieuse, que jadis Dieu chargeait d'avertir, aux moments solennels et critiques de leur vie, les anciens pontifes et les législateurs d'Israël.

« *Bat-Kohl!* » répétèrent ses lèvres frémissantes, et il commença à lentement tourner de tous côtés son visage blême.

La salle de la Synagogue se trouvait déjà à moitié vide. Le peuple l'évacuait peu à peu, toujours en silence, comme sous l'empire d'une obsession insondable et invincible. Ce silence semblait l'indice de la profonde affliction et de la perplexité spirituelle qui ne lui permettaient de se prononcer en faveur ni d'un parti ni de l'autre, soit qu'il ne le voulût, soit qu'il ne le pût pas.

Riches et pauvres, partisans fidèles du rabbin et gens qui s'étaient tenus toujours à distance de lui, tous s'éloignèrent. La galerie résonnait encore de moment en moment sous les pas d'une femme attardée et, auprès de l'autel, il n'y avait plus personne...

*
* *

De même que jadis, au retour d'un long voyage, Joseph Akiba, par un beau clair de lune, se dirigeait plein d'émotion vers sa chétive chaumière de berger, ainsi Meir cheminait maintenant pâle et tremblant vers la maison paternelle.

Il s'avançait vers la maison paternelle, sans idée d'y pénétrer. Il savait qu'il lui fallait dorénavant s'éloigner de ces lieux pour s'en aller errer dans le monde, vagabond, rebuté, misérable, afin d'y poursuivre un but caressé de longue date, mais tellement éloigné et tellement difficile à atteindre!

Il se proposait uniquement de saluer une dernière fois du regard les murs de l'habitation qui fut le berceau de sa jeunesse et non d'en franchir le seuil.

Mais, au milieu de la rangée des fenêtres sombres et mornes, il en aperçut une à laquelle brillaient de vacillantes lumières. Il s'arrêta et regarda un moment; derrière les vitres se dessinaient distinctement les formes lourdes et immobiles de son aïeule Freyda, assoupie dans son profond fauteuil. La lune l'éclairant largement faisait scintiller de mille feux les joyaux qui la couvraient.

Meir gravit lentement les marches de ce perron élevé e mit la main sur le loquet de la porte, par extraordinaire non fermée. Il traversa le long et étroit corridor, et s trouva à l'entrée du salon aux portes également toute grandes ouvertes.

Un silence de mort planait sur la maison entière. dormait-on si profondément? Ce n'était pas possible. Ma le plus léger bruit ne devait pas troubler le dernier adi du petit-fils à l'aïeule ni le repousser de ses genoux. M s'agenouilla devant cette figure de femme endormie souriante dans son sommeil et il lui posa la tête sur l genoux. C'est la dernière fois qu'il reposait sous ce to

— « Grand'mère ! » murmura-t-il tout bas.

Freyda dormait aussi paisiblement qu'une enfant. S son front ridé, tels que des songes enfantins, se jouai les rayons argentés de la lune.

— « Je ne te reverrai plus jamais, jamais... »

Il pressa ses lèvres contre ces mains mignonnes sèches qui l'avaient tant de fois bercé et cajolé, p préservé de tout heurt, et qui lui avaient remis le tré constituant son salut et sa perte, sa vie et sa mort. tête de Freyda s'agita légèrement, ses boucles d'orei de diamant se choquèrent à son collier de perles et s les rayons de la lune, semèrent des étincelles.

— « Mon enfant! » chuchota-t-elle en ouvrant les y et en lui souriant, après quoi elle se rendormit. . . .

Meir s'abîma dans ses pensées. Le front appuyé genoux de son aïeule, il faisait en esprit ses adieux à et à tous. Il se leva enfin et quitta très lentement l lon. Il sentit tout à coup dans ce corridor sombre que quelqu'un l'entourait fortement de ses bras et en même temps qu'une main lui glissait sous ses habits un objet pesant.

— « C'est moi, Meir! moi, Ber; ton grand-père a cherché parmi les siens un homme hardi, qui te donnât cette poignée d'argent pour la route et il m'a trouvé. Chacun au logis te regrette. Les femmes pleurent dans leurs lits. Tes oncles sont furieux contre le rabbin et les fonctionnaires du kahal. Ton grand-père éprouve un mortel chagrin de ce que personne ne veuille plus te connaître. Ainsi vont les choses chez nous. La raison vous tire d'un côté et l'antique foi de l'autre. Et la peur se joint à tout cela! Mais toi, Meir, ne t'afflige pas trop. Tu es heureux! Je te porte envie! Tu n'as pas craint ce devant quoi j'ai reculé et tu atteindras la lumière! Tes amis ont aujourd'hui pris ta défense, le peuple s'est tu et n'a pas soutenu le rabbin! C'est un commencement, mais la fin est encore éloignée. Si demain, tu te montrais de nouveau au peuple d'ici, ils se remettraient à te haïr. Va! Va par le monde! Peut-être nous reviendras-tu un jour et mettras-tu un terme à notre obscurantisme et à nos péchés! Il y a parmi nous beaucoup de diamants, seulement il faut les débarrasser de leur gangue, il y a chez nous beaucoup de grain fertile, seulement il faut le séparer de la bâle! Ce sera ton œuvre un jour, quand la fréquentation des hommes t'aura rendu fort et savant. Engage la grande guerre contre cette foule de préjugés qui se dresseront vis-à-vis de toi! Lutte avec eux! Sois armé comme nos anciens grands hommes et que chaque jour de ta vie, ma bénédiction t'accompagne, ainsi que celle de tous ceux qui, à l'instar de moi, ont voulu et n'ont pas pu, ont désiré et n'ont pas obtenu, ont marché et ne sont pas arrivés! »

Ils s'embrassèrent. Ber disparut par une porte discrètement ouverte et refermée aussitôt. Dans le silence sépulcral de la maison paternelle, les murs semblaient crier au maudit: sors! sors!

Il sortit. Au dehors, l'aube blanchissait. Les places et les ruelles de la petite ville dormaient, enveloppées d'une brume grise quasi d'automne. Cette brume descendait sur les terrains vagues que Meir traversait d'un pas rapide et déjà assuré.

Il eut hâte, grande hâte de courir dire adieu à celle qui lui promit d'être sa fidèle Rachel, il eut hâte aussi de lui reprendre son trésor.

Les portes et les fenêtres de la masure caraïte étaient grandes ouvertes.

— « Golda! » appela-t-il à demi-voix, « Golda! »

Personne ni rien ne lui répondit.

Il répéta son appel. Un silence absolu régnait à l'intérieur de la chaumière. Il s'approcha, jeta les yeux vers l'endroit habituellement occupé par le vieil Abel. Il n'y avait là âme qui vive.

Alors une terreur qu'il ne raisonnait pas, s'empara de lui.

Il promena son regard autour de lui, sur le tertre, les terrains déserts, et au loin, puis il appela cette fois à gorge déployée : « Golda! »

Il entendit tout près le craquement des branches d'un grand buisson qui poussait à quelque pas de la chaumière et d'où émergea le petit Leybele, tout trempé de la brume humide et sa paupière appesantie par le sommeil.

Meir s'approcha vivement de lui. L'enfant acheva de se dégager du fouillis des branches d'aubépine et allongea aussitôt la main vers l'habit de Meir.

— « Où est Golda? » demanda ce dernier.

Leybele ne répondit pas, seulement il tira de dessous son vêtement et lui tendit un rouleau de papiers jaunis.

Meir se pencha vers l'enfant.

« Qui t'a donné cela? » demanda-t-il anxieusement.

— « Elle! » répondit Leybele en indiquant du doigt chaumière.

— « Quand et pourquoi te l'a-t-elle remis? »

L'enfant répondit :

« Pendant que les hommes avançaient, elle s'échap de sa chaumière, me réveilla, glissa cela sous mon hal et me dit: « Tu remettras cela à Meir, lorsqu'il viend ici. »

Meir se prit à trembler.

— « Et ensuite », cria-t-il, « et ensuite ? »

— « Ensuite, Moreyné, elle me cacha dans le buisson t rentra vivement dans la chaumière. »

— « Et ces gens ont-ils été nombreux? »

— « Deux, trois, six, je ne sais pas ? »

— « Et qu'ont-ils, qu'ont-ils fait? »

— « Ils sont venus, ils ont crié après elle pour qu'elle leur livre un manuscrit, ils ont crié longtemps, et elle réliquait qu'elle ne le leur donnerait pas et pas et pas ! Et la chèvre trottinait dans la chambre et bêlait... »

Meir tremblait toujours davantage, mais la main dou-ement posée sur la tête de l'enfant, il continuait à l'inter-oger:

— « Et qu'y eut-il ensuite? »

— « Moreyné! elle prit sa quenouille et se plaça de-ant son grand-père, je la voyais du buisson. Elle était rès blanche, et sa quenouille aussi, et les hommes étaient oirs, la chèvre courait au milieu d'eux et beuglait tou-ours plus haut. »

— « Et ensuite, ensuite? »

— « Ensuite Moreyné, je n'ai plus regardé, je me suis lotti dans le buisson et je tremblais de peur, tellement il eut dans la chaumière de vacarme et de gémissements. es gens sortirent et l'emportèrent ; ils emportèrent éga-ement le grand-père et la chèvre s'enfuit en bêlant de 'autre côté de la butte et je ne sais ce qu'elle est devenue. »

Meir se redressa, leva vers le ciel un œil presque inerte. l savait déjà tout.

— « Dans quelle direction l'ont-ils emportée? » de-anda-t-il encore d'une voix sourde.

— « Là bas? »

L'enfant allongea le bras vers la prairie verte au mi-ieu de la quelle brillait l'étang aux lis qui aboutissait à des marécages et à des sables mouvants où peut si aisément disparaître un corps inanimé et raide.

Là bas, au delà de l'étang où au printemps elle cueillait e lis des eaux et le lui tendait du milieu des joncs ; et de a prairie où elle lui avoua pour la première fois son amour frais et éblouissant comme la fleur sauvage épanouie su un riche terrain, là bas, au fond de ce bois épais qu'allai bientôt gaîment faire retentir le chœur d'oiseaux heureu dans leurs nids et pleins d'amour, dissimulée à tout œ humain, elle gisait aux pieds de son aïeul, enveloppée d sa chevelure noire.

Devant la chaumière, Meir invoqua trois fois à haut voix le nom de Jéhovah, puis, sur le seuil, il n'y eut pl que Leybele, son rouleau de papier dans sa main immobil

Meir avait pénétré dans l'intérieur de la cha mière.

Que lui racontèrent les brins de paille arrachés de la m sérable couche d'Abel, répandus sur le plancher, et l coraux de Golda semés au milieu de cette paille et parc à des gouttelettes de sang ? Que lui racontèrent, gisant terre et brisée en deux, la quenouille de la jeune fille et vieille, la très vieille bible d'Abel déchirée en morceau Ce fut un long, douloureux, sanglant récit que le jeu homme écouta le front contre le pan de muraille troue les mains entrelacées au-dessus de sa tête. Ce fut un ré si long que les heures s'écoulaient et qu'il écoutait nav répondant à ces révélations par les battements désespé de son cœur et par les sanglots étouffés qui d'instant instant s'arrachaient de ses lèvres serrées et bleuies.

Lorsqu'il parut de nouveau sur le seuil, le soleil illur nait déjà une partie de l'horizon. Que Meir semblait char à la clarté du jour ! Son front balafré d'une raie rou paraissait meurtri et ridé comme si pendant cette nuil cette matinée, il eut été sillonné et labouré par de longu de lourdes et d'épineuses années. Ses yeux, sombres desséchés, brillaient sous ses paupières à demi fermé ses bras pendaient inertes, soit de découragement, soit mortelle impuissance. Il demeura un moment l'imagi tion et le souvenir aux écoutes pour saisir les sons de c voix qui ne devait plus jamais lui parler jusqu'à ce q sentît à la fin un faible main qui le tirait par son vêtem et une voix sourde qui lui disait :

— « Moreyné ! »

Leybele, debout devant lui, levait vers son visage

ands yeux noirs et tristes et agitait de la main le rouleau papiers.

On aurait pu croire que la vue de cet objet rappela à ir quelque chose d'important, l'éveilla d'un songe, lui ɛmémora un devoir sacré et indispensable. Il passa ses ıains sur son front, reprit à l'enfant le manuscrit de Seıor et, dès qu'il le sentit en sa possession, releva la tête, ; le courage et la volonté luirent à nouveau dans son reard.

Il considéra la petite ville qui s'éveillait et marmotta ›ngtemps on ne sait quoi, plutôt mentalement que de vive oix. Il était question de la maison d'Israël, de son ancieneté, de la grandeur de ses péchés. Meir chuchotait qu'il e délaisserait jamais son peuple ni ne lui rendrait anaıème pour anathème, qu'il porterait aux nations étranères un traité d'alliance, qu'il s'abreuverait à la source sagesse et qu'il retournerait ici un jour...

— « Un jour, un jour » répéta-t-il longtemps en songeant lointain et incertain avenir. Ses regards embrassaient les urs de cette chétive chaumière, comme s'il faisait en sprit ses adieux à son rêve d'amour à jamais évanoui, rdent, pur et si horriblement interrompu.

Il se mit ensuite à descendre doucement la butte.

L'enfant resta un moment sans bouger à le regarder 'loigner, puis il ouvrit grandement des yeux qui s'emplisient de larmes, et, quand Meir fut à la moitié de la butte, ybele sanglota une seule fois et partit à son tour, d'abord un pas pressé, qu'il ralentit ensuite, lorsqu'il eut presque joint son compagnon. Il le suivit gravement, les mains issées sous ses manches.

Le jeune homme maudit et l'enfant de l'indigent, l'un boitant le pas derrière l'autre, disparurent de l'autre té de la butte et se trouvèrent avoir en face d'eux une and route sablonneuse qui les conduisait vers un vaste onde inconnu.

*
* *

Est-ce que cet homme outragé, maudit et dépouillé de ut, atteignit le but si passionnément poursuivi? Est-ce que, dans ce vaste monde inconnu, il découvrit des gens qui lui ouvrirent tous grands leurs portes et leurs cœurs et lui frayèrent le chemin vers la source de la sagesse ?

Est-il retourné ou retournera-t-il jamais vers sa ville natale pour y apporter, avec le pardon, la lumière grâce à laquelle « le cèdre du Liban » se relèvera à l'endroit où croissent aujourd'hui « de misérable broussailles » ? Je l'ignore.

C'est une histoire trop récente pour qu'elle puisse déjà avoir un dénouement. Mais précisément parce que cette histoire et beaucoup, beaucoup d'autres analogues sont loin de leur dénouement, lecteur, quel que soit le sang qui bout dans tes veines et à quelque endroit de la terre que tu honores Dieu, si jamais tu recontres sur ta route Meir Ézofowicz, tends-lui vite et sincèrement une main fraternelle, accorde-lui aide et amitié !

FIN

Châteauroux. — Typ. et Stéréotyp. A. Majesté

www.ingramcontent.com/pod-product-compliance
Ingram Content Group UK Ltd.
Pitfield, Milton Keynes, MK11 3LW, UK
UKHW020100200726
13856UKWH00002B/299